普通高等学校学前教育专业系列教材

# 学前教育学教程

主　编　柳阳辉

副主编　杨雪萍

编　者　柳阳辉　杨雪萍　白　静　李晓洁

复旦大学出版社

# 内容提要

本教材全面阐述了学前教育的基本概念和基本历史线索,在帮助读者了解学前教育的产生和发展的基础上,明确了我国幼儿园教育的目标、任务和原则,深入分析了幼儿教师、幼儿园环境、幼儿园课程、幼儿园活动、幼儿游戏等影响幼儿全面发展的各因素,重点强调了幼儿园与家庭、社区、小学衔接合作的意义和方法,向读者展现出本学科比较完整的理论框架,使读者清楚地把握学前教育学的理论体系。

本教材思路清晰,表述通俗,文例结合,立足现实,重视教材的应用性和操作性,突出案例评析,以问题导引,探微知本,从现象的提出到揭示问题的本质,娓娓道来,将理论与实际问题相对照,引导读者形成学以致用的思维习惯,强化了专业技能的培训。

本教材可作为专科层次学前教育专业通用的新编教材,也适用于自考专科学前教育专业教材,同时也可以作为学前教育从业者的参考用书。

学前教育是国民教育体系的重要组成部分,是终身教育的开端,幼儿教师教育担负着学前教师职前培养和职后培训、促进教师专业成长的双重任务,在教育体系中具有职业性和专业性、基础性和全民性的战略地位。

自1903年湖北幼稚园附设女子速成保育科诞生始,中国幼儿教师教育走过了百年历程。可以说,20世纪上半叶中国幼儿教师教育历经从无到有、从抄袭照搬到学习借鉴的萌芽、创建过程;新中国成立以后,幼儿教师教育在规模与规格、质量与数量、课程与教材建设等方面得到较大提升与发展。中国幼儿教师教育历经稳步发展、盲目冒进、干扰瘫痪、恢复提高和由弱到强的发展过程。

1999年3月,教育部印发《关于师范院校布局结构调整的几点意见》,幼儿教师教育的主体由中等教育向高层次、综合性的高等教育转变;由单纯的职前教育向职前职后教育一体化、人才培养多样化转变;由独立、封闭的办学形式向合作、开放的办学形式转变;由单一的教学模式向产学研相结合的、起专业引领和服务支持作用的综合模式转变。形成中专与大专、本科与研究生、统招与成招、职前与职后、师范教育与职业教育共存的,以专科和本科层次为主的,多规格、多形式、多层次幼儿教师教育结构与体系。幼儿教师教育进入由量变到质变的转型提升进程,由此引发了人才培养、课程设置、教学内容等方面的重大变革。课程资源,特别是与之相适应的教材建设成为幼儿教师教育的当务之急。

正是在这一背景下,"全国学前教育专业系列教材"编审委员会在广泛征求意见和调查研究的基础上,开始酝酿研发适应幼儿教师教育转型发展的专业教材,这一动议得到有关学校、专家的认同和教育部师范教育司有关领导的大力支持。2004年4月,复旦大学出版社组织全国30余所高校学前教育院系、幼儿师范院校的专家、学者会聚上海,正式启动"全国学前教育专业系列"教材研发项目。2005年6月,第一批教材与广大师生见面。此时,恰逢"全国幼儿教师教育研讨会"召开,研讨会上,教育部师范教育司有关领导对推进幼儿教师教育优质课程资源建设作出指示:"一是直接组织编写教材,二是遴选优秀教材,三是引进国外优质教材;开发建设有较强针对性、实效性、反映学科前沿动态的、幼儿教师培养和继续教育的精品课程与教材。"

结合这一指示精神,编审委员会进一步明确了教材编写指导思想和教材定位。首先,从全国有关院校遴选、组织一批政治思想觉悟高、业务能力强、教育理论和教学实践经验丰富的专家学者,组成教材研发、编撰队伍,探索建立具有中国幼儿教师教育特色、引领学前教育和专业发展的、反映课程改革新成果的教材体系;努力打造教育观念新、示范性强、实践效果好、影响面大和具有推广价值的精品教材。其次,建构以专科、本科层次为主,兼顾中等教育和职业教育,多层次、多形式、多样化的文本与光盘相结合的课程资源库,有效满足幼儿教师教育对课程资源的需求。

经过十多年来的教学实践与检验,教材研发的初衷和目的初步实现。截至 2014 年 4 月,系列教材共出版 160 余种,其中 8 种教材被教育部列选为普通高等教育"十一五"、"十二五"国家级规划教材,《手工基础教程》被教育部评选为普通高等教育"十一五"国家级精品教材,《幼儿教师舞蹈技能》荣获教育部教师教育国家精品资源共享课,《健美操教程》获得教育部"教育改革创新示范"教材;系列教材使用学校达 600 余所,受益师生数十万人次。

伴随国务院《关于当前发展学前教育的若干意见》和《国家中长期教育改革和发展规划纲要(2010—2020 年)》的贯彻落实,幼儿教师准入制度和标准的建立、健全,幼儿教师教育面临规范化、标准化、专业化和前瞻化发展的机遇与挑战。一方面,优质学前教育资源已成为国民普遍地享受高质量、公平化、多样性学前教育的新诉求。人才培养既要满足当前学前教育快速发展对幼儿师资的需求,还要确保人才培养的高标准、严要求以及幼儿教师职后教育的可持续发展;另一方面,学前教育专业向 0~3 岁早期教育、婴幼儿服务、低幼儿童相关产业等领域拓展与延伸,已然成为专业发展与服务功能发挥的必然趋势。这一发展动向既是社会、国民对专业人才的要求与需求,也是高等教育服务社会、培养高层次专业人才的使命。为应对机遇与挑战,幼儿教师教育将会在三个方面产生新变化:一是专业发展广义化,专业方向多元化,人才培养多样化,教师教育终身化;二是课程设置模块化,课程方案标准化,课程发展专业化和前瞻化;三是人才培养由旧三级师范教育(中专、专科、本科)向新三级师范教育(专科、本科、研究生)稳步跨越。

为及时把握幼儿教师教育发展的新变化,特别是结合 2011 年 10 月教育部颁布的《教师教育课程标准(试行)》及 2012 年 10 月颁布的《3~6 岁儿童学习与发展指南》,编审委员会将与广大高校学前教育院系、幼儿师范院校共同合作,从四个方面入手,着力打造更为完备的幼儿教师教育课程资源与服务平台,并把这套教材归入"全国学前教育专业(新课程标准)'十二五'规划教材"系列。第一,探索研发应用型学前教育专业本、专科层次系列教材,开发与专业方向课程、拓展课程、工具性课程、实践课程和模块化课程相匹配的教材,研发起专业引领作用的幼儿教师继续教育教材;第二,努力将现代科学技术、人文精神、艺术素养与幼儿教师教育有效融合并体现在教材之中,有效提升幼儿教师综合素养;第三,教材编写力图体现幼儿教师教育发展趋势与专业特色,反映优秀中外教育思想、幼儿教师教育成果,全面提高幼儿教师教育质量;第四,建构文本、多媒体和网络技术相互交叉、相互整合、相互支持的立体化、网络化、互动化的幼儿教师教育课程资源体系,为创建具有中国特色的幼儿教师教育高品质专业教材体系贡献我们的力量。

"全国学前教育专业系列教材"编审委员会

2015 年 4 月

FOREWORD | 前 言

　　《国家中长期教育改革和发展规划纲要(2010—2020)》的出台,《幼儿园教师专业标准(试行)》及《3—6岁儿童学习与发展指南》等的颁布,使得幼儿教师教育面临规范化和专业化的发展机遇与挑战。教材是实施课程标准的基本工具,而代表学前教育发展方向、体现幼教新理念、新思维的教材,无疑将会为新时代幼儿教师的教育注入新的活力。

　　《学前教育学教程》作为幼儿教师教育的专业基础课教材,大力践行《教师教育课程标准(试行)》提出的"实践取向"的基本理念,力图使学生形成学前教育工作正确的理念与态度,掌握学前教育工作的基本知识和技能。因此,在编写过程中,我们不断优化课程结构,拓展课程资源,努力贴近幼儿教师岗位的实际,全面反映幼儿教师职业特点的新知识和新要求,着力构建以实践为导向的课程体系,为造就高素质的应用型专业化幼儿教师贡献绵薄之力。

　　本教材作为专科层次学前教育专业通用的新编教材,也适用于自考专科学前教育专业教材,同时也可以作为学前教育从业者的参考用书。

## 一、教材特点

　　1.新颖性。本教材将近年来国家颁布的有关学前教育政策法规精神渗透其中,如《幼儿园教师专业标准(试行)》《3—6岁儿童学习与发展指南》等,同时汲取了近年来学前教育研究者的最新研究成果,使学生能及时了解国内外学前教育改革的最新信息和发展趋向。

　　2.实践性。"实践取向"是《教师教育课程标准(试行)》基本理念之一。本教材在每章的开始部分都有一个来自学前教育实践的案例导语,引发学生的学习兴趣及对问题的思考,在结束部分的自测题中又要求学生将案例导语中的问题进行分析解答,检验学生利用理论知识解决实际问题的能力。

　　3.实用性。为了便于学生自学,本教材为每章知识内容提供了学习目标、知识结构图及多种类型的自测题。体例新颖、结构清晰,易学易懂。

　　4.可读性。本教材每章都选编了补充阅读材料,这些补充阅读材料大多来自知名学者发表于权威学术期刊的研究成果,不仅能开阔学生的视野,也能促进学生对教材内容的深入理解,同时,也实现了课堂教学内容和课外教学资源拓展的统一。

## 二、学习与使用建议

　　本教材结构清晰、完整,每一章的学习,最好是遵从学习目标、知识结构、案例导语到正文依次学习。如果某个问题或引用特别吸引你,就做些笔记,然后利用参考文献来进一步研究。每章末尾的自测题应该作为正文的一部分来阅读、思考和解答,以便检验自己的学习效果。复习时结合每一章的学习目标检验重点内容是否掌握。

## 三、教材编写组及内容

本教材共有十一章，由郑州幼儿师范高等专科学校的柳阳辉、杨雪萍、白静、李晓洁四位教师编写。第一章学前教育概述、第二章学前教育的历史发展、第三章学前教育与社会发展、第四章学前教育与儿童发展、第五章我国幼儿园教育的目标、任务和原则、第六章幼儿园课程、第七章幼儿园活动、第八章幼儿游戏、第九章幼儿园环境、第十章幼儿教师、第十一章幼儿园的衔接与合作。

在本教材编写过程中，参考、借鉴或引用了许多国内外同行的研究成果，在此一并致以衷心的感谢。本教材虽经多次修改，其中疏漏和不足之处在所难免，敬请广大师生批评指正，不吝赐教，以期待进一步修订完善。

编者

2015 年 3 月

# CONTENTS | 目 录

# 第1章 学前教育概述

### 学习目标

1. 理解教育的本质属性和基本要素,掌握学前教育的概念;
2. 了解学前教育学的研究对象、基本任务及特点;
3. 理解学习学前教育学的重要意义及其学习方法。

### 知识结构

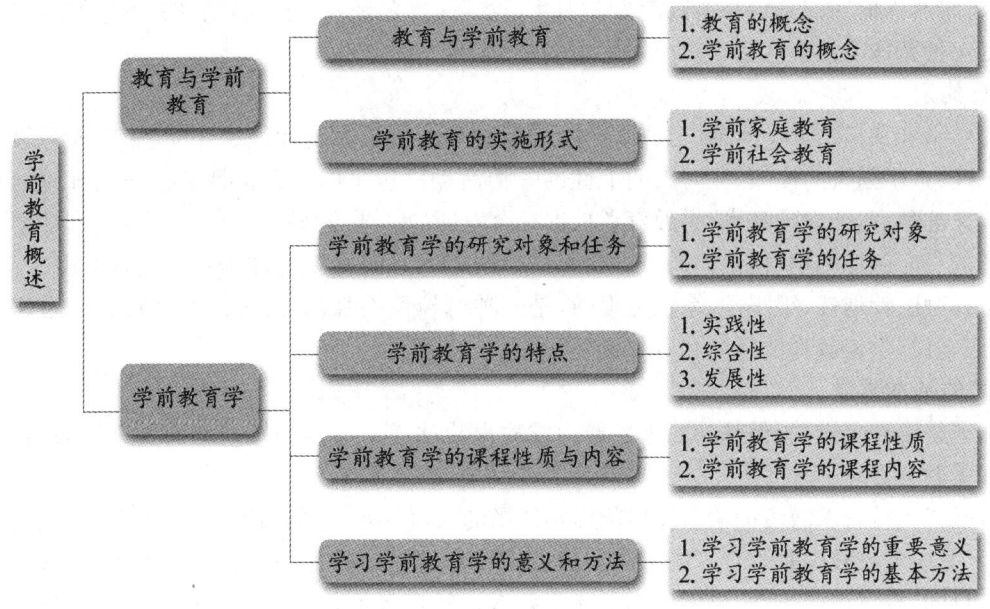

### 案例导语

　　亲爱的同学们,当你终于选定了学前教育这个专业时,就意味着毕业后的你将从事这崇高而值得骄傲的幼儿园教师这一职业,而要从事这一职业,就必须具备相应的专业知识和技能。《学前教育学》这门课程是学前教育专业的专业基础课,是每一位学前教育专业学生的必修课程。那么,《学前教育学》要讲哪些知识? 它与学前教育有何区别? 学习《学前教育学》这门课程有何意义? 我们又该如何才能学好这门课程呢? 让我们带着这些问题进入本章的学习。

## 第一节 教育与学前教育

"教育",可以说是我们生活中使用频率最高的词语之一。每个人都能从自身的经历中体味到教育的意义。的确,人的成长离不开教育,从一个不谙世事、一无所知的婴儿,到逐渐懂人事、初步适应社会生活,以至掌握丰富的知识、技能,成为对社会有用的人,都离不开教育的影响。教育使我们能够长大成人,离开了教育,我们只能长大,而不能成人,这也是人类区别于动物的地方。

那么,究竟什么是教育呢? 这是每个教育工作者必须要搞清楚的问题。

### 一、教育与学前教育

（一）教育的概念

#### 1. 教育的本质属性

教育是一种社会现象,它产生于社会生活的需要,而归根到底产生于生产劳动。人们在一定的社会联系和社会关系中,形成了一定的社会秩序、社会意识和社会生活习惯,并积累了社会生活经验。年老一代为了维持和延续人们的社会生活,就必须把积累起来的生产劳动经验和社会生活经验传授给新生一代,使新生一代能更好地参与生产劳动和现存的社会生活;同时,新生个体从一个懦弱无知的初生婴儿成长为能营谋社会生活的成员,即从一个生物实体的人转化为一个社会实体的人,也需要成年人的抚育与培养,这样,便产生了教育。所以,教育是培养人的一种社会活动,它的社会职能,就是传递生产经验和社会经验,促进新生一代的成长。从本质属性来说,教育是一种有目的地培养人的社会活动,它的目的在于影响和促进人的发展,培养人的实践意识和实践能力。因此,我们说教育是人类社会特有的一种社会性活动,并且,教育活动是一种特殊的社会性活动。

#### 2. 教育的定义

教育有广义和狭义之分。所谓广义的教育,泛指所有能增长人的知识和技能、影响人的思想品德、提高人的认识能力、增强人的体质、完善人的个性的一切活动。这里的教育包括了家庭教育、社会教育和学校教育。狭义的教育,即学校教育,是教育者根据社会发展的需要,在特定场所,有目的、有计划、有组织地对受教育者的身心施加影响,使他们的身心朝着社会期望的方向发展的过程。学校教育由专业的教师承担,教育的目的性、计划性、组织性、系统性很强,是一种可控性很强的、规范的教育形式。因此,与家庭教育相比,一般来说,学校教育的环境和效果更好些。

#### 3. 教育的基本要素

教育活动是多种多样的,但都共同存在着构成教育活动必不可少的最基本的要素。即,教育者、教育中介系统和受教育者。

教育者是指直接对求教者的素质发展起影响作用的人,包括学校的教师、管理人员、兼职教师、家庭教师、家长等。其中学校教师是教育者的主体和代表。教育过程是教育者的有目的的活动过程。离开了教育者及其有目的、有意识的活动,也就谈不上什么教育。教育者不仅是教育实践活动的一个基本要素,而且是教育实践活动的主体,他把受教育者作为"教"的对象,以教育影响为手段,把引导和促进受教育者身心的发展作为活动目的,力求使自己"教"的对象的身心发生合乎社会要求的变化。因此说,教育者作为教育活动中人的因素,是教育实践活动的主体,更确切地说是"教"的主体。

教育中介系统是教育者与受教育者联系与互动的纽带,是开展教育活动的内容和方式。教育内容是教育者用来作用于受教育者的影响物,它是根据教育目的,进行挑选和加工,是最有教育价值和适合受教育者身心发展水平的人类科学文化成果的结晶。它不仅体现在课程、教科书、教学参考书和其他形式的信息载体(如电视、电影、报刊等)中,还体现在经过选择和布置的具有教育作用的环境(如教室、阅览室、校园等)中;此外,教育者在与受教育者的交往互动中,他自身所拥有的知识、经验、言谈举止、思想品质和工作作风也影响着受教育者的发展,是重要的教育影响因素和受教育者学习的重要对象。教育活动都是以一

定的方式开展,这些教育活动内容和方式统称为教育中介系统。

在广义的教育中,所有为提高自身素质而处于学习状态的人都是受教育者;在狭义的教育中,受教育者特指教师"教"的对象——学生。随着终身教育(Lifelong Education)和全民教育(Education for All)的实行,教育对象的范围已经扩展到一个人从生命形成(胎教)到死亡的整个一生和全社会不分种族、性别、宗教、民族和阶级的所有人。其中学校里的学生是受教育者的主体和代表。在教育过程中,受教育者首先作为教育的对象存在于教育活动的要素之中。受教育者是教育的对象,同时,受教育者也是学习的主体,这主要体现在:(1)受教育者作为一个独立个体的人,他们有自己的主动性、选择性、需要性和意志性,他们可以依靠自己独立思考主导自己的行为;(2)受教育者在学习人类优秀文化遗产的同时,除了继承、吸取以外,还有重组、创新、开拓的能力;(3)受教育者在学习过程中,不但受智力因素的制约,也受非智力因素的影响。这两种因素都制约着受教育者教育活动的进行速度、效益和质量。

教育的三个基本要素是相互联系的,其中,教育者是主导性的,他是教育活动的组织者和领导者,他根据教育目标,采用适当的教育内容,选择一定的教育活动方式,创设必要的教育环境,调控着受教育者和整个教育过程,从而促进受教育者的身心发展,使其达到预期的目的。需要指出的是,教育的基本要素只是一种对教育活动的过程结构的抽象分析与概括,这些要素本身及其相互关系是随着历史条件和现实选择的变化而变化的。

（二）学前教育的概念

**1. 学前教育的定义**

学前教育也有广义和狭义两种理解。广义上的学前教育是指对从出生到入小学前儿童的教育,即凡事能够影响婴幼儿的身体成长和认知、情感、性格等心理各方面发展的活动,比如,幼儿在家看图书、帮父母做家务劳动,或者随成人去旅游、参观、看电影、参加社会活动等,都是学前教育。而狭义的学前教育则指学前教育工作者整合儿童周围的资源,对0～6岁年龄阶段的儿童施以有目的、有计划、有系统的影响活动。本书的学前教育主要指狭义上的学前教育。

**2. 学前教育的年龄划分**

关于学前教育实施对象的年龄范围,在不同的国家人们有不同的看法。例如在美国,学前教育是指对从出生到8岁儿童所实施的教育。前苏联在20世纪60年代前,将学前儿童的年龄分为先学前期(0～3岁)和学前期(3～7岁)。在我国,由于婴幼儿(即0～6岁儿童)都是进入小学以前的儿童,因此,对0～6岁年龄阶段的婴幼儿所实施的教育称为学前教育。学前教育是人生早期阶段的教育,所以,婴幼儿教育又叫做"早期教育"。幼儿教育是指对3～6岁年龄阶段的幼儿所实施的教育,是与婴儿教育(0～3岁婴儿的教育)相对而言的一个概念。从世界范围来看,总的趋势是把学前教育的年龄向前延伸。1978年在泰国曼谷召开的"学前教育新态度"的区域性专家会议指出,从胎儿至正式接受学校教育前的教育应称为早期保育与教育,接受这种早期保育和教育是每个学前儿童的权利。

## 二、学前教育的实施形式

向0～6岁婴幼儿实施的教育有两种主要形式,一种是由父母或其他养护者在家庭中进行;另一种是在家庭以外由社会组织进行。前者称为学前家庭教育,后者称为学前社会教育。学前家庭教育与学前社会教育是学前教育的主要社会实践形式。

（一）学前家庭教育

家庭教育一般是指在家庭中由父母或其他年长者对其下一代进行的教育。家庭是人一生中最早接触而生活的时间又最长的社会场所,是幼儿出生以后第一个重要的生活与学习的环境。17世纪捷克教育家夸美纽斯,曾经把幼儿的家庭教育形象地描述为"在母亲膝前进行的教育",把幼儿教育的场所称为"母育学校"。在历史上,家庭教育曾经是幼儿教育的主要实施形式。许多研究表明,儿童年龄越小,家庭教育对他们身心发展的影响越大。学前家庭教育一般具有早期性、随意性、随机性、长久性、单独性、感染性、及时性等特点。

## （二）学前社会教育

为学龄前儿童开设的集体保育教育机构及其设施,称为学前社会教育。其中,幼儿园教育是学前社会教育的主要组成部分。幼儿园教育是由幼儿园承担的、由专职幼儿教育工作者根据社会的要求和幼儿身心发展特点,对在园幼儿实施的有目的、有计划、有组织的,以促进其身心全面发展的社会教育。幼儿园教育在我国是归属于学校教育系统的,和学校教育一样,幼儿园教育具有家庭、社会所不及的优点,如群体性(面向众多儿童而非单个个体)、目标性(有明确培养目标)、计划性(教育的实施是有计划、有步骤地进行)、专业性(有专门的具有专业素质的幼儿教师)和系统性、多样性等特点。

《幼儿园教育指导纲要(试行)》(以下简称《纲要》)明确指出,幼儿园教育是基础教育的重要组成部分,是我国学校教育和终身教育的奠基阶段。幼儿园教育是近现代社会发展与进步的产物,也是现代幼儿教育的重要实施形式。幼儿家庭教育和以幼儿园教育为主体的学前社会教育,在总体目标上是一致的。二者应当相互支持、配合,共同养育好幼儿,切不可重此轻彼或相互替代。

## 第二节 学前教育学

每一门学科都有自己独特的研究领域,学前教育学作为一门独立的学科也有自己的研究范围。学习学前教育学,除了要了解学前教育学的研究对象与任务外,还应了解学前教育学的特点、课程性质内容,另外,还应理解学习学前教育学的意义和方法。对这些问题的研究,有助于对学前教育学的全面认识和把握。

### 一、学前教育学的研究对象和任务

根据教育对象的年龄不同,人们把教育区分为学前教育(包括幼儿教育)、初等教育、中等教育、高等教育和成人教育等不同的教育阶段。而各个教育阶段的教育任务、教育内容与方法又各不相同,具有各自的特点与规律,需要分别进行研究。

（一）学前教育学的研究对象

学前教育学是研究学前教育现象和学前教育问题,揭示学前教育规律的一门学科。学前教育学的研究范围涉及幼儿园、家庭和社会,它的基本理论,不仅对幼儿园教育有重要的指导作用,而且对家庭教育也有一定的指导作用。

（二）学前教育学的任务

学前教育学的任务是:总结我国学前教育的实践经验,研究学前教育的基本理论,引进国外幼儿教育的先进思想,探讨幼儿教育的运行规律,把握幼儿教育的发展趋势;通过对幼儿教育实践的理论研究,用科学的教育观念指导学前教育实践,不断提高幼儿园科学教育水平和家庭的育儿水平;依据基本理论的研究为国家和有关部门制定学前教育政策、措施和进行教育改革提供理论依据。

### 二、学前教育学的特点

学前教育学是一门年轻的学科。它最初源于古老流传的哲学思想,后又散见于17、18世纪的教育理论,直到19世纪中叶,才开始成为一门独立的学科,至今不过100多年的历史。相对其他学科来说,学前教育学还很不成熟,需要不断完善。总的来说,学前教育学具有以下特点。

（一）实践性

学前教育学的理论来源于学前教育实践,它的构建是为了更好地指导学前教育实践。学前教育学与学前教育实践有着十分密切的关系,它的实践性表现在其理论研究面向实践、指导实践。同时不断发展着的学前教育实践又丰富了学前教育学的理论。

（二）综合性

学前教育学与其他相邻学科如哲学、社会学、人类学、心理学、遗传学、生态学、伦理学、语言学、生理

学、卫生学、美学等学科都有着十分密切的关系。学前教育学是在充分利用上述学科的基本理论和最新科研成果，多维度、综合性地研究与探讨学前教育问题的基础上，形成的独立学科体系。

（三）发展性

随着学前教育事业的不断发展，学前教育的内容、方法不断完善、创新，教育经验不断积累，教育理论不断丰富，这必将推动学前教育学不断发展、完善。

## 三、学前教育学的课程性质与内容

教育部 2011 年 6 号文件《教育部关于大力推进教师教育课程改革的意见》（以下简称《意见》）对教师教育课程提出了标准要求，《教师教育课程标准》（以下简称《标准》）要求幼儿教师教育课程必须包含：儿童发展与学习，幼儿教育基础，幼儿活动与指导，幼儿园与家庭、社会，职业道德与专业发展，教育实践等六个领域 34 个模块。《意见》中提出：学习领域是每个学习者都必修的；模块供教师教育机构或学习者选择或组合。《学前教育学》这门课程内容涉及多个领域中的多个模块内容，在教师教育课程体系中占有重要地位，因此，我们有必要了解其课程性质和主要内容，以明确我们学习的目的性。

（一）学前教育学的课程性质

《学前教育学》是学前教育专业学生的必修专业基础课之一，它涵盖了幼儿园保教工作的全部内容，偏重于研究学前教育的宏观指导理论及其一般教育活动规律等问题，其以《学前卫生学》《学前心理学》《教育学》等基本理论及最新研究成果为基础，帮助学习者理解现代学前教育思想，掌握幼儿园教育工作的一般规律，以达到提升学习者教育理论素养，形成运用理论联系实际，分析教育现象，解决教育问题的能力为教学目标的一门教育应用学科，是理论性与实践性并举的基础理论课程，在完成学前教育专业培养目标中起着核心作用。

（二）学前教育学的课程内容

《学前教育学》课程内容主要包括学前教育概述、学前教育与社会发展、学前教育的历史发展、学前教育与儿童发展、幼儿园教育目标、任务与教育原则、幼儿教师、幼儿园环境、幼儿园课程、幼儿园活动与游戏以及幼儿园的衔接与合作等。

## 四、学习学前教育学的意义和方法

（一）学习学前教育学的重要意义

通过对学前教育学的学习，我们可以掌握学前教育的规律，树立正确的教育观念，并掌握一定的教育理论知识和科学的教育方法；提高从事学前教育工作的自觉性、创造性，避免学前教育工作中的盲目性；增加对学前教育工作的兴趣，加深对学前教育事业的热爱。那种认为不学学前教育学也能做好幼儿园教育工作的想法是片面的、不切实际的、不利于提高幼儿园教师专业素质和学前教育质量。

（二）学习学前教育学的基本方法

**1. 牢固掌握学前教育学及相关学科的基本理论，了解其发展趋势**

在科学飞速发展的今天，各门学科越来越具有综合性和渗透性特征。学前教育学也是在不断吸收和综合其他相关的理论和知识的过程中，逐步完善的。例如，幼儿心理学、幼儿卫生学、幼儿园各种教育活动的设计与组织、中外幼儿教育史、教育管理以及其他社会科学，如哲学、社会学、语言学、美学，自然科学，如数学、生物学，等等。相关学科的学习有利于从多种角度更好地理解和领会学前教育学的理论，有利于学科知识的相互补充、相互拓展，有利于有关学科的学习和研究方法、思维方式相互迁移、相互补偿。因此，学习学前教育学必须与相关学科相结合，才能使思路更开阔，学习更深入、更全面，更能适应未来创造性教育工作的需要。

**2. 遵循理论联系实际的原则**

学习者既要努力掌握本学科的基础知识，打下较扎实的理论基础，又要注意联系学前教育实际，尝试利用理论知识解决实际问题，做到学用结合、学以致用。学前教育理论是为学前教育实践服务的，理论联

系实际是学好学前教育学的必由之路。联系实际的方式是多种多样的,如到幼儿园进行见习、实习,访问优秀幼儿教师,开展社区、家庭的幼儿教育调查,尝试设计和组织一些教育活动、做一些教育小实验,对一个或几个幼儿进行观察研究以及参加各种有关的专业活动,等等,都能有效地提高自己的教育理论修养和从事教育工作的能力。有的同学认为"在校时学理论,毕业后再实践也来得及",这种看法是不对的。不能把学习理论和参加实践机械割裂开来,脱离实际的理论是空洞的理论,没有理论指导的实践是盲目的实践。

**3. 学习和思考结合,注意培养多种能力**

学前教育与社会息息相关,社会上新的思潮、风气、各种现象会对幼儿教育造成或大或小的影响。经常尝试运用学过的理论知识对来自社会的问题进行理智的分析、思考,对各种思潮、观点进行冷静的判断、辨析,能让自己对不断变化的环境,对现实中出现的新情况、新问题始终保持敏感,有利于形成自己的教育理论观点和看法;而且带着实际问题学理论,还能大大提高学习效率,增强自己处理实际问题的能力和形成实事求是的学风。学习学前教育学,不能只靠课堂学习,还必须积极参加课外活动,特别是相关的各种专业活动,如幼儿教育知识竞赛、教育问题讨论会、教育观点辩论会、社会调查、访问等,以利于拓宽知识面,提高实践能力,加深对书本知识、对教育理论的认识和理解。在今天这样一个高科技、信息化的时代,学会利用各种信息传媒来获得知识是十分重要的。如通过广播、电视、报纸、杂志,以及各种视听设备尤其是互联网等,了解学前教育研究的新动向、新成果,了解现代科技在学前教育中的影响和运用,了解国内外教育的新发展、新变革,了解现代科技、信息对幼儿成长、发展的影响,等等,将有助于开阔视野,活跃思维,对学习学前教育学是十分有益的。

------------------------------ **自 测 题** ------------------------------

## 一、名词解释

　　1. 教育　　2. 学前教育

## 二、单项选择

　　1. 教育是人类特有的一种(　　)
　　　　A. 自发性活动　　　　B. 主体性活动　　　　C. 生产性活动　　　　D. 社会性活动

　　2. 教育的基本要素主要包括教育者、受教育者和(　　)
　　　　A. 教育内容　　　　B. 教育物质　　　　C. 教育方式　　　　D. 教育中介系统

　　3. 目前,学前社会教育机构主要是(　　)
　　　　A. 早教机构　　　　B. 儿童福利院　　　　C. 幼儿园　　　　D. 托儿所

　　4. 学前教育学是研究学前教育现象和(　　),揭示学前教育规律的一门学科
　　　　A. 学前教育问题　　B. 学前教师教育教学　　C. 学前儿童发展心理　　D. 学前家庭教育

　　5. 学前教育的实施主要有两种形式,即学前公共教育和(　　)
　　　　A. 学前家庭教育　　B. 幼儿园　　　　C. 托幼机构教育　　D. 社区学前教育

　　6. 我国幼儿园教育对象的年龄范围是(　　)
　　　　A. 3～6岁　　　　B. 0～6岁　　　　C. 2～6岁　　　　D. 0～7岁

## 三、简答

　　1. 简述学前教育学的课程性质及学习学前教育学的重要意义。
　　2. 结合自身,谈谈如何学好《学前教育学》这门课程。

**课外拓展：**

### 学前教育学的研究对象①

探讨学前教育学的研究对象就是要回答学前教育学研究什么的问题,该问题直接关系到学前教育学学科内容和理论体系的构建,是学前教育学的基本理论问题,也是衡量学前教育学发展成熟度的重要标志。

对现有通行的学前教育学教材的分析表明,研究者们对学前教育学研究对象的问题在某种程度上形成了一些观点和认识,概括起来,包括以下几种:

第一种观点是零对象观。就能够查阅到的已有教材来看,有14本教材没有讨论学前教育学的研究对象。这种情况造成两种后果:一方面,导致学前教育学教材无的放矢。确定研究对象的根本目的就是确定研究的边界。没有对研究对象进行界定的教材也就缺乏对教材体系具有统摄力的范围限制,这样的教材体系往往会无所不包,而难以形成相对稳定的理论体系;另一方面,没有研究对象与范围限制的学前教育学也是难以确立科学严谨的理论的,有的往往只是对经验的简单总结和事实描述。正如有研究者指出的那样:“目前学前教育学书本上的所谓‘理论’确实令人难以捉摸,它是一个拼凑起来的大杂烩,没有自己的线索和灵魂”。

第二种观点是把学前教育的规律当作学前教育学的研究对象,其代表性教材是黄人颂主编的《学前教育学》。这种规律对象观是一种流行较广、影响较大的观点,是同期教育学研究对象观在学前教育学领域的演绎。同时期南京师范大学教育系编写的《教育学》正是从教育规律的角度确定教育学的研究对象的,认为教育学“所研究的主要是学校教育这一特定的现象……所特有的矛盾运动的规律”。这种观点的不足之处是混淆了研究的起点与研究结果之间的关系。

第三种观点是把学前教育现象当作学前教育学的研究对象,其代表性教材是李生兰主编的《学前教育学》,她明确指出“学前教育学是专门研究学前教育现象、揭示学前教育规律的一门科学”。学前教育现象是学前教育的外部表现形式,具有客观性,而“对象”始终是被意识到的客观存在。如果客观的学前教育现象没有被研究主体意识到,那么它就不可能成为研究的对象。把所有的学前教育现象当作学前教育学的研究对象乃是扩大了研究的范围,其造成的后果与零对象观相似。

第四种观点是把学前教育现象及问题当作学前教育学的研究对象;第五种观点是把学前教育现象、学前教育规律和学前教育理论等当作学前教育学的研究对象;第六种观点是把学前儿童、学前教师和学前教育影响因素及其相互关系当作学前教育学的研究对象。由此可见,我国研究者对学前教育学研究对象的界定主要经历了“规律说——现象说——现象及规律说——综合说”的发展过程,这与教育学研究对象经历了“教育规律说——教育现象说——教育问题说”的发展轨迹大体一致。

---

① 节选自张利洪、李静. 学前教育学的研究对象[J]. 学前教育研究,2011(9).

# 第 2 章　学前教育的历史发展

**学习目标**

1. 了解学前教育的产生与发展；
2. 了解我国几位著名学前教育家教育理论的主要内容；
3. 了解当代学前教育的发展趋势与我国学前教育未来发展趋势。

**知识结构**

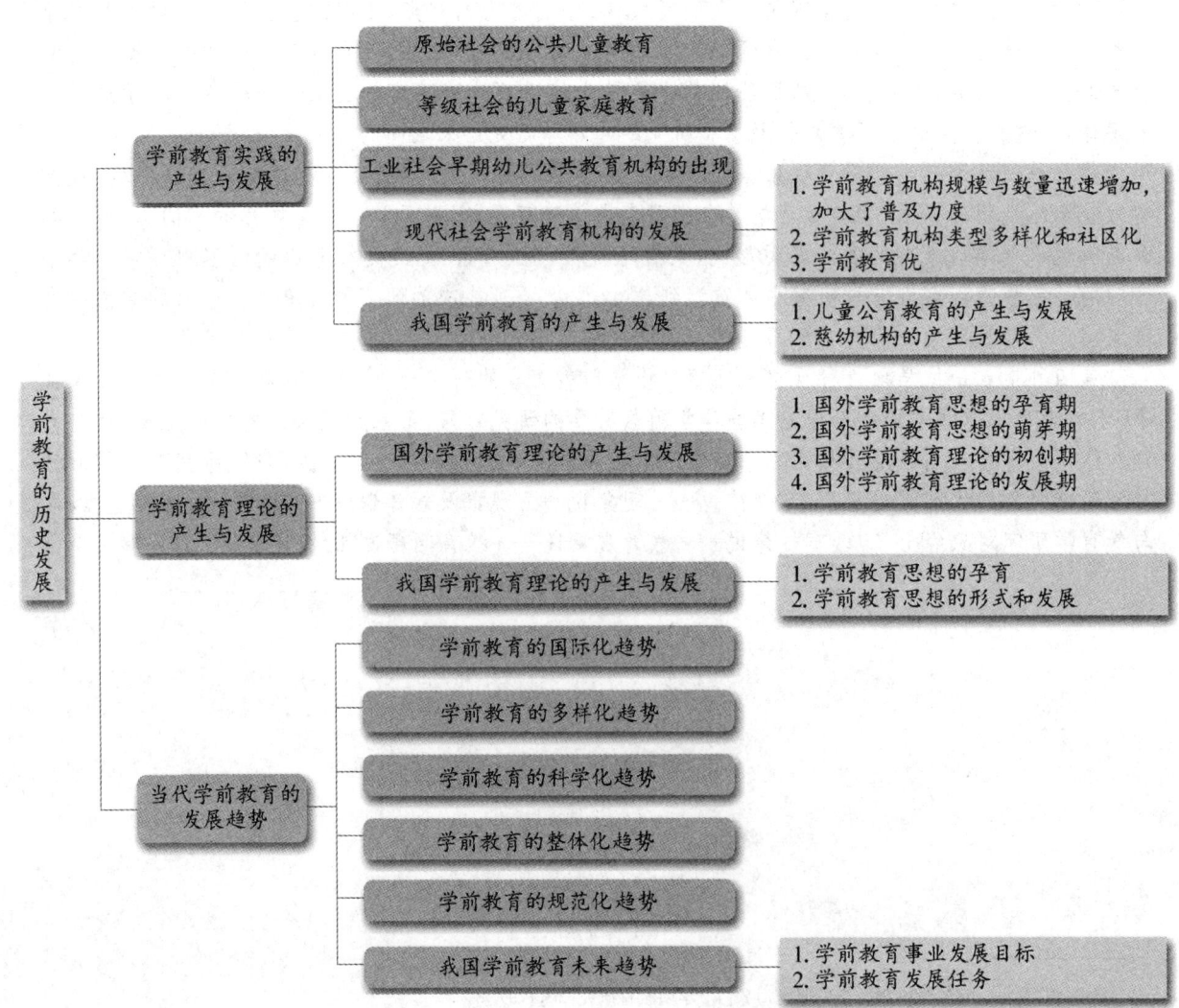

　　中国第一个具有教育性质的慈幼机构出现在东汉。据《后汉书·邓皇后纪》记载,东汉安帝元初六年(公元119年),和帝之妻邓太后在宫廷开设邸设,将公室子女5岁以上者40余人、邓太后近亲子弟30余人集中起来,教学经书,并自己亲加督试。

　　颜之推(531-约595),字介,梁朝建业人,南北朝时期著名的教育家、文学家。他根据自己求学、为官、生活、处世的经历与体会,写出了我国封建社会第一部系统而完整的家庭教科书——《颜氏家训》。《颜氏家训》被认为是家训的鼻祖,家教的典范,在中国教育史上占有重要地位。颜之推十分重视儿童的家庭教育。他以大量的历史事实和亲身经历说明,良好的儿童家庭教育能使儿孙"绍家世之业","立身扬名",维系家族特权地位;幼时家庭教育的好坏,关系一个人甚至一个家庭的成败兴衰。

　　上述案例中,第一自然段介绍了我国第一个具有教育性质的慈幼机构的产生时间。第二自然段介绍了我国南北朝时期家教启蒙教材——颜之推的《颜氏家训》,并重点介绍了其关于儿童家庭教育的主要思想,以及在中国教育史上的重大影响。但东汉时期的慈幼机构是中国历史上最早的幼儿园吗?世界上第一所幼儿园是什么时间产生的?学前教育的产生与发展经历了哪些阶段?如今又有什么样的发展趋势?让我们带着这些疑问,进入本章的学习。

## 第一节　学前教育实践的产生与发展

　　学前教育作为一种社会现象,伴随着人类社会的产生而产生,发展而发展。人类需要通过教育,包括儿童教育,来传授生产和生活知识以维持人类生活,延续社会发展,这就是最初的学前教育。

### 一、原始社会的公共儿童教育

　　原始社会的生产力非常低下,他们必须十几人甚至几十人结成群体,集体进行生产劳动才能得以生存,因此也集体教育子女。他们教育儿童制造石器、使用火的方法,教儿童团结互助,告诉儿童要勇敢地同毒蛇猛兽及各种自然灾害作斗争,才能生存下来。这便是原始状态的儿童社会公育。到了母系氏族公社时期,以母系血缘为纽带,组成社会生产和生活单位,生产资料共有,人们共同劳动、共同消费,过着平等的生活。那时生产有了很大进步,已有了农业劳动,老人们把种植稻、粟、蔬菜的经验教给儿童,还教给他们制造骨器、木器、弓箭和陶瓷,风俗习惯、宗教仪式,生活经验等。这个时期儿童公育主要内容包括以下几项:(1)生存教育。由于受当时生产力所限,人要想获得吃、穿、住等生活资料,就必须人人参加劳动,所以生产劳动就成为原始社会最重要、最普遍的活动。儿童教育也必然要紧密结合生产劳动,并为生产劳动服务。(2)做人教育。在氏族公社内,没有法律,也没有统治者,一切都依照传统习俗行事。对于儿童,从小就要教育他们不能损人利己,不能侵犯氏族公共利益,否则就要受到公众的谴责;教育他们要尊敬长辈,照顾老人,爱护幼小,团结互助等。(3)宗教和艺术教育。氏族时期,原始宗教活动普遍存在。在这些活动中儿童接受原始宗教的熏陶。原始的歌舞是当事宗教祭祀活动的重要组成部分,在原始社会,人类已经开始形成了审美意识。(4)体格和军事教育。因为当时环境恶劣,所有成员都要参加与大自然的斗争,所以长辈要对孩子进行体格训练。同时,因为部落之间有争斗,孩子从小就要接受军事训练。

　　由于生产力低下,生产资料公有,社会还没有划分阶级,因此,原始社会儿童公育主要特征有三个:(1)教育没有阶级性。每个儿童受到的教育是平等的。(2)儿童教育没有专门的场所和专职人员,以生活经验为教育内容,与生产劳动紧密结合,教育是在生产劳动过程中进行的,是不固定的、分散的。(3)儿童接受教育的手段是言传身教、口耳相传。

　　在氏族公社解体过程中,由于开始出现了少数特权人物和知识被特权人物所独占的现象,因此,也就出现了阶级教育的萌芽。

## 二、等级社会的儿童家庭教育

随着生产力的不断提高,私有财产出现,人类社会进入了有阶级的社会——奴隶社会、封建社会,教育也就出现了与原始社会不同的情况。伴随着原始社会的解体,私有制家庭逐渐取代了原先的氏族制大家庭,而成为相对独立的生产和生活单位,原始公有制下的儿童公育制失去其社会基础而不复存在,因此,养育教育儿童的责任自然向家庭转移。社会的统治阶级为了维护自己的统治,利用手中的权力让自己的子女接受专人教育,以便把自己的子女培养成未来的统治者和官吏。同时他们毫不容情地剥夺平民的子女受教育的权利,只允许他们跟随父母学习各种劳动知识和技能。于是,教育的阶级性、等级性出现了。为了适应社会生产力发展的需要,培育一批具有初步读、写、算能力,为统治阶级服务的人,开始出现了专门学校,并由此而出现了学前教育与学校教育的分期。入学前的儿童教育仍然在家庭中分散地进行,这和封建社会一家一户的小农经济形态是相适应的。当时也有人提出了学前公共教育和保育的思想,如古希腊的哲学家柏拉图就主张3~6岁幼儿集中管教,但这些主张在当时是不可能实现的,因为社会既没有创办学前教育机构的足够物质基础,也没有相应的社会需求。

## 三、工业社会早期幼儿公共教育机构的出现[①]

18世纪末19世纪初,随着近代工业革命的到来,大工业机器生产在欧洲得到迅速发展,大量小农、小手工业者被迫进入大工厂做工,妇女也被迫走出家庭进入工厂,而不能在家养育孩子。致使许多婴幼儿无人照顾,流落街头,造成严重的社会问题。创办学前教育机构以收容、教养工人孩子的需求被提了出来。由于大工业生产创造了比小农经济高得多的劳动生产率,使社会具备了创办学前教育机构所必需的物质基础。因此,生产的社会化带来了学前教育的社会化,幼儿教育机构就首先在欧洲诞生了。值得一提的是由英国空想社会主义者——欧文(1711-1858)于1816年创办的新兰纳克"幼儿学校"(后改名为"性格形成学院")。他把1~6岁的婴幼儿组织起来,进行集体保育,在当时社会上引起了巨大反响,受到过恩格斯的赞扬。这个时期出现的学前教育机构多是由一些慈善家、工业家举办的,实质上不过是慈善性质的社会福利机构而已。

纵观学前教育产生和发展的轨迹,从中可以看出,学前教育的发展是和社会、特别是和社会生产力发展水平紧密相连的,是受到社会政治、经济制约的。可以说,没有工业大生产就没有学前教育机构的产生,学前社会教育机构是近代大工业生产的产物。

## 四、现代社会学前教育机构的发展

19世纪末到20世纪40年代,是世界学前教育的"发展期"。这一时期,在蔚为壮观的儿童研究运动和儿童中心主义教育改革运动的推动下,儿童的社会价值及教育价值得到社会普遍认识,尊重和保护儿童权利的意识开始觉醒。不少国家开始通过教育立法的形式,把学前教育纳入国民教育体系,使之成为学制的组成部分。国家的重视和直接介入给世界学前教育事业带来了繁荣,使得一向多以私人慈善事业身份出现的学前教育成为一项国家制度和公共事业。

第二次世界大战结束至今,是世界学前教育的"普及与提高期"。学前教育不仅普遍获得国家的认可和支持,而且朝着民主化、普及化方向大步前进,呈现出以下特征。

(一)学前教育机构规模与数量迅速增加,加大了普及力度

作为终身教育的第一阶段,学前教育在教育体系中的地位进一步提高,各国更加关注学前教育,大力推进学前教育的普及已成为国际学前教育事业改革和发展的共同趋势与核心目标,一些国家把学前教育纳入了义务教育范围,幼儿园数量迅速增加,尤其是入小学前一年的教育。如法国、日本、美国幼儿园普及很快,入园率都在90%以上。不过,由于各国经济水平、教育政策、文化传统、生活习惯等不同,幼儿入园

---

① 职业培训教育网:2015年教资统考《保教知识与能力》知识点:幼儿教育发展:幼儿教育发展[EB/OL].

率差别较大,幼儿园发展速度也不同。

### (二)学前教育机构类型多样化和社区化

为了满足不同家庭对托幼机构教育与服务的不同需求,托幼机构类型日趋多样化,扩大了幼儿园服务社会的功能。微型化、家庭化、社区化趋势增强,除了比较正规的托儿所、幼儿园以外,还有许多因地制宜、方便灵活的社会教育机构,如英国的"游戏小组"、"玩具图书馆"。从经费来源看,有政府办的,也有私人、社会团体或企业办的。从托幼机构提供服务的时间上来看,有全日制、半日制、钟点制、季节性甚至临时看管性的各种类型的机构。类型多样化的幼教机构的出现,一方面是适应和满足不同家庭的需要,另一方面也创造各种条件,使更多的学前儿童受到教育。另外,近年来,学前教育开始向社区化迈进,各种各样以社区为依托的学前教育机构如雨后春笋般涌出,为广泛普及和推广学前教育起了有效的推动作用。

### (三)学前教育质量得到提高

提高学前教育质量,促进幼儿身心健康、全面和谐的发展,是二十世纪八十年代以来世界各国学前教育改革的共同目标。由于教师水平的提高是高质量教育的重要条件,因此师资质量就成为教育质量提高的重要标志。世界各主要发达国家如美国、英国、法国、日本等,都将学前教育教师文凭要求提高到了大专以上水平,并实行专门的教师资格制度。"尊重儿童,保障幼儿权利,让幼儿得到全面发展并主动学习"这一学前教育价值观,成为世界学前教育工作者的共识。这一切使学前教育质量的提高有了根本的保证。

## 五、我国学前教育的产生与发展

### (一)儿童公育机构的萌芽

有史料记载,我国最早的学校叫"痒",它出现在原始社会后期的虞舜时期。据史书的记载和解释,"痒"是老人们聚集的地方,是氏族敬老养老行礼的场所。氏族将有经验的老人在"痒"这个地方集中起来,集体敬老,这些老人也便承担了将自己丰富的生产经验和生活经验传达给下一代的责任。这个养老的"痒",便是学校的萌芽,是原始社会末期出现的对儿童进行社会共育的机构。

### (二)慈幼机构的产生与发展

由于中国传统的学前教育职能主要由家庭来承担,农业社会的经济和社会的发展,始终没有对社会化的学前教育机构的产生提出过需要,因此,在古代中国,始终未能产生现代意义上的社会化的学前教育机构。但是,在一定的时期、一定的场合,也曾出现过一些慈幼机构。

#### 1. 宫廷慈幼机构

中国最早的专门的慈幼机构出现在公元前 11 世纪的西周,当时西周王宫内和各诸侯的宫廷内都设有婴幼儿养育机构——"孺子室",是专为周王的太子、诸王子、各诸侯的儿子们设立的。孺子室的保育人员分为教孩子为善的慈师、了解孩子个性好恶而加以引导的慈母、管理孩子饮食起居的保姆和奶妈,分工明确,职责清楚,有一定的组织形式。中国第一个具有教育性质的慈幼机构出现在东汉。据《后汉书·邓皇后纪》记载,东汉安帝元初六年(公元 119 年),和帝之妻邓太后在宫廷开设邸设(见案例导语)。严格地说,邸设不是专门的学前教育机构,它包含了较大年龄儿童的读经教育,但其中也有对幼小儿童教育的部分,而且这一部分是特别对待的。因此,邸设作为慈幼机构就有一定的教育历史价值,但其教养对象也只限于皇亲国戚,因此还远谈不上慈幼机构的制度化、社会化。

#### 2. 社会慈幼机构

从北宋起,中国出现了由中央和地方政府办的社会性质的慈幼机构。北宋学者苏轼在密州任内,曾出公粮收养女婴,即为社会慈幼机构的雏形。宋以后各代,或由朝廷诏令设置,或由地方官员自行设置,各地慈幼机构纷纷出现,为数不少。需要指出的是,这些慈幼机构仅具有慈善性质,而不具备教育意义,与中国近代尤其是进入 20 世纪以来在学制上得到承认的蒙养院、幼稚园的性质绝不相同。在这些慈幼机构存在的同时,学前教育仍是由家庭承担的。

中国从夏代起进入阶级社会,也就是《礼记·扎运》中所说的"各亲其亲,各子其子"的"天下为家"的时代。在以后的几千年里,在以家庭为单位的自然经济状态中的农业中国,对幼小一代的抚养与教养主要通过家庭来进行。

### 3. 我国第一所幼儿园的诞生

清末"洋务运动"后期,两广总督张之洞宣扬"中学为体,西学为用",倡办新式教育。湖北巡抚端方于1903 年 9 月在武昌创办湖北幼稚园,标志着我国第一所学前儿童教育机构正式诞生。湖北幼稚园后改称为武昌蒙养院,原址现为湖北武昌幼儿师范学校附属幼儿园。1904 年,由张之洞、张百熙、容庆共同拟定的《奏定学堂章程》经法令正式公布并在全国施行,其中包括蒙养院制度。《奏定学堂章程》也称癸卯学制,是我国第一个颁行的学制,第一次用国家学制的形式把学前教育机构的名称确定下来,把社会学前教育机构的地位固定下来,使蒙养院成为我国最早的学前教育机构。可以说,癸卯学制所定位的蒙养院,是我国幼儿教育史上具有划时代意义的里程碑。

### 4. 旧中国的幼儿园教育的发展

五四运动以后,特别是新学制颁布以后,随着幼稚园制度的确立,我国的学前教育事业比初创时期又有了新的发展,一大批各种不同类型的幼稚园先后创建。但由于内外战火不断,政治动乱,经济停滞,政府根本不重视幼儿教育,导致幼儿教育发展极为缓慢。据统计,1947 年全国仅有幼稚园 1 301 所,绝大部分都附设在小学或师范学校内,分布在沿海大城市。

此时期的公立幼稚园以附设于其他学校机关者为最多。在公立幼稚园中,由大学和各省立女子师范或师范学校附设的幼稚园占有重要的地位。这类幼稚园作为大学教育系(科)和师范学校的教学与科研的实习、实验基地,教育质量较高。如成立于 1919 年的南京高等师范学校附属小学下设的幼稚园、成立于1935 年的浙江大学学前教育系培育院等。

当时私人开办的幼稚园不仅在园数、儿童数、教职员数方面绝对多于公办幼的,另外,有一批具有爱国思想和民主思想的幼儿教育家,批判封建主义的幼儿教育,反对幼儿教育的奴化和贵族化,积极提倡变革并躬行实践,创办了为平民子女服务的幼儿园,在国内产生了较大的影响,如陈鹤琴创办的南京鼓楼幼稚园,陈嘉庚创办的厦门集美幼稚园,熊希龄主办的北京香山慈幼院,陶行知创办的南京燕子矶乡村幼稚园,此外还有上海大同幼稚园、上海劳工幼儿团等。这些由知名教育家主办的幼稚园在探索幼儿教育本土化、科学化、乃至平民化方面,起到了积极的示范作用。

可喜的是在这一时期,在中国共产党领导下的农村革命根据地、抗日民主根据地和解放区里,出现了一批适应战争环境和解放区、根据地政治经济特点的各种类型的托幼组织,如边区儿童保育院和托儿所等,成长了一支新型的保教人员队伍,为我国幼儿教育事业的发展积累了宝贵经验,为以后新中国的社会主义幼儿教育事业奠定了良好基础。

### 5. 新中国成立后学前教育的发展

中华人民共和国的建立,使我国的幼儿教育事业发生了根本性的变化,进入了一个全新的发展时期。新中国成立初期采取公办与民办并举发展幼儿教育的方针,发挥了社会各方面的力量,有力地促进了我国幼儿教育事业的发展。

(1) 稳步发展时期(1949 - 1957)。1953 年,我国进入社会主义建设阶段,当时的幼儿教育方针是:根据各地不同情况、城乡差异,有计划有步骤地在整顿中提高,在巩固的基础上适当发展,发展的重点应该首先放在工业地区、企业部门,其次是机关、学校及郊区农村,并鼓励私人办园。这一时期,在各方办园的形势下,幼儿教育事业逐步发展。据统计,1957 年,全国有幼儿园 1.64 万所,入园幼儿 108.8 万人。

(2) 盲目发展与调整巩固时期(1958 - 1965)。1958 年开始的第二个五年计划,为适应当时的经济建设和大量妇女参加生产与工作的需要,广大幼教工作者努力创造条件,发展幼儿园,但由于当时"左"的失误,一些地方强制性办起了幼儿园,短时间内各地幼儿园特别是农村幼儿园急剧增加,有些地方还将小园合并为几百人的大园,幼儿教育事业盲目发展。1958 年,幼儿园的数量竟然由 1957 年的 1.64 万所猛增至69.53 万所。不久便因缺乏社会需要和基础而纷纷解散,使事业遭受莫大的损失。这一时期的幼儿教育理论和实践的发展极度混乱,幼儿教育质量显著下降。针对大跃进时的非理智性冲动,1961 年,国民经济发展实行"调整、巩固、充实、提高"的方针,幼儿教育也不例外。经过整顿,幼儿教育回到了稳步发展的轨道上来。1962 年幼儿园数稳定在 1.76 万所左右,1965 年逐渐发展到 1.92 万所,入园幼儿 171.3 万人。

(3) 遭到全面破坏时期(1966 - 1976)。1966 年至 1976 年"文革"期间,幼儿教育事业遭到严重破坏,

处于无政府状态。1966 年开始的十年"文化大革命",使刚刚走向正常的幼儿教育事业遭到彻底的破坏,幼儿教育到了崩溃的边缘。1976 年 10 月,党中央一举粉碎了"四人帮"反党集团,掀开了我国历史的新篇章。我国幼儿教育在经过了这一严峻的考验之后,也以更成熟、更坚定的步伐,开始进入新的发展历程。

**6. 改革开放以来我国学前教育的普及与提高**[①]

1978 年,党的十一届三中全会召开,我国社会进入了新的发展时期。随着经济的持续发展和改革开放,幼儿教育的发展也出现了重大变化。主要表现在:

(1)多渠道、多形式发展幼教机构。十一届三中全会以后,党和政府把发展幼儿教育的重要性提到一个新的高度。1979 年,中共中央、国务院转发的《全国托幼工作会议纪要》的"通知"指出:坚持两条腿走路的方针,即国家办园和社会力量办园相结合,恢复、发展、整顿、提高各类托幼组织。幼儿教育事业在积极恢复、整顿和发展幼儿教育的指导思想下,得到恢复和发展。1987 年转发的《关于明确幼儿教育事业领导管理职责分工请示》调动了各级政府和各有关部门管理幼儿教育工作的积极性,形成了国家、集体、个人办园的新格局。

(2)学前教育走上了规范化、法制化轨道。1989 年 8 月,为了加强幼儿园的管理,促进幼儿教育事业的发展,经国务院批准,国家教育委员会颁布了《幼儿园管理条例》,这是新中国成立以来,经国务院批准颁发的第一个幼儿教育法规。该条例用法规的形式规定了幼儿园的任务、管理以及保育教育工作,并明确了各级地方政府在幼儿园的发展、管理等方面的责任,使我国幼儿教育管理从此跨入了法制化轨道。2001年 7 月,我国教育部颁发了《纲要》就《规程》中有关"幼儿园的教育"这一部分内容做出了更为具体的规定,在《规程》与教育实践之间架起了过渡的桥梁。这些法规的颁布与实施,进一步推动了我国幼儿教育科学化、规范化的进程。

2003 年 3 月,国务院办公厅向全国转发教育部、中央编办等十个部门(单位)制定的《关于幼儿教育改革与发展的指导意见》,就幼儿教育改革与发展目标,幼儿教育管理体制和机制以及师资队伍建设等方面提出了具体意见。2010 年 7 月,国家教育部颁布的《国家中长期教育规划纲要(2010－2020)》(以下简称《规划纲要》),将学前教育真正纳入国民教育体系,学前教育获得了体制内的合法身份与保障。《规划纲要》绘制了近十年内我国学前教育发展的宏伟蓝图,学前教育事业进入了一个崭新的历史阶段,沿着现代化、科学化、社会化的轨道全面迈进。

**第二节　学前教育理论的产生与发展**

学前教育理论具有悠久的历史和丰富的遗产。了解它的历史、研究它的思想精神,对于学习学前教育学,丰富与发展学前教育学,都具有重要意义。

## 一、国外学前教育理论的产生与发展

### (一)国外学前教育思想的孕育期

从原始社会开始到十五世纪前,这一阶段主要特征是学前教育学的思想散见于各种论述之中,尤其是散见在相关的哲学著作中。

古希腊时期哲学家柏拉图(公元前 427－前 347)在他的著作《理想国》中,论述建立贵族共和国理想的同时,提到了学前教育的重要性:"凡事之开始,为最重要之点。而教育柔嫩之儿童,则更宜注意。盖其将来人格之如何,全在此时也。"并第一次提出了学前社会教育的主张:儿童出生后交给国家特设的养育所,由专门的保姆抚养,母亲去喂奶。三至六岁儿童集中到附设于神庙的儿童场院,国家委派优秀的女公民教育他们。柏拉图还是历史上最早论述优生优育问题的思想家,他强调胎教对儿童发展的重要性。

---

古希腊哲学家亚里士多德(公元前 384 -前 322)在《政治论》中提出了胎教思想,并主张婴儿出生后用母乳喂养,从小要多运动并习惯于寒冷。他认为在五岁前不应要求儿童学习课业,以免妨碍其发育,还主张儿童应学习唱歌和演奏。他还第一个做出年龄分期的尝试,将出生每 7 年划为一个阶段,到 21 岁为止。罗马的教育家和雄辩家昆体良(公元 35 - 95)在《雄辩术原理》中详述了其儿童教育思想,阐明了 7 岁之前儿童教育内容和必要性,提出人的教育应从摇篮开始。主张为儿童挑选好的乳母和教育者,强调周围环境对儿童最初观念形成的重大影响;重视婴儿期语言的发展,并指出游戏对增强儿童智慧,培养儿童品格的教育意义。

在这一阶段,虽然已出现了诸多的关于儿童教育的观点与主张,但大多都是零散的,不系统的,是处在经验水平上的。然而其中有的有关婴幼儿教育的思想对学前教育学的形成奠定了基础。

(二)国外学前教育思想的萌芽期

这一阶段为十六世纪后期至十八世纪初期,随着教育学的建立,儿童教育的思想也不断丰富起来,并大量见之于教育学的论著中。

在这一阶段,由于资产阶级文艺复兴运动的兴起,资产阶级要求个性解放,主张为儿童身体和智力发展提供有利条件,并越来越重视儿童的教育。在此阶段,捷克教育家夸美纽斯(1592 - 1670)1633 出版的《母育学校》,拟定了百科全书式的启蒙教育大纲,是世界上第一本系统论述学前教育的专著,从胎教、体育、智育和德育四个方面对学前教育进行论述,标志着学前教育进入了萌芽阶段。相比孕育阶段,这一阶段的儿童教育思想更加完备化、理论化和专门化。此时教育实践与教育理论都有很大的发展,出现了许多著名的教育家,发表过许多有名的教育著作。譬如夸美纽斯的《大教学论》、英国哲学家洛克的《教育漫话》和法国启蒙思想家卢梭的《爱弥尔》等。这些著作不仅对学前教育学的建立与发展有很大的影响,而且几乎都论及学前教育。主要有以下观点:

第一,提出了尊重儿童,热爱儿童,按照儿童的特点发展儿童个性的观点,主张学前教育应有其特殊的内容与方法。第二,提出教育应"适应自然",认为儿童一出生就具有一切道德的、理智的、身体的能力萌芽,如果用适当的教育加以培养,就能使儿童的一切内在能力和谐地发展起来。第三,重视儿童主动的参与活动,发展感官,获得直接经验,并提出直观的教学方法。第四,系统地提出了家庭教育的完整体系,如夸美纽斯的《母育学校》。上述观点虽然还不足以构成独立的学前教育学的学科体系,但为学前教育学的形成奠定了理论基础。

(三)国外学前教育理论的初创期

学前教育学是从德国 19 世纪著名的幼儿教育家福禄培尔(1782 - 1852)开始创立的。以福禄培尔为标志,学前教育理论才从普通教育学中分化出来,由笼统的认识到建立起独立的范畴与体系,成为一门独立的学科。这一阶段从十八世纪后期到二十世纪前半期,学前教育学开始成为一门独立的学科,并获得初步发展。

福禄培尔原来从事学校教育,后又致力于学前教育。他不仅建立了学前教育机构,还设计了一套游戏与作业材料(原称恩物,意为神恩赐儿童的玩具),并研究了已有的学前教育思想和理论,系统地阐明了幼儿园的基本原理和教学方法。他著有《幼儿园教育学》《慈母游戏和儿歌》及《幼儿园书信集》等著作。他提出了教育应当适应儿童的发展,教育是以儿童的自我活动为基础的观点,并认为游戏对儿童有重要的教育价值。此外,他还在幼儿园进行实践,热心宣传学前教育,培训了第一批幼儿园教师。福禄培尔推动了幼儿园在欧洲各国的建立,同时使得学前教育学开始成为一门独立的学科。

此外,俄国教育家乌申斯基(1823 - 1870)认为,教育要考虑每个孩子的年龄特征和心理特征;游戏的性质和内容受社会环境与儿童的影响;应重视向学前儿童进行认识大自然的教育以及美育和德育等。

在十九世纪末及二十世纪初,美国相继开展进步教育运动和儿童学运动,心理学家霍尔(1846 - 1924)主张以儿童为中心,认为儿童的学习能力是天生不可改变的,幼儿园应提供儿童自然发展的条件。教育家杜威(1859 - 1952)主张"教育即生活",学校生活与儿童实际生活打成一片;"从做中学",以儿童实际经验为起点,并使经验继续不断地改造,使儿童在实际生活中解决和处理实际问题,同时重视

处理人与人关系的社会技能的发展。霍尔与杜威的教育思想对学前教育理论与实践的发展产生了重大的影响。

意大利教育家蒙台梭利(1870－1952)是继福禄培尔之后对学前教育理论有重大影响的代表人物。当时生物学、生理学和心理学的建立和发展,改变了以往只能从观察和经验去认识儿童,研究教育的现象,从而为人们了解和认识儿童提供了科学基础。蒙台梭利作为一名医生,原先从事智力落后儿童的工作,后来从事学前教育研究工作。她充分利用心理学和生理学的知识及系统观察法、实验法等科学研究方法,进行教育实验与研究,提出了自己的学前教育理论,推进学前教育学的发展。她在 1909 年写成《蒙台梭利教学法》,此外还著有《蒙台梭利手则》《童年的秘密》《新世界的教育》《蒙台梭利基本的教材》《教育的自发活动》等著作。她认为儿童自身具有发展的能力,儿童的生长是内在生命潜力的发展,教师的任务在于提供一个环境。她强调儿童自我教育的方法,让儿童通过与教学材料、学习玩具的相互作用来学习,鼓励儿童自我指导和个人创造,允许儿童按自己的步伐自由发展。她还特别重视感官教育,并设计了一套发展感官的教学材料,让儿童自己摆弄、自己练习、自我纠正,由此积极主动地发展感知觉与动作。

（四）国外学前教育理论的发展期

辩证唯物主义为学前教育学的研究提供了科学的世界观和方法论,同时,二十世纪中期以来,生态学、人类学、社会学、心理学、生理学等相邻学科的发展,给学前教育理论的发展与完善带来了新的契机,学前教育学进入了理论化的发展阶段。学前教育学和相关学科的关系越来越密切,对儿童智力的、身体的、情感的发展和教育的课题也须进行多学科的综合研究。譬如,皮亚杰的儿童认知发展理论、前苏联教育家乌索娃的学前教学理论、前苏联心理学家维果斯基的文化历史发展理论、二十世纪八十年代意大利北部小镇瑞吉欧学前教育模式、美国心理学家加德纳提出的"多元智能理论"等。

近 30 年来由于科学技术的发展和社会上对学前教育的重视,学前教育理论的研究有很大进展。国外科研成果在下列方面有进一步发展:如学前教育对儿童发展的作用,家长在儿童教育中的重要作用,儿童语言和认知的发展,瑞士心理学家皮亚杰认知理论在学前教育领域的运用,儿童情感的发展和儿童行为的研究,幼儿园和小学衔接的实验研究,特殊儿童的教育等。

## 二、我国学前教育理论的产生与发展

（一）学前教育思想的孕育

中国古代的学前教育思想起源很早,有悠久的历史。"幼吾幼,以及人之幼"是我们民族的古训,重视学前教育是我们民族的优良传统。

慈幼观念是我国古代学前教育中的特定组成部分。最初有关儿童教育思想的萌芽散见在谚语中。如"三岁看大,七岁看老""教儿婴孩,教妇初来"等。在我国儒家经典之一《礼记·扎运》中,就提出了"不独子其子"和"幼有所长"的美好愿望,这是中国最早的慈幼观念。

在我国古代早就有一些思想家总结了胎教和儿童出生后的家庭教育的实践经验,提出了宝贵的儿童教育思想。战国时期,人们开始从母爱和家庭教育的角度认识慈幼的含义,关于慈幼已形成一种较为普遍的认识,即"有教为爱"。孟母《断织教子》的故事就是一个典型的事例。汉代以后,"爱而有教"已成为社会普遍认同的慈幼观念。西汉贾谊(公元前 220－前 168)在《新书》中记载了公元前十一世纪周成王母注意胎教之说。《大戴礼》的《保傅》篇中曾记有殷周统治者如何注意胎教,如何为太子选择保傅人员。宋代思想家、教育家朱熹认为,儿童缺乏辨别是非的能力,教育就不易多讲深奥的道理,只宜让他们知其当然,最初懂得训规而行,久而久之即成自然。因此,朱熹通过格言、故事、须知、学则等形式灌输给儿童行为规范,以期积久成习,自成方圆。明代中叶著名的思想家、教育家王守仁(1472－1528)揭露和批判传统儿童教育是"鞭挞绳缚,若待拘囚"时,主张把儿童好动喜乐天性视为教育儿童的基础和基本原则。以上所举的教子思想,表明中国传统的慈幼观念已从"爱而有教"的认识,进一步深化为"爱而会教"的认识,并反映了一定的学前教育规律。

此外,我国古代非常重视儿童教育思想的整理及儿童读物的编写。例如,魏晋南北朝的颜之推(公元531年-?)著有《颜氏家训》,在《教子篇》《勤学篇》中论述了对幼小儿童的家庭教育。《三字经》《百家姓》和

《千字文》，简称三、百、千，又叫"三家村"，是中国儿童教育的传统启蒙读物。

（二）学前教育思想的形成和发展

十九世纪中叶以后，随着反帝反封建的旧民主主义革命的兴起，以及西方资产阶级教育思想的传入，传统的封建教育不能适应当时社会的要求，因此在主张改革旧教育制度，提倡西学，设学校的同时，也提出了实施学前社会教育的思想。在清末维新运动中，维新运动的领导人康有为（1858－1927）在《大同书》中第一次提出在我国实施学前社会教育的主张。民主教育家蔡元培（1868－1940）在对学校教育进行一系列重大改革的同时，也提出了学前社会教育体系，主张设立胎教院、乳儿院、幼稚园等一套养育机构，以代替家庭教育。尽管这种代替是不现实的，但是其中重视学前教育的思想是十分可贵的。

二十世纪初期，福禄培尔、蒙台梭利的学前教育思想以及杜威的教育思想相继传入我国，对我国幼稚园的建立产生一定的影响。随着我国幼稚园的发展和学前教育理论的积累，一些教育家开始致力于研究与创立适合我国国情的学前教育理论，著名的教育家有陈鹤琴、陶行知、张雪门等。其中陈鹤琴的《儿童心理之研究》《家庭教育》《活教育理论与实施》，以及与陶行知、张宗麟合著的《幼稚园教育论文集》，还有张雪门的《幼稚园教育概论》《新幼稚教育》《幼稚园课程》《幼稚园的研究》《幼稚园组织法》等，都对丰富学前教育理论，建立我国的学前教育学作出了重要的贡献。下面介绍我国几位主要的学前教育思想家的教育思想。

### 1. 陈鹤琴的"活教育"

陈鹤琴（1898－1982）是我国现代著名的学前教育家，他是我国儿童教育和儿童心理研究的开拓者与奠基人，并促使家庭教育科学化、幼儿师范教育系列化，为中国学前教育事业走向现代化做出了不懈的努力。他从理论创立和实践的躬行两方面，对儿童的成长与发展进行了长期的观察实验和探索研究。陈鹤琴自1940年在江西省立实验幼稚师范学校时开始提出"活教育"思想，经过几年的教育实验，直到1947年他在上海逐步整理出"活教育"的理论体系。其活教育理论体系包括三大纲领：目的论、课程论和方法论，以及教学原则、训育原则等。

（1）目的论。陈鹤琴指出活教育的目的就是"做人，做中国人，做现代中国人"。这样的人应具备什么条件呢？第一要有强健的身体；第二要有建设的能力；第三要有创造能力；第四要有合作的态度；第五要有服务精神。

（2）课程论。陈鹤琴指出："大自然、大社会，都是活教材。"陈鹤琴认为大自然、大社会才是活的书、直接的书，应该向大自然、大社会学习。课程的结构是"五指教学法"，这五指是指健康、社会、科学、艺术和文学，五种活动是一个整体，也称为"整个教学法"。课程的实施以幼儿经验、身心发展特点和社会发展需要作为选择教材的标准，反对实行分科教学，提倡综合的单元教学，以社会自然为中心的"整个教学法"，主张游戏式的教学。

（3）方法论。或教育方法论的基本原则是"做中教、做中学、做中求进步"。主张把儿童作为幼儿园课程系统的中心，让幼儿充分与物、人接触，获得感性经验，"凡儿童自己能够做的，应当让他自己做"。

此外，陈鹤琴根据"心理学具体化，教学法大众化"的指导思想，提出了活教育的17条教学原则，并根据长期教育实践提出13条训育原则。

### 2. 陶行知的"生活教育"

陶行知（1891－1946）是我国人民教育家。陶行知高度评价学前教育的社会价值，并向社会宣传学前教育的重要性。"学前教育实为人生之基础"，"是根本之根本"，"幼稚教育也应当普及"。在他的领导下，以张宗麟、徐世碧、王荆璞为基干，于1927年11月在南京郊区创办了我国第一所乡村幼稚园——燕子矶幼稚园，他提出幼稚园应该实施和谐的生活教育，反对束缚儿童个性的传统教学法，认为教育要启发、解放儿童的创造力，为他们提供手脑并用的条件和机会。在具体教学中，"要解放孩子的头脑、双手、脚、空间、时间，使他们充分得到自由的生活，从自由的生活中得到真正的教育"。他还创建了乡村学前师范教育、农村幼教研究会等，并提出通过"艺友制"，解决幼教师资的培养问题。

针对当时国内学前教育的三大病：外国病、花钱病、富贵病，陶行知提出要把外国的幼稚园改成中国的幼稚园，把费钱的幼稚园改成省钱的幼稚园，把富贵的幼稚园改成平民的幼稚园。因此，他提出了生活

教育的三大主张"生活即教育"、"社会即学校"、"教学做合一"。

（1）生活即教育。"生活即教育"的主旨包括：生活决定教育，有什么样的生活便有与之相应的教育，教育是供人生需要、为了生活向前向上的需要的，只有在生活中求得的教育才是真正的教育，教育与生活经历同一个过程，教育离不开生活，生活离不开教育。他坚决反对"没有生活做中心"的死教育、死学校、死书本。

（2）社会即学校。陶行知主张学校教育的范围不在书本，而应扩大到大自然、大社会和群众生活中去，向大自然、大社会和群众学习，使学校教育和改造自然、改造社会紧密相连，形成真正的教育。陶行知的"社会即学校"的基本主张是：要让社会的每一个角落、每一个地方、每一个生活单位都担负起学校的职能，把整个社会作为一个大学校。同时，学校必须突破围墙之限，要与整个社会联系起来，实行开放式办学，这样才能充分发挥教育的作用。

（3）教学做合一。"教学做合一"是陶行知生活教育理论的教学方法论，是为批判传统单一的教授法，反对教师"教死书、死教书、教书死"和学生"读死书、死读书、读书死"的传统教学模式而提出的教学方法论。陶行知说"'教学做合一'，是生活现象之说明，即教育现象之说明。在生活里，对事说是做，对己之长进说是学，对人之影响说是教。教学做只是一种生活之三个方面，而不是三个各不相谋的过程。"

### 3. 张雪门的"行为课程"

张雪门（1891 - 1973），浙江鄞县人，我国著名的幼儿教育家。早在二十世纪三十年代，他就与陈鹤琴先生有"南陈北张"之称。1918 年，张雪门在宁波市创办了第一所由中国人自办的幼稚园——星荫幼稚园，并担任园长。

张雪门认为优秀民族实基于幼稚教育，并提出改造民族的幼稚教育有 4 项具体目标："一是铲除我民族的劣根性；二是唤起我民族的自信心；三是养成劳动与客观的习惯态度；四是锻炼我民族为争中华之自由平等而向帝国主义作奋斗之决心与实力。"基于这种认识，他主张幼稚教育必须是根据三条原则：一是中国的传统文化；二是国家民族的需要；三是儿童的心理发展。因为这样才能培养儿童的伦理观念、民主生活和科学头脑。总之，他认为幼稚教育的目标必须随时代的前进而改变，符合时代的需要和造就中华民族优秀的新一代的要求。

张雪门曾在北平主办香山慈幼院，他对学前教育理论和幼稚园课程进行了深入研究，出版了《幼稚园教育概论》《幼稚园课程》等著作。张雪门明确提出"行为课程"的概念是在 1966 年出版的《增订幼稚园行为课程》一书中。书中指出："生活就是教育，五六岁的孩子在幼稚园生活的实践，就是行为课程。"他的行为课程理论的基本思想是"生活即教育"、"行为即课程"。强调通过儿童的实际行动，获得直接经验；同时要求根据儿童能力、兴趣和需要组织教学，主张采取单元设计的方法，打破学科界限。

### 4. 张宗麟的"学前社会教育"

张宗麟（1999 - 1976）是我国第一位男性幼稚园教师，他的学前教育理论构建与陈鹤琴的活教育、陶行知的生活教育紧密相联，颇具特色的是他的"学前社会教育"思想。张宗麟于 1931 年出版《幼稚园的社会》，阐述了他关于幼稚园社会教育的主张。他认为："我们需要的孩子，决不是只会吃，只会个人享受的孩子。我们需要的是能为孩子们谋共同享受，能注意他的四周事物的孩子"。他认为幼稚园的课程应该是儿童的一切活动，课程的主要内容包括 7 类活动：关于生活卫生、家庭邻里、商店邮局，以及其他公共设施和名胜古迹等方面；日常礼仪的学习和演习；节日和纪念日活动；身体的认识活动和基本卫生活动。

二十世纪中期以来，我国学前教育在汲取世界先进的学前教育理论成果的同时，紧密结合我国学前教育实践的研究工作也日益开展，如：① 扩大了研究对象，儿童的年龄延伸到 3 岁前。② 重视进一步运用儿童发展的理论和进行实验研究，探讨学前儿童学习的过程和道德品质形成的过程。③ 从学前儿童是教育的主体的观点出发，改革教育内容和教学方法，培养儿童的主动性和创造性。④ 重视研究学前儿童智力的早期发展、幼儿园与小学的衔接等。⑤ 重视研究农村学前教育的特点等等。

## 第三节　当代学前教育的发展趋势

学前教育是文化传承的首要环节,学前教育的发展水平既是一个国家教育水平的反映,也是一个民族文明程度的反映,世界各国都高度重视发展学前教育。随着社会的发展,学前教育也随之不断发展,并逐渐显示出与当代社会发展相适应的发展趋势。

### 一、学前教育的国际化趋势

国际沟通和合作的不断加强成为现代学前教育的一个明显特征。在现代社会的发展进程中,虽然各国发展的速度有快有慢,但学前教育中所存在的问题却是共同的,如高度科技化、高度工业化、高度城市化给学前教育所带来的负面影响,环境教育、独生子女等问题,对这些问题所采取的教育策略则又需要国际的合作和共同努力才能得以解决。1990年9月,联合国世界儿童问题首脑会议在纽约联合国总部举行,会议提出了"儿童优先"的原则,即儿童问题应该摆在社会优先的地位来考虑,会议通过了《关于儿童生存、保护和发展世界宣言》。

现代社会的学前教育也只有通过国际的相互沟通、相互借鉴、相互促进,才能共同提高,共同发展。但重视国际的教育信息的交流与比较研究,不是简单地照搬,也不是简单排斥一切,而是要结果比较之后,去选择、去采纳。

### 二、学前教育的多样化趋势

学前教育基本理论呈现多样化的发展趋势,这是现代学前教育的基本特征。在急剧变革的现代社会,社会中的经济活动、文化活动、人口变化、社会生活方式的变化等,都对学前教育的理论和实践产生猛烈的冲击与深刻的影响。如果仅靠"己见"不相融合的单一理论模式很难解决问题,也很难满足不同经济和文化发展地区对学前教育的不同要求。

学前教育基本理论多样化的发展趋势,不仅表现在引进、消化、吸收各种教育理论,并出现各种理论同时并存,以解决现代学前教育的各种集中问题;而且表现在各种学前教育模式互为补充、互为融合,用综合的理论以解决现代学前教育各类复杂、综合的问题。

### 三、学前教育的科学化趋势

由于现代社会科学技术的发展,人们对儿童的研究有了较大的突破,其中包括儿童发展的生理原因和成长发展过程的研究,儿童生理和心理发展相互影响等研究成果都给学前教育提供了科学依据,同时也为学前教育科学化提供了极为有利的条件。

所谓学前教育科学化,指的是利用科学技术手段参与学前教育的研究工作,用科学研究成果指导学前教育的实践工作,用科学的方法并按照学前儿童的发展规律实施教育工作。学前教育科学化是现代社会学前教育事业发展的客观需要,也是提高学前教育质量,促进学前儿童身心健康发展的实际需要。因此,学前教育科学化不仅是现代学前教育的基本特征,而且也成为现代学前教育工作者的努力方向。

### 四、学前教育的整体化趋势

学前教育的整体化发展趋势,是指学前教育目标的整合性趋势。随着人类社会的发展与进步,我们可以看到,儿童及儿童的权利越来越受到人们的重视和尊重。现代社会越来越尊重儿童和注意满足儿童各种发展的需要,并把儿童身心各方面的发展看成一个有机的整体,看成是一个全方位不断发展的"整体人"。这要求现代学前教育将培养"完整儿童"作为主要目标。而所谓"完整儿童",是指全面发展、和谐平衡的儿童,其发展应是身体的、认知的、情感的、社会的和人格的整合性发展。

### 五、学前教育的规范化趋势

随着社会经济与教育事业的不断发展,学前教育机构越来越朝着多样化、立体化的方向发展。而且学前教育机构在各国、各地区的发展形势还会更加丰富多彩。因此,在现代学前教育机构的发展进程中,越来越重视对各种学前教育机构管理的规范化,主要是通过制订各种法规、制度或标准,来规范各类学前教育机构的工作,以保证学前教育事业的健康发展。

### 六、我国学前教育未来发展趋势

由于我国政治、经济、文化有着自身的发展特点,因此,我国学前教育除了具有上述的共同发展趋势外,还具有中国特色的学前教育发展目标和任务。2010 年 7 月我国《教育规划纲要》正式发布,这是中国进入 21 世纪之后的第一个教育规划,是今后一个时期指导全国教育改革和发展的纲领性文件。从《教育规划纲要》中,可以看出我国学前教育未来发展的趋势为:基本普及学前教育;明确政府职责;重点发展农村学前教育。以下是《教育规划纲要》中对学前教育发展目标和任务的表述。

（一）学前教育事业发展目标

1. 幼儿在园人数：2015 年为 3 400 万人,2020 年为 4 000 万人。
2. 学前一年毛入园率：2015 年为 85.0%,2020 年为 95.0%。
3. 学前两年毛入园率：2015 年为 70.0%,2020 年为 80.0%。
4. 学前三年毛入园率：2015 年为 60.0%,2020 年为 70.0%。

（二）学前教育发展任务

**1. 基本普及学前教育**

学前教育对幼儿身心健康、习惯养成、智力发展具有重要意义。遵循幼儿身心发展规律,坚持科学保教方法,保障幼儿快乐健康成长。积极发展学前教育,到 2020 年,普及学前一年教育,基本普及学前两年教育,有条件的地区普及学前三年教育。重视 0～3 岁婴幼儿教育。

**2. 明确政府职责**

把发展学前教育纳入城镇、社会主义新农村建设规划。建立政府主导、社会参与、公办民办并举的办园体制。大力发展公办幼儿园,积极扶持民办幼儿园。加大政府投入,完善成本合理分担机制,对家庭经济困难幼儿入园给予补助。加强学前教育管理,规范办园行为。制定学前教育办园标准,建立幼儿园准入制度。完善幼儿园收费管理办法。严格执行幼儿教师资格标准,切实加强幼儿教师培养培训,提高幼儿教师队伍整体素质,依法落实幼儿教师地位和待遇。教育行政部门加强对学前教育的宏观指导和管理,相关部门履行各自职责,充分调动各方面力量发展学前教育。

**3. 重点发展农村学前教育**

努力提高农村学前教育普及程度。着力保证留守儿童入园。采取多种形式扩大农村学前教育资源,改扩建、新建幼儿园,充分利用中小学布局调整富余的校舍和教师举办幼儿园(班)。发挥乡镇中心幼儿园对村幼儿园的示范指导作用。支持贫困地区发展学前教育。

根据以上内容,我国学前教育事业的未来发展趋势还可理解为:学前教育在国民教育体系中的地位得到巩固;农村学前教育是近期发展的重点;公办、民办幼儿园协同发展;幼儿教师地位得到提高;学前教育法律法规日臻完善并得到相应落实;初步形成合理的学前成本分担机制;形成了多层次的学前教育发展格局;政府的宏观指导和管理职能得到加强。

当前,我们要充分发挥我国当前社会的有利条件,进一步有计划地开展学前教育理论和实践的研究工作,继承和发展我国的教育遗产,研究和分析国外学前教育理论与科研成果,以进一步发展指导具有我国特色的学前教育实际工作的学前教育理论。我们需要进一步探索和研究当前学前教育改革中重要的理论问题,如幼儿的主动性和教师指导作用的研究、集体教育与因材施教的研究、发展幼儿智力潜力、培养幼儿独立能力及培养创造力的研究、发展幼儿情感的研究、幼儿社会化的研究、幼儿园各种分班方式的比较研究、农村学前教育的体制、组织管理、教育内容和方法的研究、残障儿童教育(或早期干预)的研究、幼儿园教育质量评估的研究、幼儿园教师的能力结构、知识结构及其培养的研究,以及学前教育科研方法的研究等等。

------------------------------ 自 测 题 ------------------------------

## 一、名词解释

学前教育科学化

## 二、单项选择

1. 从实施形式看,原始社会的儿童教育是(　　)
   A. 学前教育　　　　　B. 公养公育　　　　　C. 早期教育　　　　　D. 及早施教

2. 独立的学前教育机构最早出现于(　　)
   A. 等级社会　　　　　B. 社会主义社会　　　C. 资本主义社会　　　D. 原始社会

3. 世界上最早的学前教育机构是(　　)创办的新兰纳克幼儿学校。
   A. 维尔德斯平　　　　B. 欧文　　　　　　　C. 福禄倍尔　　　　　D. 威廉·哈里斯

4. 世界上第一所以"幼儿园"命名的学前教育机构的创立者是(　　)
   A. 卢梭　　　　　　　B. 裴斯泰洛齐　　　　C. 夸美纽斯　　　　　D. 福禄培尔

5. 我国第一所乡村幼稚园的创办人是(　　)
   A. 陶行知　　　　　　B. 蔡元培　　　　　　C. 陈鹤琴　　　　　　D. 张雪门

6. 《爱弥儿》这部著作阐明了自然主义教育观,其作者是(　　)
   A. 洛克　　　　　　　B. 福禄培尔　　　　　C. 柏拉图　　　　　　D. 卢梭

7. 关于学前儿童的教育,夸美纽斯(　　)
   A. 第一个承认游戏的教育价值　　　　　　　B. 拟定了百科全书式的启蒙教育大纲
   C. 强调母亲的作用　　　　　　　　　　　　D. 认为教育应遵循儿童的自然

8. 上世纪初,清政府颁布了我国历史上第一个学前教育法规是(　　)
   A.《幼稚园令》　　　B.《幼稚园工作规程》　C.《奏定蒙养院章程》　D.《癸卯学制》

9. (　　)年国家教委正式颁布的《幼儿园工作规程》中规定:"幼儿园是对3～6周岁学龄前幼儿实施保育和教育的机构。"
   A. 1995　　　　　　　B. 1996　　　　　　　C. 1997　　　　　　　D. 1998

10. 我国对儿童提出六大解放的教育家是(　　)
    A. 陶行知　　　　　　B. 陈鹤琴　　　　　　C. 张宗麟　　　　　　D. 张雪门

11. 1904年,我国正式颁布且在全国普遍实行的第一个(　　),第一次用国家学制形式把学前教育机构的名称确定为"蒙养院"。
    A. 癸卯学制　　　　　B. 壬寅学制　　　　　C. 双轨制学制　　　　D. 单轨制学制

12. (　　)是新中国成立以来,经国务院批准颁发的第一个幼儿教育法规。
    A.《幼儿园教育指导纲要》　　　　　　　　　B.《幼儿园工作规程》
    C.《幼儿园管理条例》　　　　　　　　　　　D.《幼儿园教育指导纲要(试行)》

## 三、简答

1. 简述陈鹤琴的"活教育"理论主要内容。
2. 简述陶行知的"生活教育"理论主要内容。
3. 简述国际现代学前教育发展趋势及我国学前教育发展趋势。

## 四、课外阅读

查阅资料,了解本章所学到的陈鹤琴、陶行知、张宗麟、张雪门等我国著名学前教育家的生平简介,并与同学交流分享。

## 课外拓展:

### 陈鹤琴学前教育思想的传统文化渊源①

陈鹤琴(1892-1982)是我国著名的学前教育家,有"中国幼教之父"之美誉。他幼时家境贫寒,勤奋好学,八岁入横街私塾(现上虞市鹤琴小学),15岁由亲友资助进杭州中学学习。1911年春考入上海圣约翰大学,秋转入清华学堂高等科。1914年大学毕业后,考取公费赴美留学,与陶行知同行。1917年、1918年分别在霍普金斯大学和哥伦比亚大学师范学院获文学学士学位、教育硕士学位。1919年回国效力。陈鹤琴留美五年,师从克伯屈、孟禄、桑代克、罗格等教授专心研究教育学和心理学。从他提倡的"活教育"理论及其实践来看,西方的教育学知识和理念无疑给他耳聪目明的影响,但另一方面,我们也应看到陈鹤琴身上流淌着中国传统的血液,从小接受过中国传统文化教育,除了在海外求知的几年,他的绝大多数人生岁月都是在神州大地上花费或奉献的。因此,中国传统文化因子在他身上及其思想上的现实存在与刻骨铭心的影响,是我们任何一个研究和学习陈鹤琴教育思想的人不得不首先正视与面对的。仔细研究陈鹤琴的思想,我们不难发现他是一位有着深刻中国文化底蕴的教育家。

一、中国人惯用的系统思维模式

自古迄今,中国人惯用的思维方式就是系统或整体思维,天人感应,家国同构。中医、气功等学说无不很好地反映了这一点。这在陈鹤琴的身上表现得十分明显。他无论搞教育试验,摸索教育规律,还是构建儿童教育原则和幼教体系,都运用了整体思维。陈鹤琴曾请陶行知作了中华儿童教育社社歌。这个社歌中所谓"发现小孩"、"了解小孩"、"解放小孩"、"信仰小孩"、"变成小孩"、"才能教育小孩",是一套完整的儿童教育原则。新中国成立后,陈鹤琴出任南京师范学院院长,率先开设大学本科的幼教专业,并重建和附设南大附小、幼儿园、儿童玩具研究室及附属工厂、幼儿师范等附属机构,从而形成一个包含各级幼教机构并体现教育、科研、生产三结合特点的完整的幼儿高等师范教育体系。20世纪70年代末,88岁高龄的陈鹤琴先生,还对切实开展幼儿教育科学实验以促进全民族幼儿教育事业的发展,提出了积极的建议,要对作为幼儿教育基础的儿童心理做全面、系统、切实的科学实验;要重视幼儿家庭教育的科学实验,将幼儿的家庭教育作为一门科学来研究和推广;对幼儿园的教育应进行系统、深入的科学实验与研究……从幼儿园到小学到师范教育,从家庭教育到学校教育到社会教育,从婴幼儿到青少年,从正常到特殊儿童,从普及教育到文字改革,他都作了全面、深入、系统的探索和研究,为我们留下了近四百万字的学术研究成果。陈鹤琴先生不愧是我国儿童教育和儿童心理研究的开拓者与奠基人。由上可见,陈鹤琴思想中的传统思维与文化痕迹是显而易见和毋庸置疑的。

二、赤子之心与儒道风骨

陈鹤琴不仅有着中国人思维的传统特质,而且有着充满"浩然之气"(《孟子·公孙丑上》)的"大丈夫"理想人格。"富贵不能淫,贫贱不能移,威武不能屈"(《孟子·滕文公下》)的"大丈夫"高尚气节,一直激励着中华民族的优秀儿女为着国家繁荣富强、人民安乐幸福的神圣事业而前仆后继、奋斗终生。我们完全可以说:"懂得了这个词汇,才可以懂得中国文化和中华民族的精神。"

---

① 王炳照,秦学智.陈鹤琴学前教育思想的传统文化渊源[J].学前教育研究,2006(3).

潘菽在为《陈鹤琴教育文集》所写的序中这样写道："有人称赞陈鹤琴同志是一个'不失赤子之心'的大人,这也是对他的一种恰当的印象"。我也有这样的印象。他确实是一个很真诚的人,一个很纯朴的人,一个热情洋溢的人。只有这样一个人才能真正热爱儿童,儿童也才能喜欢他。他不仅喜欢自己的几个孩子,也喜欢所有见到的儿童。不仅自己几个孩子喜欢他,所有见到他的孩子也都喜欢他。陈鹤琴身上有着中国儒道两家优良文化所共同推崇的纯洁善良的心地和"为民族立生命,为万世开太平"的壮志豪情,他不愧为鲁迅所说的"中国的脊梁"式的人物。而这种赤子之心和儒道风骨正是我们现代中国人应该人人具备的根本素质。

三、儿童教育

陈鹤琴平生所致力于的是儿童教育,而注重儿童教育是中华民族的一贯传统。春秋时代的孔子、汉代的贾谊、南北朝的颜之推、明代的王守仁等人都曾明确地提出过儿童教育思想。陈鹤琴显然继承了这一优良传统。他在《家庭教育》一书中这样告诫人们:"做父母的教育小孩子,尤应当特别谨慎的。因为小孩子年龄幼稚,意志薄弱,很容易受教育的影响的。施以良好的教育,则将来成为良好的国民,倘施以恶劣的教育,那么将来成为恶劣的青年了"。

四、做人教育

教育儿童最重要的是教他们如何做人。在不同的时代,教育家们都提出了自己所推崇的教育目标。孔子要培养德才兼备的君子,孟子追求"富贵不能淫,贫贱不能移,威武不能屈"的大丈夫,荀子希冀推行礼法的"贤能之士",王充旨在"文人和鸿儒",等等。陈鹤琴在继承传统教育核心价值或基本精神的基础上,结合时代发展的实际需要,郑重提出了自己的教育目标。那就是"活教育的目的就是在做人、做中国人、做现代中国人"。强调"做现代中国人"必须具备健全的身体、建设的本领、创造的能力、合作的态度和为大众服务的精神。抗战胜利后,他又提出"做世界人",这个世界人要爱国家,爱人类,爱真理。陈鹤琴批判地继承了古代有关"做人教育"的思想,并在当时有利于文化普及的文字改革运动的基础上推行民族英雄教育,以培养健全国格的公民。"读书做官"论一度盛行,陈鹤琴有针对性地指出:"孔子所谓修身、治国的道理,都是着重于'做人'。可是到了近世,教育本身变了质,以为去读书就是'受教育'。反而把做人忘记了,所以今天我特别提出'做人'以唤起人们的注意。""做人"已超越传统意义而获得了新的内涵。

五、环境教育

教儿童成为对社稷、民族有用有益的人,就需要给他们提供良好的学习和生活环境。陈鹤琴1930年在《儿童教育》第三卷第四期上发表了一篇题为《儿童应有良好的环境》的文章。文章开篇说道:"小孩子生来大概都是好的。到了后来,或者是好,或者是坏,这是环境的关系。环境好,小孩子就容易变好,环境坏,小孩子就容易变坏。一个小孩子在诡诈恶劣的环境里生长,到大来也会变成诡诈恶劣的。一个小孩子在忠厚勤俭的环境里生长,到大来也是忠厚勤俭的。这是什么缘故呢!他所看见的,所听见的,都给他坏的印象,那他所反应的大概也是坏的;假使他在很好的环境里生长,他所听见的,所看见的,都给他好的印象,那他所表现的大概也是很好的。"所以古时候孟母要三次迁居,随后他指出,要为孩子创造游戏的环境、劳动的环境、科学的环境、艺术的环境(音乐的环境、图画的环境和审美的环境)、阅读的环境,使孩子得到全面、均衡、和谐的发展。

总之,陈鹤琴所终身提倡的是民族的、科学的、大众的、社会的、健康的、艺术的、现实的、陶冶性的、可持续发展的儿童教育。他所提出的"五指活动"理论,幼稚园课程编制"十大"原则,办好幼稚园的"十五条主张",以及"几点宏愿"等教育思想和主张,都是深深植根于中华民族传统文化土壤之中的。当然,其所受西方教育给他带来的刺激、知识和信息也是其学前教育思想之花永开不败的动力源泉。而恰好又是这一点印证了我国传统文化所天然蕴藏的一种开放性品质。归根结底,是历史悠久、灿烂夺目的中华文明孕育了陈鹤琴和他的民族教育思想,没有振兴中华民族及其文化的动因,就不会有一个留洋数年而毅然决然回国报效神州大地母亲的赤子,同样,没有深厚的中国传统文化底蕴,也就不会产生一个在学前教育领域大显身手、独占鳌头的陈鹤琴。

# 第3章　学前教育与社会发展

## 学习目标

1. 理解学前教育的政治、经济、文化功能；
2. 理解社会政治、经济、文化诸因素对学前教育的制约；
3. 能运用相关知识分析学前教育的现实社会问题。

## 知识结构

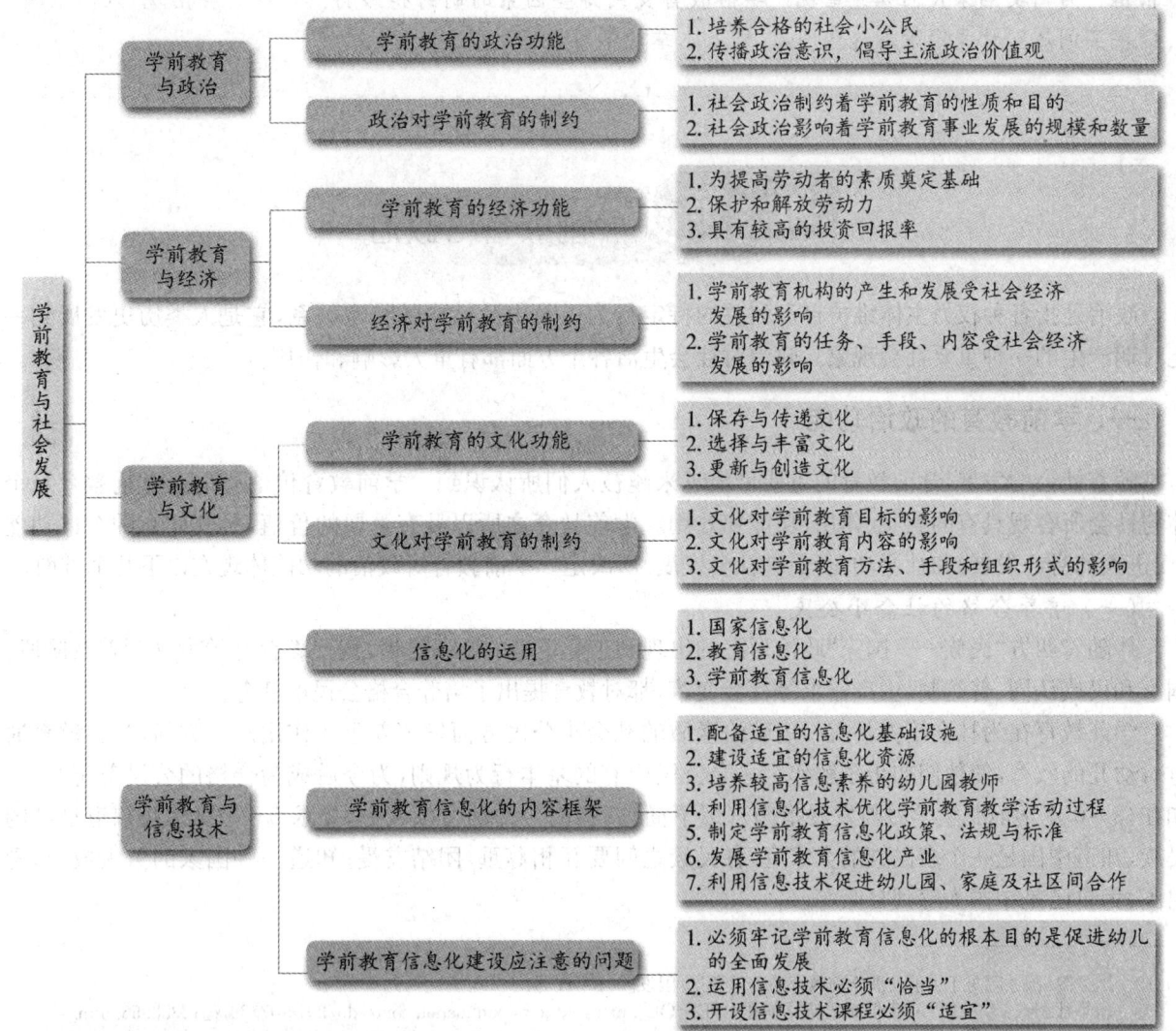

| 学前教育与社会发展 | 学前教育与政治 | 学前教育的政治功能 | 1. 培养合格的社会小公民<br>2. 传播政治意识，倡导主流政治价值观 |
| | | 政治对学前教育的制约 | 1. 社会政治制约着学前教育的性质和目的<br>2. 社会政治影响着学前教育事业发展的规模和数量 |
| | 学前教育与经济 | 学前教育的经济功能 | 1. 为提高劳动者的素质奠定基础<br>2. 保护和解放劳动力<br>3. 具有较高的投资回报率 |
| | | 经济对学前教育的制约 | 1. 学前教育机构的产生和发展受社会经济发展的影响<br>2. 学前教育的任务、手段、内容受社会经济发展的影响 |
| | 学前教育与文化 | 学前教育的文化功能 | 1. 保存与传递文化<br>2. 选择与丰富文化<br>3. 更新与创造文化 |
| | | 文化对学前教育的制约 | 1. 文化对学前教育目标的影响<br>2. 文化对学前教育内容的影响<br>3. 文化对学前教育方法、手段和组织形式的影响 |
| | 学前教育与信息技术 | 信息化的运用 | 1. 国家信息化<br>2. 教育信息化<br>3. 学前教育信息化 |
| | | 学前教育信息化的内容框架 | 1. 配备适宜的信息化基础设施<br>2. 建设适宜的信息化资源<br>3. 培养较高信息素养的幼儿园教师<br>4. 利用信息化技术优化学前教育教学活动过程<br>5. 制定学前教育信息化政策、法规与标准<br>6. 发展学前教育信息化产业<br>7. 利用信息技术促进幼儿园、家庭及社区间合作 |
| | | 学前教育信息化建设应注意的问题 | 1. 必须牢记学前教育信息化的根本目的是促进幼儿的全面发展<br>2. 运用信息技术必须"恰当"<br>3. 开设信息技术课程必须"适宜" |

**案例导语**

2010 年国务院印发的《国务院关于当前发展学前教育的若干意见》,明确指出学前教育是终身学习的开端,对幼儿习惯养成、智力开发和身心健康具有重要意义,是国民教育体系的重要组成部分,是重要的社会公益事业……发展学前教育,必须坚持公益性和普惠性,保障适龄儿童接受基本的、有质量的学前教育;必须坚持政府主导,社会参与,公办民办并举,落实各级政府责任,充分调动各方面积极性。①

广州海珠区黄女士的儿子两岁半,适逢入托年龄。她所在的小区有一所公办幼儿园,当时买房时开发商承诺该幼儿园作为小区配套之一,优先向业主开放。因此,黄女士认为孩子入读这个幼儿园,是理所当然的事。然而,报名时的火爆场景让黄女士着实吓了一跳:72 个名额,却有两三百人半夜三四点就来排队抢!她这才意识到入园形势的严峻性。几经周折,她托熟人找了园长以及主管部门的领导,甚至提出愿意交捐资助学费三万元。但最终,她收到的还是一张"不录取通知书"。同是这个小区的另一个小朋友小艺,今年两岁,却幸运地获取了入园资格。小艺的爷爷钟老伯说:"一定要找关系,一般的关系还不行,找了关系还要交几万元赞助费才行。"不仅公办幼儿园如此,民办幼儿园也是入园难。住在广州市白云区某大型楼盘的胡女士当时买房时,就是看中了小区这所优质的私立幼儿园,不料,后来楼盘规模越建越大,小区的小孩也越来越多,要进入这所幼儿园,还得提前排队。②

上述案例中第一自然段介绍了《国务院关于当前发展学前教育的若干意见》中对学前教育重要价值及其政府在学前教育中主导作用的强调;第二自然段描述了我国目前"入园难"的社会现实问题。那么,为什么说学前教育是重要的公益事业,政府要起到哪些主导作用?学前教育有何功能和价值?为何受到家长们如此重视?学前教育受到哪些因素的制约和影响?为什么会出现"入园难"的现实问题?让我们带着这些问题,进入本章的学习。

## 第一节 学前教育与政治

政治是指各种权力主体维护自身利益的特定行为以及由此结成的特定关系,它是人类历史发展到一定时期产生的一种重要社会现象。政治对社会生活各个方面都有重大影响和作用。

### 一、学前教育的政治功能

随着社会的发展,学前教育的重要价值越来越被人们所认识到。学前教育价值指的是学前教育对个体与社会所客观具有的意义、作用、功能和效用。学前教育之所以具有重要的价值,是其固有的个体功能(促进人的身心发展)和社会功能(促进社会发展)所决定。学前教育对政治的功能体现在以下几个方面。

#### (一)培养合格的社会小公民

伴随着西方"民族——国家"政治形态的出现和工业革命的不断进展,现代教育开始发展到普及阶段。国家和民族认同、普选制、生产需求等社会变革,都对教育提出了培养合格公民的任务。

学前教育在为社会培养具有一定政治素质的社会小公民方面发挥着重要作用。一方面,学前教育通过对幼儿的教育,使他们初步了解作为一个公民应有的基本行为规则,为今后成为合格的公民奠定基础。如在《3~6 岁学前儿童学习与发展指南》(以下简称《指南》)的社会领域中,要求 5~6 岁幼儿知道自己的民族,知道中国是一个多民族的大家庭,各民族之间要互相尊重,团结友爱;知道一些国家的重大成就,爱祖国,为自己是中国人感到自豪等。

---

① 国务院. 国务院关于当前发展学前教育的若干意见. 国发[2010]41 号.
② 新华社调查:幼儿园"入园难"问题症结何在?[EB/OL]. http://news.xinhuanet.com/edu/2010-07/29/c_12388956.htm.

**（二）传播政治意识，倡导主流政治价值观**

在现代社会，教育通过传播科学真理，弘扬优良道德，形成正确的舆论，同时产生进步的政治观念，以促进社会的进步与革新。一定社会文化体现着社会的政治要求和思想，因此，幼儿园也是一个宣传和传播文化的场所。譬如，学前教育内容的选编本身都是带有一定社会政治制度和政治主张的知识与价值取向，而作为社会主旋律代言人的教育者在传播教育内容过程中不可避免地以直接或者间接的方式向儿童传授一定的政治价值观。现代社会，民主、平等的观念成为主流思想，学前教育在传播民主、平等思想意识方面的作用尤其受到了重视。我国是人民当家做主的社会主义国家，从幼儿园开始就引导儿童要关心国家大事、积极参与集体活动、正确认识权利与义务的关系，民主、平等意识和习惯的养成等等。在推进社会进步的主旋律文化过程中，学前教育的作用虽然不是根本性的，但也是极其重要且显而易见的。

## 二、政治对学前教育的制约

教育作为社会大系统中一个重要的子系统，其目的、制度、内容与方式，以及发展的规模与速度，无一不受到一定社会的经济政治制度、生产力发展水平与科学文化等因素的影响。这种影响是客观地存在，只有认识它，才能把握学前教育发展和改革的规律，学前教育本身才能得到更好的发展，学前教育也才能更好地为社会的政治、经济、文化建设服务，促进社会的进步。

**（一）社会政治制约着学前教育的性质和目的**

第一，政府利用其拥有的立法权，通过颁布有关学前教育法律、法规、政策和规章制度，决定其学前教育的性质、实现其学前教育的目的。第二，政府利用其拥有的组织和人事权力主导学前教育公职人员的选拔、任用以及他们的行为导向。第三，政府通过经济杠杆控制学前教育的方向，对办学权力进行严格控制，如民间办园均需申请审批等。

**（二）社会政治影响着学前教育事业发展的规模和数量**

第一，政府对学前教育的重视与领导，是学前教育发展的先决条件。综观各国学前教育的发展，我们可以看到一个国家学前教育的发展状况与政府权力机关和职能部门的重视与否息息相关。新中国成立后，党和政府十分关心学前教育的发展，积极动员各方面的力量，大力发展托儿所、学前儿童园，其数量是新中国成立前的几百倍，质量也得到了很大的提高。《教育规划纲要》提出："积极发展学前教育，到 2020 年，普及学前一年教育，基本普及学前两年教育，有条件的地区普及学前三年教育。重视 0～3 岁婴儿教育。"这对促进学前教育的发展具有重要意义。第二，政治影响学前教育的财政。一方面，政治决定教育经费份额的多少。掌握政权者会根据其政治发展需要，随着社会发展而不断调整教育经费在整个社会总投入中的份额。如《教育规划纲要》提出："按增值税、营业税、消费税的 3% 足额征收教育费附加，专项用于教育事业。提高国家财政性教育经费支出占国内生产总值比例，2012 年达到 4%。"另一方面，政治决定教育经费的筹措。如《教育纲要规划》提出："学前教育建立政府投入、社会举办者投入、家庭合理负担的投入机制。"

## 第二节　学前教育与经济

经济是人类社会的物质基础，是构建人类社会并维系人类社会运行的必要条件。随着社会生产技术、手段和方式的飞速发展，教育对社会经济增长的促进作用也在不断增长，在社会经济生活中的地位稳步提高。

## 一、学前教育的经济功能

学前教育通过其自身的特点对经济的促进作用主要体现在以下几个方面。

**（一）为提高劳动者的素质奠定基础**

首先，教育将可能的劳动力转换成现实的劳动力，成为劳动力再生产的重要手段。其次，劳动者的素质是决定生产力水平的主要因素。提高劳动者的素质,不只是在学校教育,而且在入学前的教育。学前教育是劳动者一生发展的奠基阶段,高质量的学前教育可以培养学前儿童良好的综合素质,诸如健康的体魄、动手动脑的能力、广泛的兴趣、良好的学习习惯等,这样可以减少学前儿童后续学业的失败,提升学校教育质量,从而提高劳动力在市场上的就业能力和生产效率,并最终实现对经济发展的促进作用。随着社会的发展,学前教育在提高劳动力的素质方面的作用,促进社会经济发展的作用越来越为人们所重视。

**(二)保护和解放劳动力**

学前教育不仅从可以提高劳动力素质,而且还有自己独特的作用。众多事实表明,孩子能否健康地成长和发展已成为决定家庭生活是否和谐幸福、影响家庭生活质量的一个关键性的因素。幼儿教育机构不仅承担着从时间上为家长参加工作和学习提供便利的任务,而且在家长普遍重视孩子发展和早期教育的今天,幼儿教育质量更成为家长关注的核心,直接关系着家长能否放心地工作、安心地学习。高质量的学前教育可以减轻家长养育幼小子女的负担和后顾之忧,使他们精力充沛地投入工作和学习。这是学前教育通过保护和解放劳动力,从而直接为经济发展服务的体现。

**(三)具有较高的投资回报率**

学前教育具有较高的投资回报率,对社会的稳定与持续发展具有重要作用。美国几项长达20~30年的学前教育追踪研究表明,学前教育时期的投资回报率,相当于此后所有年龄阶段人力资本投资回报率之和。美国的佩里学前教育研究计划是最早启动也是最有名的学前儿童教育长期效果研究项目,进行了长达40多年的研究,该研究在2004年发表的报告声明:对儿童每投入1美元可以获得16.14美元的回报,其中,12.90美元回报给社会,个人则获得3.24美元的回报;在对社会的回报中,88.0%源于犯罪减少,4.0%体现为节省教育开支,7.0%源于提高收入而来的增值税;1.0%源于福利开支的减少。20世纪60年代,美国的"早期开端方案"正是因为学前教育在消除社会贫困、拥有高质量的家庭生活和产生社会经济效益方面的突出作用,而采取的一种对家庭经济状况差、父母文化水平低的社会处境不利学前儿童进行补偿性教育措施。

## 二、经济对学前教育的制约

经济是人类社会的物质基础,是构建人类社会并维系人类社会运行的必要条件。教育的发展需要一定的物质基础,因此经济发展对教育的影响是显著的。

**(一)学前教育机构的产生和发展受社会经济发展的影响**

一方面,经济的发展促进社会学前教育机构的产生。社会经济的发展、生产力水平的提高增加了社会物质财富,为建立学前教育机构提供了坚实的物质基础。15世纪英国的圈地运动使得大批农民聚集于城市,这些贫民子女的保育问题被提上日程,出现了一些贫民儿童保护和养育设施,这是近代欧洲学前教育设施的胚胎和根源。工厂的发展需雇佣大批女工母亲参加劳动,幼小儿童无人照看产生了社会问题,从客观上提出了建立学前教育机构的需要。另一方面,学前教育机构的发展受经济发展的制约。学前教育机构的设置和发展需要一定的人力、物力和财力,这与经济发展的水平直接相关。另外,经济发展水平影响社会对学前教育的需要,一般而言,经济水平较高的国家和地区儿童入园率较高。

**(二)学前教育的任务、手段、内容受社会经济发展的影响**

教育的最终目的要为社会培养人才,培养劳动力,使年轻一代能顺利参加生活和社会生产劳动。不同形态的社会,经济发展水平不同,对未来劳动者的素质要求也不同。随着社会经济的发展,学前教育的任务也不断发生变化。由早期的"看护儿童"到20世纪60年代美国的"早期开端方案",学前教育机构的设置有了较快的发展。20世纪80年代以后世界教育改革的浪潮直接影响了学前教育的发展,以培养个体身体、情感、智力、社会性全面发展的学前教育理念被广泛传播和接受。学前教育的内容和手段也与经济的发展密切相关,经济的发展能够创造更多的物质财富,为丰富教育内容、更新教育手段提供了条件。例如,幼儿园教学中所使用的多媒体,为直观性教学提供了便捷的手段。

## 第三节　学前教育与文化

广义的文化是指人类在社会历史过程中创造的物质财富和精神财富的总和。这里所讲的文化主要指一定社会民族的文化,包括一定社会民族长期形成的共通的语言、知识、价值、信仰、习俗及其成员的行为范式、生活方式,其主要内容主要由文化观念(包括价值观)和行为模式(包括思维模式、生活方式与习俗)两个方面组成。学前教育对文化的功能主要体现在以下几个方面。

### 一、学前教育的文化功能

#### (一)保存与传递文化

首先,学前教育有选择地继承文化遗产,保存现有文化模式,并借助幼儿园课程形式,向学前儿童提供适应社会生活的知识、技能、行为规范和价值观,使我国的主流文化与价值观得到传承。此外,学前教育通过引导学前儿童对多元文化的体验与了解,直接促进不同地区或社会文化的传播。

#### (二)选择与丰富文化

首先,学前教育在传递文化的过程中进行有意识的去粗取精的主动选择,保证将社会文化的精华和社会的主流文化传递给下一代。学前教育对文化的简化、净化、平衡作用,就是文化选择功能的具体体现。

其次,作为教育对象的学前儿童其身心发展是有一定规律和不同于其他教育阶段特点的,在确定教育内容时必须考虑这一点。此外,人脑容量的有限性与人类文化知识的无限广阔性构成了一对矛盾,学前教育不可能把人类的全部文化知识在一定的时间内都传给学前儿童,这也就需要确定教育内容。同时,学前教育特定的教育内容与教育方式又使文化在下一代身上得以再生,并不断丰富。

#### (三)更新与创造文化

人类为了自身的生存与发展也必须不断地创造与更新文化。而人类正是通过教育,把已有的文化财富内化为受教育者个体的精神财富,培养、造就他们与文化发展相关的个性和创造力,从而使文化得以发展和更新。学前教育实践的发展,不断促进为幼儿开发的课程、教材、玩具、图书等用品的更新、变化,这本身就是文化的创新。此外,学前教育科学研究者不断发现与总结学前教育新观点、新理论,直接创造新的文化。

此外,学前教育还具有生态功能。生态指人类生存的自然环境的条件和状况。随着高新技术的出现,人类改造自然的力量极大增强,但也引发了种种严重灾难性的后果和可怖的生态危机,影响了社会的和谐与现代化建设的可持续发展,迫切需要改善生态环境,回复人类社会与自然界的生态学平衡。建设生态文明,关涉到每一个单位、家庭、社会成员,也必然关涉到教育,要求现代化教育承担生态教育的历史重任,发挥其应有的生态教育功能。比如,树立建设生态文明的理念、普及生态文明知识、提高民族素质、引导建设生态文明的社会活动等。学前教育可以从以下几个方面发挥其功能:一是培养学前儿童从小热爱大自然,萌发保护自然环境的良好情感,学会人与自然和谐共处;二是培养学前儿童良好的文明行为习惯,积极参与环保的初步意识;三是通过学前儿童向家长和社会宣传教育,促使大家知道"保护环境,人人有责"的道理。儿童是祖国的未来、人类的希望,把保护环境教育的着眼点放在儿童身上均有现实的深远意义。

### 二、文化对学前教育的制约

学前教育总是在一定的文化环境中展开的,学前教育必然受到文化的影响。同政治、经济相比,文化对学前教育的制约与影响具有广泛性、基础性、深刻性与持久性。

#### (一)文化对学前教育目标的影响

文化是政治、经济作用于学前教育的中介,即通过文化传递一定的政治、经济的要求,从而影响学前教育的发展方向与发展水平。一定的文化传统,具有自己独特的伦理道德、风俗习惯、精神品格等,对该文化之下学前教育的目标的定位会产生直接影响。教育目标实质是文化的人格化,一个民族或国家所培养的人才便是这种文化塑造出来的理想角色。例如,我国文化传统中侧重群体性的发展。造成多年来我国学

前教育一直整齐划一的局面,直至《纲要》颁布后才将注重培养学前儿童良好的个性心理品质作为目标调整的一个重大动向。在政治经济制度和生产力水平相近的资本主义国家,尽管它们在学前教育目标上大体相同,但由于各自文化背景的影响,仍然显示出差异来。例如,美国需要"民主 社会"的理想公民,反映在学前教育目标中,强调"鼓励幼儿独立思考和行动""培养良好的社会态度"。法国注重公民的普遍教养及理智训练,法令中明确规定"注重幼儿诚实、礼貌、守纪律等良好习惯,培养完整的人格"。

### (二)文化对学前教育内容的影响

教育内容属于观念形态的文化,其总体构成是由文化的特点决定的。学前教育中对学前儿童传授的内容都是文化积累的精神财富。如我国学前教育中的语言、计算、美术、音乐、舞蹈和体育等各方面的基本知识和技能,无不是人类有史以来积累下来的精神文化遗产。如随着作为精神创造活动的科技的发展,科学也成为学前教育中的重要内容。因为各民族都有强烈地保存自己民族文化传统的趋向,都有对民族文化传统的认同感和归属感,而文化传统中的特定内容,需要通过教育的途径传递给下一代,所以它通过人们的价值观念这一中介影响到学前教育的内容及选择取向。在具体教育内容的取舍以及在学前教育中所占比重上,文化传统是一个重要的制约因素。例如,在中国历史上长期成为儿童读物的蒙学作品,所反映的主要就是儒家的文化思想、伦理道德。而英、德等国家有宗教传统,其学前教育内容中就有宗教课程和活动。

### (三)文化对学前教育方法、手段和组织形式的影响

文化影响学前教育的方法手段和组织形式。在西方中世纪的宗教文化中,儿童是生而有罪的,肉体是罪恶的渊源,因此,教育儿童的手段多是惩罚的教育,鞭斥的教育。文艺复兴和启蒙运动对人性和人权的呼唤,在教育界掀起了一股发现儿童、尊重儿童、理解儿童的思潮,儿童的存在价值及其不同于成人的独特身心发展特点和规律得到认可与尊重,学前教育的方法、手段也发生了翻天覆地的变化。可以说,一个国家、民族的学前教育的各个方面,总是与其文化的主要精神保持一致。譬如,对学前教育的重视程度,总的说来取决于生产力发展水平、社会物质财富丰富程度和社会制度,但在更大程度上取决于人们的思想意识,对此,具有相对独立性的文化是有相当大影响的。如以色列在资本主义国家中经济并不太发达,但国家把幼儿教育和养育视为社会制度中不可缺少的部分,幼教机构遍布全国各角落,97.0%的 4 岁幼儿就读于各类幼教机构,免费义务教育从 5 岁开始,几乎 100%的 5 岁幼儿进入幼儿园。再如在教育组织形式,对待幼儿的态度和方式方面,中美两国有极大的差异。美国幼教重视个别化教育,幼儿自己有较大的选择余地,较之中国教师,美国教师对待幼儿态度要民主、随和;在我国,集体活动较多,教师处于支配地位,存在强制要求甚至体罚行为。原因在于美国没有封建、专制和保守的文化传统,共和文化和个人主义文化强调了"个性"、"自由"、"平等"、"民主"。

此外,学前教育除了受到政治、经济和文化的制约外,同时还会受到人口的影响以及社会变迁所带来的一系列现实问题。人口对学前教育的影响主要包括人口数量、人口质量、人口结构、人口流动、人口分布、人口波动给学前教育带来的影响。社会变迁泛指一切社会现象的变化和发展。急速的社会变迁不仅表现在社会生产方式的变革上,而且也表现在人们生活方式、思维方式和行为方式等的变化上,这给学前教育也来了一系列的现实问题。主要体现在以下几个方面。

(1)高度科技化与学前教育。高度科技化对丰富、扩大、增加儿童的知识拓展思维方面有很大的作用。其负面作用主要有:造就了一批"电视儿童"。他们缺乏社会性、过早成熟化、消极的模仿、信息图像化、失去语言交流和思维交往的机会。(2)高度工业化与学前教育。大工业的发展一方面为社会创造了越来越多的物质财富,另一方面也在消耗着能源、自然资源造成不可低估的环境污染问题对学前儿童健康危害极大。(3)高度城市化与学前教育。城市化标志着人类社会的进步和现代文明,但也出现了"城市环境综合症",其中空间环境缺失问题对儿童带来十分不利的影响。首先,大都市的兴起割断了学前儿童与大自然的天然联系。其次,鳞次栉比的城市建筑占据了儿童活动空间使得儿童失去了共同游戏的场所。(4)住宅高层化、独立化与学前教育。住高楼的儿童由于户外活动少、与社会的隔离机会增加,机体抵抗力下降,患传染病、受感染的机会增多。同时,与同伴的交往能力下降。(5)食品精细化与学前教育。日常饮食日益精细化会导致过多摄取营养补品,弱化自体物质制造功能,甚至出现性早熟、破坏身心正常发

展等问题。

通过上述内容，我们知道学前教育的发展要受到社会各因素的影响和制约，但不可否认的是学前教育具有其相对独立性。学前教育的相对独立性是指作为社会一个子系统的教育，它对社会的能动作用具有自身的特点和规律，它的发展也有其连续性和继承性。这主要表现为：学前教育是培育人的活动，主要通过所培育的人作用于社会；学前教育具有自身的活动特点、规律与原理；学前教育具有自身发展的继承性与连续性。当前世界各国的学前教育在教育任务、教育内容和方法等方面都有其相近的一面正是其相对独立性的体现。

## 第四节　学前教育与信息技术[①]

信息技术的运用是当代学前教育的一个最大特征。随着现代信息技术在家庭教育、幼儿园和学校教育等教育各环节的不断渗透，儿童使用信息技术已日趋普遍。信息技术为儿童提供了表达自我、理解世界、游戏与交流、探索环境、解决问题的途径和工具。信息技术的应用，成为提升学前教育质量和水平的关键。教育观、儿童观的进步与创新，教育环境创设与教育方法的革新也都与信息技术的掌握和应用密切关联。《幼儿园教师专业标准（试行）》（以下简称《专业标准》）将"具有一定的现代信息技术知识"作为对幼儿教师"通识性知识"领域中的一项基本要求。幼儿园教师具备信息技术知识对幼儿园的信息化管理、信息化教学活动开展、家园合作、科研水平起着积极的作用，是信息化时代对幼儿园教师的必然要求。

### 一、信息技术的运用

（一）国家信息化

1997 年 4 月召开的全国信息化工作会议将国家信息化定义为：在国家统一规划和组织下，在农业、工业、科学技术及社会生活各个方面应用现代信息技术，深入开发、广泛利用信息资源，加速实现国家现代化的进程。2002 年，经国务院批准，原国家计委会同有关部门编制的《国家"十五"信息化重点专项规划》提出了国家信息化的内涵体系，指出"信息化是以信息技术广泛应用为主导，信息资源为核心，信息网络为基础，信息产业为支撑，信息人才为依托，法规、政策、标准为保障的综合体系"。我国的国家信息化体系包括信息技术应用、信息资源、信息网络、信息产业、信息人才以及信息化政策法规和标准规范等六个要素。

（二）教育信息化

随着国家信息化工作的推进，我国教育技术学者也提出了教育信息化的概念，并对其进行了深入探讨。据统计，关于教育信息化的概念界定有很多种，譬如，"所谓教育信息化，是指在教育中普遍运用现代信息技术，开发教育资源，优化教育过程，以培养和提高学生的信息素养，促进教育现代化的过程。""教育信息化是指在教育与教学的各个领域，积极开发并充分应用信息技术和信息资源，培养适应信息社会需求的人才，以推动教育现代化进程。""教育信息化是指在教育领域全面深入地运用现代化信息技术来促进教育改革和教育发展的过程，其结果必然是形成一种全新的教育形态——信息化教育。"等等。

从以上教育信息化的概念界定来看，教育信息化是一个动态的发展过程，是现代信息技术在教育领域的广泛应用过程，是一个开发利用信息化教育资源、优化教育教学过程，最终推动教育的改革和发展，培养适应信息社会要求的创新人才的过程。教育信息化是教育行业的信息化，同样"包含信息资源、信息网络、信息技术应用、信息技术和产业、信息化人才以及信息化政策、法规和标准等六个要素"。

（三）学前教育信息化

学前教育因其对象特有的身心发展特征以及学前教育事业的特殊性质，从而决定了学前教育信息化的独特性。根据学前教育的特点和教育信息化的内涵，我们认为，学前教育信息化是指，在学前教育中恰当地运用信息技术，开发适宜幼儿学习的数字化教育资源，优化学前教育教学活动，培养幼儿的信息素养，

①　汪基德、朱书慧、张琼三. 学前教育信息化的内涵解读[J]. 电化教育研究，2013(7).

促进幼儿的学习和发展的过程。根据定义可知，"恰当地应用信息技术"是学前教育信息化的本质特征，"适宜的基础设施建设和优质的数字化教育资源开发"是基础，"优化学前教育教学活动"是核心，"提升幼儿教师的信息素养"是关键，"学前教育信息化政策、法规、标准建设"是保障，"促进幼儿健康快乐的学习与发展"是根本目的。

学前教育信息化强调"适宜性"，这是区别于中小学教育信息化的鲜明特色。学前教育信息化的发展不能完全套用中小学教育信息化的模式，这会造成学前教育信息化的"小学化"倾向。学前教育信息化不是要求每个幼儿园必须建立计算机机房，而是根据园所实力进行合理布局，为幼儿的学习发展构建有效的环境；不是让幼儿必须掌握过多的信息技术知识和技能，而是对他们进行信息素养启蒙；不是让幼儿教师必须具备高级的教育技术知识和技能，而是根据课程需要，善于抓住幼儿学习时机，利用一切可能的信息化资源优化教学过程。因此，学前教育信息化是有别于中小学教育信息化的，它更多是从幼儿的身心发展需求出发。

## 二、学前教育信息化的内容框架

学前教育信息化主要包括以下几个方面的内容。

（一）配备适宜的信息化基础设施

信息化设施建设是实现学前教育信息化的基础和前提，在进行信息化设施建设时要把儿童的身心健康放在第一位。应充分考虑幼儿的年龄特征，以幼儿的全面、健康发展为根本。建设网络设施和开展信息技术活动时，应采用辐射小的网络信息技术设备，多媒体教室应布置为环保型，保护幼儿身体健康。

《上海市托幼园所信息化教学环境建设配置要求》（沪教委基〔2011〕88号）中对幼儿园的基础信息设备配置要求为：每个幼儿园均要实现宽带专线接入，并可在班级内上网。示范园和各区县信息化实验园可按需实现内部无线网络覆盖。每个幼儿园要求至少配备1个多功能活动室，示范园和各区县信息化实验园可按需配备电子白板、视频会议系统。示范园和各区县信息化实验园可按需配备多媒体资源室，提供可访问连接互联网或区教育网、园所内部资源的电脑，供教师或幼儿、家长访问相关多媒体资源。相对义务教育阶段的信息化来说，学前教育阶段信息化资金投入非常有限，需要靠幼儿园所自身筹备或者社会力量的支持，这也是当前制约学前教育信息化发展的重要因素之一。进行学前教育信息化就需要一定的信息化设施和装备，这些设施不仅要发挥信息化的功效，更要确保对儿童身心健康发展的最大保护，体现人文关怀。

（二）建设适宜的信息化资源

信息化资源建设是学前教育信息化的重要内容。要保证学前教育信息化的顺利进行，必须为幼儿、幼儿教师、幼儿家长及管理者提供高质量的信息化资源。

在学前教育领域，开发适宜幼儿学习的数字化教育资源，主要包括教育游戏软件、专题学习网站、娱乐网站等。适宜幼儿学习的数字化教育资源可以使幼儿投入到创造性游戏、知识吸收、问题解决和互动交流中，既能帮助儿童巩固已有的知识和经验，又激励他们探寻未知世界，迎接新的挑战。尽管有条件的幼儿园已建立网站主页，但网站的作用还只是集中在幼儿园宣传、教师间分享教学信息、教师与家长之间的互动。与发达国家相比，我国的教育信息化资源共建共享水平低，区域发展不平衡，未来发展的关键在于提高水平、共建共享。

（三）培养较高信息素养的幼儿园教师

要用好信息化基础设施和资源，必须有高信息素养的幼儿师资队伍。信息素养高的幼儿教师，能够恰当地将信息技术与活动、课程进行整合，在适当的时候引导孩子在活动与游戏中掌握信息技术。因此，幼儿园教师的信息素养成为实现学前教育信息化的关键。

幼儿教师的信息素养提升需要通过职前教育和职后培训的共同努力，在当前及今后的很长一段时间里，职后培训将占主导地位。信息时代对教师和领导者信息化教育能力所提出的要求，需要我们从现在做起，努力提升学前教育领域中相关教学人员及管理人员的信息技术能力与素养。作为各地市主抓学前教育工作的管理者及园长也应该具备一定的信息意识，在某种程度上来讲，当幼儿园的管理者与领导者具备

一定的信息意识,重视学前教育信息化的建设时,才会从根本上推动幼儿园行政管理工作的信息化,从制度上保证学前教育信息化的顺利推进,也会为幼儿教师参与信息技术培训提供更多的机会。

**(四)利用信息技术优化学前教育教学活动过程**

学前教育信息化的核心是利用信息技术优化教学活动过程,即教师在幼儿学习活动中借助现代信息技术手段,为幼儿创造数字化的学习环境,创设主动学习情景,支持幼儿学习与认知,促进幼儿发展。信息技术就像是纽带或桥梁,将幼儿园的健康、语言、科学、社会、艺术等五大领域课程融合到一起,互相渗透,实现幼儿园五大领域课程之间的整合。同时,将信息技术融合到幼儿园的各种活动中,尤其是游戏和教育活动中,使之成为幼儿学习环境的一部分,成为幼儿学习和游戏的一个有机组成部分,实现信息技术与幼儿园课程的整合。通过整合,可以帮助幼儿建立对计算机的感性知识,使幼儿了解计算机在日常生活中的应用,培养幼儿学习、利用信息技术的兴趣和意识。在实践中,许多一线教师已经将信息技术应用于幼儿园的各种主题教学活动中,如科学教育、英语学习、阅读培养、艺术美感教育以及情感教育等。有的研究者将信息技术与幼儿园课程整合的模式和环节概括为:讲故事、激发学习兴趣、小组讨论、强化训练、游戏活动、导出主题、制作学习档案、评价。

**(五)制定学前教育信息化政策、法规与标准**

信息化政策、法规与标准的制定是保障学前教育信息化健康发展的必要手段。

根据我国当前教育发展水平及地域经济水平的差异,我国的学前教育信息化不可能一蹴而就,且不同地区应建立与本地经济水平相符的信息化建设标准,学前教育信息化应有步骤、有计划地逐步推进。发达地区学前教育的信息化建设工作始终走在全国前列,中西部地区的学前教育信息化政策和标准的制定也取得了初步成效。2008 年,北京市制定《北京市学前教育信息化行动计划(2008 - 2010 年)》,行动计划以提高幼儿园教育质量、提高教师信息化水平与运用信息化手段提升教育能力,引导家长掌握科学育儿的知识为主要目标。2012 年 12 月,河南省教育厅印发《河南省幼儿园办园基本标准(试行)》(豫政办〔2012〕169 号),标准中将电视机、DVD、录音设备等现代信息技术产品作为园所的必配设备,而办公计算机、打印机、数码相机、摄像机、投影仪、视频展示台、广播系统等较高一级的多媒体设备则根据园所的经济实力选配。当前及今后的很长一段时间,学前教育信息化政策、法规和标准的制定将是发展我国学前教育信息化的重要工作,全国和各地区应大力加强这一环节的研究,为顺利推进我国的学前教育信息化建设提供保障。

**(六)发展学前教育信息化产业**

教育信息化产业是教育信息化的要素之一。我国学前教育信息化总体处于起步阶段,困难或障碍并不只是在于投入和技术本身,还在于专业人员、专业内容以及专业产品与服务严重匮乏。比如,电子白板和数字电视在少数条件好的幼儿园开始使用,但起的作用有限;基于信息技术和其他高科技的儿童学习工具的设计和开发专业化水平不高。目前研制符合学前教育特点、适合在幼儿园所使用的信息化设施和装备还未专业化、产业化,绝大多数的信息化设施建设还是按照中小学、高中,甚至高校的标准。我们要发展学前教育信息化产业,就要生产适宜于学前儿童使用的设备与资源。

**(七)利用信息技术促进幼儿园、家庭及社区间合作**

学前教育中的家园共育、幼儿园与社区间、家庭与社区间的合作是幼儿教育的一大特色和重要组成部分。

利用信息技术促进幼儿园、家庭及社区间合作是学前教育信息化的重要特色,学前教育信息化不仅是幼儿园内的信息化,还需要在幼儿园与家长、社区间的合作与沟通环节实现信息化。《纲要》中明确指出:"家庭是幼儿园重要的合作伙伴。应本着尊重、平等、合作的原则,争取家长的理解、支持和主动参与,并积极支持、帮助家长提高教育能力。""幼儿园应与家庭、社区密切配合,综合利用各种教育资源,共同为幼儿的发展创造良好条件。"借助现代信息技术可以改善传统的家园共育方式,为幼儿园、家长及社区的联系和沟通拓宽渠道,整合各种学前教育资源,为幼儿的全面发展营造良好的环境。目前已经涌现出各种各样的家园联系网页、育儿论坛、班级博客、QQ 群等,为促进幼儿园、家庭及社区间的合作提供了新途径。

### 三、学前教育信息化建设应注意的问题

学前教育信息化的对象是学前教育,学前教育的对象是学龄前儿童,学龄前儿童具有独特的生理和心理特征。所以在学前教育信息化建设中应注意以下几方面的问题。

**(一)必须牢记学前教育信息化的根本目的是促进幼儿的全面发展**

学前教育信息化是为学前教育服务的,不管技术如何改变,环境如何改变,学前教育信息化的终极目标是为了促进幼儿全面发展。只是学前教育信息化更加强调信息时代下现代信息技术对幼儿学习和认知的支持,因此,我们要牢记幼儿健康快乐的学习是学前教育信息化的根本,要让幼儿快乐自发地在信息化环境中游戏和学习,教师应适当引导幼儿掌握一定的信息技术,不能进行机械的技能训练和一味的知识传授。我们不能为了信息化而信息化,从而丢弃学前教育发展的根本。

**(二)运用信息技术必须"恰当"**

3岁以下儿童主要通过五官进行学习,他们用眼睛看、用耳朵听、用嘴巴尝、通过手脚来运动和操作,正是这些不断重复的动作,时刻变化和调整的注意,以及与周围人的亲切交流促使儿童掌握了爬、走、说话和交朋友的技能。而对于这些在生命的最初阶段必须发展的基本技能来说,计算机并不是一个很好的选择。迄今还没有任何证据表明3岁前儿童学习计算机对其将来的发展有何助益,相反,可能还有潜在的危害。因此,我们必须在幼儿园谨慎、恰当地运用信息技术,满3岁及以上的幼儿才可以接触计算机,并且使用的时间要严格限制,一般以15-20分钟为宜。教师要在幼儿使用信息技术期间进行必要的引导和支持,以促进其认知和社会性发展。

**(三)开设信息技术课程必须"适宜"**

虽然在近几年的研究中,从各个侧面都证明了幼儿运用计算机是有益的,在幼儿中学习信息技术也是必需的,如美国著名学前教育家斯波代克等人也提出"学前儿童生活在计算机时代,他们不仅必须从计算机中学习,而且还需要学习计算机。"但是我们不能完全效仿中小学或者高中,开设独立的信息技术教育课程。因为在学前教育中,主要任务不是知识或技能的传授,更多的是在活动和游戏中,幼儿自主地探索和发现知识。也就是说幼儿园可以开设信息技术相关课程,但要采用适宜的形式与内容,必须与其他的活动、课程结合起来,不是孤立地学习、掌握信息技术知识和技能。

---

## 自 测 题

### 一、名词解释

学前教育价值　　学前教育信息化

### 二、单项选择

1. 学前教育具有个体功能和(　　)
   A. 经济功能　　　　B. 政治功能　　　　C. 文化功能　　　　D. 社会功能
2. 政治主要是通过(　　)而作用于学前教育
   A. 语言　　　　　　B. 制度　　　　　　C. 文化　　　　　　D. 人口
3. 决定学前教育事业发展规模和速度的是(　　)
   A. 科学技术　　　　B. 政治经济制度　　C. 文化　　　　　　D. 生产力
4. 决定学前教育领导权的是(　　)
   A. 生产力　　　　　B. 科学技术　　　　C. 政治制度　　　　D. 文化
5. 学前教育对文化的简化、净化、平衡作用,就是其对文化的(　　)
   A. 选择功能　　　　B. 传播功能　　　　C. 交流功能　　　　D. 传递功能

6. 在学前教育中,美国重视培养适应民主生活生活的公民,英国重视培养具有绅士防范和良好品性的公民。这里包含的对学前教育的制约因素是(　　)
    A. 政治　　　　　　B. 经济　　　　　　C. 文化　　　　　　D. 人口

7. 农民工子女的学前教育问题成为一个现实的社会问题。这一现象说明学前教育还受于(　　)影响。
    A. 经济因素　　　　　B. 政治因素　　　　C. 文化因素　　　　D. 人口因素

8. 学前教育信息化的内容框架主要包括:配备适宜的信息化基础设施、建设适宜的信息化资源、培养较高信息素养的幼儿园教师、发展学前教育信息化产业、利用信息技术优化学前教育教学活动过程以及(　　)和利用信息技术促进幼儿园、家庭及社区间合作等七个方面。
    A. 制定学前教育信息化政策、法规与标准　　B. 制定学前教育信息化政策
    C. 制定学前教育信息化法规　　　　　　　　D. 制定学前教育信息化标准

## 三、论述

试述学前教育的重要价值及政府在学前教育中的主导作用应体现在哪些方面(可参考本章课外拓展知识部分)。

## 四、问题分析

试用本章所学知识,结合我国学前教育发展实际,分析本章案例导语中的"入园难"社会问题产生的原因。(答案提示:可阅读研究论文《"入园难"的原因和可能对策》,载《幼儿教育》杂志,2011(9),作者:王海英)

## 课外拓展:

### 构筑国家财富
——联合国教科文组织首届世界幼儿保育和教育大会简介①

2010年9月27日至30日,联合国教科文组织首届世界幼儿保育和教育大会在莫斯科召开。大会由联合国教科文组织、俄罗斯联邦和莫斯科市共同举办。来自65个国家的部长与政府官员、学者、民间组织代表近千人参加了此次大会。大会的主题是构筑国家财富。应联合国教科文组织总干事的邀请,教育部副部长陈小娅率代表团出席了大会,并在27日的全体会议上作了题为《为未来奠基:中国幼儿保育与教育发展政策与展望》的发言。中国学前教育研究会理事长、北京师范大学教授冯晓霞和华东师范大学学前与特殊教育学院副院长周兢教授也应邀在专题研讨会上就幼儿教育体制框架中的跨部门协调问题做了联合发言。

通过三天的交流和讨论,会议代表一致认为,为实现千年目标和对儿童的承诺,有必要进一步重申和强调以下观点:

(一)幼儿保育和教育具有极为重要的社会价值,是为国家积累财富

首先,"幼儿生命中的最初几年是为其设定正确发展轨道的最佳时机"。幼儿期是高度敏感的时期,7岁之前,特别是出生后的头三年是大脑发育的关键时期,也是可塑性最大的时期,重要的神经元连接将在这一时期形成(或不形成),幼年的各种经历为健康、学习及行为设定的轨迹可能会贯穿人的一生。

----

① 节选自冯晓霞,周兢. 构筑国家财富——联合国教科文组织首届世界幼儿保育和教育大会简介[J].学前教育研究,2011(1).

其次,"儿童在幼年接受的保育和教育会影响他们今后的人生"。幼儿保育和教育能够促进儿童社会性、情感、语言、基本认知技能以及身体和动作的发展,改善其入学准备情况,培养其一生学习最为重要的品质,包括积极的自我形象、独立性、注意力和学习倾向(如学习和探索动机),能够提高儿童入学学习的适应性、保留率、结业率和成绩水平,为其一生的发展奠定良好的基础。

第三,"早期干预能够降低社会不平等"。幼儿保育和教育可以使儿童有更多机会脱离贫困。早期保育和教育"从起点开始"为处境不利的儿童创造相对公平的成长环境,降低或抵消不利地位(如社会等级、贫穷、性别、种族/族裔或宗教等潜在因素)对其发展的负面影响,是打破跨代贫穷这一恶性循环的关键环节。

第四,"投资幼儿保育和教育比投资任何其他阶段的教育都拥有更大的回报"。北美洲、西欧、美国、玻利维亚、埃及等国的多项早期教育成本效益研究表明,对早期教育的投资可以通过降低辍学率、复读率、对社会救济的依赖率、犯罪率等费用节约公共资金;拥有优质保教经验的儿童更容易接受高等教育,顺利就业,获得较高的收入,为社会做出更大的贡献。

第五,大会意见书指出,"在21世纪,各国财富不以物质财富为定义标准。它取决于各国培养其人力资本的能力,而且各种价值观在全球化世界凸显出重要性,如平等、公正以及尊重多样性和环境。使所有儿童在他们的生命之初享有平等、强大的幼儿保育和教育带来的益处,这符合我们所有人的最大利益。"

**(二) 发展幼儿保育和教育是政府的责任和义务**

首先,联合国成员国已经认可"幼儿保育和教育是儿童的权利",各国政府对保障儿童的权利已作出庄严承诺。这种认可和承诺集中体现在共同签署的三个重要国际文件中:一是《儿童权利公约》(1989年)规定各会员国应最大限度地确保儿童的存活与发展;二是《世界全民教育宣言》(1990年)指出出生即为学习的开始,各会员国应提供幼儿保育和教育(ECCE)服务;三是《达喀尔行动纲领》(2000年)将"扩大和改善幼儿,尤其是最脆弱和条件最差的幼儿的全面保育与教育"作为全民教育的第一项目标。

其次,儿童保育和教育的主要责任方必须是政府。政府必须提供强大的、清晰的政策来保证早期保教在质量和数量上的公平性;必须建立稳固的法律体系来保证儿童接受早期教育的权力和连续性;必须提供可靠的公共资金支持早期保育和教育。早期教育服务过于依靠市场并不是一个好选择,这将会进一步加剧教育的不平等性。公共资金的投入是绝对必要的,只有公共资金才可以保证早期教育的质量和保证儿童获得这项服务的公平性,这一点对生活在各种不利处境下的儿童来说尤为必要。诺贝尔经济学奖得主霍克曼指出,"既能推进公平与社会正义,又能在整体上促进经济和社会生产力的公共政策难能可贵。对处境不利的幼儿进行投资就是这样一种政策。"

第三,政府的投入首先要向社会处境不利儿童倾斜。大量研究表明,对处不利幼儿的早期干预不仅可以缩小入学准备的差距,提高后续义务教育的效益,而且有利于阻断贫困在代际间恶性循环,促进种族平等及社会和谐发展。

第四,建立强有力的统筹管理体制和机制,履行政府责任。管理体制和机制在很大程度上决定着政府责任能否真正落实。许多发展中国家将幼儿保育和教育的财政和管理责任下放到了区域、省、市或更基础的政府部门,以使其能更有效地满足当地需求,同时采取多个部门分摊职责的方式进行管理。必须建立有效的管理体制和机制,以保证政府对幼儿保育和教育的责任落到实处。

**(三) 幼儿期是一个不可复制的过程,质量和机会同样重要**

首先,早期保育和教育的质量不可忽视。国际经验表明,在早期保教服务以私立为主、市场导向的国家,贫困人口通常不得不"选择"价格低、质量差的学校,其结果是学习和发展不但不会有所提高,甚至可能导致失败。因此,最佳做法是将幼儿保育和教育计划与国家减贫战略结合起来,将公共资金投向最易受到伤害和处境不利的幼儿,以确保他们能够接受有质量保证的保育和教育。

　　其次,专业的教师队伍是儿童保育教育质量的保障。幼儿教育师资的专业素养和工作态度是影响保教质量的关键因素之一,而一个国家的幼教师资政策(包括培训和聘任制度、工资待遇、工作条件、激励制度等)往往决定着幼教师资队伍的整体素质。发展中国家普遍存在着幼教师资严重不足和专业水平低下的问题,因此需要"通过人事政策提高质量",包括制定教师资格标准,建立培训和聘任制度,提高教师的工资待遇,使之与小学教师看齐,创造较好的工作条件等,以吸引和留住训练有素的保教人员。

　　再次,必须建立早期保育和教育质量标准并监督实施。一直以来,国际社会以及许多国家由于缺少共同的幼儿保育和教育的评价指标体系,使得有效监测和评估保教质量受到严重的限制,也降低了各国拟定质量标准以改善儿童发展服务的能力。因此,需要努力建立起一个综合的儿童发展指标体系,以确保政策制定的合理性,并据此提供可靠的数据,使得各种决策过程更加科学化。代表们希望 UNESCO 积极推动各国建立一个具有国际比较意义的保教和儿童发展指标体系,并组织进行数据收集工作,通过追踪收集数据,建立国家数据库,为政府决策服务。

　　(四) 政策不明确、缺乏有效的体制和机制保障阻碍了全民教育保教目标的实现

　　在重申和强调上述观点的同时,各国代表也分析探讨了幼儿保育和教育与全民教育目标存在差距的原因,一致认为以下因素起了阻碍作用。

　　一是政策框架薄弱,缺乏实际内容和承诺;二是幼儿保育和教育政策处在部门和国家发展战略的次要地位;三是资金投入不足,缺少基础设施建设,同时,由于缺乏鼓励政策,也难以吸引社会资金(如来自企业、基金会等的资金);资金匮乏造成早期教育和保育服务机构严重不足,不能满足社会需要;四是缺乏有效的体制和机制保障,政策执行力弱。

# 第4章 学前教育与儿童发展

**学习目标**

1. 了解儿童观发展演变的历程,掌握现代儿童观的内涵;
2. 了解学前儿童发展的特点及影响因素,理解学前教育与儿童发展的相互关系;
3. 树立科学的儿童观及儿童教育观。

**知识结构**

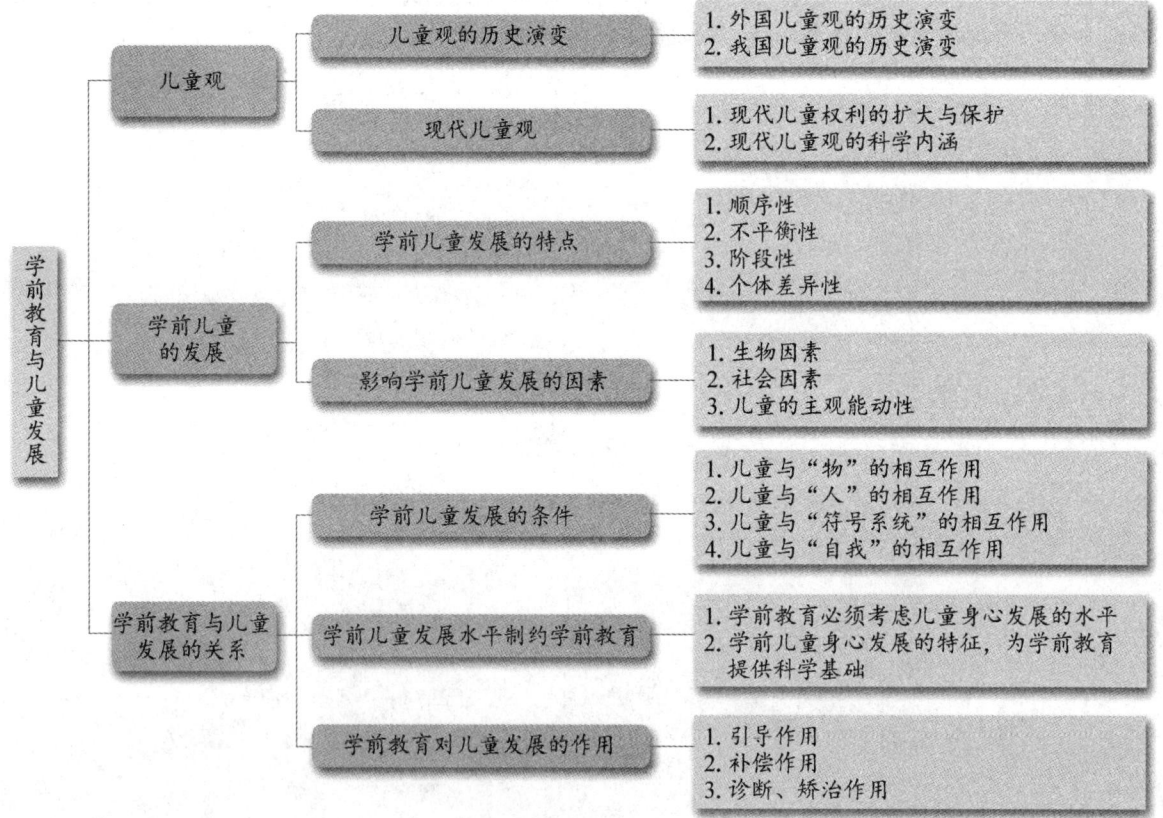

**案例导语**

苏格拉底的父亲是一位著名的石雕师傅。在苏格拉底很小的时候,有一次父亲正在雕刻一只石狮子,他观察了好一阵子突然提了一个问题:

"怎样才能成为一个好的雕刻师呢?"

父亲一边指着眼前已经成型的狮子,一边回答:

"就以这只狮子为例吧,我并不是在雕刻这只狮子,我是在唤醒它!"

"唤醒?"

"对!狮子本来就沉睡在石块中,我只是将他从石头的监牢里解救出来而已。"

为什么苏格拉底的父亲用的是"唤醒",而不是"雕刻"?对于教育而言,"唤醒的教育"和"雕刻的教育"有什么差异?早在17世纪30年代,捷克教育家夸美纽斯就指出:儿童是无价之宝,是任何事物都无法比拟的宝物,我们要向尊重上帝一样来尊重儿童。我们究竟应该如何看待我们的教育对象——儿童,又该如何教育儿童呢?

## 第一节 儿 童 观

学前教育主要是在教师与儿童之间展开的一种社会实践活动。学前儿童身心发展的规律是教育的依据,教师对儿童的看法、态度与行为,直接关系着学前教育的质量。因此,树立科学的儿童观及儿童发展观是幼儿教师的首要任务。

儿童观是人们对儿童的根本看法和态度,是成人如何看待和对待儿童的观点的总和,主要涉及两个问题:一是儿童的能力与特点、地位与权利;二是儿童期的意义、特点,以及儿童成长发展的形式与原因等。儿童是教育的对象,对儿童的不同看法与态度直接影响着教育立法、教育内容、教育方法、教育过程中师生关系的性质等有关教育民主化、科学化的问题。因此,儿童观是教育观的基础,也是影响教师观的重要因素,有什么样的儿童观,就会有什么样的儿童教育观。因此,正确认识和看待儿童,树立科学的儿童观,是做好学前教育工作的前提。

### 一、儿童观的历史演变

在人类社会漫长的发展过程中,人们对儿童的认识不尽相同,儿童观的形成受到社会政治、经济、文化、科技发展水平以及人类自身认识水平等多种因素的影响和制约。儿童观随着时代的变化在不断发展,而每个时代的幼儿教育与当时的儿童观有着密切的关系。

(一)外国儿童观的历史演变

**1. 被压抑的儿童观时期**

从古代到文艺复兴前,儿童的价值与权利并没有受到重视,被称为被压抑的儿童观时期。

(1)儿童是"小大人"

在漫长的人类史上,儿童的概念很长时间被淹没在黑暗中。对于原始氏族来说,社会生产力水平的极端低下,使得原始人急切希望儿童加入成人行列,儿童很早就参与成人的生产劳动。人们尚未发现儿童与成人的根本区别,社会也没有在意识水平上把儿童与成人这两个概念从宽泛的"人"的概念中分离出来,因此他们没有把儿童作为儿童看待,而仅仅当作氏族部落的未来成员,当作"缩小"的大人。他们认为儿童与成人的唯一的区别是年龄和身材的差异,基于当时落后的生产发展水平,客观上不允许儿童长期依赖成人。成人要求儿童像成人一样做事情,早日独立生活。

(2)儿童是"有罪的"

持有这种观点的人认为,儿童一生下来,就充满罪恶,是有罪的"羔羊",卑贱无知,成人应该对他们严加管束、约制,使儿童能不断地进行赎罪。宗教的"原罪说"在14至18世纪普遍被接受。按照基督教的教义,人类的祖先亚当和夏娃由于听信了蛇的话,违背了上帝的劝告,偷吃了智慧树的果实,而犯了罪。这一

罪过由亚当和夏娃传给他们的后代,成为整个人类的原始罪过,即所谓"原罪",这种原罪伴随人类始终。因此,儿童是带着"原罪"来到人世的,故生来性恶。为此,教会要给刚出世的婴儿施洗礼,还要严格控制儿童的欲望。人们认为体罚能驱除儿童内在的恶性。《旧约圣约》箴言篇:"不可不管教孩童,你用杖打他,他必不至于死。你要用杖打他,就可以从地狱的深渊救出他的灵魂。"因此,鞭挞、体罚儿童的习俗普遍存在。

**2. 发现儿童的时期**

从文艺复兴到19世纪末,儿童的灵性被发现,出现了儿童具有无限发展潜能的新的儿童观。14至16世纪的文艺复兴运动对人权的倡导,使人们从全新的角度来审视儿童,在儿童观上有了一个大的飞跃,开始把儿童看作是一个有独立存在价值的实体,儿童有自己的权利、思想、情感、需要。要求人们珍视儿童、热爱儿童,反对把儿童看作是天生的罪人,认为儿童是天真、纯洁无暇的。提出不应用成人的标准去要求儿童,儿童应该像个"儿童",要倍加珍惜童年的生活。其中最具有代表性的观点如下:

(1) 儿童是"白板"

"白板"是空白的板或擦过的黑板。十七世纪英国哲学家洛克在《教育漫话》中把儿童看作是生来就没有原罪、纯洁无暇的"空白板"。认为人心如同白板,理性与知识都是从经验而来。现实社会中的任何道德观念和原则绝不是由上帝之手印入人心的,而是由人来形成的,人类之所以千差万别,便是由于教育之故。因此,儿童具有巨大发展潜能与发展的可塑性。儿童刚生下来的时候,其心灵就像一块白板,成人可以任意塑造成各种各样的东西;就像是一张白纸,洁白无瑕,成人可以在上面画最新最美的图画;就像一个空容器,成人可以任意填塞,把各种知识经验灌输进去,而不考虑儿童的需要。"儿童是空白板"的儿童观在教育上的应用也有其局限性:一是把儿童看作是空空的容器,教师的任务就是填满它,不考虑儿童的需要、兴趣。二是把儿童看作是一模一样的,没有个性的教育对象,似乎给儿童以相同的环境和教育影响,他们的思想行为会完全相同,忽视儿童的个性差异。

(2) 儿童是"成长的植物"

捷克人文主义思想家和教育家夸美纽斯提出了著名的"种子论",认为在人的身上自然地播有知识,道德和虔诚的种子,通过教育便可以把他们发展出来。人是依据特有规律发展的有机体。地下的种子会自己生长出来,开出美丽的花朵,幼儿也好比是一颗等待生根开花的种子。福禄贝尔认为幼儿园是"花的乐园",教师是"园丁"。千万棵树木经过精心照料开花结果,茁壮成长。但种子成长的源泉在其本性,园丁必须依从本性的发展顺序。教师对幼儿发展本身无能为力,他只留心不让外来的力量损害或干扰本性的发展。儿童就像正在生长着的植物,家长和教师就像园丁,课堂和家庭就是儿童生长的花房。儿童的生长就像花朵在适当的条件下逐渐开放一样,开花由种子决定,开得好坏由阳光、水分、土壤决定。尽管这一时期人们承认了儿童的兴趣与自由,尊重儿童的心理发展规律,但是人们并未意识到儿童本身便是具有自身的独特价值的存在,教育也仅仅是儿童发展的"尾巴"。

(3) 儿童就是"儿童"

在儿童观的发展长河中,从根本上转变了用成人社会的要求对待儿童的传统,法国启蒙思想家卢梭把儿童从社会的偏见和双亲的束缚中解放出来、确定儿童是有其固有法则的"自然"存在,所以人们认为是他"发现了儿童"。在他的教育哲理小说《爱弥儿》中,他认为教育应遵循儿童内在的自然法则。儿童不是生来就有"原罪"的存在,也不是可以教育的"白板",更不是"小大人",儿童本身就具有价值,真正的教育就在于是使儿童的自然本性得到发展。具体观念表现如下:

第一,儿童作为人,具有人的根本特性。卢梭认为,儿童首先作为"人"而具有人的根本特性。儿童生来是性善的,是纯洁无暇的,心中没有任何罪恶的种子;儿童也是自由的,自由是儿童的权利。那么教育就要保护儿童善良纯洁的心灵,顺从儿童的自由本性,要注意运用各种方法使儿童避开社会的不良习俗和偏见,让儿童返回自然,恢复儿童的天性。

第二,把儿童看作儿童。卢梭在《爱弥儿》中指出:"在万物的秩序中,人类有它的地位;在人生的秩序中,童年有它的地位;应当把成人看作成人,把孩子看作孩子。"在他看来,儿童首先是人,应当把儿童当人来看待,但儿童又与成人不同,因而还应当把儿童当作儿童看待。"大自然希望儿童在成人以前就要像儿童的样子。如果我们打乱了这个顺序,就会造成果实早熟,它们长得既不丰满也不甜美,而且很快就会腐

烂。"在卢梭看来，"把孩子看作孩子"就是要认识儿童与成人的不同，把儿童期看作是特殊的发展时期，儿童是不成熟的，儿童有自己的思维方式和方法，儿童也有自己的快乐和幸福，我们应当尽可能使儿童保持在天生的自然状态下，尊重儿童的天性，对儿童的种种不成熟和孱弱给予精心的保护和认真的帮助，就会给儿童带来快乐和幸福。

第三，儿童期有自身的发展规律和价值。儿童期是个体生命发展的重要时期，教育不应为了儿童的未来而牺牲儿童的现在。卢梭强调儿童是一个独立的个体，儿童有自己的尊严和权利，应享受儿童应有的幸福。教育不应为了成人的利益而牺牲儿童的利益，应把属于儿童的东西还给儿童。

**3. 儿童中心论时期**

在 19 世纪向 20 世纪的过渡中，伴随着科学的儿童心理学的建立，尊重儿童的呼声愈益高涨，使儿童成为全人类共同瞩目的焦点之一。美国教育家、实用主义哲学家杜威首创了以儿童为中心的教育，瑞典著名教育家爱伦·凯提出了 20 世纪是儿童的世纪的响亮口号，蒙台梭利强调尊重儿童，坚信儿童的发展潜能，主张教育应当在不违背儿童自然本性的前提下进行，强调避免教育压迫儿童。同时，以瑞士儿童心理学家皮亚杰为代表的儿童研究者们展开了空前的儿童研究，他们以科学方法研究儿童心理，揭示儿童心理的内部机制和发展规律，创立了各具特色的儿童心理发展理论，为科学地认识儿童丰富的心理世界做出了贡献。20 世纪已开始将儿童研究与理解人类精神文化的发生联系在一起。整个社会给予儿童越来越多的关怀和注意，时代精神的光辉开始聚集在儿童身上。

（1）杜威的进步主义儿童观

以实用主义哲学为基础，受达尔文进化论和机能心理学影响，杜威提出"教育即生长"，"教育即生活"的观点，其儿童观主要反映在他对生长、发展的解释之中。杜威反对把儿童看作是无知无能的人，认为儿童身上蕴藏着学习和成长的力量与能力，其对童年生活价值的确认丰富了儿童观的内涵，标志着对儿童认识的一个新的高度。杜威的儿童中心论突出了儿童在教育过程中的重要地位，坚持从相信儿童和尊重儿童的立场出发，让儿童成为教育的主体和中心，让儿童积极主动地自我发展是有重大进步意义的。以杜威为代表的进步主义教育把儿童问题提升为教育中的中心问题，确立了儿童在现代教育中的地位，为 20 世纪现代教育的发展开了先河。其具体观念表现如下：

第一，儿童是未成熟的人，发展中的人。杜威认为儿童生长的首要条件是未成熟状态，这种未成熟状态表明其具有发展的能力。未成熟状态具有依赖性和可塑性两个特征。依赖性是一种积极的力量和能力，而不仅仅是软弱。较长的儿童期蕴藏着学习复杂技能的可能性，人之所以能生存下去，是因为人具有对他人的态度和行为做出反应的社会能力，儿童的社会能力使儿童能依靠他人的帮助获得生长和发展的必要条件。由此可见，依赖性其实暗示着某种补偿能力、生长能力。可塑性是儿童为了生长和生活而具有的特殊适应能力，儿童可以利用可塑性在环境中获取信息，与环境取得平衡，同时又能主动调整自己的活动，保持自己倾向性。可塑性意味着儿童具有从经验中学习的能力，意味着从经验中保持可以用来应付困难的力量。

第二，儿童期的生活有自身的价值。传统教育认为儿童期是成人生活或他自己人生的准备阶段，学校被看作传授未来所需的某些知识、技能或养成某些习惯的场所，儿童学习这些是为他将来做准备。结果，不仅今天儿童所学的东西并不是儿童生活经验的一部分，不具有真正的教育作用，而且成人往往采用灌输的方法把适合成人的种种标准强加给儿童，扼杀了儿童的个性。杜威认为儿童本能的生长、发展及经验改造过程表现为活动就是儿童的生活，儿童教育不应当是生活的预备，而是儿童现在的生活过程。

第三，儿童是起点，是中心，而且是目的。杜威认为"教育不是把外面的东西强迫儿童或青年去吸收，而是要使人类'与生俱来'的能力得以生长"。教育的本质和作用就是促进这种本能的生长。杜威坚决反对传统教育中，学校的重心是在儿童之外，在教师、教科书以及在其他地方，唯独不在儿童自己即时的本能和活动之中这一特点，提出必须站在儿童的立场上，以儿童为自己的出发点，并宣称"我们教育中将引起的改变是重心的转移，这是一种变革，这是一种革命，这是和哥白尼把天文学的中心从地球转到太阳一样的那种革命。"基于对教育在促进儿童本能生长方面作用的强调和教育目的应来自教育过程本身，而不是教育过程之外的主张，杜威提出了"儿童中心"论。

（2）蒙台梭利的儿童观

意大利幼儿教育家蒙台梭利吸收了当时医学、生物学、实验心理学、人类学等自然科学的研究成果，结合她在"儿童之家"的教育实践，秉承了卢梭等人的"儿童本位"和"内发论"传统，提出了"蒙台梭利教学法"，蒙台梭利的儿童观以对儿童的重视与尊重为基础，认为儿童发展的原动力来自儿童内部；儿童心理发展有自身独特的特点，儿童有不同于成人的活动方式等思想，以及要研究儿童，尊重儿童心理特点和个体差异；要重视儿童的自我发展，重视儿童发展的敏感期和阶段性等教育主张，对今天的教育仍有启示意义。具体观念表现如下：

第一，儿童具有内在的生命力。蒙台梭利认为，人的潜能和动物的本能有根本的区别，一是动物几乎一生下就来可以依靠本能独立生活，而人类的婴儿却不能独立生活；二是动物的本能具有种的同一性，而人的潜能却各不相同，这种差异使儿童的自由成为教育必不可少的前提。由于内在生命力这种精神的胚胎就像人的胚胎需要母亲的子宫一样，也需要一种适宜的环境，因此"把头等重要性归咎于环境，这形成了我们教育方法的特点……成为我们整个体系的中心"。"教育工作者的首要任务是，刺激生命——使儿童自由发展与展开。"

第二，儿童心理发展有自身的特点。首先，儿童具有独特的"心理胚胎期"。蒙台梭利认为人具有双重胚胎期：一个是在出生之前在母体中生长发育的"生理胚胎期"；另一个是人出生后形成最初心理萌芽的"心理（或精神）胚胎期"。她认为儿童的心理发展受到内在生命力的驱使而发展，吸收外界刺激和印象，形成许多感受点和心理发展所需要的器官，然后才产生心理活动。儿童学会行走和语言的这段时间是婴儿从心理（或精神）一无所有发展到形成"心理（或精神）胚胎"的过程。其次，儿童具有"吸收性心理"。"吸收性心理"是指儿童通过与周围环境的密切接触和感情联系，获得各种印象，吸收文化传统，并在此基础上形成自己的个性和行为模式。蒙台梭利强调儿童这种吸收和创造性心理具有主动性，儿童是利用他周围的一切塑造了自己，因此教育要给儿童提供丰富的精神营养和环境。再者，儿童心理发展具有敏感期。蒙台梭利认为各类生物对于特殊的环境都有一定的敏感时期，这种敏感期与生长现象有密切的关系，并和一定的生长阶段相适应。儿童发展过程中也存在与动物相同的各种敏感期，在敏感期的儿童如果处于适当的环境之中，他们自己就可以在无意识中悠然自得地掌握某种能力。例如，三岁前是儿童学习语言的敏感期，在这段时间里，儿童可以毫不费力、自然而然地获得语言能力，但如果错过了这一时期，学习语言就非常困难。由于每个儿童各种敏感期出现的时间不同，蒙台梭利要求教师要及时发现儿童出现的敏感期，并安排适当的活动，发展儿童的这种敏感性。

第三，儿童心理发展是通过自由"工作"实现的。儿童的生命潜力是通过自发的冲动表现出来的，这种冲动的外在表现就是儿童的自由活动。蒙台梭利认为儿童最喜欢的活动是"工作"，儿童的"工作"与成人不同，儿童是"为工作而生活"，成人是"为生活而工作"。儿童的工作遵循自然法则，服从内在的引导，其工作的目的就是工作本身，没有外在目标。因此，儿童工作可促进非压迫、非强制的纪律的形成，真正的纪律只能建立在自由活动的基础上，如果儿童处于主动工作中，自由和纪律就是一个不可分的整体。

最后，儿童被推崇至极。人们认为儿童是智者、圣人。儿童具有荒诞不经的奇思妙想、酒神逻辑的诗性精神、天真无邪的哲学发问、狂放不羁的超印象绘画才能。如蒙台梭利认为儿童是"成人之父"，马修斯、科尔伯格大大惊异地称赞"儿童简直就是哲学家"。成人从儿童思维、活动、话语等中寻求灵感，人们对儿童顶礼膜拜，儿童成了一种世界性的宗教，成了一则诱人的神话。

（二）我国儿童观的历史演变

**1. 儿童是"私有财产"**

这种观念在我国具有根深蒂固的影响。儒家学派倡导：君君臣臣，父父子子。君让臣死，臣不得不死；父让子亡，子不得不亡。很显然，子女在父亲面前是没有自身权利的。纵观古今，"老子打儿子"都被认为是天经地义的，是家庭的私事，别人无权干涉。因为儿童是父母婚姻的结晶，产生于母体，归父母所有，是父母的隶属品。父母可以左右儿童的命运，控制儿童的生活，决定儿童的一切事情，有权支配他们，安排他们的前途、生活。儿童被视为家庭和家族的附属品，父母的私有财产，没有独立自主的人格和地位，与其抚养人之间的关系只是一种依附关系。

**2. 儿童是"未来的资源"**

这种观点认为儿童是家庭和国家未来的财富和潜在力量,但并没把儿童作为独立的个体和社会群体中的成员来尊重,儿童的发展不是最终的目的,而是作为实现某种意图或政治理想的手段。如孔子强调"慈幼",也只是站在国家的角度强调对人民的教育的重视,这只是富国强兵的手段。儿童是国家潜力最大的资源、未来的兵源和劳动力。对儿童进行教育,就是对未来进行最有价值的投资。儿童是民族的未来,这种观点容易忽视儿童的特点和需要及儿童期自身的价值。

**3. 儿童是"工具"**

生儿育女为养老送终,这是中国一种传统的文化心理,也是父母抚育子女的一种主观愿望。因此,儿童被看作是家族香火的延续,是光宗耀祖的希望。儿童是传宗接代的工具,因为他们认为子女是父母身体和精神的后代,是家族权利和财产的继承者,所以认为生儿育女是延续生命,追求不朽的另一种方法,同时还将子女当作光耀门庭的工具,从古至今都认为"父以子贵"。所以我们可以发现我国传统的儿童观基本上是属于工具主义,把儿童当作工具。我们的传统文化是一种成人的自我中心主义,儿童只能从属于成人,围绕成人运转。

五四运动时期,在教育领域,陶行知和陈鹤琴在西方哲学、心理学、教育学的影响下,提出"尊重儿童"、"解放儿童"的口号和见解。陶行知曾告诫成人,"你的教鞭下有瓦特,你的冷眼里有牛顿,你的讥笑中有爱迪生!"鲁迅先生在儿童文学领域提出"儿童本位论",认为儿童文学必须以儿童为本位,适应儿童心理,服务于儿童;儿童文学必须以儿童为中心,以儿童的心理特征、认识水平、接受能力和精神需要为准绳,使之成为儿童喜爱的文学。他的这种理论在历史上起到了冲击封建落后的儿童观,提高儿童文学地位并促进其发展的作用。

新中国成立之后,曾在一段时期内存在着"自来红"和"自来黑"的儿童观。十一届三中全会以后,随着人们观念的解放,人们也解放了对儿童的观念。教育领域提倡热爱儿童和尊重儿童,中国政府不仅在国内不断加强儿童的福利和教育工作,而且积极参与国际社会为发展儿童事业而一致采取的行动。

总之,上述儿童观既有时代的烙印,有些又并存于同一个时代,既有非理性、不科学的一面,也有较为合理科学的因素,实事求是地进行分析,批判性地加以继承和借鉴,将有利于正确地认识儿童。在社会发展的每一个历史时期,东西方人们对儿童的态度和看法都有所差异,中国独特的文化背景和文化传统下所折射出来的儿童观是和西方儿童观的发展完全不同的。中国两千多年的封建统治制度必然会对于中国儿童观产生深刻的影响。但是我们从中也发现了中西儿童观发展的共同点,那就是每一次历史的变革都将是儿童观发展的巨大推动力。儿童观演变的历史也是一部发现儿童、解放儿童的历史。纵观儿童观的演进历史,在不同的历史时期,在不同的文化背景下,儿童的形象各不相同,但儿童的形象越来越清晰、真实,儿童在教育中越来越占据重要地位。儿童观的演变使我们明白,要站在儿童的立场去认识儿童的发展;要合理地开发儿童的发展潜能;要用发展的眼光去认识儿童的发展;不可忽视社会发展对儿童发展的影响。

## 二、现代儿童观

### (一)现代儿童权利的扩大与保护

**1. 儿童权利的国际认识**

20世纪以来,随着对儿童研究的深入,人们才开始真正了解儿童所具有的特点、儿童发展的潜能等,重视儿童基本权益的保护及其发展与教育问题。《儿童权利宣言》《儿童权利公约》《儿童生存、保护和发展世界宣言》和《执行90年代儿童生存、保护和发展世界宣言行动计划》等为保护儿童的权利与福利,为促进全世界对儿童生存、保护与发展的关心和重视订立了一系列的国际准则,从而使尊重、爱护儿童成为全人类通过政治、法律途径携手进行的国际行动。

1924年国际联盟通过的《日内瓦儿童权利宣言》是儿童权利国际化的开始。1959年,联合国大会通过《儿童权利宣言》,宣布儿童和成人一样应得到人的尊严和尊重,享有生存、生活和学习权利。1989年11月20日由联合国大会通过的《儿童权利公约》,标志着国际社会保障人权的范围扩及到了社会上最脆弱的群体——儿童。它是国际社会第一部富有法律效力的儿童权利的法律文书。《儿童权利公约》是儿童的权利法案,它所规定的儿童,系指18岁以下的任何人。《儿童权利公约》以儿童的最大利益为指导精神,对幼儿发展及教育具有特别的意义,其基本原则和主要内容也很好地体现了全新的儿童观,也是建构当代教育新理念的基础。《儿童权利公约》确立"儿童至上"的原则,即在分配资源时,儿童的基本需要应该得到高度优先重视。其基本精神体现在四个基本原则:

无歧视原则:每一个儿童都平等地享有公约规定的权利。儿童不应因其本人或父母的种族、肤色、性别、民族、语言、宗教、出身、财产、伤残等原因受到任何歧视,他们所享有的一切权利也不应因其父母、监护人和家庭成员的身份、活动、信仰和观点而受到影响。

儿童最大利益原则:以儿童最大利益为目标是公约中的首要考虑。凡涉及儿童的一切事务和行为,都必须首先考虑儿童的最大利益。

尊重儿童基本权利的原则:是指所有儿童都享有生存和发展的权利,应最大限度地确保儿童的生存和发展。公约第六条规定,确保儿童的生命权、生存权和发展权的完整。

尊重儿童的观点与意见的原则:任何事情如果涉及儿童本人,必须认真听取儿童自己的观点和意见。

《儿童权利公约》中列出了儿童拥有的最基本的权利。

生存权:所有儿童有存活的权利,以及有权接受可行的最高标准的医疗保健服务。

受保护权:保护儿童免受歧视,免受身体及性虐待和经济剥削,免受战乱、遗弃、照料疏忽;当儿童需要时,随时提供适当的照料或康复服务。

发展权:包括接受一切形式的教育(正规和非正规的),向儿童提供良好的道德和社会环境,以满足儿童发展过程中的身体、心理、精神的需要。

参与权:儿童有参与家庭、文化和社会生活的权利。包括儿童有权对影响他的任何事情发表意见。

2000年5月,联合国大会在《儿童权利公约》框架基础上通过了《关于儿童卷入武装冲突问题的任择议定书》和《关于贩卖儿童、儿童卖淫和儿童色情的任择议定书》,以推动国际社会努力保护儿童、消除日益猖獗的残害儿童犯罪活动。

### 2. 儿童权利的中国承诺

中国政府也一贯关心和重视儿童的生存、保护和发展。我国积极参加国家文化和教育交流活动,在国际社会也做出了许多有关政府支持学前教育的庄严承诺。1990年,我国政府正式签署了《儿童权利公约》;1990年世界全民教育大会通过的《世界全民教育宣言》和《满足基本学习需要的行动纲领》等等。1991年3月,我国签署了世界儿童问题首脑会议上通过的《儿童生存、保护和发展世界宣言》和《执行90年代儿童生存、保护和发展世界宣言行动计划》。我国自己也制定多项法律文书对学前教育进行明确说明,确保从法律意义上来保障儿童的生存和发展。如1991年出台《中华人民共和国未成年人保护法》,2001年国务院发布的《中国儿童发展纲要(2001-2010年)》等。1993年的《中华人民共和国教师法》和1995年《中华人民共和国教育法》明确提出要保障儿童的地位与权益。我国《宪法》与《未成年人保护法》明确以法律为武器来保障儿童的合法权利:生存的权利、受教育的权利和受尊重的权利。

这些法律条约深刻体现了现代社会以人为本的儿童观:要求保护儿童的生命与健康,尊重儿童,保护儿童的权利,为他们提供基本的营养、居住、娱乐和医疗的条件;为儿童提供平等的教育机会,使每一个孩子都能得到良好的教育,获得身体、认知、社会性、情感等各方面的和谐发展等。儿童是人类未来的希望。在社会急剧变革、文明加速发展的现代,儿童成为每个国家的宝贵财富,谁拥有健全的儿童,谁便拥有未来。儿童是处于成长中的一代,儿童成长的质量将决定他们日后的发展。为儿童的健全成长提供条件是家庭和社会的责任,社会关怀儿童的程度,是该社会文明发达的标志。

(二)现代儿童观的科学内涵

进入20世纪中后期,随着人权运动的高涨和现代科技的发展,尤其是生理学、心理学、脑科学研究的进展,进一步确认了儿童的潜能和能力,为现代儿童观奠定了坚实的科学基础。国际社会开始普遍重视保护儿童的权益,人们对儿童予以前所未有的关注,儿童及儿童权益越来越受到人们的重视和尊重,人们对儿童的特质和能力的认识将日益趋于科学化。现代儿童观可以概括为以下几个方面:

### 1. 儿童是人

儿童作为人，具有和成人一样的人格和尊严、一样丰富的精神世界、一样的差异性；具有与成年人一样的人的基本权益。儿童是人，是具有独立个性的人；儿童有他们的尊严、秘密，有他们感知世界、思索世界的方式，有着不同于成人的独特的看法、想法和情感。儿童有许多与生俱来的天性特点，一切外界与教育应与之协调，符合他们的发展倾向。而且，男女平等，不同性别的儿童应也享有均等的机会和相同的权益，受到平等的对待。

### 2. 儿童是发展中的人

儿童不同于成人，正处于发展之中。儿童幼稚、不成熟，这恰恰代表着人类发展的轨迹以及学习和发展的可能性，儿童需要时间去成熟和发展。儿童极大的可塑性和未完成性，使得成人一方面对儿童的关注和教育更多是需要理解、需要发现，而不是简单地强加或命令，不是成人、教育者的一意孤行的塑造；另一方面，教育也不是放任自流，要自始至终扶正儿童的向上发展。儿童有自己独特的认识方式、成长特点，要提供与儿童身心发展水平相适应的环境和教育的条件，才能最大限度地发展儿童的潜力。儿童是一个全方位不断发展的"整体"的人，他们具有充分的发展潜力和可塑性，在与适当的教育与环境的相互作用下，有可能最大限度地发展儿童的潜力。我们应尊重和满足儿童各种发展的需要；尊重儿童发展的个体差异性；才能充分挖掘儿童巨大的发展潜能和被塑造与自我塑造的潜力。

### 3. 儿童是权利的主体

支持儿童学习、促进儿童发展是科学儿童观的核心。儿童与成人彼此平等，具有相同的价值，法律赋予了儿童基本的人权。并且儿童是"有能力的主体"。人类的童年期长于动物的童年期，这为儿童以后的发展奠定了良好的基础。儿童在体力、智力、情感、社会性、道德等许多方面，都不同于成人，他们是正在发展中的人。不能因为儿童弱小、需要保护，就轻视他们，使他们被动发展。儿童是有能力的、积极主动的权利主体，应有主动发展自己潜能的机会，在出生、成长、发育的过程中，成为自主的行动者，能表达自己的主张和意见，充分行使自己的权利。因此，我们要充分尊重儿童的主体性、独特性和完整性，将儿童的天性与教养、成熟与学习多种因素结合起来，维护和引发儿童内在的先天素质与自然的发展，并提供适宜的环境，使其健康成长。

现代儿童观的新发展带来了20世纪中后期儿童教育令人鼓舞的发展，特别是教育观念的深刻变化为保障儿童的受教育权、发展权，教育质量日益优化，确立了现代儿童教育民主化、科学化、个性化的发展方向。观念是根本，思想指导行动。由此可见，儿童观是教育观的依据。儿童观决定着成人如何对待、教育儿童。不同的儿童观带来了不同的教育观。不同的教育观念带来的就是不同的教育行为。因此，只有树立科学的现代儿童观，才能带来正确的教育观；只有以正确的教育观为指导，才能采用适合儿童的教育行为和方法来教育儿童；同样，只有适合儿童的教育行为和方法，才能促进儿童的和谐全面发展，儿童才能快乐健康地成长。

## 第二节 学前儿童的发展

心理学、教育学中提到的发展是指人的个体发展。发展是指个体成长过程中生理和心理方面有规律地量变和质变的过程。儿童的发展是指在儿童成长过程中生理和心理方面有规律地进行量变与质变的过程。儿童的生理发展是指机体的正常生长和机能的成熟。儿童的心理发展是指儿童的认识过程、情感、意志和个性的发展。身体的发展为心理的发展提供物质基础与前提条件，而心理的发展又促进身体的发育和成熟。总之，儿童发展是生理发育和心理发展不断相互作用、相互支持、相互影响从而达到某种状态的统一的不可分割的过程。

儿童的发展是一个有方向、有价值选择成分的概念，即只有儿童身心的发展是沿着由简单到复杂、由初级到高级的序列演变时，我们才将这种变化称之为发展，而且其心理方面的变化，尤其是社会思想和行为方式方面的变化，则是以社会文化的主流价值及其发展趋势，作为儿童社会性行为的发展方向。学前儿

童的发展是学前儿童教育的出发点,也是学前儿童教育的最高目标。要促进学前儿童正常发展,我们必须了解学前儿童身心发展的规律,树立正确的儿童发展观和教育观。

## 一、学前儿童发展的特点

人类作为一种生物体,有其自身发展变化的生物学特点,而人类个体的发展变化,作为生物性个体与环境条件相互作用的结果,也必然受到人类发展特点的制约,表现出特有的规律性。儿童发展的规律性,就是在儿童随其年龄增长、身体和心理变化中普遍存在的特点,学前儿童的发展具体表现出如下特点:

### (一)顺序性

在儿童的发展过程中,无论其身体的发展和心理的发展,都表现出一种稳定的顺序。在儿童身心发展过程中,所表现出的这种顺序是固定不变的。先前的发展变化,又是其顺序序列中紧随其后的发展和变化的基础,顺序性所具有的这一特点,使儿童身心发展成为一种连续的、不可逆转的过程。如个体发展都是从简单到复杂、由一般到特殊的过程,并且个体发展也是遵循由头到脚,由中间向四周进行的顺序进行的。

### (二)不平衡性

不平衡性是指在连续不断的发展过程中,儿童身心发展的速度并不是完全与时间一致的匀速运动,在不同的年龄段,其发展的速度和水平是有明显差异的。一般认为,新生儿与青春期,是儿童身心发展的两个高速发展期。不平衡性,是指在儿童发展过程中身体和心理发展并不完全协调、统一的现象。就儿童发展的整体而言,生理成熟是先于心理成熟的。十几岁的孩子就其身体发育来看,已经很接近成人的水平了,而其心理的成熟程度,却要比成人低得多。但就某个具体方面而言,也有可能表现心理能力不受生理成熟条件控制的情况。例如,3~5岁的儿童的语言掌握能力和记忆能力,往往优于成年人的水平。

### (三)阶段性

儿童发展的阶段性,指在儿童发展的连续过程中,在不同年龄阶段会表现出某些稳定的、共同的典型特点。这些特点无论从表现方式上、发展速度上,以及发展的结构方面,与其他阶段相比较,都会具有相当不同的特征。这种情况,又被称为儿童发展的年龄特征。如婴儿期这一年龄阶段主要在于身体的生长发育,幼儿期则是智力发展与个性形成的启蒙时期。

### (四)个体差异性

发展的个体差异性,是指在儿童发展具有整体共同特征的前提下,个体与整体相比较,每一个儿童的身心发展,在表现形式、内容和水平方面,都可能会有自己的独特之处,存在着在量的方面(大小、强弱)的差异,在发展速度上的差异,在认知结构的特点上的差异等等。这种表现于个体发展方面的差异性,来源于个体遗传素质和生活环境的差别。例如,在同样年龄的儿童,在身高方面有明显的高矮之分。同年龄的儿童,也会由于他们各自神经过程灵活性的差别,在学习中表现出注意力的持久性、知觉的广度方面的差异。儿童发展过程中表现出的个别差异性,虽然在一定程度上受到生物因素的影响,但更多的结果还是来自环境和教育的差别。而且环境和教育的影响,还能对遗传素质的优势与不足起到一定的发挥与弥补作用。

这些特点从总体上概括出了儿童身心发展过程中的本质性的表现。从总体上把握儿童身心发展的规律,我们还可以发现这些规律所反映出的一些更为深刻的内容,即儿童的生理成熟先于其心理的成熟;每一年龄阶段儿童发展水平、特点的充分实现,将有助于其后的发展,否则,下一阶段的发展将会受到一定阻碍;我们应尊重和顺应儿童个体发展的差异性,才是促进儿童整体发展水平的丰富性的根本道路。

## 二、影响学前儿童发展的因素

影响儿童发展的诸因素,归纳起来,可从先天的、后天的;生物的、社会的;生理的、心理的以及物质的、精神的;内部的、外部的;自发的、自觉的等几方面进行分析。这些因素相互联系,交织在一起,共同作用于儿童的发展。辩证客观地看待这些因素在儿童发展中的作用,有助于促进儿童的全面发展。其中采用生物的、社会的这一提法,最能表明各种因素的性质,最能明确地说明问题。

（一）生物因素

生物因素指儿童的全部先天特点及儿童机体所有的生命现象,如遗传、制约机体生长发育的成熟机制以及个体的先天特点和健康状况。生物因素是影响个体发展的很重要的因素,因为儿童首先是有生命的有机体,其生活要服从于生物学的规律。

1. 遗传

遗传是指祖先的生物特征对其后裔的传递。它的载体是细胞核染色体的基因。遗传因素在个体身上体现为遗传素质。遗传素质是指与生俱来的解剖生理特征,如机体的构造、形态及神经系统的特征等。这些遗传素质为儿童身心发展提供了前提条件。遗传因素对儿童发展的具体作用主要表现在两个方面。

（1）遗传是个体发展的必要条件和基础

首先,遗传素质决定了儿童的体态、生理结构与机能的主要特征。儿童接受父母的遗传,出生之后就有的"人"的形态特征和生理特征,从而有别于其他生物体。另外,儿童初生时的孱弱性和素质的非特殊化也为儿童出生后的身心发展留下了极大的空间和余地。与其他动物的幼体相比,初生婴儿是极其孱弱的。人类幼体的这种孱弱性和素质的非特殊性使人的发展主要依赖于出生后环境和教育的影响。因此,遗传素质是儿童身心发展的生理基础,为儿童的身心发展提供了可能。

其次,遗传素质制约着儿童身心发展的过程及其阶段。儿童,无论是男孩还是女孩,其身心发展的阶段和速度基本一致。儿童在胎儿期、新生儿期、婴儿期和幼儿期,都有其独特的年龄特征。人们常说:"三翻、六坐,八爬叉",这反映了遗传素质的发展过程,以及生理的成熟度对儿童的心理发展的制约性。

（2）遗传奠定了儿童身心发展个别差异的最初基础

遗传素质的差异性,是导致儿童身心发展差异的物质性基础。遗传素质决定了儿童体貌、生理机能等方面的细微差异。这些差异影响儿童的心理,使儿童的心理也出现一定的差异性。在出生几天后的婴儿身上,就有不同的表现,有的比较安静,容易入睡,有的则手脚乱动,大哭大闹。如神经类型方面,天生敏感的孩子就可能对周围的一切变化反应较灵敏和迅速,而神经活动较迟钝的孩子,其心理反应力就可能要慢一些。这都与神经活动的类型密切相关,而这些不同的类型,也会进一步影响到儿童的行为和性格的特征。

英国的高尔登和美国的霍尔是遗传决定论的代表人物。霍尔的"一两遗传胜过一吨的教育"是其代表性言论。遗传决定论认为儿童心理的发展受遗传基因的决定,是由人的本能决定的,后天的教育只能影响其发展的速度（如加速或延缓）,而不能改变它。事实上,尽管遗传在儿童发展中有着重要作用,但是,并不意味着儿童只要具备了遗传素质方面的条件,他就一定能够得到应有的发展。宋朝王安石的《伤仲永》介绍了江西的方仲永,小时候比较聪明,5 岁就能作诗,但由于缺乏良好的生活条件和及时的教育培养,12、13 岁时写的诗就已经不如以前的好了,到 20 岁左右,则"泯然众人矣",与普通人没什么差别了。由此可见,遗传素质只是为儿童发展提供了可能性,它并不能单一的决定儿童的发展,儿童具有的遗传素质只有与环境以及教育相互结合、相互作用时,这种可能性才会变为现实,才能实现它对儿童发展的影响。

2. 机体的成熟程度

成熟是指一个人机体的成长,特别是神经系统和内分泌系统的成长和完善。人初生时机体各部分器官的构造和机能是极不完备和软弱的,它的成熟是一个缓慢的过程。随着年龄的增长,随着神经系统、特别是大脑以及内分泌系统的逐渐成熟,各部分器官的构造及其机能有规律地成熟。

美国儿童心理学家格赛尔认为人的发展首先依赖于机体的成熟。在机体器官与技能没有成熟以前,对儿童进行任何提前开始的学习训练都是收效甚微的。他认为支配儿童心理发展的因素有两个:一个是成熟,一个是学习。在两者之中,他更着重于成熟。儿童心理发展是儿童行为或心理形式在环境影响下按一定顺序出现的过程。这个顺序与成熟的关系较大。在他的双生子爬梯的实验中,其中一个双生子从 48 周起每天做 10 分钟爬梯 7 训练,连续 6 周。到第 52 周,他能熟练地爬上 5 级楼梯。在此期间,另一个双生子不做爬梯训练,而是从 53 周才开始进行爬梯训练。两周以后,第二个双生子不用旁人帮助,就可以爬到楼梯顶端。由此,格赛尔得出结论:不成熟就无从产生学习,学习只是对成熟起一种促进作用。格赛尔

的这个实验表明,儿童的成长是受生理和心理成熟机制制约的,人为地任意提前训练,会给儿童在生理和心理上造成负担,还可能影响儿童对学习的兴趣,从而产生逆反心理。

所以,机体的成熟程度为一定年龄阶段身心特点的出现提供了可能性和限制。因此,教育要"适时",还要适应幼儿的个别差异,一定要循序渐进,切不可"揠苗助长"。成熟还含有准备的意义,即为学习做准备。机体的某一方面发展达到成熟期,也就意味着为接受某一方面的教育和学习做好了准备。教师应抓住成熟期,及时向儿童进行教育,就可以在较短的时间内取得较好的教育效果。

**3. 先天的影响**

先天的影响主要指胎内环境。母亲妊娠期间的状况,她的自我感觉、生活方式、营养、疾病、用药和情绪等构成一种环境,胎儿(即尚未出生的人)就是这种环境的产物。先天素质是遗传因素和胎儿发育过程中环境因素之间复杂相互作用的结果。影响胎儿正常发育的先天因素是多方面的。

(1)母亲的生育年龄

母亲的年龄在18岁以下,其胎儿体重容易过轻,神经缺陷的可能性增加,分娩困难的概率高于正常孕妇。母亲年龄在35岁以上生育的(特别是第一胎),易出现分娩困难和死胎增多,另外,出现唐氏综合症的可能性大大增加。

(2)母亲孕期服药

药物对成长中的胚胎或胎儿会有潜在的影响。药物作用于胎儿的方式一般有两种:一种是透过胎盘,对胎儿和母亲产生同样的效果;另一种是药物改变了母亲的生理状况,从而也改变了胎内环境。

(3)母亲的酗酒和抽烟

母亲妊娠期的酗酒和抽烟都会对胎儿发育造成危害。当孕妇抽烟时,会使她和胎儿缺少氧气的吸入,从而影响胎儿的呼吸运动。同时由于香烟中尼古丁的摄入,会增加胎儿将来患癌症的风险。

(4)母亲的情绪状态

母亲短暂的不良情绪对胎儿的身体和精神不会造成大的危害。如果母亲在孕期遭受了直接的、重大的精神刺激,如失去亲人、得不到亲人的关心、焦虑紧张等,可造成对胎儿大脑发育的影响,并使新生儿身体瘦小、体质差等问题,心理上则表现为易神经过敏与偏执。

(5)母亲的心理准备

母亲是有意迎接自己的孩子还是非自愿地接受自己的孩子,会给胎儿造成不同的影响。

**(二)社会因素**

社会因素指经过人改造的自然环境和社会环境,包括儿童所处的社会、家庭、学校等各种环境因素,概括为环境和教育两大因素。环境和教育对儿童的发展有着特殊的重要作用。

**1. 环境**

人的生存和发展离不开环境,对儿童来说,更是如此。儿童自出生后,他们的生理发育和心理发展都离不开一定的环境条件与环境刺激。离开了外界环境条件的刺激,就不可能有儿童的正常发展。环境是指儿童周围的客观世界,它包括自然环境和社会环境。自然环境中的客体主要为儿童提供物理经验,社会环境主要为儿童提供社会经验,它比自然环境对儿童心理发展的影响力要大得多,而且这种影响力随着心理的发展而日益显著。教育领域作为有目的、有计划、有系统的影响,也是一种特殊的人造社会环境,在影响儿童心理发展的客体因素中居于主导地位。

环境对个人不同时期的心理发展起不同的作用。在5岁以前影响最大,以后影响越来越小。早期丰富多彩的环境,对儿童身心发展的作用是很大的,它对儿童的影响是自然的、偶然的、潜移默化的。幼儿的先天遗传素质能否得到发展,向什么方向发展,达到什么水平都取决于他所处的环境及其影响。幼儿如果离开了人类的社会环境,就不可能产生人的心理。

环境对于儿童的发展具有极大影响,但我们也应该客观评价,避免"环境决定论"。美国的华生是环境决定论的代表人物,他说:"给我一打健全的儿童,一个由我支配的环境,我可以保证,无论这些儿童的祖先如何,我都可以把他们培养成为任何一种人,或者是政治家、军人、律师,抑或是乞丐、盗贼",强调人的发展是由后天的环境决定的。环境决定论否定人的遗传素质在儿童发展中起决定作用,确信在儿童发展过程

中是其后天的生活经历和环境影响在起决定作用,这是不客观的。同时,环境虽对儿童的发展有重要影响作用,但儿童对于来自环境的影响,不是消极被动地接受,而是通过自身的积极活动,在与环境的相互作用中实现的。忽视儿童的主观能动性,认为在某种环境中生活的儿童,身心发展必然会导向某种方向、达到某种水平的"环境决定论"是错误的。

**2. 教育**

教育是培养人的"社会活动",从严格意义上来讲,教育也属于社会环境范围,但它是一种特殊的社会环境。教育,特别是学校教育,是一种经过有目地选择和提炼的一种特殊环境,与遗传因素和自发的环境的影响相比,教育对于儿童的发展起着主导作用,它规定着儿童发展的方向。一般环境往往起到自发的教育作用。而教育则根据一定社会的要求和幼儿身心发展的规律,按照一定的方向,安排特定的场所和专门的教师,选择适合的内容,采取有效的办法,对幼儿施行有目的、有计划、有组织、有系统的影响。例如,幼儿园的各门课程的设置及内容的编制,都是根据学前教育目标来进行的。教育既可以发挥幼儿遗传素质上的优势,使遗传所提供的某种发展可能性变为现实性,并能影响和改造不良的遗传素质;同时又能根据一定的目的和需要,对环境加以取舍,发挥和利用环境中的有利因素,减少或消除不利因素,以保证幼儿向着社会需要的方向发展;并且幼儿教师一般具有较丰富的知识,较全面的才能和较熟练的教育方法机能,能够实施适合儿童发展的教育。从这个意义上说,适宜的学前教育能充分满足了儿童个体特征的发展,个体潜能的充分发挥,能力的发展,促进个体的社会化。因此,教育是一种特殊的环境。

教育又是一种特殊的活动。幼儿园的教育活动是在教师的组织指导下,幼儿积极参加的活动。一方面,教师通过设计与组织各种活动有目的有计划地对幼儿施加影响;另一方面,教师通过创设与教育相适应的良好环境,为幼儿提供活动和表现能力的机会与条件,促使每个幼儿在不同水平上获得发展。正因为教育既是一种特殊的环境,又是一种特殊的实践活动,因此,它在幼儿身心发展中起主导作用。但教育不是万能的。

从教育实践经验来看,任何有效的教育都必须以受教育者的自身精神活动作为内因,教育要通过内因才起作用。否则,不仅难以收到预期的效果,甚至会阻碍幼儿的发展。在教育过程中,儿童不是消极被动地接受外部环境的影响,而是积极主动的学习者,他既是接受教育的对象,又是教育活动的主体。教育对儿童发展的影响意义,在于它在一定程度上限定了儿童选择的范围,并引导儿童正确地认识外在环境因素对自身的价值。但是教育只是帮助儿童做出选择,却不能代替他们做出选择。现代儿童发展理论告诉我们,儿童的发展自始至终都是一种儿童主体的自我调节活动。外界的环境刺激,只有被主体选择,成为主体的反应对象时,才会对主体的发展产生影响。因此儿童的发展,除了受遗传、环境和教育等因素影响外,还取决于其自身的主观能动性。

**(三)儿童的主观能动性**

儿童的发展既不是一种先天存在于儿童机体内等待发现和发掘的结构或功能,也不仅仅是完全由外在环境刺激的性质所决定的一种反映模式,而是其生理成熟与外界环境相互作用的过程。其中,儿童主体的活动是儿童发展的源泉。儿童的发展蕴含于儿童主体的活动之中,是作为一个生物和社会个体的儿童运用自我调节机制的活动结果。正常的生理素质和成熟过程,只为儿童个体的发展及其连续性提供了必要的条件,它使儿童个体的发展成为可能,但这个条件还不够充分,实现儿童个体的发展,还必须有儿童个体的参与。儿童是独立的生命实体,有自己的身体和心理的结构,有自己的内部动力,有自己的需要和兴趣,接受自己所需要的东西,拒绝不需要的东西,儿童是主动的学习者。儿童的生活环境以及儿童如何对这个环境做出反应决定着儿童个体发展的现实性。客观环境在影响儿童发展的同时,儿童自身的发展也总是在改变外界的事物,如儿童自身气质的特点和行为方式也在影响周围人的心理和态度。可见,儿童的主观能动性是影响儿童发展的另一个不可忽视的因素。因此,在学前教育工作中,教师要善于引导儿童,使他们身心真正投入到各种活动中,只有让儿童在活动中充分发挥其积极主动性和创造力,才能使儿童得到真正的发展。

总之,儿童的发展绝不是某一种因素单独影响的结果,而是遗传、环境和教育及儿童的主观能动性多种因素综合地、系统地相互作用的结果。因此,我们首先不能孤立地强调某一因素的作用。儿童的发展是全部因素综合地系统地影响的结果,是生物因素和社会因素互相结合、互相作用的过程。这些因素构成一个复杂的综合体,总体地对儿童身心发展起作用。并且这个综合体的各因素之间的关系与组合不是固定不变的,而是随着儿童主体的发展而不断变化。其次,不能抹杀儿童的主动活动。在发展过程中,儿童不是消极被动地接受外部环境的影响,而是在主动地发展。儿童是独立的生命实体,有自己身体和心理的结构,有自己的内部动力,自己的需要和兴趣,接受自己所需要的东西,拒绝不需要的东西。儿童是主动的学习者。如新生儿选择喝甜水,不喝白开水;爱吃母乳,不爱吃牛奶;有意将鼻子离开不好的气味。儿童是在内部动力、能动性与生物因素、社会因素的多层次的相互作用中获得发展。静止地看待儿童的发展,孤立地强调遗传或环境和教育的作用,或抹杀儿童主动活动,把儿童看成是消极被动的承受者,都不能科学地认识教育和发展的问题。最后,各因素必须方向一致,才能产生合力;反之,产生阻力。影响儿童发展的诸多因素如果方向一致,就会产生合力,使儿童身心发展的可能性得到最大程度的实现;如果方向不一致,就会产生分力,使这种发展可能得不到充分实现,甚至变成阻力,妨碍这种可能性的实现。

因此,我们不能简单地分析某一种因素对儿童发展的作用,而应该辩证的、客观的看待这些因素在儿童发展中的共同作用,只有这样,才能全面地认识儿童发展与教育的问题。

## 第三节 学前教育与儿童发展的关系

学前教育与儿童发展是教育学和心理学的重要理论问题,在学前教育与儿童发展的关系中,学前教育是学前儿童发展的最重要条件,它参与儿童发展、促进儿童发展、引导儿童发展,同时学前教育的任务、内容、方法又由儿童身心发展水平所制约。我们探讨和研究学前教育与儿童发展问题,其目的不止于揭示儿童发展的事实本身,而是要为现实的教育服务,使我们的教育活动减少盲目性和主观性的干扰,为儿童的发展创造条件,促进儿童身心全面、和谐发展。

### 一、学前儿童发展的条件

儿童的发展是从"生物人"到"社会人"的转变,其转变的重要条件是掌握社会经验。人类婴儿发展的条件是人化的环境,学前儿童处在最大限度地依赖成人的时期。成人是其生活的组织者,也是他与周围人交往的中介。学前教育是通过幼儿教师科学合理地安排和组织儿童的生活与环境,指导并促进他们与周围世界相互作用的过程,儿童的发展也是在儿童个体与有准备的环境的相互作用中实现的。因此,学前教育是学前儿童发展的最重要条件。

在学前教育过程中,儿童是在活动中发展的。儿童的活动就是儿童与周围环境的相互作用过程。因此,幼儿园应创设适宜的环境,引发儿童与周围环境的相互作用,教师应充分珍视儿童每一个活动机会,努力使儿童的活动是自主的、充满兴趣的、高度投入的和持续有为的。教师通过活动对儿童进行教育,具体表现在以下几个方面:

(一)儿童与"物"的相互作用

儿童在做中学,做中成长。儿童通过与物体的相互作用而获得发展。儿童与物质环境、材料的相互作用包括儿童对周围环境中的自然资源、文化资源的观察、探究及感受,对各种玩具,未成品材料的操作、探究,对各种生活和学习用具的使用等等。通过动手操作,儿童逐渐理解事物之间的关系,掌握基本概念。如沉与浮,这种相互作用是儿童了解世界的重要途径。

(二)儿童与"人"的相互作用

儿童通过与成人、同伴的相互作用而得到发展,这是儿童情感态度及社会性发展的重要途径。儿童在与成人交往的过程中,能够学会如何正确地表达自己的思想、情感,掌握与别人交往的技能,形成良好的行为习惯,萌发创造性,增强责任感,提高积极的自我意向。儿童在与同伴间的相互作用过程中,不论是集体活动还是小组活动,或是个人活动,都能促进儿童认知能力的发展,社会情感的升华,心理活动水平的提高。这些是儿童生活的重要内容,也是儿童快乐的重要的源泉。

（三）儿童与"符号系统"的相互作用

符号是儿童周围的一个特殊的环境。同符号的相互作用是儿童语言、审美、情感、品德等发展的重要途径。口头的、书面的语言（对儿童而言主要是口头的），图书的画面，各种标记，音乐等都是对儿童有价值的符号。这些符号在不同的时空中出现会有特定的意义。

（四）儿童与"自我"的相互作用

儿童在活动过程中，对自己已有知识经验的提取和利用，对现有知识经验的修正和重建等，就是儿童一种特殊的相互作用形式。这也是儿童反思性学习和活动的一种基本形式。鼓励和引发这种相互作用，对儿童的自我发展具有重要意义。

在现实的活动中，儿童的活动是复杂的，以上四种相互作用的方式可能会全部或部分地出现在同一个活动过程之中。我们应该为儿童创设丰富多样的教育环境，关注儿童在活动中的兴趣和需要，充分引导多种形式的相互作用，努力促进儿童全面、和谐地发展。

## 二、学前儿童发展水平制约学前教育

在学前教育与儿童发展的关系中，学前教育既是促进儿童发展的重要因素，同时为了保证学前教育的顺利进行，受儿童身心发展规律制约，学前教育也要适应儿童身心发展规律。

（一）学前教育必须考虑儿童身心发展的水平

儿童身心发展具有一定的顺序性和阶段性。一方面，儿童的身心发展是连续的，渐进的；另一方面身心发展的特点到一定时期或一定程度，就会发生质变，形成相对稳定的发展阶段，表现出阶段性。每一个阶段儿童身心发展有着不同的发展水平，有其主要的活动形式，标志着该阶段的特征。这些阶段又按照一定的顺序，互相联系，前一阶段是后一阶段的必要准备，并为后一阶段所取代，后一阶段是前一阶段的必然的发展趋势。发展阶段又并非阶梯式的，而是有一定程度的交叉和重叠。同时，儿童身心发展有一定的稳定性和可变性。在一定社会和教育条件下，儿童发展的顺序、过程和速度大体上是稳定的，但在不同的社会生活条件下，同一年龄阶段的儿童身心发展水平又会有差异，具有一定的可变性。因此，儿童身心发展的水平是学前教育的客观依据，不能违背儿童发展规律进行"超前"教育。

（二）学前儿童身心发展的特征，为学前教育提供科学基础

首先，儿童的身心发展水平制约学前教育的难易程度。各级学前教育的目标要求有高低之分，内容有难易之别，形式方法也有繁有简，正是儿童的身心发展水平制约着这些因素。其次，儿童身心发展的速度制约学前教育要求递进的坡度。儿童身心发展的各个方面具有不均衡性，时间有先有后，速度有快有慢，这就使得学前教育要求提高的跨度应与儿童身心发展的速度相符。再者，儿童身心发展的年龄特征决定学前教育的阶段性。儿童身心发展过程虽然是一个连续不断的变化过程，但在不同的年龄阶段，儿童的身心发展表现出了较一致的、共同的规律，这些年龄特征使得学前教育呈现出一定的阶段性。最后，儿童身心发展的个别差异使学前教育具有多样性。儿童身心发展的个别差异体现在多方面，不同儿童的身心素质结构和关系不一样；每个孩子的情感、意志和个性也相异；即便在同一方面，每个儿童的身心发展水平和速度也不相同。因此，教育就必须要深入了解每个儿童的个性特征，从每个儿童的实际出发，做到因人而异，因材施教。

多数学前儿童会朝着正常的方向发展，学前儿童本身的生理与心理功能也会趋于正常。不过，学前儿童同时也是敏感的、软弱和易受伤害的。如果学前儿童教师不遵循学前儿童身心发展的规律，只是按自己的喜好来任意地对待儿童，就可能造成学前儿童发展的偏差，或是错过了发展的好时机，使儿童的发展延迟，甚至形成了障碍和缺陷，以至将来难以纠正。因此，在儿童发展的早期，教育应提供适宜儿童生长发育和发展需求的环境与条件，保障儿童生命和健康，排除不良的环境和刺激，在儿童的各种活动中，给予适宜的指导和帮助，以促成儿童早期的最佳发展。

因此，学前教育是学前儿童身心发展的外部条件，要实现教育对发展的作用，必须使外部的教育符合儿童发展的需要，转化为儿童自己活动的动机、兴趣和情感。学前教育的作用必须通过儿童内部的转化才能实现，教育的效果如何在很大程度上依赖于是否调动了儿童活动的积极性。学前教育不能违背儿童身

心发展的客观规律任意决定人的发展。教育加速儿童身心发展的善良本意能否转化为现实,除了受制于教育是否真实地了解和顺应了儿童身心发展的规律外,还取决于教育工作者是否正确理解了社会生活,提供给学生的教育内容、方法等是否真正地反映了社会生活的需求,从而使其与学生的实际发展需求相一致,即教育的科学性,是减少儿童发展中儿童自我对环境反映的盲目性的有效保证。

### 三、学前教育对儿童发展的作用

学前教育与儿童发展是一个复杂、动态的相互作用、相互制约的过程。从根本上讲,学前教育是儿童发展的必要条件,适宜的学前教育能够使得儿童在体、智、德、美等方面得到充分和谐的发展。

（一）引导作用

**1. 学前教育能改变脑组织和保证人体的正常发育**

早期实验证明早期经验对动物脑的积极生物作用。学前教育和早期经验不仅能影响人的大脑的生理结构,而且具有保证人体正常发育的功能。如印度发现的狼孩,她们上肢较长,耳朵能动,下巴比正常人的长,下颚关节有弹性,嘴很大,牙齿锋利,眼睛敏锐,嗅觉发达,还能发出狼叫声。可见,生活经验已使她们的身体特征更接近狼的生理结构特征。这说明人身体的正常发育也需要人类环境中的早期经验和学前教育的激发。

**2. 学前教育能诱发儿童能力的产生和发展**

人类的幼体具有发展"人"的各种能力的潜在可能性,但这种可能性还需要后天环境和教育的诱发与催生。学前期是人生发展最快的时期,因而环境和教育的不足所造成的损失将比人生的其他任何一个时期都大。

（二）补偿作用

学前教育能够补偿由于家庭处境不利,家庭教育环境不足而造成的儿童发展上的"不平等",使儿童在入正规学校之前站在同一起跑线上。弥补家庭教育的不足,包括:使儿童在托儿所,幼儿园得到在家受不到的或比家庭所能提供的更优越的教育;对家长提供帮助和指导,协调幼儿园与家庭教育的关系。

（三）诊断、矫治作用

学前教育还能对特殊儿童(超常或缺陷儿童)早期发现和提供适宜的教育措施。首先,学前教育能发现天才儿童。学前儿童教师可以通过自己的观察,发现少数孩子在某些方面具有特殊才能。托幼机构也可通过调查、测试和比较,评定出优秀的学前儿童。另外,学前教育能培养天才儿童。天才儿童尽管生来就可能具有超乎正常儿童的身心基础和潜能,但良好的基础和潜能也需要后天的培养与教育。否则,这些先天的优势就可能丧失。其次,学前教育能早期发现并有效减轻缺陷儿的残疾程度,实施矫治教育。托幼机构的系统教育,可以对孩子进行长期系统的追踪观察和对比观察,或通过测试尽早发现缺陷儿童。托幼机构还可以对这些缺陷儿进行矫治和特殊教育,如听力训练、视力训练、盲文哑语教育、智力恢复教育等。学前期是身心发展最快的时期,因而教育效果也最好。

学前教育与儿童发展之间是一种主从关系,其中儿童的发展是主,学前教育只是从属于儿童发展,为儿童发展服务的。学前教育与儿童发展是一个复杂、动态的相互作用、相互制约的过程。儿童发展是源于人类本性的目标实现过程,而教育仅是实现发展的特殊手段,其特殊性,恰恰表现于教育活动的目的设置、方法和内容的选择,都是以对儿童身心发展的科学性认识为基础的,因为它考虑到、并顺应了儿童发展的规律,所以,与同样能够对儿童的发展产生影响的其他因素——遗传素质、家庭环境和一般性的社会人文地理条件等相比较,教育的影响力量更强大,更具有决定性。所以从根本上讲,学前教育在儿童发展过程中起主导作用,是儿童发展的必要条件。

前苏联心理学家维果斯基的"最近发展区"理论较好地阐释了教育与儿童发展之间的关系。维果斯基认为,儿童的发展有两个阶段,一个阶段是儿童现有的发展水平,下一个阶段是儿童只有在成人的帮助下才可以完成的水平。在这两个阶段之间就是儿童的最近发展区。即儿童已经能够做到但不是独立地而只能是在教育者指引下做到的那个区域。"最近发展区"对教育具有很大的启示。教育教学的作用就在于创造"最近发展区",推动或加速儿童内部的发展过程,为儿童的心理发展创造条件。教育应该超前于发展,

教育者不仅要了解儿童的现状,还要判断儿童发展的动态和趋势,让孩子"跳一跳,够得着"。

但是,学前教育并不是万能的。教育既不能超越它所依存的社会条件,凌驾于社会之上去发挥它的主导作用,又不能违背儿童身心发展的客观规律任意决定儿童的发展。教育促进儿童身心发展的善良本意能否转化为现实,除了受制于教育是否真实地了解和顺应了儿童身心发展的规律外,还取决于教育工作者是否正确理解了社会生活,提供给学生的教育内容、方法等是否真正地反映了社会生活的需求,从而使其与学生的实际发展需求相一致,即教育的科学性,是减少儿童发展中儿童自我对环境反映的盲目性的有效保证。

---

## 自　测　题

### 一、名词解释

儿童观　白板论　儿童发展

### 二、单项选择题

1. "拔苗助长"违背了学前儿童身心发展规律的(　　)
   A. 顺序性　　　　　　B. 阶段性　　　　　　C. 不均衡性　　　　　　D. 个别差异性

2. 学前教育活动中要求所有学前儿童在同一时间内完成同一任务。这种"一刀切"的做法违背了儿童身心发展规律的(　　)
   A. 顺序性　　　　　　B. 阶段性　　　　　　C. 不均衡性　　　　　　D. 个别差异性

3. "南人善泳,北人善骑"主要是说明了影响儿童心理发展的因素是(　　)
   A. 遗传　　　　　　　B. 母亲　　　　　　　C. 环境　　　　　　　　D. 教育

4. "自然论"儿童观的代表人物是(　　)
   A. 卢梭　　　　　　　B. 杜威　　　　　　　C. 洛克　　　　　　　　D. 皮亚杰

### 三、简答题

1. 如何理解现代儿童观?
2. 简述影响学前儿童发展的诸因素。
3. 简述学前教育对儿童发展的作用。

### 四、案例分析题

1. 午餐时间,黄老师正在给孩子们盛汤,突然,小朋友们嚷嚷聪聪的汤洒了。聪聪看着黄老师,小声说:"不是我,是浩浩弄翻的。"聪聪平时是一个聪明乖巧的孩子,而浩浩是个调皮鬼。浩浩拼命地说:"不是我,是他自己弄的!"黄老师就用严厉的口气对浩浩说:"浩浩,犯错没关系,但是要承认错误。"浩浩很委屈地说:"真的不是我!""不承认错误就不要喝汤了",说完黄老师拿走了他的汤,浩浩开始掉眼泪,但还是不承认。饭后,保育员悄悄地对黄老师说:"大家错怪浩浩了,真的是聪聪自己打翻的!"黄老师很惊讶,"当时你怎么不告诉我啊?"保育员说:"你已经在批评他了,再说他平时就不乖,教育教育他也好。"

结合案例从儿童观的视角评价教师的做法。

2. 大班的强强因爸爸被捕入狱而性格偏异,为了让幼儿园配合教育好强强,强强妈妈将此事告诉了强强的带班老师李某。谁料,李某对经常打人的强强十分讨厌,不仅不配合强强妈妈教育强强,反而经常对强强冷嘲热讽,并将强强爸爸入狱的事情告诉全班幼儿,致使全班幼儿疏远强强,常说强强是个大坏蛋。强强性格由此变得更加偏异,患了严重的心理疾病。

请结合案例从儿童观的视角评价教师的做法。

# 拓展阅读：

## 20世纪中国儿童观研究的反思[①]
### 王海英

在20世纪初,瑞典教育家爱伦·凯出版了她的《儿童的世纪》一书,期待20世纪成为儿童的世纪,使儿童从传统的误解中走出来。从18世纪卢梭的"儿童的发现"到20世纪爱伦·凯的世纪期待,西方的儿童观改造经历了将近两个世纪的时间,直到21世纪的今天,"儿童的世纪"仍然只是西方众多研究者的一个美丽期待。在中国历史上,关于儿童的研究与探讨并不滞后于西方,早在16世纪,王守仁已经提出了他的"自然主义教育思想",然而,由于中国没有经历过资产阶级的启蒙运动,没有知识分子的整体合围,导致儿童观的研究处于一种现实脱离状态,没有在理论化的阐述上形成相应的体系。

与20世纪的西方相对应,在20世纪的中国,关于儿童观的研究与探讨也基本围绕着"儿童的世纪"这一梦想而展开,并在曲折变化中呈现出前进的姿态。总体来看,20世纪人们关于儿童的认识与看法大致可以划分为这样四个阶段:1900-1919年、1919-1949年、1949-1989年、1989-2000年。

一、1900-1919年:传统框架下的儿童观

20世纪初期的中国,社会动荡不安,西方列强的侵略、帝制的瓦解、军阀的混战,苦难一个接一个降临。1904年为了振兴国力,清政府颁布了《癸卯学制》,制定了《奏定蒙养院章程及家庭教育法章程》,提出"保育教导儿童,专在发育其身体,渐启其心知,使之远于浇薄之恶习、习于善良之规范"的教育目标。这一教育目标是建立在对儿童的现代认识的基础上的。然而,由于癸卯学制照搬日本的教育制度,其内容和方式并不适合当时的中国国情,也不符合人们对儿童的期待。人们还普遍地把儿童看成是家庭的附属、个体的财产、小大人,还没有在全社会形成一个尊重儿童、爱护儿童、研究儿童、教育儿童的有益氛围,癸卯学制这种带有强烈的理想主义色彩的儿童观并不能在中国的大地上生根开花。

20世纪初年,鲁迅在《我们现在怎样做父亲》中曾十分沉重地谈到中国文化中对儿童的压抑。他说,在中国传统中,或者把儿童看作成人的附属,说小孩懂得什么,一笔抹杀,不去理他;或者视儿童为"矮小的成人",拿"圣经贤传"尽量的灌下去。在当时人的心目中,儿童还只是千百年来光耀门楣和传宗接代的工具。人们的儿童观并未因国门的打开而得到改进,西学东渐的浪潮也还未席卷到人们的内心深处,简单植入的西方儿童观在中国文化的强大惯性面前土崩瓦解,科学的儿童观依然在沉睡。

二、1919-1949年:现代框架下的儿童观

中国历史上"儿童的发现"是伴随着新文化运动的"儿童热"而出现的。那时,儿童成为文学舞台上最受宠爱的主人公之一,儿童问题也被纳入了"人的发现与改造"及"社会的改造"的历史潮流中。1919年前后,中国历史出现了一批为儿童写作的作者和作品,表现出一种强烈的"儿童崇拜"倾向,人们如痴如狂地向往着"童心"世界。周作人、鲁迅、丰子恺成为开创儿童新世界的急先锋,其中,周作人无疑是这股"儿童热"最热心的倡导者与最有力的推动者之一。早在20世纪初,周作人即开始搜集和研究儿歌,进行童话研究,先后发表了《儿歌之研究》、《童话略论》,并翻译和写作了大量有关儿童教育学的论文,他的《儿童的文学》成为"儿童热"的思想纲领。在对"儿童"的千呼万唤后,新文化先锋们将人们心中沉睡的"儿童崇拜"情结与当时的民主思潮与社会心理淋漓尽致地表达出来。

---

① 王海英.20世纪中国儿童观研究的反思[J].华东师范大学学报(教育科学版),2008(6).

新文化运动中对儿童问题的探讨与关注流淌着一种强烈的时代情绪,具有摧枯拉朽的能量。作为中国历史上的思想与文化"启蒙",新文化运动明确提出要"把儿童当作人","把儿童当作儿童",鲁迅甚至响亮地提出了"儿童本位主义"。他竭力主张要"理解"儿童,"尊重"儿童,儿童有他自己的内外两面的生活,要任"儿童的天性自由发展"。这是真正意义上的"儿童的发现"。

在新文化运动后不久,美国进步主义教育运动的旗手、"儿童中心主义者"杜威来到了中国,他在中国历时两年的演讲与巡回报告在最广泛的意义上推动了中国的教育民主化进程和儿童观的更新。陶行知和陈鹤琴两位儿童教育的先驱更是为建立起中国的崭新的儿童教育观而身体力行,躬身于实践,开创了中国历史上研究儿童、尊重儿童、理解儿童的先声。在战火纷飞的年代,各革命根据地的儿童保育院更是努力以民主的儿童观指导自己的实践,使儿童的教育与儿童的生活紧密关联。

### 三、1949-1989 年:国家框架下的儿童观

1949 年中华人民共和国的成立使儿童的命运、关于儿童的观念与国家意识形态紧密相连,儿童不再是小大人,而是要被培养成为又红又专的社会主义事业的接班人。人们对儿童的认识和看法不是从儿童本位出发,而是从社会本位、国家本位出发。

1958 年中国的历史进入了大跃进,儿童中心主义被斥之为"反动"、"资产阶级情调与资产阶级生活方式"、"丑化劳动人民"等。十年浩劫,全国上下一片疯狂,人们对儿童的认识与看法更是因左倾主义思潮对新中国 17 年的教育的彻底否定而走上歧路,儿童似乎又重新成了小大人、小玩偶。很多幼儿园中正常的三餐两点被取消,以成人式的"盖浇饭"替之;儿童的正常生理需要成了"资产阶级生活方式",儿童被迫像玩偶一样参加各种大型团体操表演和大型运动会;在教育中更是要求儿童要像成人一样熟背毛泽东诗词、为人民服务、纪念白求恩、愚公移山等远离儿童日常生活的作品。儿童的心理世界、儿童之为儿童的独特性被抹杀殆尽。

1978 年的十一届三中全会结束了噩梦般的十年浩劫,也使科学儿童观的诞生遭遇了新的人文环境。1979 年全国托幼工作会议的召开使人们对儿童的认识逐渐地回到"以儿童的方式对待儿童"上来,提倡研究儿童心理,尊重儿童身心发展规律。1981 年《幼儿园教育指导纲要》和 1989 年《幼儿园工作规程(试行)》更是把人们对儿童的认识引导到正确轨道上来,人们开始重新建立起一种以儿童为中心的教育观,以人的方式来理解儿童,以儿童的方式对待儿童。儿童观,这一原来只具有观念意义的知识体系在国家的干预下逐渐成为法规上的条文,成为人们认识儿童、教育儿童的一个必然选择。在我国的许多法律文件和政府报告中也不断地明确指出"儿童是社会的未来,是民族的期望"、"全社会都应关心和保护儿童,支持儿童工作",1986 年的《义务教育法》从不同的方面体现并规定了儿童与国家的关系。

### 四、1989-2000 年:世界框架下的儿童观

1989 年,是世界儿童的幸福年,也是中国儿童的幸福年。这一年联合国大会通过了《儿童权利公约》,并于 1990 年召开了有史以来规模最大的世界儿童首脑会议,这次会议让中国的儿童和世界的儿童携起手来,也让中国政府对世界人民作出了庄严的承诺,保证在中国实施《90 年代儿童生存、保护和发展世界宣言》和《执行 90 年代儿童生存、保护和发展世界宣言行动计划》,使中国的儿童享有生存权、保护权、发展权。

《儿童权利公约》是由西方人士制定的,是一种儿童本位的权利宣言,而中国的文化历来关注的是社会本位、国家本位,中国本土的儿童观在儿童权利公约的影响下慢慢地实现着自身的转型,在方方面面突显着"儿童优先"原则的运用与体现。

与风景一样,儿童作为事实就存在于我们的眼前,我们并不知道"儿童"这个观念隐藏了什么,我们渴望阐明"真的儿童",追溯"儿童"这一观念自身的历史性以及人们对其不断认识的历史性。纵观 20 世纪中国儿童观的变迁过程,我们发现,20 世纪人们所形成的儿童观有着某种文化承继性、进化色彩,以及明显的钟摆现象。从家本位的儿童观、国本位的儿童观到儿童本位的儿童观、世界本位的

儿童观,20世纪人们对儿童的认识经历了一个跨越式的变迁过程。从对儿童"小大人"式的判断到"儿童是祖国的未来"到"儿童优先原则"的提出,儿童观的变迁经历了一个进化式的发展过程。而且,在不同的时期,不同的社会政治环境下,国家观念形态的儿童观、学术形态的儿童观和大众形态的儿童观交集在一起,共同编织了20世纪中国儿童观的复杂画卷。

在20世纪儿童观的演变历程中,还曾数度出现对儿童认识和看法的钟摆现象,有时甚至出现严重的倒退。在中国语境中,儿童观的变迁受到了太多社会力量的左右,加之新文化运动的不彻底性,科学的儿童观在很长时间内难以成为人们的共识,中国的儿童观就在这种复杂的历史背景中曲折地变迁着。

# 第5章 我国幼儿园教育的目标、任务和原则

## 学习目标

1. 理解教育目的概念及其相关内容；
2. 理解并掌握我国幼儿园教育目标和任务，树立科学的学前教育价值观；
3. 理解并掌握幼儿园教育原则，并能利用所学知识分析幼儿园教育实践中存在的问题。

## 知识结构

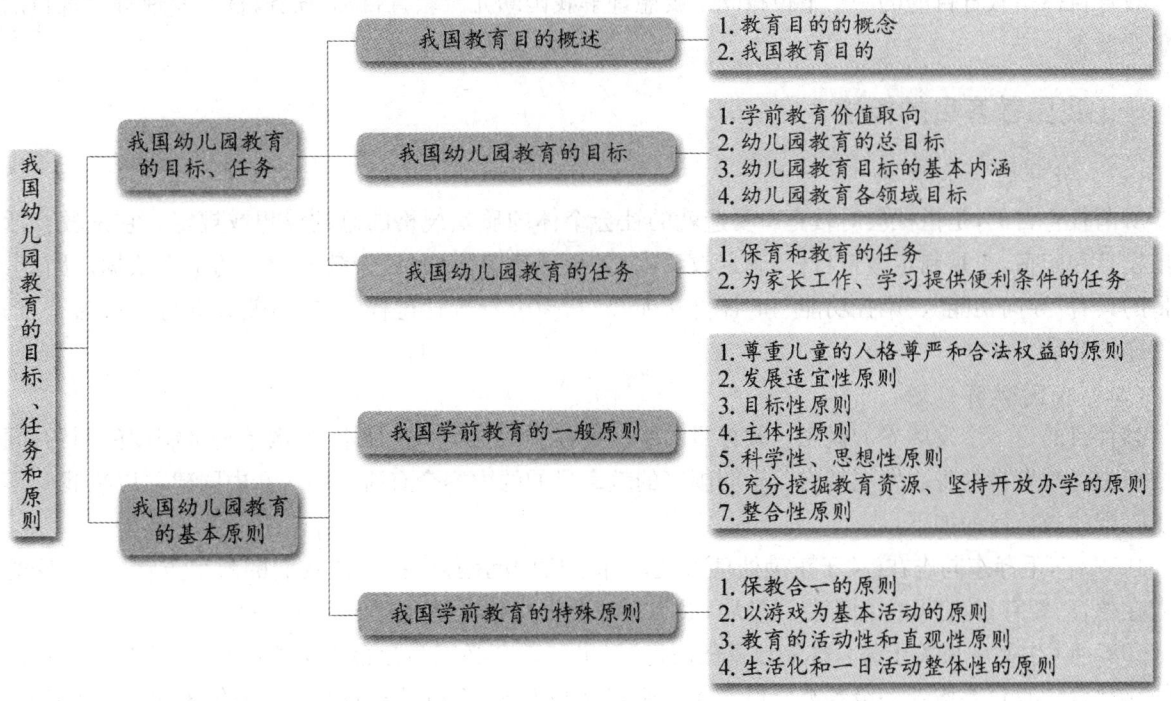

我国幼儿园教育的目标、任务和原则
├─ 我国幼儿园教育的目标、任务
│   ├─ 我国教育目的概述
│   │   ├─ 1. 教育目的的概念
│   │   └─ 2. 我国教育目的
│   ├─ 我国幼儿园教育的目标
│   │   ├─ 1. 学前教育价值取向
│   │   ├─ 2. 幼儿园教育的总目标
│   │   ├─ 3. 幼儿园教育目标的基本内涵
│   │   └─ 4. 幼儿园教育各领域目标
│   └─ 我国幼儿园教育的任务
│       ├─ 1. 保育和教育的任务
│       └─ 2. 为家长工作、学习提供便利条件的任务
└─ 我国幼儿园教育的基本原则
    ├─ 我国学前教育的一般原则
    │   ├─ 1. 尊重儿童的人格尊严和合法权益的原则
    │   ├─ 2. 发展适宜性原则
    │   ├─ 3. 目标性原则
    │   ├─ 4. 主体性原则
    │   ├─ 5. 科学性、思想性原则
    │   ├─ 6. 充分挖掘教育资源、坚持开放办学的原则
    │   └─ 7. 整合性原则
    └─ 我国学前教育的特殊原则
        ├─ 1. 保教合一的原则
        ├─ 2. 以游戏为基本活动的原则
        ├─ 3. 教育的活动性和直观性原则
        └─ 4. 生活化和一日活动整体性的原则

## 案例导语

在幼儿园里，有个简单的模仿游戏很受孩子们的欢迎，那就是教师："请你跟我这样做……"幼儿："我就跟你这样做……"。可有一天，我正带着孩子在玩这个游戏，琳琳突然站起来说："老师，我不愿像你那样做！"我一听愣住了，马上停下来问她为什么？她摇摇头说："就是不愿！我想做和老师不一样的动作。"听完后，我想，如果强行拒绝琳琳，她一定不想继续玩下去了。于是，我说："那好，

琳琳就和老师做不一样的动作吧。"游戏又开始了,琳琳做的每一个动作都和我不一样,我拍手,她就做舞姿动作;我做小山羊,她就学花猫……慢慢地好多小朋友低声说着:"老师,我也不想跟你做一样的。"看到孩子们对游戏规则变化比较感兴趣,我说:"好,我们把儿歌改成:请你跟我这样做,我不跟你这样做。每个小朋友的动作都要跟老师的不一样。"游戏重新开始,孩子们特别认真,他们创编了许多平时没有的动作。这样的变化比单纯的模仿更吸引孩子的注意力,带动每一个孩子都参与游戏,而且使孩子的反应能力、想象力和创造力都得到发展。游戏结束后,孩子们仍然十分高兴,都说:"老师,这样真好玩!"[①]

幼儿园的任何活动都应是具有教育意义的,都应是为了实现幼儿园教育目标而进行的。那么,我国幼儿园教育目标是什么呢?上述案例中,琳琳的做法违背了老师的最初要求,但老师却允许她按照自己的游戏规则进行游戏,结果孩子们不仅创编了许多平时没有的动作,而且还十分高兴。教师这样做会影响教育目标的实现吗?在幼儿园教育中应遵循哪些原则才能有利于幼儿园教育目标的实现?让我们带着这些问题进入本章的学习。

## 第一节 我国幼儿园教育的目标与任务

教育目标是教育目的的一个下位概念。要想理解我国幼儿园教育目标、任务,首先要理解教育目的这一重要概念。

### 一、我国教育目的概述

(一)教育目的的概念

所谓教育目的,是指社会对教育所要造就的社会个体的质量规格的总的设想或规定。它是教育活动的出发点和归宿,也是制定教育目标、确定教育内容、选择教育方法、评价教育效果的根本依据。因此,教育目的具有"导向功能"、"调控功能"和"评价功能"。它指引着教育过程的方向,使教育行为成为有意义、有秩序的活动。

(二)我国教育目的

教育目的是一个发展着的概念。教育目的受一定社会的生产力发展水平、政治经济制度的制约,同时也要考虑受教育者的身心发展特点。不同国家的教育目的的内容会有所不同。新中国建立以来我国不同历史时期的教育目的如下:

1957 年,毛泽东同志在《关于正确处理人民内部矛盾的问题》中提出:"我们的教育方针,应该使受教育者在德育、智育、体育几方面都得到发展,成为有社会主义觉悟的有文化的劳动者。"

1985 年《中共中央关于教育体制改革的决定》提出:"教育必须为社会主义建设服务,社会主义建设必须依靠教育。"教育要培养各级各类合格人才,"所有这些人才,都应该有理想、有道德、有文化、有纪律,热爱社会主义祖国和社会主义事业,具有为国家富强和人民富裕而艰苦奋斗的献身精神,都应该不断追求新知,具有实事求是、独立思考、勇于创造的科学精神。"

1986 年颁布的《中华人民共和国义务教育法》规定,"义务教育必须贯彻国家的教育方针,努力提高教育质量,使儿童、少年在品德、智力、体质等方面全面发展,为提高全民族的素质,培养有理想、有道德、有文化、有纪律的社会主义建设人才奠定基础。"这里首次将提高民族素质提高到教育目的的高度。

---

① 黄淑贞.幼儿园教学案例[EB/OL]http://www.hbrc.com/news/key-52519.html2014-7-31.

1995 年《中华人民共和国教育法》第五条规定:"教育必须为社会主义现代化建设服务,必须与生产劳动相结合,培养德、智、体等方面全面发展的社会主义事业的建设者和接班人。"这一教育目的指出了我国社会主义建设新时期教育对象的发展方向。

目前,我国教育目的仍沿用 1999 年 6 月《中共中央国务院关于深化教育改革全面推进素质教育的决定》的表述,"实施素质教育,就是全面贯彻党的教育方针,以提高民族素质为根本宗旨,以培养学生的创新精神和实践能力为重点,造就'有理想、有道德、有文化、有纪律'的、德智体美等全面发展的社会主义事业建设者和接班人。"由此可以看出,我国开始关注青少年创新精神的培养,新时期的教育目的具有历史继承性,也反映了新时期社会发展的特点和我国对教育目的的新的思考和探索。

## 二、我国幼儿园教育的目标

教育目的普遍适应于各级各类学校教育,具有高度的概括性。为了确保教育目的得到正确的贯彻和落实,就须要根据各级各类学校的实际情况予以具体化,即要制定培养目标。正确认识、深刻理解我国幼儿园教育目标、任务是做好幼儿教育工作的前提。

### (一)学前教育价值取向

所谓学前教育价值取向是人们基于对学前教育总的看法和认识,在选择教育内容及实施教育计划时所表现出来的一种倾向性,它在一定程度上影响着人们的学前教育观念、行为习惯和情感特征。不同的学前教育价值取向必然导致不同的学前教育结果,不同的学前教育价值取向总是受到当时的社会政治、经济和文化的影响。

那么,在当前学前教育价值取向问题上,我们究竟应树立怎样的价值观呢? 应当说,当前极端二元对立的价值取向已经很少见了,学前教育的价值取向正走向融合发展的道路,走向以儿童发展为本,并试图实现学前教育的个体价值与社会价值的积极整合。正如有学者指出的那样,"为了儿童个体发展"与"为了成人或社会发展"应是统一的。这也就是说,学前教育的价值首先应该是为了儿童个体身心健康的发展,为了儿童生命质量的提升,这才是学前教育基本的、第一位的任务与目标。

### (二)幼儿园教育总目标

幼儿园教育目标是依据教育目的并结合幼儿园教育的性质和特点提出来的。幼儿园教育目标是教育目的在幼儿园教育这一阶段的具体化。幼儿园教育的目标是完成幼儿园教育任务,提高幼儿园教育质量的重要指导思想,国家通过这一目标对全国幼儿园教育进行领导和调控。

1996 年颁布的《规程》中明确指出,我国幼儿园教育的目标是"实行保育与教育相结合的原则,对幼儿实施体、智、德、美等方面全面发展的教育,促进其身心和谐发展"。同时,2001 年颁布的《纲要》强调,幼儿教育是基础教育的有机组成部分,是学校教育制度和终身教育的奠基阶段。幼儿园教育应为每一个幼儿的近期和终身发展奠定良好的素质基础。

我国幼儿园教育目标的具体内容在《规程》第一章第五条中作了较为详细的说明,具体规定了体、智、德、美各育的具体目标。具体表述如下:

1. 促进幼儿身体正常发育和机能的协调发展,增强体质,培养良好的生活习惯、卫生习惯和参加体育活动的兴趣。

2. 发展幼儿智力,培养正确运用感官和运用语言交往的基本能力,增进对环境的认识,培养有益的兴趣和求知欲望,培养初步的动手能力。

3. 萌发幼儿爱家乡、爱祖国、爱集体、爱劳动、爱科学的情感,培养诚实、自信、好问、友爱、勇敢、爱护公物、克服困难、讲礼貌、守纪律等良好的品德行为和习惯,以及活泼、开朗的性格。

4. 培养幼儿初步的感受美和表现美的情趣和能力。

### (三)幼儿园教育目标的基本内涵

要想真正理解我国幼儿园教育目标的基本内涵,必须要理解幼儿园全面发展教育、全面发展教育的组成部分及其相互关系、素质教育与全面发展教育的关系等。

#### 1. 幼儿园全面发展教育的概念

幼儿园全面发展教育是指以幼儿身心发展的现实与可能为前提,以促进幼儿在体、智、德、美诸方面全

面和谐发展为宗旨,通过适合幼儿身心发展特点的方式、方法、手段加以实施的、着眼于培养幼儿基本素质的教育。对幼儿实施全面发展教育是我国幼儿教育的基本出发点,也是我国幼儿教育法规所规定的幼儿教育的任务。

全面发展是针对片面发展而言的,偏重任何一个方面或忽视任何一个方面的发展都不是全面发展;全面发展并不意味着个体在体、智、德、美诸方面齐头并进、均衡地发展,也不意味着个体的各个发展侧面可以各自孤立地发展。因此,幼儿园的全面发展教育在保证幼儿个体在体、智、德、美诸方面全面发展的基础上,可以允许幼儿个体在某方面突出一些。同时,应注意幼儿各方面发展的和谐与协调。

"全面",指体、智、德、美发展的整体性,缺一不可;"和谐",指体、智、德、美的有机性,不可分割。"全面和谐发展"是幼儿园教育目标的核心要求,既是出发点,也是归宿。幼儿园教育只有全面实施素质教育,才能满足幼儿终身学习和未来发展的需要。这一目标体现了国家对新一代要求的总方向,是确定幼儿园教育任务,评估幼儿园教育质量的根本依据,国家通过这一目标对全国幼儿园教育进行领导和调控。

**2. 全面发展教育的组成部分及其相互关系**

体、智、德、美是幼儿发展的基本内容或素质,为了使幼儿在体、智、德、美诸方面得到发展,就有必要对幼儿进行相应的各个方面的教育。体育、智育、德育与美育是幼儿全面发展教育的有机组成部分。

体育、智育、德育、美育在幼儿全面发展教育中承担着相对独立的任务,对于幼儿的身心全面发展发挥着不同的作用。体育主要指向于幼儿身体的发展过程,它的主要任务是保护幼儿的生命与健康,促进幼儿身体的正常生长发育,增强体质;智育主要指向于幼儿的认知发展过程,它的主要任务是增进幼儿对周围环境的认识,发展幼儿的认识能力,即智力;德育主要指向于幼儿的社会性的发展过程,它的主要任务是培养幼儿的道德品质,形成良好的社会性行为与技能;美育主要指向于幼儿的审美能力的发展过程,它的主要任务是培养和发展幼儿的美感。

体育、智育、德育、美育在全面发展教育中,虽然在任务与功能上具有相对的独立性,但是它们又是一个紧密联系、相互作用、相互促进的统一的整体。首先,各育统一的基础在于幼儿的发展是一个整体。体、智、德、美各育作为促进和影响幼儿身心发展的外部力量与影响因素,最后都要落实到幼儿身上,使幼儿在体、智、德、美诸方面得到发展。体、智、德、美作为一个整体的人的发展的各方面的素质,它们是统一在一个人身上,是作为一个完整的、不可分割的个性表现出来的。其次,体、智、德、美各育又是相互渗透、相互促进、相互制约的。任何一方面的发展,都会促进其他方面的发展,而任何一方面的忽视或偏废都将影响其他方面的发展。体、智、德、美四育融汇在一起,形成一种整体教育力量,作用于幼儿全面和谐发展中。因此,由体、智、德、美四育构成的全面发展教育是一个有机的整体或系统。

**3. 素质教育与全面发展教育的关系**

(1) 全面发展教育是实施素质教育的基本理论依据。人的全面发展学说是实施素质教育的基本理论依据。只有搞好全面发展教育,才能提高幼儿的综合素质和民族素质。

(2) 全面发展教育是素质教育的途径。我国全面发展教育的内容,长时期为德育、智育、体育三项内容,后来逐步加进了美育和劳动技术教育,形成"五育"并举的局面。通过全面发展"五育"就基本上可以促成素质教育的实施。

(3) 素质教育是全面发展教育的目标。素质教育的根本目的是全面提高学生素质,体现了素质教育与全面展教育的统一:全面发展教育有了"素质"的补充,就使其目标趋于具体,素质教育有了"全面"的规范,就使其要求更加明确。

**(四) 幼儿园教育各领域目标**

《纲要》指出,幼儿园教育的内容是广泛的、启蒙性的,可按照幼儿学习活动的范畴相对划分为健康、社会、科学、语言、艺术等五个方面,也可以按其他方式划分。各方面的内容都应包含知识技能、情感态度、活动方式方法等多方面的学习。幼儿实际的学习是综合的、整体的,幼儿园教育内容范畴的划分是相对的,教育过程中应依据幼儿的学习特点进行整合处理,以使幼儿通过真实而有意义的活动生动、活泼、主动地

学习,获得完整的经验,促进身心全面和谐的发展。下面是各领域的教育目标。

**1. 健康**

健康领域的教育目标是增强幼儿的体质,培养健康生活的态度和行为习惯。

(1) 适应幼儿园的生活,情绪稳定;

(2) 生活、卫生习惯良好,有基本的生活能力;

(3) 有初步的安全和健康知识,知道关心和保护自己;

(4) 喜欢参加体育活动。

**2. 语言**

语言领域的教育目标是提高幼儿运用语言交往的积极性,发展语言能力。

(1) 喜欢用语言与人交往;

(2) 能清楚地说出自己的想法、经验;

(3) 愿意倾听并能理解别人的讲话;

(4) 喜欢阅读画册和图书。

**3. 社会**

社会领域的教育目标是增强幼儿自信,培养幼儿乐群、友好的态度和行为。

(1) 喜欢参加游戏和各种有益的活动,活动中快乐,自信;

(2) 愿意与人交往,礼貌、大方,对人友好;

(3) 知道对错,不做明知不对的事;

(4) 乐于接受任务,努力做好力所能及的事;

(5) 爱父母、爱同伴、爱家乡、爱祖国。

**4. 科学**

科学领域的教育目标是激发幼儿的好奇心和探究欲望,发展认识能力。

(1) 有好奇心,能发现周围环境中有趣的事情;

(2) 喜欢观察、动手操作和实验,积极寻求答案;

(3) 初步理解事物的数量关系,能用比较、分类、测量等简单方法探究事物;

(4) 愿意与同伴共同探究、互相交流、分享各自的发现;

(5) 喜爱动植物,亲近大自然,关心周围的生活环境。

**5. 艺术**

艺术领域的教育目标是丰富幼儿的情感,培养初步的感受美、表现美的情趣和能力。

(1) 能初步感受环境、生活和艺术中的美;

(2) 喜欢艺术活动,能用自己喜欢的方式大胆地表现;

(3) 乐于与同伴一起娱乐、表演、创作。

## 三、我国幼儿园教育的任务

《规程》中第三条规定,幼儿园的任务是"实行保育和教育相结合的原则,对幼儿实施体、智、德、美全面发展的教育,促进其身心和谐发展。同时为幼儿家长安心参加社会主义建设提供便利条件"。

我国幼儿园是学制的基础阶段,与其他各级各类学校一样,应该使受教育者在体、智、德、美等方面得到全面发展,为社会主义现代化建设培养建设者和接班人。但是,幼儿园又是一种社会公共育儿机构,具有福利性,因此,它还担负着为家长服务的特殊任务。

### (一) 保育和教育的任务

以幼儿园为代表的幼儿教育机构是我国对幼儿实施保育和教育的组织,因此幼儿园通过对幼儿实施体、智、德、美诸方面全面发展教育,促进其身心和谐发展,达到体现自身社会价值,为社会主义建设服务的目的。

（二）为家长工作、学习提供便利条件的任务

幼儿园不仅是一个教育机构，也是一个社会福利机构，负有为在园幼儿的家长服务的任务。幼儿园保护和照顾幼儿有助于解决家长参加工作、学习而子女无人照顾的问题。通过完成这一任务，幼儿园显示出其他教育机构所不可替代的功能，充分体现出幼儿园的特殊价值。

幼儿园的一切工作都要服从、服务于双重任务，一切为了幼儿的发展，尽力方便家长。《纲要》中指出，幼儿园教育应当贯彻国家的教育方针，坚持保育与教育相结合的原则，对幼儿实施体、智、德、美诸方面全面发展的教育，全面落实《规程》所提出的保育教育目标。

## 第二节　我国幼儿园教育的基本原则

学前教育的原则是教师在向儿童进行教育时必须遵循的基本要求。这些要求是根据学前教育目标、任务和儿童身心发展的特点，并在总结了长期的学前教育实践经验的基础上提出来的。学前教育原则应始终贯穿于学前教育工作的全过程，既包括学前教育课程的编制阶段，也包括学前教育课程的实施阶段。在课程的实施阶段，既适用于教学活动，也适用于游戏、日常生活活动等各种类型的活动；既适用于活动计划的预设、内容的选择，也适用于环境的创设、材料的提供、活动区的设置等。总之，只要是有对儿童有影响的教育各方面、各环节、各流程等，都应该遵循这些原则。

学前教育原则包括两部分：一部分是教育的一般原则，是学前教育机构、小学、中学教师均应遵循的，它反映了对所有教育者的一般要求；另一部分是学前教育的特殊原则，是根据学前教育的特点提出来的，是对幼儿教师的特殊要求。

### 一、我国学前教育的一般原则

（一）尊重儿童的人格尊严和合法权益的原则

作为学前教育对象的儿童首先是一个人，是我们社会的一员。因此，他们享有人的尊严和权利。没有对儿童的尊重，就谈不上真正的教育。

**1. 尊重儿童的人格尊严**

儿童从一出生就具有人格尊严，他们与我们是同样的一个社会成员，不能因为他们小而歧视他们，要杜绝对孩子随意敷衍、盲目指责、任意羞辱的粗暴行为，更不能拿儿童作为宠物玩耍，随意给他们起绰号，当众披露他们的缺陷。教师要将儿童作为具有独立人格的人来对待，尊重他的思想感情、兴趣、爱好、要求和愿望等。

**2. 保障儿童的合法权益**

学前儿童是不同于成人的正在发展中的社会成员，他们享有不同于成人的许多特殊的权利，如生存权、受教育权、受抚养权、发展权等，这反映了人类对儿童在社会中的地位和权利的认可与尊重。但是，学前儿童毕竟是稚嫩、弱小的个体，他们对自己权利的行使还必须通过成人的教育和保护才能实现。家庭、学前教育机构、社会应当保障未成年人的合法权益不受侵犯。因此，教师不仅是儿童的"教育者"，也应当是儿童权益的实际维护者。

（二）发展适宜性原则

学前教育的出发点和最后归宿都是促进儿童身心和谐发展。促进每一个儿童在现有的水平基础上获得充分的、最大限度的发展。教师进行学前教育与课程的设计、组织、实施都应着眼于促进儿童的发展。所提出的教育目标，既不可任意拔高，也不能盲目滞后，内容的安排应以儿童身心发展的成熟程度为基础，注重儿童的学习准备。按前苏联教育家维果茨基的理论来说：即要找准每个孩子的"最近发展区"，使每个孩子通过教学活动都能在原有的基础上有所提高，即"跳一跳，摘个桃"。教师应充分了解儿童已有知识和理解能力、智力水平的基础上，提出"略为超前"的适度的教育要求，把儿童发展的可能性与积极引导二者辩证地结合起来，既不低估或迁就儿童已有的水平，错过发展的机会，又不可拔苗助长，超出发展的可

能性。

（三）目标性原则

教育目标的最终实现，是一切教育活动的出发点和归宿。教师不能任凭自己的爱好兴趣或喜怒哀乐想怎么做就怎么做，实施教育的所有过程都必须紧紧围绕教育目标来进行。贯彻这一原则应注意：

**1. 把握目标的方向性和指导性**

首先必须明确教育目标及其特点，把握教育目标的中心内涵和精神实质。由于教育目标是分层次的，有总体教育目标，有阶段教育目标，有各领域、科目的教育目标，有具体的教育活动目标。其中，总体目标是具有方向性和指导性的，必须牢牢把握清楚、准确；阶段目标是承上启下的目标，相对于教育的总体目标而言，对于教育活动的具体目标来说，它又具有一定的总体性；而每一次教育活动的具体目标，则是实现总体目标的基本单位。三个层次的教育目标相互制约，共同制约着课程组织的具体过程。

**2. 注重教育目标实施过程的动态管理**

课程发展目标是教师制订教育计划、组织教育活动的基本依据。实施过程中要求教师不仅注重基本目标的达成度，更要注重针对本班儿童的发展情况，及时调整目标或生成新的目标，形成以儿童发展为本的目标实施的动态过程。

（四）主体性原则

儿童是学习的主体，只有儿童积极参与、主动建构，课程才能内化为他们的学习经验，促进其身心发展。发挥主体性原则，要尊重儿童人格、尊重儿童需要、激发儿童的主动性。在学前教育中，教师要充分扮演好自己的环境的创设者、儿童学习的观察者与引导者的角色，体现"导"的艺术，要把活动的主体地位让给幼儿，让孩子真正成为活动的主人。教师要承认学前儿童的主体地位，认识到学前儿童是学习、发展的主体，是一个独立的、完整的、成长着的、拥有极大发展潜能的主体。贯彻这一原则应注意：

**1. 准确把握儿童发展的特点和现状**

在教育与课程的设计、组织、实施、评价等不同环节，应以准确把握儿童发展的特点和现状为基础，充分考虑儿童的兴趣和需要，尊重儿童的学习特点、学习兴趣、学习背景、学习意愿等，为儿童提供主动学习的机会。

**2. 在活动之前还要善于激发学前儿童的学习兴趣和动机**

活动中教师不是只考虑教师如何教的问题，而应更多考虑儿童的实际情况，激发学前儿童学习的内部驱力，思考儿童如何学习，如何才能充分调动儿童的积极性、主动性和创造性，让学前儿童努力探索新知识、积累新经验。与此同时，要观察儿童的活动情况，适时给予支持、指导和帮助。

儿童积极主动地学习离不开教师积极主动地引导，而教师科学巧妙的引导，离不开教师主体性的发挥。只有教师发挥积极性、主动性、创造性，才能使教育计划的设定、教育活动的开展不流于形式，真正促进儿童的发展。

（五）科学性、思想性原则

由于学前儿童教育的启蒙性特点，着重在儿童学习的兴趣、方法、情感态度的养成教育上，其教育目的是促进儿童身心和谐发展，富有个性的成长，所以学前儿童教育必须保证它的科学性、思想性。贯彻科学性、思想性原则，要做到以下几点：

**1. 教育内容应是健康、科学的**

选择的教学内容应该是健康、科学的，对儿童有积极向上的引领作用，而且内容和方法都应该是正确规范的，利于学前儿童正确地感知客观事物和现象，形成正确的概念和对事物的科学的态度。

**2. 教育要从实际出发，对儿童健康发展有利**

要从实际出发，对儿童进行有针对性的教育；教育形式要活泼，教学方法要多样；教师和家长要以身作则，言行一致，成为学前儿童行为的表率。

**3. 教育设计和实施要科学、正确**

教师和家长要了解儿童的年龄特征和认识事物的规律，根据儿童的实际选择，安排相应的教学内容；教师对知识的掌握应该要准确无误，要注意各学科、各知识之间的联系，选择多种教学手段和方法，科学地

组织幼儿一日活动,合理安排活动时间和活动量。

（六）充分发掘教育资源、坚持开放办学的原则

我们必须认识到儿童自身、儿童群体以及家庭、社会都是宝贵的教育资源,要充分发挥它们的教育作用。教育资源存在于儿童的生活中。在家庭、社区、教育机构、街道、市场、田野,在儿童自身和儿童群体中,在看电视、听广播、交谈、游戏、旅游等各种活动中,都存在着丰富的教育资源,都对儿童发挥着强大的影响作用,其广泛性、灵活性、多样性、即时性,是学前教育机构教育难以比拟的。如果闭门办学,不仅造成教育自身的封闭、狭隘,而且也是教育资源的极大浪费。

现时代,学前教育机构必须在与社会系统的合作中去完成自身的教育任务,发挥学前教育机构教育在学前儿童成长中的导向作用。所以,在学前教育中,学前教育机构必须是"开放的",必须与家庭、社区紧密结合。这既是社会发展对学前教育提出的客观要求,又是学前教育自身发展的内部需求。

（七）整合性原则

整合性原则是指将学前教育看作是一个完整的系统,保证学前儿童身心整体健全和谐的发展,综合化地整合课程的各要素,实施教育。贯彻整合性原则应注意以下几点:

**1. 活动目标的整合**

目标的确定不能单追求知识技能的获得而应以全面考虑情感态度、习惯个性、知识经验、技能与能力等综合素质的培养和提高,即活动教育的主要目标应是整个人的发展。

**2. 活动内容的整合**

它是以目标的整合为前提,主要表现是使同一个领域的不同方面的内容或不同领域的内容之间产生有机的联系。内容的整合最终应落实到具体的教育活动之中。例如语言教育领域,不仅可以在语言教育领域内部对知识学习和能力培养进行整合,而且还可以将社会、科学、艺术等领域的学习内容整合在一起。

**3. 教育资源的整合**

教育资源的整合是与教育内容紧密相关的,教育资源中蕴含了多种教育内容,对教育资源的整合,有利于教育内容的整合,有利于拓展学前教育的空间,丰富学前教育的方法、形式和手段。学前教育机构、家庭及社区都有丰富的教育资源,应充分地加以运用,并进行有机的整合,使它们真正协调、一致地对学前儿童的成长产生积极的、有效的影响。

**4. 活动形式和活动过程的整合**

如,将具有一定联系性的教学活动、游戏、日常生活等活动以及各活动的过程加以整合,将集体活动、小组活动、个别活动加以互补运用和整合,使教育活动一致地对儿童的成长产生积极的、有效的影响。我国学前教育专家陈鹤琴早在20世纪20年代,就提出"整个教学法",其基本的出发点就在于陈鹤琴先生认为,儿童对外界的反应是"整个的",儿童的发展也是整个的,外界环境的作用也是以整体的方式对儿童产生影响的,所以为儿童设计、实施的课程也必须是整个的、互相联系的,而不能是相互割裂的。这条原则已成为国际学前教育发展的共同趋势,也是各国学前教育课程改革的方向。

## 二、我国学前教育的特殊原则

以上谈到了教育的一般原则,对学前儿童来说,由于其身心发展的特殊性,教育还应遵循以下几个原则。

（一）保教合一的原则

教师应从学前儿童身心发展的特点出发,在全面、有效地对儿童进行教育的同时,重视对儿童生活上的照顾和保护,保教合一,确保儿童真正能健康、全面地发展。与中小学教育不同,学前教育对儿童的保育方面很重视,这是由学前儿童身心发展特点所决定的。贯彻这一原则应明确以下几点:

**1. 保育和教育是学前教育机构两大方面的工作**

保育主要是为儿童的生存、发展创设有利的环境和提供物质条件,给予儿童精心的照顾和养育,帮助其身体和机能良好地发育,促进其身心健康地发展;教育则重在培养儿童良好的行为习惯、态度,发展儿童的认知、情感、社会性等,引导儿童学习必要的知识技能等。这两方面构成了学前教育的全部内容。

**2. 保育和教育工作互相联系、互相渗透**

学前教育机构保育和教育不可分割的关系是由学前教育工作的特殊性和儿童身心发展的特点决定的。虽然保育和教育有各自的主要职能,但并不是截然分离的。教育中包含了保育的成分,保育中也渗透着教育的内容。

保育和教育是在同一过程中实现的。保育和教育不是分别孤立地进行的,而是在统一的教育目标指引下,在同一教育过程中实现的。有的保育员在护理儿童生活时,忽视随机地、有意识地实施教育,结果无意识地影响了儿童的发展。这可能助长了儿童的依赖思想,也使他们失去了自信,失去了锻炼自己能力的实践机会,也可能在无形中剥夺了儿童发展自己的权利。

**(二)以游戏为基本活动的原则**

游戏是学前教育机构的基本活动。游戏最符合儿童身心发展的特点,是儿童最愿意从事的活动,最能满足儿童的需要,能有效地促进儿童发展,具有其他活动所不能替代的教育价值。

**1. 游戏是儿童最好的一种学习方式**

对于学前儿童来说,游戏也是一种学习,它是一种更重要、更适宜的学习。福禄贝尔说:"儿童早期的各种游戏,是一切未来生活的胚芽。"幼儿最自然的活动方式就是生动活泼的游戏。蒙台梭利说:"游戏就是儿童的工作。游戏是以过程为导向,以乐趣为目的,以内驱动机为主的活动。"陈鹤琴指出:"小孩子生性好动,以游戏为生命。"游戏是学前儿童身心发展的需要,是促进他们儿童身体、智能、道德品质、情感、创造性发展以及成长的重要手段。在游戏活动中易于唤起儿童的学习兴趣,使儿童在玩中学,学中玩,学得轻松愉快。

**2. 游戏是内容和形式的结合**

游戏既是课程的内容,又是课程实施的背景,还是课程实施的途径。游戏所涉及的内容是与儿童的兴趣相关联的,游戏应该与儿童的行为相关联,游戏应该与儿童的主动性、自发性相关联。教师要充分发挥游戏对儿童发展的作用,保证游戏的时间和空间,提供丰富的游戏材料,使儿童充分自主、愉快地游戏,通过游戏促进身心发展。

**(三)教育的活动性和直观性原则**

学前儿童认知的直觉行动性与形象性的方式和特点,决定了他们不可能像中、小学生那样,主要通过课堂书本知识的学习来获得发展,而必须通过活动去接触各种事物和现象,与人交往,实际操作物体,才能逐步积累经验,获得真知。离开了活动,就没有儿童的发展。学前教育机构的教育,不能只让儿童静坐着看和听,而应该尽各种办法,引导儿童主动活动。因为,对他们来说,只有在活动中的学习,才是有意义的学习,才是理解性的学习。教师应从儿童身心发展的特点和水平出发,以活动为基础展开教育。同时,活动形式应多样化,让儿童能在多种多样的活动中得到发展。贯彻这一原则要注意以下几点:

**1. 教育的活动性**

(1)以活动为中介,通过各种活动促进儿童的发展。学前教育促进儿童的发展主要是通过活动来进行的。学前儿童通过参与各种活动使其得到各方面的发展。因此,在活动的设计、组织、实施过程中,教师要为儿童提供丰富的材料和充分的活动空间、时间,开展各种类型的活动,以及进行人际交往的机会,为儿童积极主动活动提供可能。教师既要相信儿童,放手让他们进行各种活动,又要适时地支持和引导,进行必要的指导和帮助,同时还应鼓励儿童在活动中的积极性、主动性和创造性,使活动真正成为儿童发展的手段。活动过程要了解儿童的活动状态,这包括儿童心理觉醒水平、兴趣中心和需要、活动准备状态、习惯性行为、动机和情绪背景、学习和活动方式及其特点等。因此,研究和了解儿童状况,对于实现课程组织实施活动化具有实质性价值。

(2)教育活动的多样性。学前教育机构的活动不应当是单一的。因为活动的内容、形式不同,在儿童发展中的作用是不一样的。教师要注意教育活动的多样性,才能有效地促进儿童发展。如从类型来说,有集中教育活动、游戏、日常生活活动、亲子活动、劳动等;从活动的领域来说有健康的、科学的、语言的等领域的活动;从表现形式来看,有听说表达类、运动类、动手制作类、小实验等活动;从组织形式来看,有集体活动、小组活动、个别活动。

### 2. 教育的直观性

由于学前儿童思维的具体形象性和第一信号系统占优势的特点,使得他们只有在获得丰富的感性经验的基础上,才能理解事物。学前儿童主要是通过各种感官来认识周围世界的。是通过直接感知认识周围事物,形成表象并发展为初级的概念。对学前儿童的教育应考虑体现直观形象性。

(1)教师要根据儿童不同年龄的身心发展水平,运用各种形式的直观教学手段,从具体的、有情节的事物向无情节的事物过渡,从实物类型的直观向图片、模型、语言直观等过渡。

(2)教师通过演示、示范、运用范例等直观教学手段,变抽象为形象,化枯燥为生动的同时,还可以辅以形象生动的、声情并茂的教学语言,帮助儿童理解教学内容。

(3)通过具体可见或可操作的活动,使儿童比较容易直观形象地理解所学的内容,更快地获得各种知识经验。

### (四)生活化和一日活动整体性的原则

由于学前儿童生理、心理的特点,对儿童的教育要特别注重生活化。并发挥一日活动的整体功能。

### 1. 教育生活化

生活化首先就是指教育生活化。也就是说要将富有教育意义的生活内容纳入课程领域。例如,课程安排依照学前教育机构生活的自然秩序展开;课程内容可以依据节日顺序展开;或者依据时令、季节变化规律来组织课程等等。加强教育同生活的联系,就是要将学前儿童在各种情境中的经验加以整合,不论是日常生活中学习积累的,还是在非日常生活中应该了解和认识的,都纳入到课程组织结构中加以统整。

### 2. 生活教育化

生活化还有一种含义就是指生活教育化。也就是将学前儿童日常生活中已获得的原有经验,加以系统化、条理化,在生活中适时引导,促进学前儿童发展。在学前教育机构中,在成人看来并不重要的小昆虫、小石子、树叶等各种各样的自然物,都是学前儿童眼中的宝贝,教师若能对学前儿童的世界加以观察,并有效将这些内容组织起来。将会使学前儿童在感知生活的过程中得到发展。如教育活动设计不仅仅是课堂教学活动的设计。应包括一日活动的各个环节,寓教育于一日活动之中,及时抓住机会对儿童实施教育。通过帮助儿童组织已获得的零散的生活经验,使经验系统化、完整化。此外,活动的内容选择、活动的实施等都要注意生活化。

### 3. 发挥一日活动整体功能

学前教育机构一日活动是指学前教育机构每天进行的所有保育、教育活动。它不仅包括由教师组织的活动,如儿童的生活活动、劳动活动、教学活动等,还包括儿童的自主自由活动,如自由游戏、区角自由活动等。

学前教育机构应充分认识和利用一日生活中各种活动的教育价值。通过合理组织、科学安排,让一日活动发挥一致的、连贯的、整体的教育功能,寓教育于一日活动之中。

(1)一日活动中的各种活动不可偏废。无论是儿童吃喝拉撒睡一类的生活活动,还是教学活动、参观访问等活动;无论是有组织的活动还是儿童自主自由的活动,都各具重要的教育作用,对儿童的发展都是不可缺少的。因此不能顾此失彼,随意削弱或取消任何一种活动。

(2)各种活动必须有机统一为一个整体。每种活动不是分离地、孤立地对儿童发挥影响力的。一日活动必须统一在共同的教育目标下,形成合力,才能发挥整体教育功能。因此,如何把教育目标渗透到各种活动中,每个活动怎样围绕目标来展开,就成为实践中应当特别关注的问题。

------------------------------ 自 测 题 ------------------------------

### 一、名词解释

1. 教育目的　　2. 幼儿园全面发展教育

## 二、单项选择

1. 1996 年颁布的《幼儿园工作规程》中明确规定幼儿园教育要以（　　）为基本活动,寓教育于各项活动中。
   A. 跳舞　　　　　　B. 游戏　　　　　　C. 唱歌　　　　　　D. 识字

2. 幼儿园的任务包括（　　）
   A. 对幼儿实施保育和教育　　　　　　B. 为家长工作,学习提供便利
   C. 为幼儿园盈利　　　　　　　　　　D. A 和 B

3. 教师在集体教学时,结合分组教学。这种做法主要体现的教育原则是（　　）
   A. 促进幼儿全面发展　　　　　　　　B. 面向全体,重视个别差异的原则
   C. 保教结合的原则　　　　　　　　　D. 以游戏为基本活动的原则

4. 下列关于幼儿教育目标的说法正确的是（　　）
   A. 幼儿园教育目标能否贯彻实施完全是行政管理部门的事情
   B. 教育目的是幼儿园教育目标的唯一依据
   C. 教育目标的制定必须适应幼儿身心发展的年龄特征
   D. 幼儿园教育目标是依据家长的不同要求提出来的

5. 幼儿园教育目标是依据教育目的并结合幼儿园教育的（　　）提出来的。
   A. 方法和手段　　B. 性质和特点　　C. 原则和规律　　D. 原则和方法

6. 对幼儿实施全面发展教育是我国幼儿教育的基本出发点,也是我国（　　）所规定的幼儿教育的任务。
   A. 教育法　　　　B. 幼儿教育法则　　C. 法律法规　　　D. 幼儿园工作规程

7. 确定幼儿园教育任务,评估幼儿园教育质量的根本依据是（　　）
   A. 幼儿园教育目标　B. 幼儿园教育计划　C. 幼儿园教育原则　D. 幼儿园教育内容

## 三、简答题

1. 我国现行的教育目的是如何表述的?
2. 你是如何理解我国幼儿园教育目标的?
3. 我国幼儿园的任务是什么?
4. 我国幼儿园教育的基本原则有哪些?
5. 贯彻教育的活动性和直观性原则时应注意哪些问题?

## 四、材料分析题

结合幼儿园目标和原则,分析本章案例导语中的案例,并回答所提出的问题。

## 课外拓展：

### 把培养儿童的"创造能力"作为学前教育的目标①

重新确定学前教育的目标,可以说是未来学前教育阶段改革的主要任务了。没有目标就无法作出课程和方法的决定,然而批判地反映各种可能的目标,符合逻辑地论证这些目标和明确地提出这些目标却更重要。

---

① 迪克·施韦尔特,李其龙. 把培养儿童的"创造能力"作为学前教育的目标[J]. 外国教育资料,1978(4).

回顾从1964年美国的"开端计划"引起的近十年来的学前教育的讨论,可以确认,一开始提出的学前教育目标是非常单一的,其出发点仅仅是:为学前儿童作好入学准备,帮助他能够较顺利地胜任学校教育头几学年的要求。这种目标使学前教育停留在对儿童的单一的和片面的认知准备方面,仅仅使他们能够对今后的学校教学要求做到比较机械的适应。

最近讨论得越来越多的学前教育目标是促进儿童的创造性行为。

与过去常常把创造性现象仅仅限制在很少的一些杰出发明家或天才艺术家身上的做法不同,最近二十年来进行的系统研究出发点是:创造能力是每个人都具有的,而且是"智力结构"的特征。这种广义的创造性行为可以说成灵活的(不是僵硬呆板地依样画葫芦)、非凡的(非平常的、异常的、不俗气的)、独创的(探索自己的解决办法)和敏感的(容易接受新印象和新问题)。

促进儿童的创造能力是否应当作为学前教育的目标,这个问题的回答取决于某种评价的依据。

常常被提到的是由吉尔福特1950年阐明的社会经济发展的依据。他认为,未来将产生这样的倾向,以往许多机械化职业活动将为自动化和电子计算机技术所代替,因此职业活动的结构越来越取决于那种机器所不能操作的任务。在这样的发展过程中,精神生产力的意义在增长,而非精神生产力的意义在减小。这种明显的社会经济化要求把发展创造能力和非凡的智力纳入学前教育目标。

其次是社会文化的依据,随着自由支配时间的不断增加,需要人们用创造性地支配这些自由时间来代替长期地浪费它的行为,并使自己适应职业活动的要求成为可能。

第三个依据是出于实现"教育机会均等"的需要。只要考虑学前教育培养创造能力这个目标,对学前教育就可以提出三项有助于促进学前教育的要求:

1. 使有创造能力的儿童克服不适应学校教育要求的弱点(这种弱点是相对于高智商的儿童而言的);

2. 分析早期儿童所具有的不利于发展创造能力的社会条件,给予补偿教育;

3. 发展和加强儿童提出和证明自己的意见,反对相反观点的个性特征。

特别是最后一点,学前教育目标不考虑这一点是不行的。是早期年龄阶段的儿童构成独立行为和评价事物能力的基础,如果人应当培养自己掌握同意或反对某种事物的能力的话,那么这是必须肯定的,应当做的。

鉴于上述三个依据,应当把有系统地培养儿童的创造能力纳入学前教育的目标之中。

要实现这个学前教育目标,在学前教育领域工作的教养员必须作好有关训练的准备,也就是说应当培养具有有关理论知识和实践经验的教养员。这就要求改革传统的教养员训练的教学过程,把促进儿童创造能力的学前教学法研究成果纳入训练范围当中。

当前在学前教学法研究中有如下一些观点。

伯顿提出了发展儿童创造能力的十个要点:

1. 创造一个气氛,使每个儿童被作为一个人来看待,使他受敬重,并作为小组的一名成员受重视;

2. 使每个儿童自己懂得自尊并学习提出自己的思想看法;

3. 每个儿童应当获得自己去创造成就的勇气和信心,并应当许可他进行创造性尝试;

4. 儿童需要利用和体验其能力与环境的自由,以便学习自由;

5. 儿童需要对他的新奇、想象力和别出心裁进行称赞和鼓励;

6. 应当鼓励儿童去探索选择,发现新途径,不停留在明白的事物上;

7. 好问态度应当是教育的主要目标;

8. 教养员应当能够做到倾听、观察和沉默;

9. 应当避免引起儿童害怕的压力,害怕会禁锢儿童的智力活动,阻碍儿童通向新的思想,而敢于认识可以导致探险。不安全导致儿童产生模糊主张,阻塞选择答案的途径;

10. 应当避免在评价儿童中的迷信权威的做法。

托拉塞认为,儿童在校内外碰到不完全经验,引起了学习动机。应当引导儿童去想,这些不完全经验缺少了什么,他们想知道什么。应当鼓励他们提出问题。为了引起儿童提问题的觉悟和投入创造性学习过程,他建议采用以下方法:

1. 提出矛盾或质疑;

2. 引出问题,使学习者检查向他们提供的信息;

3. 一般化地说明作业,使它们只有指示和目标;

4. 鼓励学生从已知的东西出发进一步深入思考;

5. 组织解决矛盾和质疑的游戏;

6. 通过图画和形象的描述等加深儿童已学过的东西;

7. 鼓励实验和提出不同假设;

8. 利用提供的东西来创作(如让儿童自己编故事,演戏和绘画等);

9. 利用学生的问题。

调查表明,有些退学的学生害怕在上课时提出问题。因此,在学前教育阶段应当培养儿童提问题的勇气和能力。教养员应当重视儿童的问题,帮助他们理会回答问题的方法。儿童再也没有比自己找到回答问题的答案更高兴了。

从上述观点出发,发展儿童创造能力的学前教育教学法可以概括为以下几点:

1. 应当提高儿童自由成长的可能性程度,教学内容不应当限制儿童的想象力和表达能力,或被固定在特定的模式范围内。

2. 发展那些要求儿童发挥积极性、分析能力、独立活动能力和实验兴趣的玩具。应当提供儿童足够的自由活动和游戏的时间。

3. 儿童的创造性行为是与对客观事物的接触密切联系的。触觉在幼儿身上起重要作用。与客观事物密切联系是儿童发展对那些事物的"解决问题的敏感性"的条件。

4. 应当避免自始至终完完整整地确定教学规范,因为仅仅偏重复写而不重视创造性的组织方法就会使教学一开始便妨碍儿童创造能力的发展可能性。学前教育与学校教育不同,其教学内容强调具有启蒙性。这就要求活动的组织给教养员留有较大的灵活安排余地,以使他们按具体情况出发灵活地给儿童一定的帮助和激励。学前教育的教学计划应当使儿童取得敞开发展他们的首创精神和兴趣的可能性。

5. 创造能力的促进是与知识的获得不矛盾的,两者是相互补充的。如果根据儿童的具体情况,对他提供一系列的知识和技巧,那么创造能力的培养就可能更容易些,途径更丰富一些。因此在学前教育中,发展儿童创造能力的教育的同时,不忽视让儿童学会基本技巧和信息的处理。不具备明确的概念和牢固掌握演算方法的儿童就缺少创造性思维的基本条件。因此,非直接地促进儿童创造能力的学习内容,如获得技术、知识和基本技巧等,对促进儿童创造能力具有间接的重要性。这就要求不把这些学习内容作为自身目的,但应作为儿童未来能够独立活动的手段来看。

6. 不应当把发展儿童的创造能力局限在一定的学科或事物方面,或规定的时间里。儿童创造能力的发展应当是跨学科的,在某些情况下,学前教育中学科界限将对这个目标的实现起消极作用。学科界限会束缚儿童思维活动。周时和月度的有侧重的课题教学计划则既可以促进儿童掌握一定学科的基本技巧(如语言的、数学的技巧等等),也可以发挥儿童自发的积极性。

把学前教育目标放在培养儿童创造能力的改革只有社会支持的情况下才能实现。因此,不应当把转变人们关于学前教育目标的思想工作仅仅局限于学前教育机构范围内。

# 第6章  幼儿园课程

**学习目标**

1. 了解有关课程的定义；
2. 理解幼儿园课程内涵及其特点；
3. 掌握幼儿园课程的四个基本要素及相关内容，树立当代先进的幼儿园课程观。

**知识结构**

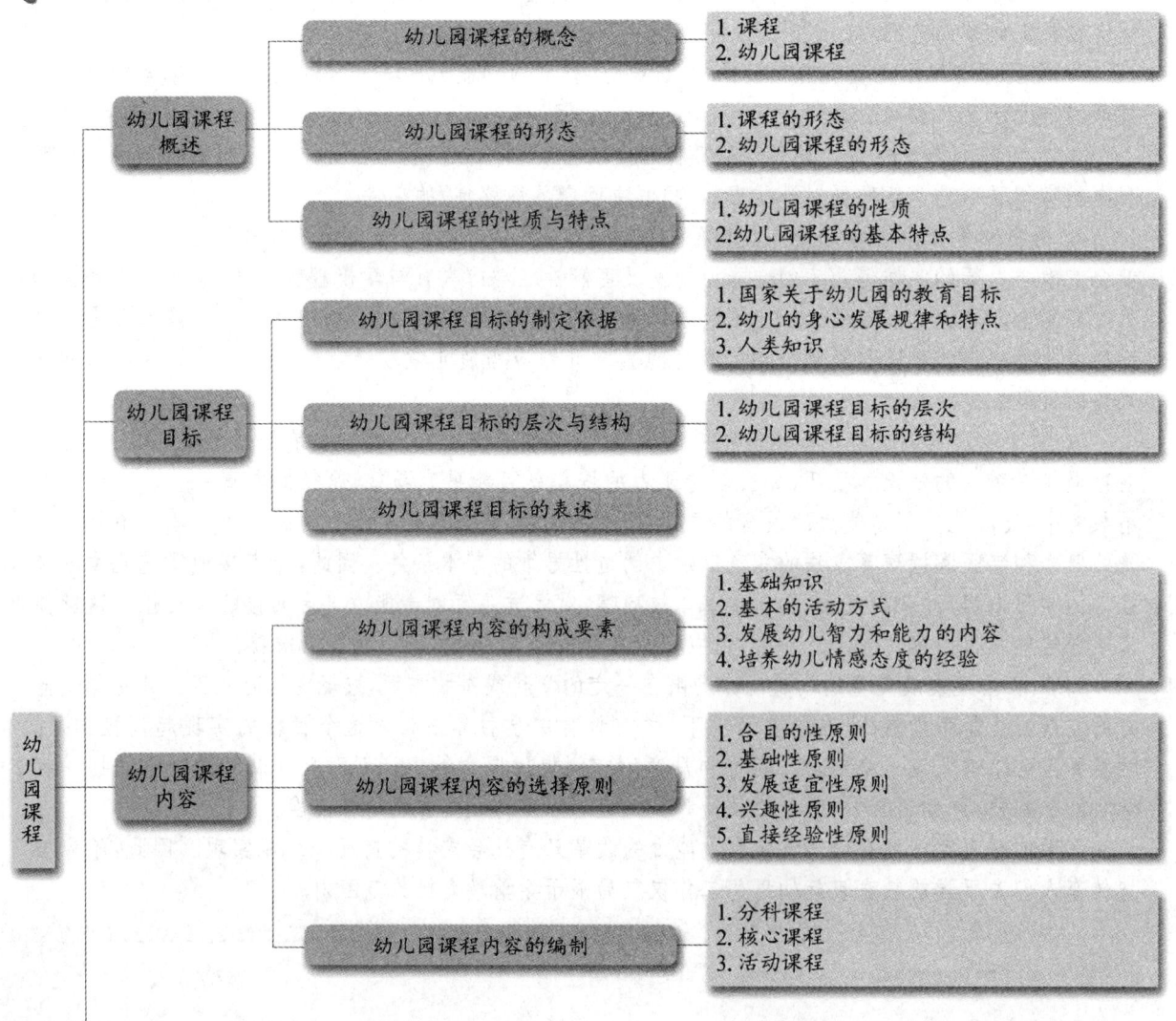

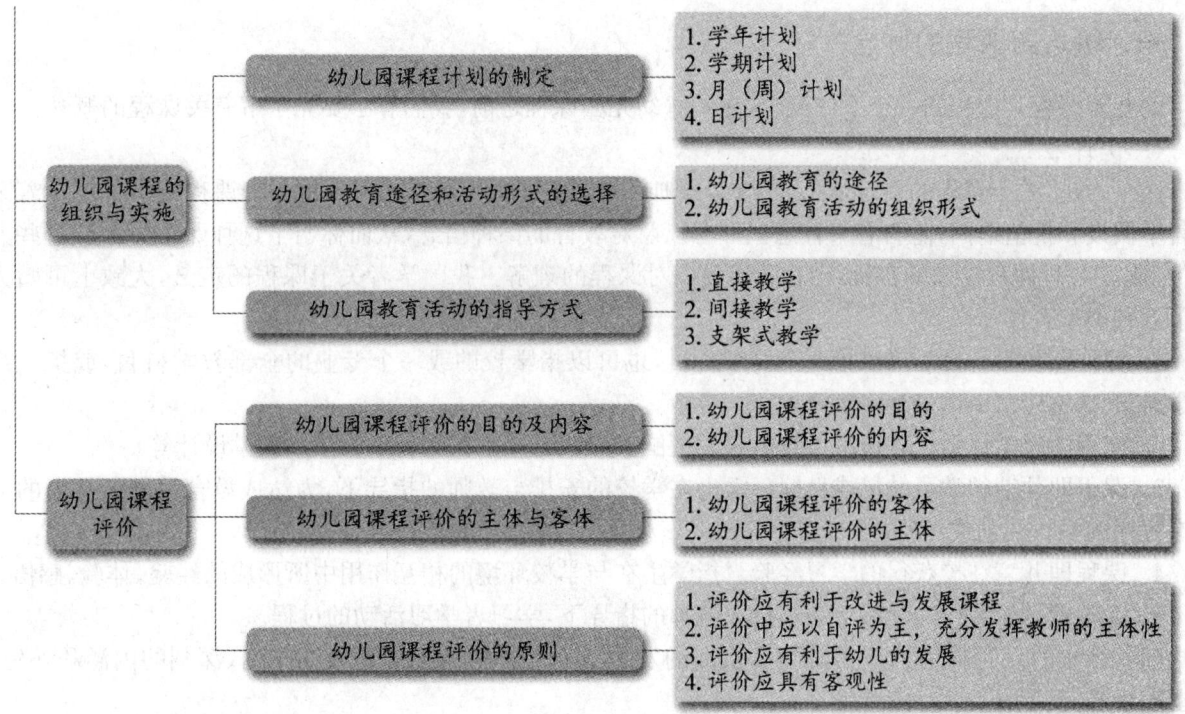

一次点心时间,厨房的营养员,为小班孩子准备了一个剥好的鸡蛋。两天后,教师上了"认识鸡蛋"的学习活动,活动中教师让幼儿摸一摸、剥一剥、尝一尝,通过多种感官认识了鸡蛋。

同样"一只鸡蛋"却扮演着"点心和教具"两种不同的角色,为何要将其割裂开呢? 当该园园长在看到上述教育现象时不禁陷入了深思。在教研组研讨时,该园长从"一只鸡蛋",提出对"课程如何贴近幼儿的生活""如何有效整合生活与学习教材"等课程理念进行思考,引导教师确立"幼儿园一日活动皆课程"的新观念,使传统的大舞台、外出参观等活动赋予课程载体的新意义,使幼儿园开展的各项活动都能体现课程的价值,提高课程整合的意识。①

上述案例中提到了"分科教学""课程整合""课程载体""课程理念"等有关幼儿园课程的专业术语,那么,什么是幼儿园课程? 幼儿园教师到底应该树立怎样的课程理念? 让我们带着一系列有关课程的问题,进入本章的学习。

## 第一节 幼儿园课程概述

作为专门幼教机构的幼儿园,其教育目标的实现是通过有目的、有计划的教育活动实现的,即通过相应的课程而进行的,可以说幼儿园课程是幼儿园教育的心脏。因此,对幼儿园课程的研究是学前教育学的重要组成部分。幼儿园的教育目标是什么? 提供哪些教育内容才能实现教育目标? 如何有效地组织这些内容? 怎样确定这些教育目标是否达到? 这些问题正是幼儿园课程的四个基本问题和要素。

---

① 王海蕾. 课程的园本建设与幼儿园发展[EB/OL]. http://www.cnsece.com/article/9352.html. 2012-12-21.

## 一、幼儿园课程的概念

幼儿园课程是课程的一个下位概念,在了解幼儿园课程之前,我们有必要先了解有关课程的概念。

### (一)课程

迄今为止,关于课程的界定是见智见仁,很难达成共识,根本原因是因为每一种课程定义都隐含着某种哲学假设和价值取向,隐含着某种意识形态以及对教育的某种信念,从而标明了这种课程最关注哪些方面。① 对于各种课程定义的辨析,会有助于我们对课程的理解。我国学者关于课程的定义,大致上可归为以下五种类型:

1. 课程即教学科目。可以指一个教学科目,也可以指学校的或一个专业的全部教学科目,或指一组教学科目。

2. 课程即教学计划。它包括学校的教学范围、序列和进程,甚至教学方法和教学设计等。

3. 课程即预期的学习结果或目标。学生在学校的安排与教师的指导下,为达成教育目的所从事的一切有程序的学校活动或经验。

4. 课程即儿童在校获得的学习经验。指学生在与学校环境的相互作用中所形成的经验、体验、感悟。

5. 课程即学校组织的学习活动。指在教师的指导下,学习者学习活动的过程。

随着社会的发展,特别是教育研究和实践的发展与变化,课程被赋予了更为丰富、深刻的内涵和外延,主要表现在:

1. 课程不仅包括静态的结构化、系统化的学科方面的知识,也包括受教育者动态的活动和在活动中吸取的知识技能及态度、情感、价值观等非学科方面的经验。

2. 课程不仅仅是教育者有目的、有计划提供的知识经验,而且还包括课程实施中可能出现的各种教育影响和受教育者可能获得的不可预测的经验,即受教育者在教育机构中、在教师直接和间接指导下所获得的一切知识经验。

3. 课程不再被看作是单向的教育者向受教育者传递的过程,而是师生双向互动的活动过程。

4. 课程不再仅仅强调教育者是课程指导的主体,而且强调受教育者也是课程的主体,是课程学习活动的主体。

5. 课程实施的工具或条件不仅仅是教材教具,也包括受教育者与之相互作用的其他教育因素,如:室内外装饰和设施、师生关系、校园文化、社区、家庭等整个教育环境。

### (二)幼儿园课程

综上所述,结合幼儿教育的特点,幼儿园课程可定义为:幼儿园课程是实现幼儿园教育目的的手段,是帮助幼儿获得有益的学习经验,促进其身心全面和谐发展的各种活动的总和。这里所谓的各种活动,即《规程》所说的"有目的、有计划地引导幼儿生动活泼、主动活动的多种形式的教育过程"。

由此可见,幼儿园所进行的一切活动,不论是专门的教学活动,还是幼儿自选或自发的各种游戏活动,以及幼儿的日常生活活动等,都是幼儿园课程的组成部分,都对幼儿的全面和谐发展起重要作用,幼儿园教师应全面兼顾,精心设计与指导,使幼儿在各种活动中得到真正的发展。

## 二、幼儿园课程的形态

先了解课程的形态有助于我们对幼儿园课程的形态的理解。

### (一)课程的形态

课程的形态与结构指的是课程的存在和表现形式。课程的本质决定着课程的形态,反过来,透过课程的形态,又可以加深对课程本质的理解。常见的课程形态分类有5种:

1. 以教育目标和教育内容的性质为标准。可分为德育课程、智育课程、美育课程、体育课程、劳动技术教育课程等。

---

① 施良方.课程理论[M].北京:教育科学出版社,2002:1.

2. 以教育内容的性质和组织方式为标准。可分为分科课程(代数、几何、物理、化学、语文、外语等)、广域课程(指能够涵盖整个知识领域的课程整体,如健康、语言、社会、科学、艺术)、综合课程、核心课程、活动课程等。

3. 以学习经验的性质(学生心理发展的指向)为标准。可分为认知性课程(重在促进知识的获得和认知能力的发展)、情意课程(重在学生情感的陶冶、意志的磨练、价值观的形成和个性的全面发展)。

4. 以课程决策的层次为标准。可分为理想的课程(由研究机构、课程专家提出的应该开设以及应该如何开设的课程)、正式课程(由教育行政部门规定的课程计划和教材)、领悟的课程(教师实际理解和领会的课程)、实行的课程(实际反映在教育教学过程当中的课程)和经验的课程(学生实际体验到的课程)。

5. 以课程影响学生的方式为标准。可以将课程分为显性课程和隐性课程。显性课程指的是学校情境中,以直接的、明显的方式呈现的课程。从计划的角度来看,显性课程是有计划有组织的学习活动,学生有意参与的程度较高;从学习环境的角度来看,显性课程主要通过课堂教学传递知识来进行,从学习的结果来看,学生在显性课程中获得的主要是学术性知识。隐性课程(也称潜在课程、隐蔽课程)指的是那些在学校政策和课程计划中没有明确规定,但又实实在在地构成了学生在校学习经验中常规的、有效部分的教育实践。隐性课程具有潜在性、非预期性、不易觉察性和多样性等特征。

(二)幼儿园课程的形态

幼儿园课程的形态常见的有特殊分类和一般分类两种分类方法。一般分类标准与前面所述的课程形态分类标准一样,这里不再赘述。特殊分类有以下几种类型:

1. 按其创立者或依据儿童发展理论的创始人的名字来命名的,如"蒙台梭利教育方案"、"皮亚杰早期教育方案"等。

2. 以地名命名:瑞吉欧教育方案、银行街(Bank Street)等。

3. 根据某种价值追求或教育内容、方法上的某种特色来确定名称的,如张雪门的"行为课程"、陈鹤琴的"五指活动课程"、"学会学习课程"、"生存课程"、"多元智能课程"、"幼儿园建构式课程"、"幼儿园渗透式课程"等。

## 三、幼儿园课程的性质与特点

幼儿园课程的性质与特点是由幼儿身心发展的规律、特点以及幼儿教育的性质所规定的。明确幼儿园课程的属性和特点,有利于我们从本质上把握幼儿园课程。

(一)幼儿园课程的性质

### 1. 基础性

幼儿园课程的基础性可以从两个角度理解:一是从教育体制的角度;二是从人的发展的角度。

从教育体制的角度看,幼儿园教育是学制的最初环节。《规程》总则第二条明确规定:"幼儿园是对三周岁以上学龄前幼儿实施保育和教育的机构,是基础教育的有机组成部分,是学校教育制度的基础阶段。"这就非常清楚地指明了幼儿园教育在整个学校教育制度中的位置:如果说幼儿园和小学、初级中学一起同属于学制中的基础阶段的话,那么,幼儿园既是整个学制的基础,也是"基础"的"基础"。有人把幼儿园教育称为"向下扎根的教育",十分形象地说明了它的奠基性。

从人的发展的角度看,幼儿园课程的对象是3~6岁的幼儿。幼儿正处于人生发展的起始阶段,这个时期,他们的身体迅速发育,心智逐渐萌生,个性开始萌芽。他们的自然生命正在接受人类社会文化的熏陶,进行着社会化的过程。这一阶段所获得的学习经验不仅影响着他当时的发展,更影响到青少年期,甚至影响一生。而为幼儿提供学习经验的幼儿园课程,也因此而具有基础性——为儿童的一生成长奠定根基。

### 2. 非义务性

义务教育是指依照法律规定,全体适龄儿童和少年必须接受的,国家、社会、学校和家庭必须予以保证实施的国民教育。我国目前的义务教育年限包括小学阶段和初中阶段共九年,还没有把幼儿园教育纳入。

幼儿园教育不属于义务教育,因此,幼儿园的课程也就具有了非义务性,它不是适龄儿童必须学习和完成的"任务",不具有强制性和普遍性。这就意味着,首先,幼儿在幼儿园进行的课程学习可以很自由,他们可以不学习幼儿园设置的课程,我们不能强迫幼儿学习;其次,幼儿园的课程设置具有灵活性。一般来说,国家对属于非义务教育课程的幼儿园课程只颁布指导性的文件(比如《纲要》)。幼儿园要以这些文件为指导,接受地方教育行政部门的规范管理,参考各方面的信息,根据自身的情况,自行设置课程。这便使幼儿园课程在课程思想和理念、课程目标、课程内容、课程组织等方面都具有灵活性。但是,幼儿园课程的灵活性并不排除其规定性,幼儿园课程具有自己内在的规律,如:服务于国家的教育目的和幼儿教育目标,追求幼儿身心的全面和谐发展;遵循幼儿的发展规律和特点;遵循课程的组织规律,保证课程要素之间的协调一致,等等。这些规律对幼儿园课程都进行了规定。

### 3. 启蒙性

幼儿园课程的基础性,尤其是它在人一生发展中的奠基地位,与幼儿园课程的启蒙性息息相关。幼儿园课程的对象是3～6岁的幼儿,处于这个年龄阶段的幼儿,身体发育迅速,好奇好问,表现出强烈的求知欲望,这些都为他们探索周围奇妙的世界提供了基本的条件。但是对于这个神秘而且复杂的世界,幼儿毕竟是懵懵懂懂,一个睿智的引导者是不可或缺的。幼儿园教育应该进行这样的引导,幼儿园课程也就自然担负起启蒙的任务——开启幼儿的智慧与心灵,萌发他们优良的个性品质。

### (二)幼儿园课程的基本特点

#### 1. 幼儿园课程融合于一日生活之中,具有生活化的特点

幼儿的年龄特点和身心发展需要,决定了幼儿园教育目标和内容的广泛性,也决定了保教合一的教育教学原则。对于幼儿来说,除了认识周围世界、启迪其心智的学习内容之外,一些基本的生活和"做人"所需要的态度和能力(如文明卫生习惯、生活自理能力、自立意识、与人相处时应有的态度和能力等),都是需要学习的。而这样广泛的学习内容不可能仅靠教师专门设计和组织的作业教学活动完成,也不可能通过"口耳相传"的教学方式进行。儿童只能在生活中学生活、在交往中学交往、在做人中学做人。即使是认知方面的学习,离开幼儿的生活经验,脱离幼儿的生活实际,也会变成难以理解其意义,难以唤起其兴趣的抽象、枯燥的知识灌输。因此,幼儿园课程带有浓厚的生活化特征,课程内容要来自幼儿的生活,课程实施更要贯穿于幼儿的生活。综合利用各种教育途径,科学、有效地利用一日生活的各个环节进行教育,是幼儿园课程的一大特点。

#### 2. 游戏是幼儿园课程实施的基本形式

游戏是幼儿的基本活动形式,也是他们基本的学习途径。《规程》指出,幼儿园教育工作的基本原则之一,是"以游戏为基本活动"。

在幼儿园课程中,学习与游戏的关系是辩证统一的。幼儿的游戏中蕴涵着丰富的教育价值,能让幼儿在其中生动活泼、积极主动地学习与发展,因此,幼儿的游戏活动本身就是幼儿园课程整体结构中的重要形式。尤其是在我们的幼儿园课程定义中,游戏作为实现幼儿园教育目的的手段,作为帮助幼儿获得有益的学习经验,促进其身心全面和谐发展的主要活动形式,是实施素质教育的重要渠道。此外,即使是教师专门设计、组织和指导的学习活动,也要强调其"游戏性",即要符合幼儿的兴趣,让他们在没有外在压力的情况下生动活泼、积极主动、富有创造性地学习,获得愉快的情感体验。

#### 3. 幼儿园课程以幼儿的直接经验为基础

由于幼儿的认知水平较低,知识经验欠缺,他们认识事物主要是通过感官和动作,与周围生活环境中的事物直接接触,进行感知和操作,获取直接经验。而且,他们的思维方式主要是具体形象思维,幼儿只有通过感官和动作确切地接触到事物,并操作它们,才会理解它们。实施幼儿园课程要注意为幼儿提供丰富的实物材料,引导幼儿运用感官和动作进行学习,在这种学习过程中,学习者获得的不仅仅是关于事物特征的直接经验,还有认识事物的一系列方法。

#### 4. 幼儿园课程具有潜在性特点

从本质上讲,幼儿园教育是有目的、有计划的教育过程,幼儿园课程也有明确的课程目标和基本的学习领域,但是由于幼儿身心发展和学习的特点,使得幼儿园课程不是体现在课表、教材、课堂中,而是体现在生活、游戏和其他幼儿喜闻乐见的活动形式中。虽然怎样创设环境,怎样支持幼儿的探索学习,都是教师根据幼儿园课程的目的、内容要求精心设计的,但这些内容、目的和要求仅仅存在于教师的意识和行动

中,幼儿并不能清楚地认识到。幼儿感受到的更多的是环境、活动、材料和教师的行为,而不是教育者的教育目的和期望。也就是说,幼儿园课程蕴含在环境、材料、活动和教师的行为中,潜移默化地对幼儿起作用。

总体来看,幼儿园课程基本以活动课程为主要形式,同时隐性课程的特点非常突出。"通过环境教育幼儿"、"保育与教育相结合"、"寓教育于一日生活当中"、"以游戏为基本活动"以及"在生活中、在游戏中、在幼儿的自主活动中指导幼儿的学习"等等提法,都反映了幼儿园课程的基本特点。

## 第二节　幼儿园课程目标

一套完整的课程方案通常包括课程目标、课程内容、课程组织和课程评价这四个基本要素构成的整体。在课程实践过程中,它们相互联系、相互作用、相互制约并相互调节,缺一不可,从而使课程处于循环的动态发展过程之中。

幼儿园课程目标是幼教工作者对幼儿在一定学习期限内的学习效果的预期,教育工作者对幼儿在一定学习期限内的学习结果的预期,是幼儿园教育目的的具体化。课程作为教育教学活动,等同于具体的教育过程,因而课程目标是教育目标在教育过程中的具体化,它指明学习者通过课程的学习应该达到的程度。课程目标是课程其他要素的选择依据和标准,并对整个教育过程起导向作用。因此,课程设计的第一步,也是最关键的一步就是制定课程目标。

### 一、幼儿园课程目标的制定依据

幼儿园课程目标应该如何制定? 制定的依据是什么? 这是幼儿园教师非常关注也必须弄清楚的问题。一般认为,儿童发展、社会生活和人类的知识是制定课程目标的依据,同时也是课程目标的来源。因此,要科学地制定幼儿园课程目标,就必须研究儿童,研究社会,研究人类的知识。

（一）国家关于幼儿园的教育目标

国家在关于幼儿园教育工作的文件中提出了幼儿园的教育目标,它是幼儿园制定课程目标的根本依据。对于指令性文件(比如《规程》)所提的目标,幼儿园必须全部作为课程目标;对于指导性文件(比如《纲要》)所提的目标,幼儿园必须作为制定课程目标的重要参照。

（二）幼儿的身心发展规律和特点

幼儿园课程目标是要通过幼儿的学习落实到幼儿的发展上的,因而幼儿的身心发展规律和特点直接限制着幼儿园课程目标。当然,在把幼儿的身心发展规律和特点作为课程目标的制定依据的同时,必须考虑教育促进幼儿发展的功能,从教育促进幼儿发展的可能性来制定课程目标。

每个幼儿的发展水平和特点是不同的,因此,应为不同幼儿制定不同课程目标,特别要注意为特殊幼儿制定个别化课程目标。

（三）人类知识

研究人类知识能够帮助幼儿更好地认识自然、认识社会、认识自己,因此知识是课程不可缺少的组成部分。儿童应该学习什么,学习这些内容有哪些意义,往往也取决于这些知识自身的结构、表现形式、抽象程度以及蕴含的教育价值等。换句话说,人类知识也是课程目标的依据和来源。

对于学习者来讲,各领域的知识相对具有两种价值:学术发展价值和一般发展价值。幼儿的年龄特点和幼儿园课程的性质,决定了幼儿园课程注重的是学科知识的一般发展价值。从知识的角度考虑幼儿园课程目标,关注的应该是"该学科领域与幼儿的身心发展有什么关系,它能够促进幼儿哪些方面的发展"。例如,当把"科学"作为幼儿园课程内容时,考虑的是学习科学能够帮助幼儿:(1)认识自己的生活环境,发现环境中有趣的事情和现象,发展认识兴趣和探究欲望;(2)感受事物之间的依存性和相互联系,学习认识和思考问题的基本方法;(3)自己动手动脑解决问题,体验科学研究的基本过程;(4)学习有目的的行动,并坚持达到目的;(5)学习用适当的方式表达自己的探索和发现;(6)在与同伴共同研究的过程

中体验合作的重要性,学习合作等等。

## 二、幼儿园课程目标的层次与结构

（一）幼儿园课程目标的层次

幼儿园课程目标的层次指的是幼儿园课程目标的纵向结构,幼儿园课程目标从上到下一般可分为四个层次(如图6-1):

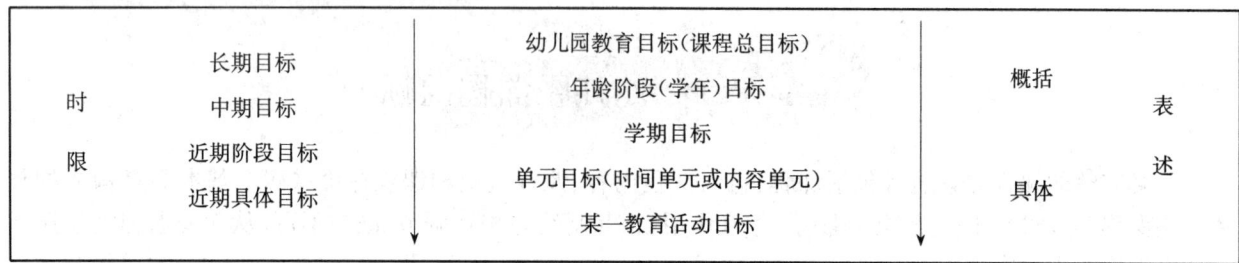

图6-1 幼儿园课程目标层次示意图

### 1. 总目标与领域目标

《规程》所规定的保育教育目标,就相当于课程的总目标。但有时为了更符合课程的特点,会把它转换成与课程内容领域结合更密切的领域目标,如《纲要》中各领域目标。这类目标一般比较宏观,表述得相对比较抽象、概括,提纲挈领。

### 2. 不同年龄阶段目标

第一层目标是三年的总目标,这一层则是小、中、大三个年龄班的一年性的目标,即中期、中观的目标。这三个一年的目标之间衔接性要强,分阶段地保证着总目标的实现。

### 3. 学期计划

即各年龄段目标在第一、第二学期的分布实施。

### 4. 单元目标

这里的"单元",既可是主题活动的"单元",也可是时间"单元"。当它作为时间单元时,这层目标也就相当于"月计划"、"周计划"中的目标。

如果充分理解了年龄阶段目标的每项内容,那么制定学期计划、月计划与周计划是比较容易的事。不过,这三个计划的制定需要明确各自的功能。

### 5. 具体的教育活动目标

教育活动目标,即一日生活中的或生活活动或游戏活动或教学活动的目标。它比较具体、微观。

一般来说,课程研究人员负责制定的是一、二层课程目标,而幼儿园教师需要完成三、四、五层目标。对于幼儿园教师,关键在于认识长期目标与短期目标的区别,并能根据儿童的年龄特点和班级幼儿的实际发展状况把长期目标恰当地分解为可达到的具体短期目标,将目标逐层落实于儿童的发展上。

例如,《纲要》中规定了社会教育领域的培养目标为:

(1) 能主动地参与各项活动,有自信心;

(2) 乐意与人交往,学习互助、合作和分享,有同情心;

(3) 理解并遵守日常生活中基本的社会行为规则;

(4) 能努力做好力所能及的事,不怕困难,有初步的责任感;

(5) 爱父母长辈、老师和同伴,爱集体、爱家乡、爱祖国。

年龄段目标的主要特点就是将社会教育目标分化为不同的要求,形成对每一个年龄段幼儿逐步提高要求的具体目标,引导幼儿逐步达到教育的总目标,而且不同年龄段的目标之间应该是连续的、衔接的。例如,以社会领域总目标为依据,我们来进一步细化各个年龄段目标。

小班幼儿社会教育目标:

(1) 帮助幼儿认识自己的性别、年龄,了解自己身体的部位、特征及作用;

(2) 帮助幼儿意识到自己是哪个班的小朋友,熟悉生活环境,了解同伴、教师、保育员,初步适应集体生活;

(3) 教给幼儿基本的卫生常识,帮助幼儿形成良好的卫生习惯;

(4) 帮助幼儿掌握礼貌用语,能运用"你好"、"对不起"、"没关系"、"谢谢"等语言,有礼貌与别人交往;

(5) 引导幼儿用语言表达自己的想法,喜欢和同伴一起活动,能与同伴协商、轮流、友好玩耍,不抢占、独霸玩具;

(6) 教育幼儿初步懂得不得提出无理要求,不无故发脾气;

(7) 培养幼儿初步的独立性和自控力,保持愉快的情绪,遵守集体的规则,爱护玩具、图书;

(8) 教给幼儿粗浅的交通安全知识,使幼儿学会遵守交通安全规则。

中班幼儿社会教育目标:

(1) 帮助幼儿了解自己和同伴,并能说出一些异同点;

(2) 帮助幼儿用语言来表达自己的情绪、情感,并能通过语言、动作、表情来了解别人的情感,初步懂得同情和关心他人,并能与同伴友好相处;

(3) 帮助幼儿学会控制自己的情感,不任性,不随意发脾气,引导幼儿懂得不损害同伴;

(4) 帮助幼儿掌握礼貌用语,能较为准确地使用礼貌用语,并能在不同的场合恰当地加以运用;;

(5) 培养幼儿与同伴轮流、分享、合作、谦让的能力;

(6) 增强幼儿的独立性,鼓励幼儿遵守游戏规则,帮助幼儿克服学习中遇到的困难;

(7) 帮助幼儿进行自我评价,认识自己的兴趣和爱好,引导幼儿对行为的动机进行评价;

(8) 引导幼儿认识社区的公共设施,了解周围人们工作的性质、特点和作用,萌发热爱人民、热爱家乡的情感;

(9) 引导幼儿了解周围成人的劳动,鼓励幼儿学做一些力所能及的事,初步养成爱劳动、爱惜劳动成果的习惯;

(10) 帮助幼儿初步理解中国的传统节日和民间工艺品,加深幼儿对中国文化的认识和情感;

(11) 帮助幼儿初步了解一些外国的文化传统和风俗习惯。

大班幼儿社会教育目标

(1) 引导幼儿认识到自己是不断发展变化的,自己的进步是父母和教师教育、帮助的结果;

(2) 发展幼儿的独立性,指导幼儿按照社会准则进行自我评价,并能对自己的行为动机进行评价,正确认识自己的能力和优点,克服自己的缺点和不足;

(3) 增加幼儿对集体的了解,培养幼儿的集体荣誉感;

(4) 培养幼儿的自控能力,要求幼儿自觉遵守各种规则;

(5) 帮助幼儿克服各种困难,培养幼儿的责任感;

(6) 引导幼儿主动关照、关心小班和中班的小朋友;

(7) 引导幼儿初步学会分辨是非,初步懂得应向好的榜样学习,萌发初步的爱憎感;

(8) 形成幼儿热爱劳动、爱护公物、珍惜劳动成果的习惯,培养幼儿的内疚感、公正感;

(9) 引导幼儿认识社区生活设施和环境,帮助幼儿理解人们的职业分工、工作性质与特点,并学会尊重不同职业的人们,萌生环保意识;

(10) 使幼儿认识到我国是个多民族的国家,幅员辽阔、资源丰富,培养幼儿的爱国心;

(11) 帮助幼儿了解一些世界名胜古迹、工艺美术品、风土人情,使幼儿学会尊重外国的文化传统和风俗习惯,萌发对世界文化的兴趣。

(二) 幼儿园课程目标的结构

课程目标的每一个层次,都有一个横向结构问题。

对幼儿来讲,健康、社会、语言、科学、艺术任何领域内容的学习,都应促进其情感、认知、动作技能的发展;同样,情感、认知、动作技能任何一方面的发展也都要借助于幼儿期的基本学习内容。这两个维度上各成分的结合,才能形成合理的课程目标结构。用表6-1表示:

表 6-1　幼儿园课程目标结构的二维思考表

| | 情　感 | 认　知 | 动作技能 |
|---|---|---|---|
| 健　康 | | | |
| 科　学 | | | |
| 社　会 | | | |
| 语　言 | | | |
| 艺　术 | | | |

### 三、幼儿园课程目标的表述

课程目标可以从不同角度来表述。最常用的目标表述方式有两种：

一是从教师的角度表述，指明教师应该做的工作或应该努力达到的教育效果。例如自然科学领域的教育目标是：(1) 激发儿童对事物的好奇心，透过主观的观察、操弄、分析和发现，培养研究开放的态度；(2) 引导幼儿与大自然接触，发展儿童的观察能力；(3) 培养儿童对动、植物的爱心；(4) 帮助儿童认识人类与自然界的关系，并关注生活环境；(5) 帮助儿童发展解决疑难的能力。

二是从幼儿的角度表述，指明幼儿通过学习应该达到的发展状况，上述自然科学的教育目标也可以从幼儿的角度表述：(1) 对事物有好奇心，学会观察、操弄、分析和发现的方法，养成开放的研究态度；(2) 积极主动地与自然界接触，观察敏锐、细致；(3) 关心与爱护动、植物；(4) 认识人类与自然界的关系，并关注生活环境；(5) 增强解决疑难的能力。

目前，多数人主张从幼儿的角度表述，以促使教师的注意力向儿童转移，克服以往教育中教师较多注意自己"教"的行为，而忽略幼儿的"学"和"学的效果"的倾向。

## 第三节　幼儿园课程内容

课程内容是课程目标的载体，它根据课程的目标以及相应年龄阶段的学习者的身心发展规律和特点而选定，是学习者应该学、能够学并适宜学的知识范畴，其中包括概念、方法、态度和技能的学习等。如果说目标是课程的灵魂，那么，内容就可以比作课程的心脏。它是课程生命活力的源泉。

课程内容要解决的是"教什么"或"学什么"的问题，这个问题可以说是课程设计的关键。因为，在任何时候，学生"应该学"的东西总是比"能够学"的东西要多得多。所以，课程内容的选择问题始终被视为是课程设计的难点。解决这个问题时必须考虑：什么内容最适合幼儿学习？学习哪些内容最有利于实现课程目标而使幼儿达到预期的发展？

### 一、幼儿园课程内容的构成要素

#### (一)基础知识

知识是智慧和文化的结晶，知识具有多种价值。它不仅能帮助幼儿认识自己生活的环境，还会通过这种认识影响他们的行动，比如避开危险、节约资源、从事有利于自己和他人健康的活动等。同时，知识还具有发展价值，是智力(如分类、概括等)发展、能力提高和情感态度培养的基础与前提。离开知识这种精神营养奢谈促进幼儿发展是毫无意义的。

在选择课程内容时，我们需要将幼儿必须掌握的或具有发展价值的基础知识纳入课程。这样的知识包括：

(1) 生命活动必需的知识，如与幼儿的健康、安全有关的知识；

(2) 有利于幼儿解决基本的生活、交往问题的知识，如基本的社会行为规则、规则的意义等；

（3）帮助幼儿认识自己生活环境的知识。如自然和社会环境中常见事物的名称、属性、幼儿能理解的事物之间的关系和联系等；

（4）为今后学习系统的学科知识打基础的知识，比如基本的数、量、形、时间、空间概念等；

（5）为成长为未来社会的高素质公民奠基的知识，如简单的环保知识等。

以上所列几类知识或许并不完全，相互之间也有交叉，但无疑是比较基础性的。要强调的是，选择了这些基础知识，并不意味着要将这些知识分别由成人直接呈现或灌输给幼儿。

### （二）基本的活动方式

人类的活动大体有几种基本类型，如生产劳动、社会交往、科学实验等，每一类活动都有自己的一些基本方式方法，基本的原理原则。掌握这些基本的活动方式，不仅可以提高人的生存能力，也可以让人体验到成功的快乐。

幼儿的活动大致可分为生活、交往、学习等，具体又可分为自我服务、身体锻炼、游戏、观察、探索、交流、表达等等。各种活动都包含着一些基本的方式方法、技能技巧。

例如，如何灵活地使用工具？如何借助于"工具"达到目的？选择什么样的工具是最适合的？如何计划自己的活动？遇到困难如何处理？再如，如何参与到同伴群体中去？采用什么方式能够让别人接受自己？如果这种方式不行应该怎么办？放弃、发脾气还是改变策略？等等。这些都涉及对基本活动方式的掌握问题。

### （三）发展幼儿智力和能力的内容

发展幼儿智力和能力是幼儿园教育的主要目的之一，因此，课程内容中应占有相当的比例。

幼儿的智力和能力常常表现在活动时所遇到的问题中，并在解决问题的过程中得到发展。因此，教师利用生活中幼儿经常遇到的或感兴趣且有价值的问题作为课程内容，既有利于激发学习的积极性，也有利于发展他们的智力和能力。教师也可以有意"制造"一些问题，或将必要的学习内容转化为幼儿可以研究的问题，以促进幼儿智力的发展。

例如，影子是幼儿常见的现象，但他们真正懂得影子吗？教师不妨让幼儿画一画"我和我的影子"，然后去和实际的影子对比一下，也许他们会发现不少有趣的"问题"：画中的自己和影子像是孪生兄弟（姊妹），一白一黑，各自独立地并排站立，而阳光下的影子却躺在地上，并和自己脚对着脚。能让影子和自己并排站立吗？能把它和自己的脚"分开"吗？

也许很多问题在幼儿期得不出一个明确的答案，但尝试解决问题寻求答案的过程，无疑会促使幼儿去思考，感受影响事物因素的复杂性，学习多角度考虑问题，与此同时，智力和能力也在思考问题、解决问题的过程中得到提高。

### （四）培养幼儿情感态度的经验

情感态度不是"教"出来的，它的形成是潜移默化的结果。情感态度是伴随着活动过程而产生的体验，类似的体验积累得多了，就形成了比较稳定的倾向性。这就要求教师要选择适当的内容，提供关键性的学习经验。

例如，对形成幼儿的自尊心来说，最重要的是让他们感到自己受尊重、受重视、在教师和同伴心目中有地位。而对于自信心来说，成功感则是关键性的情感体验。这就要求在选择内容时能考虑孩子的意见，难度适宜等。

在幼儿期，学习兴趣、自我价值感和自信心、责任感、团体归属感以及关心、友爱、尊重、同情等都是应着重培养的情感态度。

## 二、幼儿园课程内容的选择原则

如何从以上课程范围中选择具体的内容？什么内容是适宜的？这就需要以一定的原则或标准作为选择依据。

### （一）合目的性原则

课程内容是实现课程目标的手段，课程目标一旦确定，就要求选择与之相符的内容来保证它的实现。

可以说,目标为内容的选择提供了一个基本的范围和标准。

按照这一标准,在选择内容时需注意以下几点:

**1. 有目标意识**

选择内容时首先要考虑"选择这个内容是为了实现哪一个或哪几个目标"。这要求对拟选内容可能包含的教育价值进行基本分析,估计一下这项内容是否与目标有关联、是什么样的关联,是否还有关联更密切的内容等。

**2. 正确理解目标与内容的关系**

内容与目标并非一一对应的关系,一项目标往往需要多项内容的学习方能达到。因此,围绕某一目标来选择内容时需要考虑"还有哪些内容可以促进这一目标的实现"。反之,一项内容也可能指向多项目标。所以,在选择某一内容时还需要考虑"这一内容还可以达到哪些目标"。对目标与内容之间关系的正确理解,会使课程中的学习变得扎实、有效、自然。

**3. 考虑目标达成所需要的"关键学习经验"**

有些目标(如自信心、探究精神等)没有什么直接与之相对应的内容,因而这些目标的实现很难由特定的内容来保证。例如,我们希望培养儿童的自信心,而自信心来源于儿童自身多次的成功经验。我们无法通过"教什么或学什么"让儿童获得这种经验,只能通过控制内容的难易程度,指导学习的方法,为他们创造获得成功经验的有利条件。

**(二)基础性原则**

基础性是学前教育最基本的特征。幼儿园的课程内容应该涉及人生发展最基本的问题,帮助幼儿学知、学做、学生活、学学习。其中,健康的生活方式、良好的行为习惯、学习的欲望和能力、积极适应社会生活的态度和能力尤为重要,可为幼儿一生的可持续发展奠定坚实的基础。事实表明,越是基础的内容,越是有长远的发展价值。

**(三)发展适宜性原则**

发展适宜性原则,是指课程内容既要符合幼儿已有的发展水平、又能促进其进一步发展,即难度水平处在幼儿的"最近发展区"之内。

"最近发展区",指的是儿童已经达到的发展水平和即将达到的发展水平之间的差距,其操作性定义可以表述为"儿童自己独立完成的智力活动任务和在成人或有能力的伙伴的帮助下所能完成的任务之间的差距"。这个距离空间恰恰是教育的"用武之地"。

同一年龄阶段的儿童既有共同的最近发展区,也有各自不同的最近发展区。因此,课程内容的选择既要适合幼儿的一般年龄特点,又要适合幼儿的个别差异。

**(四)兴趣性原则**

"兴趣是最好的老师",兴趣具有一种动机力量。世界著名情绪研究专家伊扎德指出:"兴趣对思维和记忆的功能联系是如此广泛,以致在缺少它的支持时,对智力发展之濒于险境的危险不亚于脑组织的损伤。"对幼儿来说更是如此。因此,课程内容的选择必须要考虑幼儿的兴趣。

**(五)直接经验性原则**

幼儿认识活动的具体形象性,使得他们的学习具有直接经验性特点。因此,幼儿园的课程内容应该具有直观性、情境性和活动性,使幼儿能够通过直接感知、操作和体验,将学习内容转化为自己的直接经验。

需要提醒的是,我们在制定中期、短期教育目标和选择教育内容时,应与幼儿园的环境条件相结合。幼儿园本身的园内环境条件(包括设备、材料、师资等方面)和幼儿园园外环境条件(包括家庭和社区中可利用的教育资源)制约着教育的效果。因此,幼儿园制定课程目标要充分考虑环境条件。不同环境条件的幼儿园应提出不同的课程目标。比如,即使是同一课题的活动,在一个农村的幼儿园和一个城市的幼儿园的同级年龄班同时开展,两者也应根据各自不同的环境条件提出不同的目标,选择不同的活动内容,最终可能取得不同的效果。园本课程正是幼儿园在开发、利用课程资源时,紧密结合幼儿园自身条件,将幼儿园课程价值发挥到最大的课程。

### 三、幼儿园课程内容的编制

课程内容的编制是指对课程内容进行组合,形成一定结构的工作,其目的是利用幼儿的已有经验,使幼儿获得的知识经验系统化。这里所说的知识经验的系统化并不是指幼儿学习系统的学科知识,而是指随着幼儿的认知结构的发展,幼儿在已有经验的基础上,在日常生活和活动中,与外界不断相互作用,致使自己的知识经验由少到多、由简单到复杂、由松散到系统、由无序到有序的发展过程。课程内容编制过程实际上就是遵循幼儿自身的这种知识经验系统化的"内在大纲"构建"教育大纲"的过程。

不同的课程内容编制方式背后隐含着不同的课程理念,并在教育教学活动中体现出不同的倾向。幼儿园所采用的编制课程内容的方式目前一般有三种:

（一）分科课程

分科课程是以学科为单位对课程内容进行编制的一种方式。这种方式有利于幼儿获得系统的知识,但由于科目分化容易造成忽视各科目间的联系以及组织教育教学活动时忽视幼儿的生活经验和兴趣。

过去,我国幼儿园课程普遍采用分学科(如:语言、数学、常识、音乐、美术、体育等)组织的方式,当前,则有大量的幼儿园采用分领域(如:语言、科学、社会、健康、艺术等)组织的方式。对课程内容分学科组织和分领域组织都属于分科目组织的方式。

这种组织形式强调不同学科知识体系自身的逻辑,按照科目自身组织的系统性组织教材,能使学习者获得较为系统的知识技能,有利于认知能力的提高。但是这种组织形式带来的缺陷是忽视学科之间的联系,各科平行孤立,分别传授,在实施中容易出现重视教材、重视上课、重视教师的传授,忽视生活、忽视其他教育活动形式、忽视儿童等弊端。

（二）核心课程

核心课程又称生活中心课程或单元课程,是指在一定时期内,幼儿的学习有一个中心,所有学习活动都围绕着这个中心来进行,这个中心即"核心"。在幼儿园,核心课程通常是从幼儿能接触到的自然、社会现象中,选取其中的重要课题为中心组织课程内容,其他科目则环绕它与之搭配。"主题综合课程"即是如此。核心课程的组织形式有利于幼儿获得完整的生活经验,但不利于幼儿掌握系统的知识。

（三）活动课程

活动课程又称经验课程,在课程内容组织方面,它强调以幼儿的活动为中心,以幼儿的兴趣、需要和能力为课程编制的起点,重视依据幼儿的兴趣、需要和能力的变化不断调整和组织课程内容。"方案教学"、"探索性主题课程"即是如此,这种方式有利于幼儿个人的直接经验的发展,但通常容易忽视学习内容本身的知识体系以及传统文化的价值。

因此,幼儿园教师在组织及实施课程时,应不拘泥于某一种课程组织形式,而是充分利用各种课程组织形式的优点,树立以幼儿为本的课程整合观。

## 第四节 幼儿园课程的组织与实施

课程目标的实现,幼儿的理想发展,依赖于幼儿通过课程获得有益的学习经验。课程组织指的是为了使幼儿获得有益的学习经验,必须对各种课程因素包括教育内容、活动、材料和环境、教育者和学习者的互动方式等加以编排、组合、平衡,以使课程活动有序化、结构化、适宜化,从而产生最优的教育效应、最大化实现课程目标的工作,促使课程向幼儿的学习经验转化。在课程实施的过程中,教师可通过开展不同类型的活动来实现课程目标。就幼儿园开展的活动来说,包括日常生活活动、游戏活动、教学活动、区域活动,以及专门开展的其他活动,如节日活动、参观活动、亲子活动、家长开放日活动等。

课程组织与实施涉及的因素很多,这里我们主要讨论:制定幼儿园课程计划、选择幼儿园教育活动的组织与指导方式等工作内容。

## 一、幼儿园课程计划的制定

制定幼儿园课程计划,指依据课程目标、对一定时段内的教育工作,系统地进行设计和安排。

从"幼儿园课程是帮助幼儿获得有益的学习经验,促进其身心全面和谐发展的各种活动的总和"这一认识出发,我们认为,幼儿园里一切能对幼儿的发展产生积极作用的各种活动都应尽可能地纳入课程计划中。因此,幼儿园的课程计划应该包括以下几个方面的内容:教师有计划、有目的地设计和组织的教育活动;幼儿自由选择的活动;一日生活活动;幼儿的学习环境;家长工作和与社区的联系等。

依据课程目标的层次,课程计划可分为以下几种类型:学年计划、学期计划、月(周)计划、日计划及具体活动计划。

### (一)学年计划

这是一个整体性的规划,一般由园领导组织有关教师集体制定。学年计划是在说明各年龄班的课程目标、对全园的教育资源做出统筹安排,考虑全园全年重大活动的基础上,对各年龄班全年的课程范围和进度做出计划。

### (二)学期计划

学期计划由班级教师共同制定,它是依据学年计划而制定出的学期课程目标和学期各月(周)的活动安排。实质上它是对全年计划按学期进行划分。

### (三)月(周)计划

月(周)计划同样是由班级教师共同制定,它是在学期计划的指导下,订出月(周)的教育要点,并将教育教学活动安排在月(周)内的每天当中。如果采用"主题综合课程",则由主题计划代替月(周)计划,即学期计划的下位便是主题计划。主题计划要订出主题所需时间、主题活动目标、教育环境创设的要求和内容、每天的主要活动安排等。

### (四)日计划

日计划包括一日活动的安排和活动设计,也是由班级教师共同制定。一日活动安排是对一天的各个具体时段上的活动做出安排。这种安排一般要注意以下几个方面:各种类型的活动综合考虑、平衡安排;遵循动静交替的原则;尽量减少环节的转换,并使用相对稳定的一日日程表以形成制度。

活动设计是对具体教育活动的展开过程进行设计。活动设计以教案的形式呈现,它阐明在预定时间内要做什么、怎样做、达到什么目标等,其具体内容包括:活动目标、活动内容、活动环境创设、活动步骤和方法及教师指导。

上述各层次计划之间的关系与课程目标各层次之间的关系是一致的,上位计划对下位计划具有指导和约束作用,下位计划是执行上位计划的措施。前三类阶段性工作计划,内容是要包含幼儿园所有的教育工作,要对所有活动作统筹组织和安排,特别要处理各领域活动之间的平衡关系,以及保持在组织与指导上各具特性的各类活动之间的适当比例。而具体教育活动则是更多地结合班级幼儿的实际情况制定的,是幼儿直接参与的活动,只有具体教育活动才与幼儿发生直接关系。所以,具体教育活动计划是计划拟定的重点。

## 二、幼儿园教育途径和活动形式的选择

### (一)幼儿园教育的途径

幼儿园教育具有多途径的特点。我国幼儿园教育的途径归纳起来,至少包括以下几种:

**1. 教学活动,即教师专门组织的教育活动**

这是狭义的教育活动。它指的是教师按照明确的课程目标和课程内容,有计划、有组织、循序渐进地引导幼儿获得有益的学习经验的一种教育途径。无论课程内容是以什么形式组织的,这里我们都把它称为教学活动。相对而言,教学活动具有目标明确、内容精选、计划性强、教师的组织指导作用明显等特点。这类活动的主要作用在于帮助幼儿获得新知识、新技能,并能整理、扩展、提升幼儿的已有经验。

### 2. 游戏

游戏是幼儿最感兴趣、最能发挥并发展其主体性的一种活动形式,游戏在幼儿身心全面发展中的价值与功能是不言而喻的,所以,游戏应成为幼儿园教育的基本途径。

### 3. 日常生活和常规性活动

日常生活和常规性活动,指的是教师专门组织的教学活动和游戏以外的幼儿在园的所有活动。包括幼儿的各种自由交往、户外玩耍等;也包括幼儿的日常生活和常规性活动,前者如入(离)园、进餐、盥洗、入厕、午睡,起床等,后者如做操、各种值日活动(整理卫生、气象报告、植物生长记录、班级新闻报导)以及转换活动。幼儿园的教育目标和内容中有很多是通过日常活动和生活环节完成的,尤其是幼儿的文明卫生习惯、生活自理能力以及一些社会行为规范方面的目标和内容。特别是考虑到幼儿教育的养成教育的性质和该类活动占幼儿在园时间的比例,日常活动与生活应该成为幼儿园教育的一个重要途径。

### 4. 学习环境

环境是一个重要的教育途径。它的教育作用是潜在的,同时又是无处不在的。环境会说话,能影响儿童的行为、态度和情绪,进而影响其个性特征。因此,《规程》中明确地指出要"创设与教育相适应的良好环境",这个良好环境既包括物质的,也包括精神的。优美整洁的院落,宽敞安全的场地,明亮温馨的活动室,教育价值丰富的操作材料,和蔼可亲的老师……都在不知不觉地陶冶着幼儿的心灵,实现着其他教育途径所不能实现的教育目标。

### 5. 家园合作

幼儿的发展是幼儿园、家庭、社会多方面教育影响力"汇合"的结果。家庭和幼儿园是幼儿生活、学习的主要场所。幼儿的发展可以说是整合从两种场所所获得的学习经验的结果。家园合作,可以使来自两方的学习经验更具一致性、连续性、互补性:一方面,幼儿在园获得的经验能够在家庭中得到延续、巩固和发展;另一方面,在家庭获得的经验能够在幼儿园学习过程中得到运用、扩展和提升。因此,为实现幼儿教育的目标,我们应该树立"大教育"的观念,与家庭建立起新型的合作伙伴关系,相互尊重、相互支持、真诚合作。同时,家长与教师之间的密切伙伴关系,会使幼儿产生安全感、信任感,形成参与社会生活的积极态度。

### (二)幼儿园教育活动的组织形式

从学习者参与活动的规模来看,幼儿园教育活动的组织可分为集体活动(全班活动)、小组活动和个别活动。

### 1. 集体活动

我们把全班活动称为集体活动。其特点是全班幼儿在同一时间内做基本相同的事情,活动过程一般是在教师的组织和直接指导下进行。当把这种组织形式运用于教学时就是集体教学。

集体教学的最大优点是效率高(当然,这是有条件的),也有利于培养幼儿的集体感和纪律性。然而由于幼儿人数多,个别差异大,难以照顾到每个幼儿的需要,也难以让每个幼儿积极参与,加上幼儿的学习特点是往往需要较多的感官参与,也需要较多的相互交流和感情支持,集体活动难以满足。因此,集体教学这种组织方式有一定的适用范围,但不是所有的情况下都适合。适合与否,应当根据教学目标、内容以及幼儿学习该内容的特点来确定。比如,当全体幼儿都对某个学习内容感兴趣、该内容的学习也不需要有过多地直接操作(如讲故事)时,集体教学的优越性才能显示出来。

### 2. 小组活动

幼儿园的小组活动可以是教师有计划安排的活动,可以是教师组织指导的活动,也可以是幼儿自发的活动。小组活动的最大特点是为幼儿提供了和同伴、教师交谈、讨论、合作和分享经验的机会,同时更容易让幼儿主动积极地操作材料,并可以按自己的速度和方式去做所要求做的事。教师有目的有计划地组织指导的小组活动,常常被称为小组或分组教学。

### 3. 个别活动

个别活动可以是由一个教师面对一两个幼儿进行指导,也可以是幼儿的自发、自由活动。教师的指导一般在幼儿自选活动时间进行,教师作为同伴参与到幼儿的活动中去,与个别幼儿互动,或是针对个别幼

儿的特殊情况,进行专门辅导。

不同的教育活动组织形式有不同的适用范围,其自身也有不同的教育价值,不能简单地认为哪种形式就一定好,哪种形式就一定差,而应该根据课程目标、内容和材料等具体情况进行选择。

### 三、幼儿园教育活动的指导方式

幼儿园教育活动的指导方式有很多,每种方式都各有其特点、功能和使用范围,我们可根据需要灵活选择。

**(一)直接教学**

直接教学表现为教师直接、明确地传递教育意图。这是一种明确、简捷、有序、迅速的教学方式。幼儿在其中的学习基本上是一种接受学习。

直接教学在以下几种情况下多为教师所采用,也比较有效:

对幼儿进行人类优秀文化传统的教育,使幼儿能在短时间内获得人类用漫长时间创造的大量精神财富;社会的观念、行为规范、约定俗成的规则等的教授,让幼儿能更快地适应社会生活,向社会要求的方向发展;必需的社会知识或概念,与健康生活有关的安全、卫生等常识,周围环境的有关信息的传递等,不仅使幼儿能高效率地获得比较系统的有条理的知识,不必事事由自己去亲自尝试,而且还能免遭尝试可能带来的危险;某些技能的传授,如工具、物品的使用方法的讲解和指导。

但是,直接教学主要是借助于语言讲解进行的,不太符合幼儿的学习特点,对幼儿情感的发展、认知经验的获得、动作技能的形成效果不佳,也较难发挥幼儿的主体性、培养他们成为主动的学习者。因此有较大的局限性,不宜滥用。运用时要特别注意直观性原则,并与间接教学方式相互配合。

**(二)间接教学**

间接教学是教师通过适当的中介,迂回地传递教育意图的方式。教育意图不直接通过教师,尤其是不直接通过教师的语言而借助于教学环境的中介作用传递给幼儿,是间接教学的最大特点。间接教学中幼儿的学习方式以发现学习为主。

在间接教学中,幼儿可能意识不到教师的意图,感觉不到"学习任务",但只要他们进入了教师精心创设的教学环境,在其中游戏,主动而自主地操作、探索、交往,那么,就会在不知不觉中获得教师希望他们获得的学习经验,向着教育目标规定的方向发展。这种方式使教育十分接近幼儿的生活,甚至与幼儿的生活完全融合在一起,所以显得特别自然。在这种情况下,无意学习、发现学习是幼儿运用的主要学习方式。

间接教学经常借助的中介环境有两类:物质环境和人际环境。

以物质环境为中介,主要表现为把教育意图客体化为幼儿可以直接接触、摆弄、操作的材料环境中的物质材料,并提供适宜的活动空间,诱发幼儿与物质环境的互动,通过各种活动使之获得关键性的学习经验,以达到预期的教育效果。

以人际环境为中介,主要是把每个幼儿、每位成人都既视为学习的主体,又视为教育的资源。交往中,每个人的行为都可以被他人认识、理解,每个人也都可以认识、理解他人;每个人都可以形成对他人及其行为的看法、态度,每个人也都可以感受到他人对自己的看法、态度。与此同时,幼儿逐渐通过模仿、同化、强化等学习方式,获得一些基本的社会态度、社会知识、社会技能,形成对人、对事、对己的情感态度和行为方式。

间接教学虽然比较符合幼儿的学习方式和特点,有利于幼儿的主动学习,但它也有明显的不足:幼儿通过这一方式进行的学习往往难以深入,所获经验一般也比较零碎、表面,甚至会产生错误的认识,学习的有效性难以保障,因此,教师的引导是非常重要的。但这种引导对教师的要求很高,比直接教学困难得多。一旦教师不能把握好引导的"度",间接教学就可能会走向两个极端:要么放任自流,要么高度控制,难以取得理想的效果。

**(三)支架式教学**

"支架"一词原本指建筑行业中的"脚手架"。在这里,它是一个比喻,形象地说明了教师与儿童之间在最近发展区内有效的教学互动:儿童的"学"好像一个不断建构着的建筑,而教师的"教"则像一个必要的

"脚手架",支持儿童不断建构自己的心灵世界。

从这个比喻中可以看到,支架式教学首先肯定学习是一个主动的过程,儿童的原有经验和发展水平是学习的基础。同时,为了确保学习的有效性,教育者必须不断提出挑战性任务和提供必要的支持,并帮助儿童不断从借助支持到摆脱支持,逐渐达到独立完成任务的水平。这里,设置问题情景,提出具有挑战性、能引发幼儿新旧经验之间冲突的任务,引导幼儿意识到问题和冲突,并提示解决问题的线索,便成为教育者有效的支架行为。

总之,各种教学方式都有其适宜的应用场合与条件,它不仅与幼儿的学习方式和特点有关,也与教学的目标和内容相关联,一种教学方式在不同的情况下效果可能会有很大的不同。因此,衡量一种教学方式应用得是否合适,关键是看能否促进幼儿主动而有效的学习。而且,多种教学方式的结合与互补,是比较适宜的。

## 第五节　幼儿园课程评价

我们设计的课程是否能达到我们的期望?是否那么理想?如何评价理想或不理想?如何及时发现问题以便及时调整?这也都是课程设计中必须考虑的问题。这些问题集中起来,就是幼儿园课程的评价问题。课程评价为课程实践者完善课程、提高课程的适宜性提供调整的信息,并为教育行政部门鉴定课程方案提供决策依据。

### 一、幼儿园课程评价的目的及内容

（一）幼儿园课程评价的目的

为什么评价幼儿园课程,即评价的目的是什么,是评价工作首先需要明确的。

为现有课程的发展与完善,或为开发新的课程提供依据,是课程评价的总目的。具体表现在两个方面:第一,了解幼儿的实际发展状况,使教师能够针对幼儿的需要、特点及个体差异,决定教育活动的目标、内容及活动形式、指导方式等;第二,了解课程的目标、内容、实施过程,以及幼儿整体的发展状况,从而评价课程是否符合幼儿园教育目标和适合幼儿。

（二）幼儿园课程评价的内容[①]

幼儿园课程评价的内容可以分为两大部分:评价儿童的发展和评价课程的所有环节。

**1. 评价儿童的发展**

构建学前教育课程的目的就在于促进儿童的发展,所以,儿童的发展状况和水平是衡量课程质量的主要指标。

因此,首先教师应具备评价幼儿发展水平的能力。第一,教师应掌握多种了解和评价幼儿的方法。《幼儿园教师专业标准》中对幼儿教师专业能力提出"有效运用观察、谈话、家园联系、作品分析、问卷调查、档案袋评定、自我评价、统计分析等多种方法,客观地、全面地了解和评价幼儿,并能有效运用评价结果,指导下一步教育活动的开展"的要求;第二,教师应熟知3～6岁幼儿学习与发展的基本规律和特点,以及3～4岁、4～5岁、5～6岁三个年龄段末期幼儿应该知道什么、能做什么,大致可以达到什么发展水平(可参考《指南》内容);第三,教师应能根据所观察和了解到的幼儿的行为表现,对幼儿发展水平作出科学、准确、全面地评价,为下一阶段的教育活动提供依据。

例如,当几个幼儿在做"娃娃家"的游戏时,教师仔细地观察他们的一举一动,记录了他们的一言一行:汪萍站在水池旁,用肥皂洗手;毛京穿上了白大褂,在镜前戴帽;朱放一边走到镜前催毛毛"快一点,我要照镜子系领带",一边对毛京说"我是爸爸,你快点做饭,要不,我上班就迟到了";毛京听到后说"不,我是爸爸";朱放说"我才是爸爸呢,因为我有领带";毛京脱下帽子说"我不玩了",转身离去;朱放对汪萍说"我是

---

爸爸,你快点把我的公文包准备好"……从对上述幼儿活动的观察与记录中,老师能发现汪萍小朋友在整个游戏过程中,没什么话语,沉默寡言,性格比较内向,给人一种逆来顺受之感;毛京小朋友不肯违背自己的意愿与人合作游戏,具有一定的反抗意识;朱放小朋友的行为具有统治性,他喜欢对同伴发号施令,强迫同伴接受他的意见,心理发展水平反映了自我中心阶段的明显特征。

其次,教师应对儿童多进行纵向评价。要用发展的眼光来看儿童,把儿童的今天与昨天进行比较,看看儿童是否进步了,还存在哪些问题。例如,儿童关于"我"的认识,在2~3岁时,他能认识到只有一个"我":(1)我的名字是特别的;(2)我喜欢自己,我被爱,我能做许多事情;(3)我看上去如此特别:我头发的颜色是黑的,我眼睛的颜色是黑的;(4)我正在成长,我是由"小宝宝"长大而来,我比"小宝宝"大;(5)我有一个生日。4~5岁时,他能认识到"我"是独特的:(1)我的名字是特别的,我是李博,我的名字意为长大后我要好好学习,争取做个博学多才的人;(2)我喜欢自己,我被爱,我有能力,我有价值;(3)我看上去很特别,我的头发是黑的,我的头发不长,我的头发有光泽,我眼睛的颜色是黑的,我有特别的特征;(4)我正在成长,我比婴儿大,我比小学生小;(5)每年我都一个生日,过生日很愉快。据此,老师可以判断出这个儿童对"我"的认识是在不断深化的。

再次,教师应对儿童少进行横向评价。教师不应反复把儿童与同伴进行横向比较,或简单地把他们与常模进行对照,再作出判断,予以批评。例如,在对儿童进行"自我服务与健康之间的关系"的测查时,教师发现有的幼儿能说出:(1)我知道要保持健康,必须按时洗头、洗澡、刷牙;(2)我做许多事情以防生病,刷牙以防蛀牙,洗手以防细菌;(3)我知道为保持健康在每个季节穿什么衣服;(4)我知道睡觉对健康很重要;(5)我吃有营养的食物;(6)我有时生病:疾病多种多样,治病需要吃药。而有的幼儿只能说出:(1)我洗头、刷牙、洗澡、饭前便后洗手;(2)我根据天气情况挑穿衣服;(3)我睡得多;(4)我吃好的食物;(5)我有时感到不舒服。对此,教师不应盲目指责后者,而应承认幼儿间这种差异的客观必然性。

**2. 评价课程的所有环节**

教师要认真评价幼儿园课程为儿童所设计的目标、选择的内容、运用的手段和采用的方法,以及儿童参与活动的形式和兴趣,以此来改革原有的不适宜儿童成长的课程,构建科学合理的新课程,促进每个儿童的积极发展。

首先,教师要评价课程目标的制定是否因教育对象的不同而变化,并随着儿童年龄的增长而不断提高要求;是否以本园、本班儿童的发展水平为基础,并反映出整个教育计划的基本思想和最终目标,既符合儿童的年龄特征,又适应于他们的个体差异。

其次,教师要评价课程内容的确定是否考虑到儿童应该学什么,教师应该教什么,课程的内容是否适合儿童现有的发展水平,并能促进他们未来的发展。例如,当一位教师发现儿童对轮船感兴趣时,就在班级开辟了轮船活动区:陈列有关轮船的图书、画册、玩具、模型;给儿童讲轮船的故事;让儿童用颜料画轮船,用纸剪轮船,用木头造轮船,玩开轮船的游戏等。可见,这位老师能从儿童的兴趣出发,给儿童提供充满刺激的环境、探索的机会和材料,引导儿童的学习向更深更广的方向发展。

再次,教师要评价课程形式的安排是否科学合理,既有计划性、稳定性,又有偶发性、灵活性,根据具体情况做出相应调整;是否做到室内活动与室外活动、静态活动与动态活动、个人活动与小组活动和全班集体活动、大肌肉活动与小肌肉活动、以儿童为中心的活动和以教师为中心的活动等方面的均衡;活动之间的过渡和转换是否能用来作为儿童学习的良机,自然、平稳地引导儿童从一项活动转换到另一项活动,既不匆忙也不让儿童长时间地等待。

## 二、幼儿园课程评价的主体与客体

### (一)幼儿园课程评价的客体

评价客体即评价的对象。课程评价的对象就是上面所说的三部分内容:课程方案、实施过程、课程效果。这些都是"事",而不是"人"。但由于课程方案是教研人员、教师编制的,教育活动是教师组织、幼儿参与的,课程实施效果是通过幼儿(也包括教师)的变化体现的,因此,课程评价不可避免地要涉及"人"。

**（二）幼儿园课程评价的主体**

评价主体即评价者。管理人员、教师、幼儿以及家长均是幼儿园课程的评价者。评价过程是他们共同参与、相互支持与合作的过程。特别需要指出的是，教师和幼儿既是课程评价的"对象"，又是评价的"主体"。

评价的过程，是教师运用儿童发展与教育心理学、学前教育原理、社会学、学科知识等专业知识审视课程方案和教育实践，发现、分析、研究、解决课程问题的过程，也是他们自我成长的重要途径。幼儿园课程评价应该充分发挥教师作为评价主体的作用，以自评为主，园长、其他教师和家长参与评价，组成一个平等互助的合作群体，一起研究、改进课程，同时相互沟通，共同提高。

幼儿作为评价的主体不是通过语言，而是通过自己的行为反应和发展变化来"发表"对课程的看法的。他们的行为和变化具有重要的评价意义，教师应把它看做重要的评价信息和改进工作的重要依据。

## 三、幼儿园课程评价的原则

**（一）评价应有利于改进与发展课程**

对幼儿园教育计划执行情况以及教育效果进行测量与评估，要侧重于发挥其诊断与改进课程的作用，不适合把评价只作为对教师工作或幼儿发展的鉴定手段。评价是为了发现问题和解决问题，是为了改进工作，促进幼儿发展，达到预期的教育目标。如果发现了问题，要找出原因，提出改进的建议和措施，把问题解决掉，在一个新的起点继续努力。

**（二）评价中应以自评为主，充分发挥教师的主体性**

幼儿园教育实践中的课程是有生命的，要经过设计→实施→评价→研讨→再设计的循环往复而不断发展，不断完善。作为"这一轮"（即已经和正在进行的）课程活动的设计者和实施者，在课程评价中，教师的工作会被当做主要的评价对象。但作为"下一轮"课程活动的设计和实施者，他必须作为评价主体参与课程评价工作，发现问题，总结经验。

评价的过程，是教师运用幼儿发展知识、学前教育原理等专业知识审视教育实践，发现、分析、研究、解决问题的过程，也是他们不断学习、不断提高的重要途径。有些教师在每一次教育活动结束后，都自觉地对活动过程进行分析与评价，正是其主体性的反映。因此，幼儿园课程评价应该强调以教师自评为主，园长、其他教师参与评价，发挥教师群体的作用，共同研究，共同提高。

即使是园长或者他人组织的课程评价活动，也要尊重教师的主体地位，因为任何"外部评价"所提出的改进措施或建议都要通过教师理解、接受和创造性地应用才能落实。外部评价者要充分与教师沟通，尊重他们的意见，并把这个过程作为一个平等研讨的过程，共同商讨解决的方法和改进的方向，把评价的结果作为发展中的一个新起点。

**（三）评价应有利于幼儿的发展**

涉及幼儿的学习情况与发展水平的课程评价，要特别注意以下几点：

1. 要全面了解幼儿的发展状况，防止片面性，尤其要避免只重知识技能的掌握，忽略情感、社会性和实际能力的倾向。

2. 应承认和尊重幼儿的个体差异，最好以幼儿自己的早期表现与现在的情况作比较，让幼儿看到自己的优点和进步，增强自信心。不要轻率地对幼儿进行相互比较。

3. 评价应在日常活动与教育教学过程中，采用自然的方法进行，使幼儿感到舒适自然，没有压力。

4. 注意多渠道、多方面地搜集资料，包括对幼儿连续的定期观察和记录、家长提供的资料、幼儿的学习作品等，客观地加以整理和分析。

5. 除用作课程设计和课程改进之外，要慎用评价结果。与家长沟通情况时，要考虑怎样才能有利于家园合作，共同促进幼儿的发展。特别注意不要伤害家长的教育热情和对孩子的信心。

**（四）评价应具有客观性**

客观地进行评价就是不抱成见，没有偏见，以评价的标准平等地对待人和事，把通过观察、测量、访谈、调查等方法从各方面所收集的资料和数据，如实地加以描述，并以正确的教育观作出分析和判断。

要作出客观的评价,首要的就点收集的资料和数据要真实。所得到的资料和数据如果不真实,依据它所作出的判断就会是错误的。因此,没有必要因担心评价中会发现问题而弄虚作假,相反应把发现问题当作好事。解决了问题,我们就有了新的起点。此外,要保证评价的客观性,所收集的资料和数据要具体而全面。否则,丢失了有关重要信息,依此所作出的判断也会是不全面的甚至是错误的,据此所订出的改进措施也会是不到位的。例如,一位教师对自己组织的一个美工剪贴活动在评价时描述如下:"幼儿剪纸剪得非常好,只是在粘贴过程中不太注意合作,不能从整体布局出发。"这只是对活动结果的一种主观描述,并没有具体而全面地记录下幼儿的实际行为表现,即好的行为、不足的地方是什么。而描述为"幼儿能灵活地用剪刀剪出物体的曲线","幼儿不能与同伴商量如何粘贴,只顾自己贴"等,这样就较全面具体了,据此也可制定出有效的促进幼儿提高美工剪贴能力的措施。

总之,评价的主要目的就是为了改进和完善课程,为幼儿提供更适宜的教育机会和条件,促进幼儿健康和谐地发展。所以,评价要有利于发挥教师、园长不断改进课程、提高教育质量的主动性和积极性,提倡以研究的精神看待评价。

---------- **自 测 题** ----------

## 一、名词解释

1. 幼儿园课程    2. 幼儿园课程内容

## 二、单项选择

1. 课程的轴心是(    ),它决定着课程的方向和状态。

   A. 课程目标        B. 课程内容        C. 课程形式        D. 教育目的

2. 下列观点不正确的是(    )

   A. 幼儿可以不参加任何兴趣小组活动,家长和教师不能强迫

   B. 幼儿园的内容及组织可由每个幼儿园根据课程目标自己定

   C. 因为幼儿园不存在考试,所以幼儿园的教育是素质教育

   D. 幼儿园课程是基础教育课程的基本部分

3. 哪种课程内容的方式有利于幼儿直接经验的发展(    )

   A. 分科课程        B. 核心课程        C. 活动课程        D. 选修课程

4. 研究幼儿园课程要解决的基本问题有(    )

   ① 幼儿园应努力达到什么样的目标        ② 提供哪些内容才能达到预定的目标

   ③ 如何有效地组织教育内容              ④ 如何确定教育目标是否达成

   A. ①②        B. ③④        C. ①②③        D. ①②③④

5. 将教育目标转化成学习者发展的中间环节的是(    )

   A. 教师        B. 课程        C. 环境        D. 内容

6. (    )是课程目标的载体,是有关知识和经验。

   A. 课程内容        B. 课程组织        C. 课程编排        D. 课程评价

7. 幼儿课程要与幼儿的现实发展需要联系起来,要启于未发,适时而教,循序而育,表明幼儿园课程具有(    )

   A. 启蒙性        B. 奠基性        C. 基础性        D. 义务性

## 三、简答题

1. 幼儿园课程有哪些基本特点?

2. 制定幼儿园课程目标的依据有哪些?

3. 幼儿园课程内容选择应遵循哪些原则?

## 四、论述

通过本章内容的学习,请你谈谈对本章导语中的理解和看法。

## 五、案例分析

一节美术活动结束了,每个小朋友都交上了自己的作品,今天画的内容是"冬天"这个主题意愿画,我又像往常一样,在美术课后最后环节评价幼儿的作品,我把幼儿的一大堆作品放到自己脚跟前,然后一张一张地评价幼儿的作品,这时,我拿出李丽小朋友的作品,一个劲地表扬她画得好看:"瞧,李丽的画画得多漂亮呀,画中有一个雪人,旁边还有小朋友在堆雪人呢,你看还有座房子,屋顶白白的……"夸完了她的作品后,我看到彬彬小朋友的画一点也不像冬天的雪景,画面中没有雪人,就画了一座简简单单的房子,随即,我就把李丽的作品和彬彬的作品一起拿来对比:"你们看,彬彬画的就是没有李丽的好……"接下来班级里有好几个小朋友都画得不好,我就拿画得好的小朋友的作品与之对比。在逐个评价完幼儿的作品之后,我把画得好的作品挂上了主题墙,画得不好的作品就没挂出来。在我上完美术课的第二天,班级里彬彬小朋友的妈妈过来跟我说彬彬昨天晚上回家心情很不好,他说老师没有把他的作品挂出来,还说老师说他画得比某某小朋友的难看。我听了他妈妈的话,心里很不是滋味,我在想:是不是我做错了什么?于是我回家认真翻看怎样评价幼儿作品的书籍,去网站搜索相关资料,看来这些,还真让我受益匪浅,同时我为我以前的做法感到后悔。

通过以上案例中教师的做法,谈谈教师的幼儿发展评价能力具体体现在哪些方面?分析评价幼儿作品时应注意哪些问题?

## 课外拓展:

### 中国学前教育课程发展历程[①]

**一、从模仿到本土化**

(一)对日本和欧美课程的移植

1903 年,由张之洞擘画,端方督办,创建了我国第一所公立幼教机构——湖北武昌幼稚园,并制定了《湖北幼稚园开办章程》,按章办园。章程规定保育课程有七项:行仪、训话、幼稚园语、日语、手技、唱歌、游嬉。《章程》由从日本聘来的园长户野美知惠主持拟订,这使得"无论是幼稚园的教育宗旨还是教育内容,都和日本 1899 年(明治 32 年)公布的《幼稚园保育所设备规程》完全一样,甚至在幼儿的教育内容中,都有日语一项,受日本影响,可想而知"。

1904 年初,清政府颁布了《奏定学堂章程》,史称"癸卯学制"。这是我国第一个颁布实施的近代学制系统,首次确立了学前教育制度。《奏定学堂章程》是仿日摹本,其专辟的《奏定蒙养院章程及家庭教育法章程》规定蒙养院课程包括游戏、歌谣、谈话、手技四项,其具体教育内容为:从《孝经》《四书》《列女传》《女诫》《女训》及《教女遗规》等书中择其最切要而极明显者,分别依次浅深,明白解说,编成一书,并附以图;初等小学识字课本及小学前二年之各种教科书。该章程颁布后出现了一批幼稚教育机构,官立的如 1905 年创办的湖南蒙养院,私立的如 1905 年创办的天津严氏蒙养院,开办时

---

① 杨敏,田景正.中国学前教育课程发展历程分析及其启示[J].学前教育研究,2012(11).

皆聘日本人为教师,开设课程皆与《奏定蒙养院章程及家庭教育法章程》要求相一致,具有很浓的仿日色彩。

民国伊始至"五四"运动前后这段时间,我国学前教育由仿日开始转向效法欧美,1922年《壬戌学制》的颁布确定了欧美式教育的优势地位,蒙养院更名为幼稚园。同时,外国教会在我国设立的学前教育机构在数量上仍占有重要地位。

(二)民族化、科学化的实验探索

"五四"前后,随着陶行知、陈鹤琴从美国学成回国,20世纪20、30年代掀起了幼儿教育民族化、科学化的实验探索热潮。陈鹤琴对当时幼儿园课程抄袭外国的现状非常不满,他说:"今日抄袭日本,明日抄袭美国,抄来抄去,到底弄不出什么好的教育来",并明确提出幼儿园课程设计的三条标准。1925-1928年以"适应本国国情为主体"作为指导思想,陈鹤琴在南京鼓楼幼儿园展开了以课程组织法研究为主的实验研究,提出了"课程中心制",并于20世纪40年代初形成了"活教育"课程理论,提出"五指活动"的概念,对当今学前教育改革仍有很大影响。陶行知在《创建乡村幼稚园宣言书》中也指出国内幼稚园害了三大病:外国病、花钱病、富贵病,明确提出要建设中国的、省钱的、平民的幼稚园。

在以陈鹤琴、陶行知、张雪门、张宗麟等为代表的教育家们和幼教工作者努力实验探索的基础上,当时的教育部于1929年公布了《幼稚园课程暂行标准》。经1932年和1936年两度修订后,正式颁发了《幼稚园课程标准》,规定幼儿园课程范围应涉及音乐、故事和儿歌、游戏与社会、常识、工作、静息、餐点等方面,要求将各科打成一片,实行课程中心制的设计教学,强调幼儿自由活动和充分利用户外自然和社会环境,注重设备合乎民族性等。把静息、餐点列入课程,充分显示了幼儿园课程的生活性;每项活动都有具体目标、内容大要及最低限度,体现了全面教育和个性教育的结合。该课程标准一直沿用至新中国成立前。

二、从借鉴到自主创新

(一)学习前苏联教育经验

1949年12月,教育部召开第一次全国教育工作会议,确定了"以老解放区新教育经验为基础,吸收旧教育有用经验,借助苏联经验,建设新民主主义教育"的基本宗旨。根据这次会议精神,在课程安排上,我国幼儿园既采用了老解放区幼儿园、保育院等托幼组织开设的看图识字、数数、图画、手工、游戏、唱歌、跳舞、观察、体操和自由发表意见等课程经验,又吸收了陈鹤琴课程实验研究的成果。但从1950年底开始,陈鹤琴"活教育"理论及其课程体系受到批判。与此同时,全国上下开始了全面学习苏联幼儿教育经验的热潮。1951年8月,在苏联专家的帮助下,当时的国家教委制订了《幼儿园暂行规程(草案)》,并于次年3月正式颁发试行。该规程草案规定幼儿园课程包括:体育、语言、认识环境、图画、手工、音乐、计算。7月,国家教委又颁发了《幼儿园暂行教学纲要(草案)》,按小、中、大班三个年龄段,对幼儿园各科课程从目标、教材大纲、教学要点和设备要点四个方面进行了具体的规定。这表明带有综合教育特性的单元教学法被废止,分科教学的地位被正式确立起来,"课程"一词也被苏式"作业"一词所取代。

(二)极左思潮的影响

1958年9月,中共中央、国务院发布了《关于教育工作的指示》,计划在3～5年内"使学龄前儿童大多数都能入托儿所和幼儿园"。于是城市街道和乡村提出了"三天托儿化""一夜托儿化""实行寄宿制,消灭三大差别"等口号。到1960年,幼儿园的发展已严重脱离了中国实情。当时几乎只能派送年老体弱的妇女去农村幼儿园当老师,因而在课程上就只能因人而设,无法按统一规定进行。"文化大革命"中,幼儿园的很多教具、玩具、图书被毁,幼儿园课程也基本上变为成人化的"极左"政治教育。

（三）探索有中国特色的学前教育课程体系

十一届三中全会以后，我国幼儿教育迎来了一个新的发展阶段。1981年，教育部正式颁发《幼儿园教育纲要（试行草案）》，规定幼儿园课程应包括生活卫生习惯、思想品德、基本动作发展、常识、语言、计算、美工、音乐8个方面，并安排每周各班各科的上课节数，要求通过游戏、体育活动、上课、观察、劳动、娱乐和日常生活等教育手段来开展教育工作，并组织编写了相应的7种9册幼儿园教材。随着分科教材的印行和广泛采用，"文革"中被打乱的幼儿园教学工作，在分科课程的基础上重新建立起来。

20世纪80年代中期以来，学前教育在课程领域进行了卓有成效的探索，其中南师大教育系学前教育专业与南京市幼儿园合作进行的"幼儿园综合教育结构的探讨"等研究，率先提出了综合课程问题，引起巨大反响。1985年，全国幼儿教育研究会成立"幼儿园课程改革"课题组后，改革试验更加普遍，广度、深度不断推进。除综合课程实验外，还出现了活动课程、游戏课程、发展课程、合作课程等，每一类型又有多种模式。而且，改革的重点逐渐导向幼儿园整体课程改革，从教学内容选择、教学计划设置，推广到课程的目标、内容、活动、评价，要求全方位、完整地把握课程结构和课程体系。这使人们对课程的理解远远突破了"作业""上课"的范围。从全局来看，此时期的课程改革实验几乎不约而同地将矛头指向分科课程。在这一形势下，原国家教委1989年制订公布了《幼儿园工作规程》，并于1996年正式颁发实行。该规程提出体、智、德、美诸育要"相互渗透，有机结合"，"合理组织各方面的教育内容，并渗透于幼儿一日生活各项活动之中"，"为幼儿提供活动和表现能力的机会与条件"，原则上强调了幼儿园教育内容的综合性、活动性、生活性。

2001年7月，教育部颁发了《幼儿园教育指导纲要（试行）》（以下简称《纲要》），明显吸取了改革开放以来幼儿园课程实验研究成果和国际教育新观念，科学地分析和继承了近现代幼儿教育家特别是陈鹤琴的课程论思想，显示出新的时代特征：第一，把学前教育作为一个人终身学习的奠基阶段，要求促进幼儿情感、态度、能力和知识技能等全面发展；第二，鉴于社会对个体综合素质能力的要求和幼儿认识的整体性特征，《纲要》摆脱了自1952年《幼儿园教学纲要》实施以来，以及1981年《幼儿园教育纲要》承接的沿袭半个世纪的分科教学模式，把幼儿园教育内容划分为健康、语言、社会、科学、艺术五大领域，要求在教学中各领域内容相互渗透；第三，以素质教育和幼儿主体观念为指导，要求在课程组织和实施时注重趣味性和活动性，鼓励幼儿探究和富有个性地创造，在教育评价中防止只重视知识和技能的片面性，避免用划一的标准评价不同的幼儿，关注幼儿的发展速度、特点和倾向等；第四，《纲要》冠以"指导"两个字，强调它是指导性文件，要求教师创造性地开展工作，防止机械套用。为此，《纲要》对五大领域只提了目标、内容与要求、指导要点，而未对各年龄班作具体规定，伸缩性很强，给教师自主开发课程和选择教育内容留有极大的空间。

# 第 *7* 章　幼儿园活动

## 学习目标

1. 了解幼儿园活动的概念、特点和分类；
2. 掌握幼儿园生活活动、教学活动、区域活动的组织与指导要求；
3. 制定幼儿园一日生活计划，运用相关原理设计与开展幼儿园的各种活动。

## 知识结构

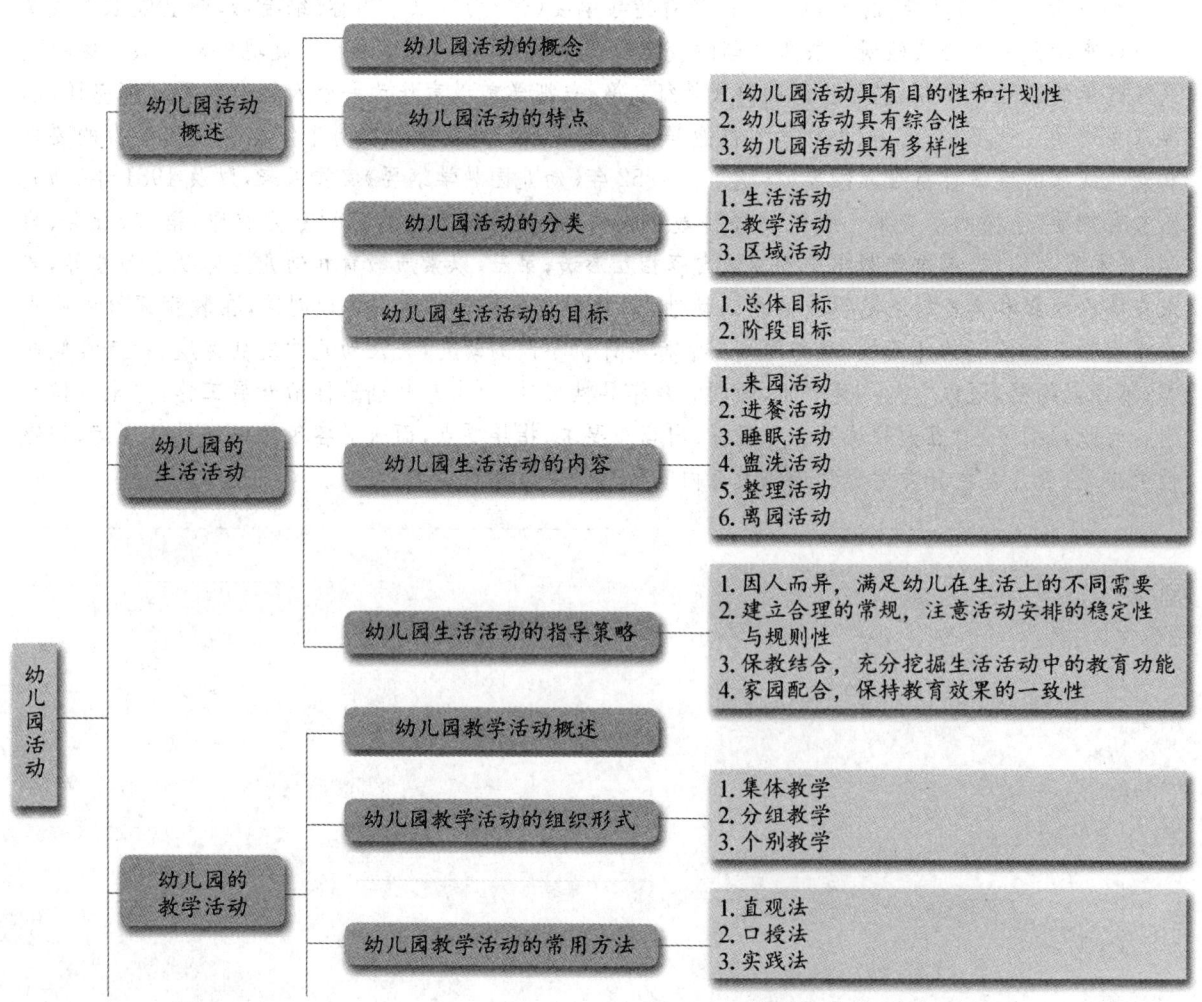

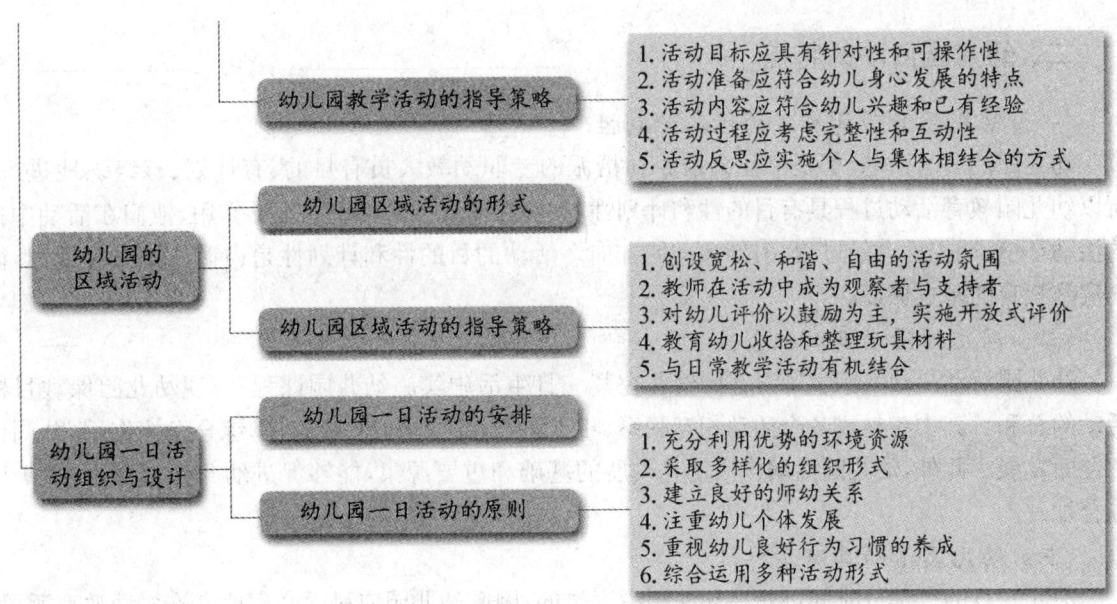

## 案例导语

珊珊是个 4 岁的小女孩,升到中班以后,老师发现她在幼儿园从不喝水,也不上厕所,每到喝水的时候总是躲得远远的。原来在刚入小班时,珊珊在幼儿园厕所里摔了一跤,腿也碰出了血,又尿湿了裤子,挨了老师批评,回家还被妈妈打了一顿。早期受挫折的经历使珊珊对幼儿园的厕所产生惧怕心理,为了少上厕所,又养成了不喝水的习惯。老师了解情况后,首先给全班上了一节《认识水》的课,让小朋友们了解水的用途。课上,特别请珊珊发言,谈谈为什么要喝水。珊珊一下子就回答出来了,得到了老师的表扬。在下午的区域活动中,又邀请珊珊到游戏区表演了《勇敢小白兔》的故事,使她明白小朋友无论做什么事都要像小白兔那样勇敢、不害怕。同时,有意安排几个小朋友在珊珊上厕所时帮助她,下台阶时扶她一把。终于,珊珊不用老师提醒就能同其他小朋友一样喝水、上厕所了。几个月过去后,珊珊不但拥有健康的身体,也拥有健康的心理。

案例中珊珊的身心都发生了可喜的变化,不仅能正常喝水和上厕所,而且还提高了胆量,更加自信阳光了。这是老师通过各种形式的活动有效地促进她在体、智、德、美诸方面发展的结果。那么该幼儿教师采取了哪些活动形式?这些活动由哪些环节构成,有什么意义?又该如何组织与指导呢?让我们带着这些问题进入本章的学习。

## 第一节 幼儿园活动概述

### 一、幼儿园活动的概念

《纲要》指出:幼儿园的教育活动,是教师有目的、有计划引导幼儿生动、活泼、主动活动的多种形式的教育过程。这里的教育过程,可以说包括了幼儿在园的一切活动,是广义的幼儿园活动。而狭义的幼儿园活动是指教师从幼儿的兴趣和实际水平出发,根据幼儿园教育目标,在一定时间内有目的、有计划地组织和指导幼儿获得有益于身心发展经验的专门性活动。

所有的教育观念都要转化为具体的教育活动才能发挥其固有的价值,幼儿园教育的目标也要在具体的教育活动中转化为幼儿的活动目标,教师只有明确了幼儿园活动的相关知识,才能在教育幼儿的工作实践中发挥主观能动性,使幼儿园活动成为幼儿园教育的有效途径。

## 二、幼儿园活动的特点

### （一）幼儿园活动具有目的性和计划性

幼儿园的所有活动，都是由社会培养和指派的专职幼教人员有目的、有计划、有组织地进行的活动。所以幼儿园教育活动过程具有目的性和计划性，教师在幼儿的活动中起主导作用，他们在活动中提供适宜的活动环境，调控活动的过程，引导活动的方向。活动的目的性和计划性是遵循儿童发展规律，循序渐进的实施教育的基本保证。

### （二）幼儿园活动具有综合性

幼儿园活动是幼儿园教师对在园幼儿在其一日生活中实施幼儿园课程、实现幼儿园保教目标的所有活动的总和。其中各类或各个活动相互联系、相互渗透，综合构成一个整体，综合发挥作用，共同促进幼儿的全面发展。此外，幼儿园活动作为幼儿发展的基础和重要源泉，能够促进幼儿体、智、德、美等诸方面的综合发展。

### （三）幼儿园活动具有多样性

幼儿一日的大部分时间都是在幼儿园中度过的，因此幼儿园应科学合理地实施多种教育手段，顺应不同年龄段儿童身心发展规律，不同特点幼儿的发展需求，最大限度地促进每个幼儿充分的、富有个性的发展。幼儿在园的一日生活由各种不同类型的活动组成，这些活动可以从不同维度进行分类。不仅幼儿园活动类型具有多样化的特点，而且活动方式、组织形式等也具有多样化的特点。

## 三、幼儿园活动的分类

幼儿园一日活动是由各种不同类型的活动组成。从活动的内容上来看，主要分为生活活动、游戏活动、教学活动和区域活动；从活动的组织形式上来看，可以分为集体活动、小组活动和个别活动。每项活动都有其独特的功能与价值，我们应该充分认识幼儿园一日活动的教育价值，并对幼儿园一日活动进行合理的组织与安排，这将有利于幼儿身心的和谐发展。其中，由于游戏活动设有专章说明，本章不再叙述。

### （一）生活活动

幼儿园的生活活动是指与日常生活息息相关的所有活动。包括一日生活中的来园、盥洗、入厕、饮水、进餐、点心、睡眠、离园等常规性活动，几乎占了幼儿在园的一半时间，这也是幼儿园教育与其他阶段教育的主要区别。生活活动是培养幼儿良好行为习惯的主要途径，如饭前便后洗手等良好生活习惯的养成。生活活动也是培养幼儿社会性的主要途径，如分享、合作等品质的养成。生活活动对幼儿进行个别教育提供了最佳时机，如不良习惯的纠正等。因此借助有规律的生活活动，可以帮助幼儿建立合理的生活常规，逐渐提高幼儿生活自理的能力，丰富幼儿多方面的认知经验。

### （二）教学活动

教学活动是指教师有目的、有计划地围绕某个教学内容，灵活采用教学方法对幼儿进行教育的活动。它的任务是教师利用幼儿以及周围环境的资源，有目的的选择教育内容，灵活运用多种形式，活动方法，活动手段，鼓励幼儿主动参与，积极探索周围的世界，使幼儿的身心得到全面发展。它是幼儿园实施领域教育活动的主要手段，也是幼儿获得知识、技能、情感态度的重要途径。对于幼儿园教师而言，教学活动的设计、组织管理、实施是其必备的核心能力之一。

### （三）区域活动

区域活动又称活动区（活动角）活动，是指幼儿在活动区内进行的以自由游戏为特征的活动，是满足幼儿不同兴趣和需要的最好途径。常见的活动区有：角色游戏区、建构区、益智区、科学区、语言区、美工区、图书区、表演区等。通过区域活动，可满足幼儿交往的需要，丰富幼儿的生活经验，让幼儿勇于尝试和探索，培养幼儿的积极活动态度，促进幼儿创造性和个性的发展。不同的幼儿园可根据实际条件开设各种活动区域。活动区的种类，活动内容，材料的提供等需要教师事先根据一定的教学目标和幼儿的年龄特点进行设计布置。

## 第二节　幼儿园的生活活动

幼儿园的生活活动是以幼儿为主体所组织的、与日常生活息息相关的所有活动。生活活动在幼儿园教育中占有重要的地位。幼儿身体各个器官的生理机能尚未发育成熟,各个组织都比较柔嫩,其身体素质还相当薄弱;同时,幼儿期又是生长发育十分迅速、新陈代谢极为旺盛的时期。但由于幼儿知识经验贫乏,缺乏独立生活能力和自我保护能力,因此他们需要教师反复地指导帮助、训练培养,才能独立自理,并养成良好的生活习惯,建立良好的生活秩序。

### 一、幼儿园生活活动的目标

（一）总体目标①

根据《纲要》的精神和有关规定,我们可以理解幼儿园生活活动的总体目标为:一是培养幼儿良好的作息、睡眠、排泄、盥洗以及整理自己衣物玩具等良好的习惯;二是帮助幼儿了解基本的卫生常识,学会多种讲究卫生的技能,逐步提高其生活自理的能力;三是帮助幼儿学会用餐方法,培养其良好的饮食习惯。

（二）阶段目标

**1. 小班生活活动的目标**

（1）了解盥洗的顺序,初步掌握刷牙、洗手等的基本生活方法。

（2）知道穿脱衣服的顺序。

（3）学习保持自身的清洁,会使用小毛巾。

（4）学会坐、站、行等正确姿势及良好的作息习惯。

（5）学会在轻松自然的气氛中进餐,保持情绪愉快。

（6）初步形成良好的进餐习惯,懂得就餐卫生。

（7）爱吃各种食物和主动饮水的习惯。

**2. 中班生活活动的目标**

（1）学习脱衣服、整理衣服。

（2）学习整理玩具,能保持玩具清洁。

（3）有初步的生活自理能力。

（4）爱吃各种食物,知道喜欢吃的东西不宜吃多,身体超重也会影响健康。

（5）巩固良好的饮食习惯。

**3. 大班生活活动的目标**

（1）学会保持个人卫生,并能注意生活环境卫生。

（2）巩固良好的生活卫生习惯和生活自理能力。

（3）正确使用筷子就餐。

（4）知道有些食品不能吃,有些不易多吃,否则会影响身体健康。

### 二、幼儿园生活活动的内容

（一）来园活动

来园活动是幼儿一天集体生活的开始。由于幼儿是陆续到园,教师需要分别接待,因而早晨接待幼儿来园的时间,也是教师进行个别教育、开展家长工作的良好时机。从幼儿陆续来园到早操这段时间里,教师的主要任务是:

---

①　河南省教师资格认定指导中心.学前教育概论[M].郑州:河南大学出版社,2013:217.

**1. 接待幼儿和家长**

教师要以亲切、热情的态度接待幼儿和家长,观察与了解幼儿的情绪,进行必要的衣物、药物交接,因势利导地对幼儿和家长进行个别教育。

**2. 晨间检查**

晨间检查的一般方法是:一看,看脸色,看皮肤,看眼神,看咽喉;二摸,摸摸是否发烧,摸腮腺是否肿大;三问,问幼儿在家吃饭情况,睡眠是否正常,大小便有无异常;四查,检查是否携带不安全物品。

**3. 组织幼儿开展活动**

主要以分散活动、自由活动为主。如小游戏、照料自然角、画画、看书等,一般以安静活动为宜,随后让幼儿在活动中逐渐由静向动转化,使神经逐渐兴奋起来。

**4. 晨间谈话**

这是来园活动的结束,教师要面向全体幼儿进行谈话,对晨间活动进行小结,对后续活动提出要求。谈话要亲切、自然,时间要短。

（二）进餐活动

**1. 进餐准备**

幼儿的进餐活动应在整洁、轻松、愉快的氛围下进行。为此,教师要做好餐前的各项准备工作。在进餐前半个小时,应该结束其他活动,让幼儿收拾好各自使用的玩具,整理好活动室。教师要快速安排餐桌,用消毒水擦拭餐桌,分发碗筷和餐巾,与此同时,教师要组织好幼儿有序地入厕和饭前洗手,并提醒幼儿洗手后保持手的清洁,不能乱摸其他东西。进餐前可以放一些优美、轻松的音乐或故事,也可以进行一些语言或手指的安静游戏,以安抚幼儿的情绪,培养他们安静等待进餐的习惯。教师还可以向幼儿介绍当天的食物,以此引起他们的食欲,帮助他们克服挑食、偏食的毛病。

**2. 进餐过程**

幼儿进餐时的环境应该是安静、愉快、轻松的,不能让他们感到紧张和受压抑,教师要在幼儿就餐的同时,积极制造一种欢快的气氛,使幼儿能够吃得香甜。同时,教师还应注意:（1）认真细致观察幼儿进餐的情况,诸如餐具的使用方法、坐姿、咀嚼食物的方法以及进餐时幼儿的情绪状况等。对于食欲不佳或吃饭较慢的幼儿,要先弄清原因,然后给予指导和照顾,切忌大声呵斥,或随意催促幼儿"快吃",也不要搞所谓的"比一比谁吃得快"的竞赛;（2）幼儿要求添饭时,要看他们是否吃干净,或者嘴里的饭是否咽干净,尽量做到"少盛多添"。

**3. 进餐结束**

幼儿进餐结束后,教师要引导他们收拾自己的餐具并放在指定的位置,同时引导他们礼貌地搬椅子上位。小班幼儿可以先吃完先离开,中、大班则可请值日生专门在指定的地点整理餐具。同时,让幼儿养成饭后洗手、漱口、擦嘴的好习惯,并培养幼儿爱惜粮食、珍惜他人劳动成果的良好品质。另外,若有生病的幼儿,教师还应协助保健教师按时定量给病儿服药。

（三）睡眠活动

**1. 睡眠准备**

在幼儿睡觉前,教师应提前做好通风换气、拉好窗帘、铺好床铺等准备工作,以便为幼儿创设一个舒适、安静、温馨的睡眠环境。具体来说:（1）为减少室内空气污染,可以在孩子入睡前进行通风换气。（2）幼儿的床铺应根据季节及气温的变化适当调节被褥的厚薄,还要及时通知家长为幼儿调换被褥。（3）幼儿在睡觉前,教师应检查床铺上有无杂物,并禁止幼儿将铅笔、小绳、橡皮筋、串珠、纽扣等物品带进寝室,以免幼儿睡觉前玩弄,尽量减少潜在的危险。（4）对中、大班幼儿,可要求他们自己脱衣服和鞋袜,并折叠整齐,摆放在指定位置。小班幼儿则需要教师的帮助或个别指导,尤其是在睡前提醒幼儿先大小便、洗手,然后再上床。

另外,为了使幼儿尽快入睡,可以在睡前组织幼儿散步或进行安静的游戏活动,但应避免剧烈活动或容易使其兴奋的活动,尽量保持他们情绪的稳定和安静。对于新入园的小班幼儿来说,会有恋家、恋床、恋物等表现,诸如抱着家中的枕头或需要摸着大人的脸、耳朵、头发等才能入睡的现象。对此,教师可给予特

殊的关照,允许他们一开始保持自己的入睡习惯,甚至是陪伴他们入睡,然后慢慢地帮助他们改变和克服这样的习惯。

**2. 睡眠过程**

教师应随时刻关注幼儿的整个睡眠情况。如睡姿是否正确,是否盖好被子等等。对于入睡困难的幼儿,教师应坐在他的身边小声督促他尽快入睡;对于爱做小动作的幼儿,教师可以握住他的小手帮他入睡;对于生病的幼儿,教师尤其要细心观察其体温,是否咳嗽,是否呕吐等情况,如发现问题要及时处理。

**3. 睡眠结束**

睡眠结束后,小班幼儿可逐个起床,中、大班幼儿可以让他们在规定时间内共同起床,并注意提醒幼儿整理好自己的床铺,鼓励先整理完床铺的幼儿帮助其他同伴整理床铺,也可以让他们互相扣纽扣、拉拉链、系鞋带等。教师还要及时提醒幼儿根据天气变化增减衣物。幼儿起床后,应引导他们先小便,洗脸,喝水,做好进行户外活动的准备。

**（四）盥洗活动**

**1. 盥洗设备**

幼儿使用的盥洗室,场所要宽敞,洗手池、便池、毛巾架等要适合幼儿的身高和体型。室内应常备毛巾、肥皂、卫生纸等物品。便池、水龙头的数量要满足幼儿的使用。室内地面要防滑,悬挂物件的挂钩,钉子应钉在幼儿碰不到的地方。洗衣粉、消毒液,乃至灭蚊蝇的药物等物件的放置,要安全隐蔽,以防幼儿误碰误食等。另外,室内要保证干净无异味,要定期消毒,包括幼儿所使用的毛巾等物品,也要常洗、常晒、常消毒。

**2. 盥洗过程**

教师应充分利用盥洗活动,教会幼儿盥洗的程序和方法,在实际生活中,教师还要向幼儿提出明确的要求:(1)有秩序地排队如厕、洗手、不准推挤;(2)不在盥洗室内大声喧哗和吵闹,以及追跑嬉戏;(3)盥洗时不玩水和香皂;(4)洗漱完毕,要在水池中甩掉手上的水再离开,不把水甩在别人身上和地板上;(5)一定要关好水龙头,并互相转告要节约用水。

**（五）整理活动**

教师应注意引导幼儿学习整理个人的生活用品和学习用品。包括入园后、运动后脱下的衣物鞋帽的折叠、整理;自己的毛巾、茶杯等物件的放置、整理;使用完毕的水彩笔、油画棒、本子、作业纸等物品的放置、整理。同时也要组织幼儿收拾、整理游戏材料,例如体育活动的器械,游戏区角的材料等。

**（六）离园活动**

离园活动是幼儿一天集体生活的结束。它是幼儿从集体生活转入分散的家庭生活的过渡阶段。教师的任务是:做好结束工作,使幼儿愉快地离开集体。结束工作包括引导幼儿做好清洁整理工作,进行总结谈话,将幼儿交给家长等。离园活动一定要注意孩子的安全,及时清点幼儿人数。

## 三、幼儿园生活活动的指导策略

教师是幼儿生活教育中最重要、最基本的力量。教师要善于运用有效的指导策略培养幼儿在生活活动中的自理自立能力,做到精心照顾和保育幼儿的同时,又要尊重幼儿不断增长的独立需要,帮助他们学习生活自理技能,锻炼自我保护能力,使幼儿感受到其中的乐趣。

**（一）因人而异,满足幼儿在生活上的不同需要**

幼儿与幼儿之间,因为身体状况、家庭环境、性格、个性等方面的不同,存在着能力等方面的差异。教师应该重视这些差异,在培养他们独立自理能力和生活习惯的时候,注意区别对待,个别照顾。对入园情绪不稳定的幼儿、体弱有病的幼儿、吃饭慢等某一环节中有困难的幼儿,教师要给予格外的关注和引导。以注意倾听、细心观看、适时询问等方法,及时体察和探明幼儿在生活活动中的需要,因人施保、施教,使其在幼儿园的生活活动中感到安全、温暖、宽松和愉快。

**（二）建立合理的常规,注意活动安排的稳定性与规则性**

常规是幼儿必须遵守的日常生活规则,是幼儿健康发展的保证。为了使幼儿的生活内容丰富而有规

律。调动幼儿在一日生活中的主动性、积极性,培养幼儿的自主性与独立性,幼儿园需要建立合理的常规,把幼儿一日生活的环节规范化、固定化、制度化,使幼儿知道一个活动后接下来应该做什么,形成幼儿一系列的神经联系,形成生活秩序,以利于幼儿的健康发展。

（三）保教结合,充分挖掘生活活动中的教育功能

生活活动中常常蕴含着教育的功能。以进餐活动为例,就包含着丰富的教育功能:幼儿通过进餐活动养成细嚼慢咽、不挑食、不要成人喂食等良好的进餐习惯,如果教师在餐前用优美的词汇向幼儿介绍食物的名称、材料、颜色、制作方法,不但有利于幼儿不挑食,还可以对其产生语言、常识方面的教育功能。结合幼儿在生活活动中的行为表现,生活活动指导教育还可以成为对幼儿进行德育的途径,达成保教结合的教育效果,比如通过生活活动中的互帮互助、值日生劳动等,使幼儿形成与同伴团结友爱,爱护公共物品,尊重他人劳动等优良品性。

（四）家园配合,保持教育效果的一致性

家庭是幼儿生活的主要场所,教师应尊重家长作为幼儿照料者和影响者的主体地位,以多种形式加强家园沟通,保证幼儿在家中的自理行为和生活习惯与在园时保持一致。为此,教师可采取多种家园合作的方式,向家长介绍幼儿园生活活动的目标、内容和方法,让家长了解应如何教育、帮助、指导幼儿养成良好的生活习惯,争取家庭教育的配合,使幼儿生活活动的良好行为得到巩固和强化,有效提高幼儿在园生活活动的教育效果。

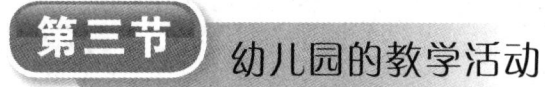
**第三节　幼儿园的教学活动**

### 一、幼儿园教学活动概述

幼儿园教学活动是对师幼双方教与学的目标、内容、实施与评价方法等进行选择与规划,提出具体的活动方案并实施的过程。具体而言,教学活动的特点主要表现在以下几个方面:

首先,教学活动都有明确的目标来指导活动的开展。在进行教学活动之前,教师首先要依据教育的目标、幼儿已有的发展水平以及幼儿的兴趣、需要,制订本次活动的具体目标,选择相应的教学内容、教学方法和活动的组织形式。

其次,教学活动需要按照清晰的设计思路进行有条理的组织。活动怎么开展、怎么组织,教师根据幼儿的年龄特点以及已有知识经验提前预设和准备,通常要在活动前撰写详细的教育活动计划,从而能有条不紊的开展。但在实施过程中,教师完全可以根据教学过程中出现的新情况、新问题,调整或更改计划中的某一环节,但就整个计划来讲,是教师事先制订好的。

最后,教学活动中教师能直接控制,明确的传递教育意图。如活动目标、活动内容是教师精心选择和设计,活动实施是教师严格控制,以保证活动顺利进行。另外,教学活动也比较适应当前我国相当一部分幼儿园存在的班级人数较多,各方面条件还不理想的现状。

### 二、幼儿园教学活动的组织形式

幼儿园教学活动的组织形式可分为:集体教学、分组教学和个别教学。

（一）集体教学

集体教学活动是幼儿在同一时间、同一地点以同样的方式学习同样内容的组织形式,是幼儿园活动中常见的形式之一,是我国长期存在的教学组织形式。优点是可以较集中较迅速地实现某一规定性的教学任务,有利于培养幼儿的集体性和自制力。但因幼儿人数较多,不能充分考虑幼儿的认识水平和学习能力,教师不易集中全体幼儿的注意力,难以照顾到每个幼儿的发展水平。

（二）分组教学

教师根据教学需要,或者依据幼儿的不同水平、不同兴趣把全班幼儿分成两个或两个以上的小组,根

据各组特点分别开展教学活动。优点是能面对一组幼儿进行较全面细致的指导,幼儿容易和教师进行互动,有利于教师与幼儿和幼儿彼此之间的相互交流。但需要有相应的园舍、师资和设备等条件。

（三）个别教学

教师通过一对一等形式,根据幼儿个体的兴趣需要、不同能力水平开展有针对性的教学活动。个别教学活动建立在个体差异性之上,能较好地考虑每一个幼儿的能力和接受程度,照顾个别幼儿的特点和兴趣,但需要花大量的时间和精力,需要更充足的人力等主客观条件。

### 三、幼儿园教学活动的常用方法

幼儿园常用的教学方法有直观法(观察、演示、示范等)、口授法(讲解、谈话、讨论等)、实践法(练习、操作、游戏等)。从活动主体上划分,以教师为主的方法有演示、示范、范例和讲解等;以幼儿活动为主的方法有观察、游戏、练习、表达等;谈话则是教师和幼儿相互作用的活动形式。

（一）直观法

直观法是幼儿园教学的主要方法,是教师在教育过程中配合讲述、讲解,向幼儿展示实物、教具或示范性实验和表演,借以说明和印证所讲授知识的一种方法。

1. **观察法**

观察法是指教师有计划、有目的地引导幼儿感知客观事物的一种方法。观察法包括个别物体观察、比较性观察、长期系统性观察等形式。观察活动可以是幼儿主动的、自发的,也可以是教师专门组织的。这种方法是科学领域、艺术领域等教学的主要方法。

2. **演示法**

演示法是指教师在教学中向幼儿出示各种实物、教具、模型进行示范性操作的一种方法。这种方法常与讲述法、谈话法一起使用。运用演示法的要点是要选择恰当的时机,激发幼儿的新鲜感,使全体幼儿都能看清演示的对象,把注意力集中在对象的主要方面,辅以简明扼要的讲解和谈话,使演示的事物与所学的知识紧密结合,将个别的知识归纳成为完整的知识。演示要技巧熟练、造型准确、程序正确、动作清楚、速度适宜。演示的时间要短,根据需要可向全班、小组或个人进行演示。

3. **示范法**

示范法是指教师通过自己的语言、动作所做的教学表演,为幼儿提供具体模仿的范例。在语言活动、科学活动的教学中,教师经常运用语言示范,发展幼儿叙述、描写、创造性讲述及朗诵能力;在美工、音乐、体育教学中则通过动作示范帮助幼儿掌握学习内容和动作。示范法包括完整示范、部分示范、分解示范、不同方向示范等多种形式。在向幼儿传授儿歌、歌曲、舞蹈、绘画等内容时,教师应做完整示范,便于幼儿理解和掌握。在教学活动中发现幼儿有难点、错误时,教师可再做分解示范,以帮助幼儿解决困难和纠正错误。示范可由教师示范,也可以请幼儿示范。

（二）口授法

口授法是指通过教师的讲述和讲解,向幼儿描绘情境、叙述事实、解释概念、说明道理,使幼儿直接获得知识的教学方法。这是使用最早、应用最广的教学方法,也是幼儿园教育活动中应用最为经常和普遍的一种方法。口授法包括讲解、谈话、讨论等具体方法。

1. **讲解法**

讲解法是指教师通过口头语言向幼儿解释和说明知识、材料、规定、要求等的教学方法。运用讲解法的要点是讲解要抓住重点、难点和关键,深入浅出,必要时可适当重复讲解。教师讲解的语言要准确、清晰、简练、形象、生动、通俗易懂,符合幼儿的理解能力和接受水平,能引起幼儿的兴趣。讲解要条理清楚,便于幼儿记忆。

2. **谈话法**

谈话法是指用提问、答问、讨论等方式进行教学的方法。教师可以通过提问,引导幼儿运用已有的知识经验回答问题,借以获得新知识或检查知识、巩固知识。这种方法容易集中幼儿的注意力,激发幼儿积极的思维活动,发展语言表达能力,提高教学效果。谈话法包括启发式谈话、再现谈话、讲授谈话等形式。

运用谈话法的要点是：要在幼儿已有的知识经验基础上进行；所提的问题须经过周密思考，要围绕主题紧扣教学目的，具体明确，富有启发性，既要面向全体幼儿，又要照顾个别幼儿的水平；问题要有逻辑性，以引起幼儿步步深入思考；教会幼儿注意听清问题，针对问题用响亮声音回答，培养幼儿回答问题的能力和良好习惯；教师要注意耐心倾听幼儿的回答，及时肯定、补充，做出明确的结论；鼓励幼儿向教师质疑。

### 3. 讨论法

讨论法是指儿童在教师的指导下就某种问题、现象互相启发、交换看法以获取知识的一种教育方法。讨论的具体方式可以灵活多样，有成对交换意见、分小组讨论、全班讨论。与其他两种方法相比，讨论法能给儿童更大的空间和自主性，幼儿有更多的机会表达自己的意见，不必考虑自己意见的对错，在谈话中使自己的认识得以深化、情感能够自然流露出来；而且还可以从同伴中听到各种不同的意见，培养幼儿分析问题和解决问题的能力以及口头表达能力。

### （三）实践法

实践法是指教师在教育教学活动中，创设以幼儿为主体的实践活动，在活动中，训练幼儿的各种感官，并进一步理解知识、巩固技能、加深记忆的一种教学方法。实践法包括练习、操作、游戏等具体方法。

### 1. 练习法

练习法是指在教师的帮助、辅导下，通过多次重复地练习使幼儿熟练地掌握知识和技能的一种方法。它是巩固新知识，形成技能技巧和习惯的基本方法。运用练习法的要点是：使幼儿明确练习的目的、任务和具体要求，在理解的情况下自觉练习；运用正确的练习方法，伴随讲解和示范，指出难点和易犯的错误，使幼儿获得有关练习方法和实际运用的清晰表象；根据练习材料的性质和幼儿的年龄特点，适当分配练习的分量、次数和时间；练习的方式要多样化，以提高练习的兴趣，避免单调、乏味的重复；练习中要先求正确后求熟练，逐步提高要求，及时评价指导，让幼儿知道练习的结果；加强个别辅导，及时纠正错误，以免形成习惯后不易纠正，对能力差的幼儿要多给予练习的机会和具体的帮助。

### 2. 操作法

操作法是指幼儿通过亲自动手操作直观教具，在摆弄物体的过程中进行探索，从而获得知识、经验和技能的一种教学方法。操作法包括示范性操作、探索性操作、巩固性操作等形式。操作可以是个体的，也可以是集体的。常结合游戏、练习等方法使用。运用操作法要注意明确操作的目的，为幼儿提供充足的操作材料，一般人手一份。给幼儿充分的操作时间去摆弄物体，去思考和探索，以达到操作的目的，充分发挥教具、材料的作用，切忌走过场；在幼儿动手操作之前，应向幼儿说明操作的目的、要求和具体的操作步骤、方法；在幼儿操作的过程中，教师要观察幼儿的操作情况，及时发现问题，引导幼儿积极思考和探索；最后要讨论操作的结果，帮助幼儿将他们在操作中获得的感性经验予以整理归纳，明确概念。操作应根据不同的教学内容及不同年龄的幼儿提出不同的要求。

### 3. 游戏法

游戏法是指在教师指导下通过有规则的游戏活动教学的一种方法，是深受幼儿欢迎的一种教学方式。运用游戏法的要点是：游戏的内容要健康，要有益于幼儿的身心发展；根据不同的教育目标和教育内容选择、创编不同形式的游戏；教师要重点指导幼儿遵守游戏规则，能够克服困难，独立或与同伴合作完成游戏；教师应根据游戏的内容及形式的不同，采用不同的指导方法；在游戏中要注意培养幼儿之间的合作、谦让、友爱、互助等优秀品质。

## 四、幼儿园教学活动的指导策略

如何才能使幼儿园教学活动更具有教育价值，我们从活动目标、活动准备、活动内容、活动过程和活动反思五个方面分别探讨幼儿园教学活动的组织策略。

### （一）活动目标应具有针对性和可操作性

幼儿园教学活动目标的设定应遵循针对性原则，通过某一具体的教学活动来促进幼儿某方面能力或行为的发展。在制定活动目标时，应结合教学内容，从幼儿的实际出发确定活动目标，切忌泛泛而谈，与活动内容和幼儿的实际学情相脱离。

**（二）活动准备应符合幼儿身心发展的特点**

教学活动的准备应根据幼儿的年龄特征和身心发展的特点,向幼儿提供符合教学目标和教学内容的适宜材料。在教学活动中应准备的素材一般有自制材料,成品材料和半成品材料。教师还应在教学活动之前有计划地列出准备材料的数量以及分配,使用的方式。

**（三）活动内容应符合幼儿的兴趣和已有经验**

活动内容的选择应从幼儿兴趣出发,在幼儿积极、主动的参与中展开,而教师所设的主题应贴近幼儿的实际生活经验,应是幼儿比较熟悉或接触过的内容,幼儿的已有经验与他们的兴趣之间是相辅相成的,内容的选择只有符合幼儿的已有经验才能唤起他们探究的兴趣,在选择教学内容的时候,还应注意知识、经验之间的衔接,促进幼儿相关知识、经验、态度、技能之间的融会贯通,协调发展。

**（四）活动过程应考虑完整性和互动性**

幼儿园教学活动的过程一般包括开始部分、过程部分和结束部分三个基本部分。活动过程中,教师应根据以上环节的顺序依次展开,强调活动过程的完整性。在此过程中,师幼之间的互动是活动得以顺利进行的关键,教师应充分考虑师幼之间如何借助语言和非语言方式进行互动,没有互动环节的教学过程常常是无效或低效的教学活动。

**（五）活动反思应实施个人与集体相结合的方式**

在活动反思过程中,教师往往会处于旁观者清,当局者迷的境况。教师在教学活动结束后除了进行个人反思,还应该加强集体反思,这是与同伴一起观察教育实践,或与他们就实践中的问题进行对话和讨论的一种合作、互动式的研究方式,通过大家的集体反思,有助于找出活动中的亮点,指出活动中的弱点。集体反思可以达到合作共进的效果,能够逐步提高反思的效率和质量。

## 第四节 幼儿园的区域活动

区域活动又称活动区活动或区角活动,是教师根据教育目标和幼儿发展水平,划分一些区域,如科学区、建构区、角色区、美工区、图书区等,有目的、有计划地投放各种材料,创设活动环境,让幼儿在宽松、和谐的环境中按照自己的意愿和能力,自主地选择学习内容和活动伙伴,主动地进行操作和交往的一种活动。区域活动让幼儿变"被动"为"主动",让教师变"灌输"为"启发",是幼儿园不可或缺、深受幼儿喜爱的一种活动形式。

### 一、幼儿园区域活动的形式

在区域活动中,幼儿按照自己的兴趣、爱好,选择活动内容,在自由、宽松、和谐、愉快的环境中不断地进行探索性学习,获得成功和快乐。同时,在与同伴一起游戏的过程中,增加了对同伴的了解,提高了幼儿交往的能力,增强了社会性的发展。在《纲要》中,也曾提出要重视和发展区域活动,使区域活动从质量和形式上能真正满足幼儿需求。

常见的活动区有如下几种:

语言区:主要功能是通过对图书、图片、头饰、手偶等的观察、操作、拼摆并进行讲述,发展幼儿的观察能力和语言表达能力。

美工区:主要功能是通过撕、贴、剪、画、捏、做等美术操作表现活动,发展幼儿的动手操作能力及欣赏美、表现美和创造美的能力。

科学区:主要功能是通过各种科学小游戏、小实验、小制作及数学操作活动,培养幼儿对科学探索的兴趣,发展幼儿的数学能力和动手操作等能力。

建构区:主要功能是利用积木、积塑、易拉罐、纸盒等进行的建构游戏活动,培养幼儿的空间知觉,发展幼儿的空间想象力、动手操作及交流合作能力。

角色游戏区:主要功能是通过模仿各种社会活动,有助于幼儿学习各种社会性行为,发展交往能力,

习得社会行为规范,促进幼儿社会性的发展。

益智区:主要功能是通过棋类活动、拼图活动、语言活动、感官活动等益智类游戏活动,发展幼儿的思维能力及动手操作能力等。

表演区:主要功能是通过各类表演活动,发展幼儿的表现能力和想象力,加深对文艺作品的理解,体验表演活动的乐趣等。

在区域活动的开发与创设过程中,可因地制宜地利用园内楼道、走廊、过道、楼梯角落等一切可以利用的立体空间,设置公共游戏区,打造富有童趣的、充满教育的、立体的、丰富的园内环境。同时根据教育目标和幼儿发展水平,各班级可创设具有开放性、操作性、多变性、实用性的区域环境,投放不同层次的活动材料,让幼儿按照自己的意愿和能力,以操作、摆弄、探索、表现为主的方式进行个别化的自主学习活动。充分发挥孩子的主体性,有效地促进孩子的自主发展。

## 二、幼儿园区域活动的指导策略

**(一)创设宽松、和谐、自由的活动氛围**

区域活动氛围宽松,形式多样,幼儿可自由选择玩什么和怎么玩,在没有压力的环境中获得经验,体验成功和愉悦。因此,在区域活动中,当孩子们真正开始游戏时,教师要注意充分尊重幼儿,让孩子们按自己的意愿,自主选择、自由交换游戏内容,创设宽松、和谐、自由的活动氛围,激发幼儿探索的欲望,培养幼儿的自主性和创造性。

**(二)教师在活动中成为观察者与支持者**

当幼儿自主选择操作材料时,教师不仅应成为幼儿游戏的好伙伴、好搭档,还应当成为一位细心的观察者,了解幼儿在活动中遇到的问题,要信任幼儿耐心等待,要学会以多种角色出现给予幼儿适宜的帮助与指导,要让幼儿充分地活动、探索、尝试、发现、交流和分享,使幼儿在自我学习、同伴间相互学习的启发下培养能力获得经验。而且教师还应是一个引导者、支持者和帮助者,采取设疑、提建议等灵活隐性的方式支持幼儿的活动,给幼儿留下充分探索、质疑的时间和空间。通过观察和参与游戏,教师才能从孩子的操作中发现新问题,产生新思考,生成新课程,从而使下一次的材料投放有新的目标并更具针对性。

**(三)对幼儿评价以鼓励为主,实施开放式评价**

区域活动结束时,教师在观察、反思整个区域活动的基础上,以谈话的形式实施全班整体评价,让幼儿在相互学习、互相展示、补充讲述的过程中促进自我意识的形成、自尊心的建立、自信心的发展、个性的张扬。也可以让幼儿自我评价,例如:让孩子们围绕介绍今天玩了什么游戏、最喜欢什么游戏来讲评,让幼儿积极参与自我讲评,在同伴的面前大胆讲述自己的游戏过程,增强讲述能力,增进自信心。如教师可以引导孩子讲述:"你玩了什么游戏? 你是怎样玩的?"充分的尊重幼儿,让孩子们自我介绍,并进行表扬与鼓励。

**(四)教育幼儿收拾和整理玩具材料**

幼儿园区域活动中,各班根据自己的需要,活动区的布置和设置也可以是不同的。有的区域是固定在某一处,某一角,平时是显性的,看得见的;有的区域是活动前临时布置的,平常是隐性的,不易观察得到的。因此,为了材料取用方便,同时也为了养成孩子们良好的习惯,每次活动结束后所有区域的活动材料的收拾整理,要引导幼儿积极参与,可以采取各区域专人负责,也可以让幼儿轮流当材料负责人,统筹安排整理。年龄段较大的班级,可以让幼儿自主探讨材料整理收拾的方式、分工的情况,小一些的班级的幼儿可以在老师的指导帮助下完成整理工作。区域活动材料的整理需要注意两个方面:一是材料要分门别类收拾,便于幼儿今后的使用与归还。二是要求幼儿收拾整理时细心观察,如将坏的材料作上标记,将下次所需材料画在专用本上等等,以便老师根据标记和记录能够在下次区域活动前及时调整、补充,使之更具有目的性、趣味性和可操作性。

**(五)与日常教学活动有机结合**

幼儿之间存在着明显的个体差异,教师可以借助设置自由、开放的区域活动来促进每位幼儿综合素质的提高。可将日常未完成的教学内容、幼儿感兴趣的教学活动作为活动延伸部分在区域活动中继续进行,满足幼儿的活动欲望,巩固掌握相关的知识经验。例:数学区、语言区、美工区等区域活动便可以结合正

在进行的主题活动来布置。

区域活动的设计和指导是一门艺术,它极具现场性、灵活性、直觉性与创造性,适宜的指导必须建立在幼儿现实的发展水平与即时的表现上。因此,它需要教师在正确的儿童观、教育观的指导下,大胆实践,及时反思,不断总结提升,以提高设计和指导的艺术。

## 第五节 幼儿园一日活动组织与设计

《纲要》指出:"幼儿园一日活动时间安排应有相对的稳定性与灵活性,既要有利于形成秩序,又能满足幼儿的合理需要,照顾到个体差异。"因此,教师只有合理安排幼儿园的一日活动环节,才能提高幼儿园一日活动的质量。

### 一、幼儿园一日活动的安排

幼儿园一日活动的内容十分丰富广泛,主要包括入园、晨检、早点、早操、有组织的集体或小组活动、户外活动或区域活动、自选游戏、进餐、午睡、游戏与体育活动、离园等。从广义上讲,幼儿园一日活动包括教学活动、游戏活动、生活活动等在幼儿园内发生的一切活动。但从幼儿角度来讲,这些活动的界限和范围并没那么明显,他们之间往往是一个整体,彼此之间相互联系、不可分割。表7-1是某幼儿园一日活动时间表。

表7-1 幼儿园一日活动时间表(春季)

| 7:30~8:00 | 晨检、来园接待 |
| --- | --- |
| 8:00~8:30 | 晨间活动 |
| 8:30~8:50 | 早操 |
| 8:50~9:00 | 晨间谈话 |
| 9:00~10:10 | 教学活动 |
| 10:10~11:00 | 户外活动与室内外自选游戏 |
| 11:00~11:10 | 盥洗与餐前准备 |
| 11:10~11:40 | 午餐 |
| 11:40~12:00 | 餐后自选游戏(散步、如厕) |
| 12:00~14:30 | 午睡 |
| 14:30~15:00 | 起床、如厕、梳头、盥洗、喝水 |
| 15:00~15:20 | 午点 |
| 15:20~16:20 | 户外活动 |
| 16:20~17:00 | 如厕、喝水、室内自选游戏 |
| 17:00~17:30 | 离园活动 |

在安排和组织幼儿一日活动时,时间安排应有相对的灵活性和稳定性,既要利于形成秩序,又能满足幼儿的合理需要,照顾到个体差异。教师直接指导的活动和间接指导的活动相结合,保证幼儿园每天有适当的自主选择和自由活动时间。建立良好的常规,避免不必要的管理行为,逐步引导幼儿学习自我管理。

### 二、幼儿园一日活动的原则

#### (一)充分利用优势的环境资源

幼儿是在不断与环境中的人和物相互作用的过程中发展起来的。教师在一日活动的组织和指导过程中,应充分挖掘幼儿园内部和外部环境中的信息资源,如社会资源、家庭资源等,将其转化为可利用的教育资源,丰富幼儿园一日活动的内容。同时巧妙地利用资源优势,最大限度地挖掘、利用,进而更好地优化幼儿的活动环境。

**（二）采取多样化的组织形式**

幼儿园一日活动中蕴含着丰富的教育内容，教师可以通过多种渠道来挖掘一日活动中的教育素材，提取有价值的教育内容，丰富幼儿各方面的知识，提升幼儿的生活经验和学习经验，将幼儿行为规范的练习、品德教育等渗透到一日活动之中，采用小组合作或区域活动等方式对幼儿进行全面发展教育，并采取个别活动、小组活动和集体活动相结合的形式，提高一日活动的有效性，借助幼儿园的一日活动提高幼儿各方面的综合素质。

**（三）建立良好的师幼关系**

幼儿一天的大部分时间是在幼儿园中度过的，师幼关系不仅影响幼儿的情绪、情感的正常发展，而且影响幼儿身心健康的发展。在一日生活的各项活动中，建立良好的师幼关系，使幼儿感觉到教师是值得信赖的，感觉安全、温暖，消除焦虑、紧张等消极情绪，能使幼儿更积极地投入到各环节的活动中，主动学习，主动交往，得到健康发展。

**（四）注重幼儿个体发展**

教师直接指导的活动如游戏、上课、进餐、睡眠等，是教师按照教育目标特别组织的，要保证幼儿的积极参与，它是幼儿获取知识经验、培养各种习惯，进行全面发展的良好途径。同时，应该提供幼儿自己选择活动的时间和机会，保证幼儿每天有适当的自主选择和自由活动时间，它可以培养幼儿的自主性、独立性、学会对自己的选择负责。在安排幼儿一日生活时，要避免时间的隐性浪费。长期以来，我国幼儿教育重"一致""统一"，轻"个性""个别"，忽视了幼儿的兴趣爱好和个别差异，全班幼儿都按教师的统一要求和指导做同一件事，很少顾及幼儿的个体发展水平。

**（五）重视幼儿良好行为习惯的养成**

幼儿良好行为习惯的养成，正是在重复性的一日活动过程中，在教师经常性的示范和提醒之下，通过正向的榜样和强化而逐渐达到的一种自动化的联结状态。而这种自动化行为的形成是建立在长期一致、一贯的正向联结之下的。因此，幼儿园教师应通过耐心的教育和引导，促进幼儿形成良好有序的生活习惯，为其以后的学习和生活奠定良好的基础。

**（六）综合运用多种活动形式**

除了生活活动、教学活动、游戏活动、区域活动外，幼儿园还可开展亲子活动、户外活动和节日活动等，这些活动既可以单独进行，也可以融合到其他各类活动中。各类活动各具特点，功能各异，因而在组织和管理时要根据儿童的需要和实际情况选择相应的策略，将各种活动灵活地交织在幼儿园一日活动中，共同促进学前儿童的全面发展。

---------------------------- **自 测 题** ----------------------------

**一、名词解释**

1. 幼儿园生活活动　　2. 区域活动

**二、单项选择题**

1. 望远镜、温度计、电池、电珠、电线、磁铁等供幼儿观察与实验的材料应投放到幼儿活动室的（　　）

    A. 语言区　　　　　　B. 科学区　　　　　　C. 美工区　　　　　　D. 表演区

2. 下列选项中，不属于幼儿园教育教学组织形式的是（　　）

    A. 集体活动　　　　　B. 团队活动　　　　　C. 小组活动　　　　　D. 个别活动

3. 对幼儿园来园活动内容解释错误的一项是（　　）

    A. 接待幼儿和家长　　B. 晨间检查　　　　　C. 组织集体活动　　　D. 开展自由活动

4. 华盛顿儿童博物馆的格言：我听见就忘记了，我看见就记住了，我做了就理解了。主要说明了在教育过程中应(　　)

　　A. 尊重儿童的个性　　　　　　　　　　B. 培养幼儿积极的情感体验

　　C. 重视儿童学习的自律性　　　　　　　D. 重视儿童的主动操作

5. 儿童的发展是在与环境积极作用中发展的,是通过(　　)

　　A. 对物体的操作和与人的交往而发展的　　B. 聆听教师讲授知识而发展的

　　C. 观察教师的操作过程而发展的　　　　　D. 观看电视卡通节目而发展的

6. 下列不属于幼儿园活动类型的是(　　)

　　A. 生活活动　　　　　B. 教学活动　　　　　C. 游戏活动　　　　　D. 保健活动

7. 幼儿园生活活动的意义主要有(　　)

　　(1) 培养良好的生活卫生习惯　　　　　(2) 促进个性化发展

　　(3) 提高自我服务意识与能力　　　　　(4) 促进社会性发展

　　A. (1)(2)(3)　　　　　B. (1)(2)(4)　　　　　C. (2)(3)(4)　　　　　D. (1)(3)(4)

8. 积木、拼板、串珠等材料应投放在(　　)

　　A. 操作区　　　　　B. 美工区　　　　　C. 科学区　　　　　D. 语言区

9. 幼儿园的专门教育活动包含(　　)

　　A. 区域活动　　　　　B. 游戏活动　　　　　C. 课堂教学活动　　　　　D. 幼儿随机教育

10. 不是讨论法的具体方式有(　　)

　　A. 小组讨论　　　　　B. 全班讨论　　　　　C. 个别讨论　　　　　D. 成对交换意见

## 三、简答题

1. 简述幼儿园活动的类型。

2. 简述幼儿园活动的特征。

3. 简述幼儿园教学活动的方法。

4. 简述幼儿园教学活动的组织形式。

## 四、论述题

1. 结合实例说明如何有效的开展幼儿园生活活动。

2. 结合实例论述幼儿园常见的活动区,以及组织指导的基本要求。

## 五、案例分析

(一) 阅读材料,回答问题。

小张老师是一位非常有心的幼儿园教师。在幼儿午餐和晚餐的时间,她会选一些很优美的音乐或者幼儿很喜欢的故事让幼儿边吃边欣赏;每天的晨间活动时她会和个别幼儿交谈或者让幼儿在集体面前谈一谈自己感兴趣的事情。有段时间,她发现孩子们不太爱惜小椅子,比如,有些孩子喜欢在椅子上写写画画,还有个别孩子发脾气时会摔椅子。于是,张老师特意编了一个故事"一把小椅子痛苦的一天"讲给孩子们听。

问题：请分析张老师的做法如何体现幼儿园活动的教育价值。

(二) 阅读材料,回答问题。

区域活动开始了,孩子们根据自己的喜好自由地选择了不同的区域开始玩游戏,我发现美工区的纸箱一个人也没有。于是,我说:"美工区的纸箱谁愿意去玩啊?"可是没人理睬。也许是幼儿光顾着玩游戏没有听见吧,于是我耐心地提高了嗓门:"今天谁愿意去玩纸箱啊?"这时,贝贝说:"我去吧。"后来有几个幼儿也陆续地响应了,要去美工区玩。

美工区"纸箱加工厂"的游戏开始了,从窗口望去,贝贝等几名儿童都在玩,可是一会儿游戏就结束了。见此情况我就从头到尾把整个游戏的过程和玩法讲给了她们听,并给她们几个人分配了不同角色,在我的

辅导下美工区里的"纸箱加工厂"的游戏总算顺利的开展起来了。在区域活动进行到一半的时候,我发现美工区里乱成一团,跑过去一看,孩子们正在玩开"小汽车"的游戏呢。她们看到我来又赶紧玩起了纸箱,嘴里却不停地说一点都不好玩。

问题:结合案例说明区域活动中教师应如何指导。

## 课外拓展:

### 美国幼儿园的节日教育活动①
邵燕楠

美国是一个移民国家,来自不同国家和地区的移民为美国带来了众多的民族传统节日。因此,美国的幼儿园很注重围绕各国的节日开展教育教学活动,以促使移民中的儿童美国化,并在尊重他们原来的文化基础上,增强他们的民族认同感,同时也培养儿童对各种文化的尊重和宽容的态度。围绕这些节日开展的教育教学活动,有助于儿童们了解世界。美国幼儿园的节日活动很频繁,几乎每个月都有。他们把节日作为教育儿童的重要手段和方法,在日常的教学活动中占有很大的比重。这些节日,有些是美国传统的节日,有些是从外国"移植"过来的,有些是为增加学习的趣味性而由教师、专家自创的活动主题,约定俗成。依我所见,美国幼儿园中开展的主要节日可分为六大类:

(1)季节性节日类。包括春趣、夏乐、秋乐、冬趣;

(2)民族主义类。包括汉尼康或称烛光节、幸运草节、面具节、万圣节、复活节、圣诞节、感恩节、愚人节等;

(3)文化学习类。包括文化遗产日、苏思博士日和地球日;

(4)娱乐性类。包括反向日、衣服反穿日和睡衣日;

(5)爱国主义类。包括选举日、总统日、国旗日等;

(6)爱心类。包括父亲节、母亲节、情人节和拥抱节。

这些节日教育的共同特点是寓教于乐,本文撷取一些有代表性的、对我国幼儿教育有启发和借鉴意义的节日活动加以阐述。

一、"我爱春夏秋冬节"

季节性节日类一年有春夏秋冬,草木枯荣。为了让儿童更好地体验到季节间的不同变化,幼儿园普遍开设了春、夏、秋、冬。儿童围绕着春夏秋冬开展各种各样的室内和户外活动。春天,他们会在教师的组织下扛着花锄,手提花籽,到幼儿园的小花园里耕种。夏天去附近的公园里游玩,观察大自然的山山水水,鸟兽鱼虫。秋季去采摘劳动果实。冬季则为踏雪,剪雪花。一般说来,季节更替,教室的布置也呈现相应季节的物品。如春季,教师会放上种子和春天里开的第一束迎春花,而在夏季,教室里则是昆虫标本的世界。教室里的阅读角都会摆放上这个季节的故事书和科普读物。

二、感恩节

感恩节是美国的一个本土节日,是美国初期的移民为感激美洲印第安人而设立的一个节日。这一天,每位儿童、教师都会对曾帮助过自己的人以及同伴家人说声"谢谢",或送张充满谢意的卡片。在幼儿园,这一天也显得那么温馨。教师会利用这一天进行文明礼貌教育,如当儿童不小心碰到别人时,应该说声"对不起";与别人道别时,应该说声"再见",并献上美好的祝愿等。

---

① 邵燕楠.美国幼儿园的节日教育活动[J].学前教育研究,2003(1):60.

### 三、反向节

反向节一般在四五月份进行。儿童在这一天都要说反话,做反事,教师也同样。这一天,幼儿园里笑话百出,处处可闻儿童银铃般的笑声。其实,我国儿童也很喜欢这个活动。我认为,这个节日最大的意义在于,在笑声中让儿童游戏语言,把玩语言,掌握同义词和反义词,并学会不同的表达方式。

### 四、衣服反穿日

"我把衣服穿反了!"儿童经常把衣服穿反,当教师、家长进行纠正时,儿童常常困惑不解,为什么我那样穿是错的? 因此,教师会在十一月或十二月的某一天让儿童反穿衣服来上学,同时教师也会把衣服穿反,称为衣服反穿日。当然,教师也不失时机地告诉儿童如何不把衣服穿反。此外,儿童经常分不清楚鞋子的左右,教师也允许儿童穿错左右鞋。学前班和幼儿园大班的教师还示范如何系鞋带,如何拉拉链等,培养儿童生活自理的能力。

### 五、睡衣日

"我穿睡衣上学校!"这个活动一般在圣诞节前后。在寒冷的冬天起床去上幼儿园,对于儿童来说是个挑战。而且随着岁末的来临,儿童厌学情绪强烈。睡衣日正是针对此而展开的活动。儿童、教师都穿着睡衣上学,旨在让儿童放松,摆脱不良的情绪。这个活动仍然使儿童获得了极大的乐趣。儿童们穿着睡衣,喝着热巧克力,悠闲地与同伴谈天玩耍。

### 六、拥抱节

美国有些父母忙于工作,很少甚至无暇顾及自己的孩子,他们往往把孩子交给保姆。美国的社会强调个人独立,无形中加大了人与人之间的距离。因此,拥抱节的出现旨在培养儿童之间相互友爱、相互合作的意识。教师幼儿以拥抱作为见面礼,彼此增强了一份亲切感。

### 七、幸运草节

幸运草节源于爱尔兰,每年的3月17日庆祝。绿色代表着和平和希望。这一天儿童们都穿绿颜色的衣服,否则,同伴们都会善意地拧他。儿童会去户外寻找一种有四片叶子的幸运草,因为这种草一般只有三片叶子。找到了的儿童会大声喊:我找到了。儿童们全神贯注地分辨着三片与四片叶子的幸运草,享受到了无穷的乐趣,他们在不知不觉中提高了自己的观察力和注意力。

### 八、文化遗产日

美国的历史虽然仅三百多年的时间,但他们很注重保持传统,对儿童进行传统教育。在这一天,儿童们会在教师和当地教育官员的组织下,参观历史古迹,如一百年前的学校的校址,并请退休的老教师给孩子们讲解他们的父辈甚至祖父辈是如何生活、学习的。幼儿园会陈列一些过去时代儿童们的玩具、生活用品等物。儿童还可亲身体验到他们父辈在幼儿园一天中的生活,教师组织儿童玩父辈们玩过的游戏,如跳格子;遵守父辈们所遵守过的规则,如听见敲响铃铛就进教室,像父辈们那样穿校服上学校;参加父辈们所干过的体力劳动,如手洗衣服等。

# 第 8 章 幼儿游戏

**学习目标**

1. 理解游戏的基本含义和特征。
2. 掌握国内外游戏分类,以及游戏对幼儿身心各方面发展的价值。
3. 能够科学地组织和指导角色游戏、表演游戏、结构游戏以及规则性游戏。

**知识结构**

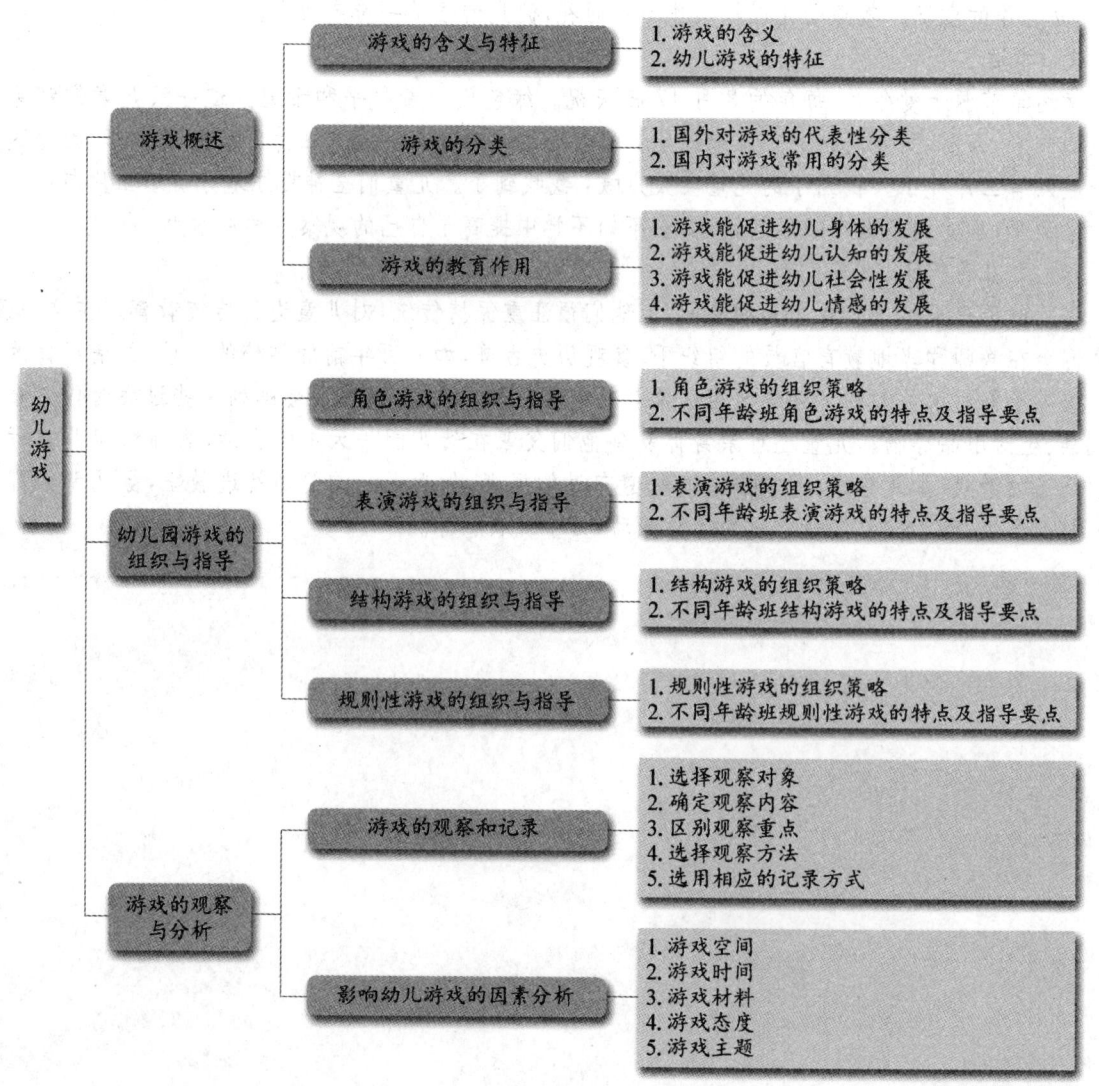

冬天到了,幼儿园开展冬季锻炼。一位中班的老师认为在扔沙包游戏中可以教幼儿学会测量,于是她把幼儿带到了户外。户外的地面是由一块块方形的水泥砖铺成的。她先让幼儿扔沙包,然后问:"怎样才能知道扔得多远"。幼儿说:"可以数地上的方块"。"还可以用什么方法知道呢",在老师的不断提问和要求下,幼儿举出了可以用棍子、跨步、绳、布条等不同方法。老师很满意这样的结果,认为活动目标达到了。活动中,小朋友贝贝一直问老师:"老师,我们什么时候可以玩啊"。教师批评道:"我们不是一直在玩游戏吗?怎么还想玩",贝贝一脸委屈地望着老师。

看上去是一节户外游戏活动,但为什么整个过程对幼儿来说索然无味?游戏是孩子们最喜爱的活动,它看起来是自然简单的事情,实际上却包含着许多学问。作为一名专业的幼儿教师,不仅要知道幼儿园的游戏与公园里的游戏具有不同的价值,更要明确什么是游戏,游戏的本质特点有哪些,游戏有哪些种类,游戏具有哪些教育作用,从而通过科学合理的设计、组织与指导,让游戏充满教育意义,让孩子们"玩有所获"。让我们带着这样的目的,进入到本章的学习。

<h2>第一节　游戏概述</h2>

游戏是一种古老的社会文化现象,可以说自从有了人类就有游戏。从生物演化的角度看,游戏的历史甚至比人类的历史更长,因为不仅人类玩游戏,高等动物也有游戏,游戏是在生物进化过程中出现的活动形式。虽然有漫长的游戏历史,人类对游戏进行系统的研究却并不久远。

对于儿童,游戏是他们普遍喜欢的活动。并且从古至今,任何地区、任何民族的儿童都喜欢游戏。可以说,有儿童就有游戏,儿童是在游戏中发展和成长的,是美好童年不可缺少的因素。在学前教育中,幼儿园的游戏更是无所不在,几乎是幼儿园教学活动、生活活动等各类活动得以进行的最好载体。1996年原国家教委颁布了《幼儿园工作规程》,其中规定并强调了"幼儿园以游戏为基本活动""游戏是对幼儿进行全面教育的重要组成部分"。这就以法规条文的形式将游戏放到了幼儿园生活的中心位置。

教育部2012年5月发布《3～6岁儿童学习与发展指南》,在教育建议中特别提到:经常与幼儿玩拉手转圈、秋千、转椅等游戏活动,促进其平衡器官机能的发展;鼓励幼儿进行跑跳、钻爬、攀登、投掷、拍球等活动,以及跳竹竿、滚铁环等传统体育游戏,发展幼儿动作的协调性和灵活性;利用游戏模拟进行安全教育;在绘画和游戏中做必要的书写准备;利用游戏建立亲密的亲子关系或师生关系,发展幼儿的同伴交往能力;利用生活和游戏中的情景,发展幼儿的科学与数学概念等。总之,游戏是幼儿园对幼儿实施教育的主要形式。自《幼儿园工作规程》将游戏纳入幼儿园基本活动以来,游戏受到越来越多的重视。那么什么是游戏,我们又该如何理解幼儿的游戏活动呢?

### 一、游戏的含义与特征

#### (一) 游戏的含义

古往今来、古今中外对游戏的解释观点各异,但为我们进一步理解游戏的含义奠定了理论基础,同时教育家和心理学家从不同方面对游戏价值进行肯定,也可见游戏在教育活动尤其是学前教育中的重要地位。

#### 1. 对游戏的各种见解

热爱游戏是幼儿的天性,人类也从很早以前就意识到了这一点。从古希腊起,西方教育中就有把游戏用于幼儿教育的实践,随后也有不少教育家在著作中提及了游戏。

德国学者席勒认为,游戏更多的是享乐,是多余生命力摆脱了外部需要的自由表现,愉快是从游戏中得来的。

德国心理学家格鲁斯则认为游戏是对未来生活的准备,是本能的练习。

英国社会学家、心理学家斯宾塞认为,身体健康的儿童在正常生活外,还有剩余精力需要发泄,就产生了游戏。

到了德国著名的教育家福禄贝尔,游戏得到了极大的重视,游戏教学的理论与实践也逐步建立起来。福禄贝尔指出游戏是儿童潜在本能的表现,是儿童内在需要与冲突引起的内部存在的自我活动的表现,是神的意志的体现。福禄贝尔在他的代表作《人的教育》中指出"游戏是内心的一面镜子"、"游戏是发展的最高阶段"、"游戏是儿童内部存在的自我活动的表现,是一种本能性的活动"。福禄贝尔不仅系统地提出游戏在幼儿教育生活中的重大意义,也是教育史上第一个肯定游戏的教育价值,并为儿童尝试创立游戏实践体系的教育家,而且还专门为游戏设计了一套玩具"恩物",现仍在许多幼儿园使用。

蒙台梭利强调儿童自身具有发展能力,"给孩子们自由,并不意味着放任他们,要在'自由'的游戏中形成规则意识。"

心理学家皮亚杰认为"游戏是指不断重复一些行为,而主要是希望从中得到快乐"、"游戏是思维的一种表现形式"。

在我国,陶行知提出"生活即教育,游戏即工作"。"游戏是幼儿反映现实生活的活动"。陈鹤琴先生,也是"活教育"理论的创始者,他提出著名的十七条教学原则里第十三条就是"教学游戏化",他强调"小孩子生来是好动的,是以游戏为生命的。"

**2. 幼儿游戏的现代理解**

(1)游戏是幼儿生活的主要内容,是幼儿最喜爱的活动。古往今来的儿童都着迷于游戏,游戏代表着儿童的自由、天真无邪、自然的天性和潜在的能力,儿童在游戏中表现出全神贯注、想象和创造力。甚至游戏对于幼儿来说几乎就是他们的生活,即使是吃饭、睡觉,幼儿也常常以游戏的形式来进行,比如会抱上布娃娃吃饭,会带上布娃娃睡觉,只要没有特别限制并且身体健康的幼儿,一定在想方设法地游戏着,如果问孩子"你最想干什么",估计大部分的孩子会毫不迟疑地回答"做游戏,去玩呗",可以说游戏是幼儿十分向往期待的快乐活动。

(2)游戏可以满足幼儿的多种需要。幼儿喜欢游戏是由于游戏符合幼儿身心发展需要,在幼儿的成长过程中有各种需要,有认知的需要,积极好动的需要,自由表现自己能力的需要,与同伴交往的需要,自我实现的需要,特别是参加社会生活,像成人一样活动的需要等,由于幼儿年龄小,实际能力还没有达到一定的程度,但是他们又渴望像成人那样参与很多实践活动,像成人那样做自己想做的事情,所以游戏满足了幼儿快快长大和参加成人活动的需要,游戏为幼儿提供了这种可能。游戏的任务是幼儿力所能及的,当幼儿克服一定的困难,解决幼儿身心发展的需要与实际能力之间的矛盾,达到一定的目的,得到自我奖励时,幼儿从中获取经验,推动心理向前发展。

(3)游戏是幼儿独特的一种学习方式。首先,学习的动力来自幼儿内部需要。幼儿在游戏中学习,是为了满足自身的好动、好奇、操作摆弄物体、与人交往等需要,而不是成人的要求。所以,游戏中的学习完全是由幼儿的兴趣、爱好、探索等内部动机推动的。其次,学习目标是隐含的。幼儿并非为了学习而游戏,是为了"玩"而游戏的。教师在提供游戏环境时,将教育目标隐含其中,幼儿积极、主动参与游戏,就能自然地实现某些方面的发展目标,经常进行各类游戏,相应地就能促进幼儿各方面的发展。再次,学习方式是潜移默化的。在游戏中,幼儿意识不到其中有学习,却不知不觉学到了很多东西。如幼儿玩积木游戏,就认识了许多几何形体;玩角色游戏,知道了谦让、分享等。游戏为幼儿提供了一个轻松愉快,且有丰富刺激的,能鼓励幼儿自主学习的良好环境,使他们获得安全感、自尊和自信,获得对学习的持久热情,从而终身受益。[①]

**(二)幼儿游戏的特征**

游戏的自身特点决定了它不同于其他的活动,这些本质,被抽象概括出来主要有以下几个方面:

---

① 柳阳辉.学前教育学[M].郑州:郑州大学出版社,2012:161.

**1. 游戏是自主的活动**

游戏是幼儿主动参加的活动。荷兰学者约翰·赫伊津哈指出:"一切游戏都是自愿的行为,被迫游戏就不再是游戏,它至多也不过是游戏的一个强制模拟而已。"①儿童之所以游戏,是因为游戏的目的出于儿童的内部需要,是由儿童的内部动机引起的。儿童在游戏中将现实难以实现的愿望,降低到实际能力所能承受的水平,使自己成为游戏的主人。日常生活中我们经常看到一个幼儿对另一个幼儿说:"我们玩游戏好吗""好哇,玩什么呢""就玩搭积木吧"。可见,游戏活动的发起源于"我要玩"并非"要我玩",是幼儿的内部需要,是由内部动机支配的,而不是来自外部的命令或要求,是幼儿自发自愿的活动。

幼儿游戏以活动本身为目的,游戏不要求一定达到外在的任务和目标,也没有严格的程序和方式,在游戏中玩什么、怎么玩、需要什么材料、在什么地点、和哪些人玩等,都是由幼儿自己决定的。他们在游戏中充分地体验游戏带来的愉快和乐趣,全身心地投入到游戏中,始终处于积极、主动的活动状态,这正是游戏的魅力所在。幼儿是在没有任何外在压力的情况下,自主、自由地做自己喜欢的事情。如果游戏失去了自主性的特征,由教师精心安排,幼儿必须完成教师布置的任务,表面上看幼儿是在参与游戏,实际上,幼儿并没有真正地玩游戏。所以,只有充分尊重游戏者的意愿,发挥游戏者的主动性,才是真正的游戏。

**2. 游戏是虚构的活动**

游戏不是儿童的真实生活,每个儿童在做游戏时,都清楚地知道只是"玩玩",游戏只是一种愿望和要求的满足,是一种获得愉快体验的手段。儿童在游戏中利用模仿、想象来创造性地整合和表现周围生活,他们可以把日常生活暂时抛弃,也可以不受日常生活的约束,这种虚构、不真实的情境深深地吸引着儿童。

同时幼儿游戏又是其生活的写照,反映其知识经验。游戏的内容、情节、游戏的规则及其行为方式都具有社会性的特征。但又不是真实生活的翻版,它是幼儿在假想的情景下反映生活的活动,是"假装的",它可以不受具体时间、地点、条件的限制,所需要的玩具材料可以是主要特征相似的替代物,如把积木当成铁轨,把积木当成床,把积木当成注射器;他们可以把自己想象、装扮成现实生活中的角色,如妈妈、医生、解放军、炊事员,等等。他们可以通过动作和想象创造出新的情景,把狭小的游戏场地变成可以从事各种各样活动的广阔天地。总之,游戏中的角色、情节、玩具、材料均具有明显的虚构性,幼儿是在虚构的游戏情景中反映周围的现实生活。

**3. 游戏是有趣味的活动**

每种游戏都含有趣味性,正是游戏的这一特性,给幼儿带来愉快和满足。游戏不是幼儿强制性的社会义务。自发的行为往往是趋乐的,儿童在游戏中因为需要的满足而获得快乐,游戏中幼儿没有任何心理负担,不担心游戏以外的任何奖惩,他们是轻松的、自由的、快乐的。游戏情景中幼儿可以全身心地投入,身体处于最自然、最轻松的最佳状态。

游戏是一种娱乐活动,游戏中具体形象的角色,变幻的情节内容,新奇甚至滑稽的玩具,对幼儿来说都是有趣的,能激起他们良好的情绪,吸引他们主动参加甚至可以重复地玩。幼儿以参加游戏活动的过程和获得愉快为目的,幼儿总是在情绪积极时才做游戏,通过游戏活动又获得更大的快乐。

**4. 游戏是具体的活动**

游戏活动虽是虚构的、想象的,但这种虚构与想象又是非常具体的。如小医生打针时,针筒虽是玩具,但它是具体的材料;医生操作玩具针筒给病人打针的动作虽是假的,但它的操作性游戏动作却是实际动作;医生虽是一种假扮的角色,但角色所表现的人物却又是具体的;游戏中的具体语言对游戏者之间的交往和形成各种关系起着重大作用。游戏中有角色、语言、动作、玩具,幼儿可以身体力行,实际地模仿、练习,非常具体。

由游戏的本质特征,我们可以给游戏下一个操作性的定义:游戏是学前儿童喜爱的、自愿的、主动的、亲自体验的活动,是学前儿童通过模仿和想象反映周围现实生活、给幼儿带来愉悦感的活动。

---

①　约翰·赫伊津哈.游戏的人—关于文化的游戏成分的研究[M].多人译.北京:中国美术学院出版社,1996:8.

## 二、游戏的分类

游戏作为一种特殊的活动,内容丰富多彩,形式多种多样,分类方法也不尽相同。

(一)国外对游戏的代表性分类

### 1. 皮亚杰的游戏分类

皮亚杰以儿童认知发展为线索,将游戏分为以下三种:

(1)实践练习的游戏(感知运动游戏)。这种游戏的动因在于感觉运动器官在使用过程中所获得的快感,由简单的重复运动组成。这种游戏形式在整个幼儿期随时都能看到,只要有新的机能需要掌握,就会有这种练习,比如奔跑、攀爬、滑滑梯、摇木马、敲打和摆弄物体等。在游戏中,儿童反复练习感知觉和动作,从身体活动和动作中得到快乐,也称为婴儿游戏。

(2)角色游戏(象征性游戏)。儿童通过模仿和想象,扮演角色,反映周围生活。儿童可以脱离当前对实物的知觉,以表象代替实物做思维的支柱,进行想象,并学会用语言符号进行思维。角色游戏是2～7岁幼儿的典型游戏,高峰期在3～5岁。在游戏中,以物代物、以人代人是象征的表现形式。它具有"好像"和"假装"的特征。当幼儿能够把以前经历过的事情、活动以及眼前并不存在的事情作为表象回忆起来的时候,象征性游戏便出现了。如玩"过家家"、"邮局"、"商店"等。

(3)规则性游戏。规则游戏是以规则为游戏中心,用规则来组织游戏,它摆脱了具体情节。这是四五岁以后发展起来的游戏,由于规则本身具有不同的复杂程度,动作机能的要求不同,因此这种游戏可以从幼儿一直延续到成年。

### 2. 帕顿的游戏分类

帕顿按照幼儿游戏表现出来的高低不同的社会参与水平,将游戏从低到高归纳为六种类型:

(1)偶然的行为(或称无所事事):儿童不是在玩,而是注视着身边突然发生的使他感兴趣的事情,或摆弄自己的身体,或从椅子上爬上爬下,到处乱转,或是坐在一个地方东张西望。

(2)旁观(或称游戏的旁观者):儿童大部分时间是在看其他儿童玩,听他们谈话,或向他们提问题,但并没有表示出要参加游戏。只是明确地观察、注视某几个儿童或群体的游戏,对所发生的一切都心中有数。

(3)独自游戏(或称单独的游戏):儿童独自一个人在玩玩具,所使用的玩具与周围其他儿童的不同。他只专注于自己的活动,不管别人在做什么,也没有做出接近其他儿童的尝试。

(4)平行游戏:儿童仍然是独自在玩,但他所玩的玩具同周围儿童所玩的玩具是类似的,他在同伴旁边玩,而不是与同伴一起玩。

(5)联合游戏:儿童仍以自己的兴趣为中心,但开始有较大的兴趣与其他儿童一起玩,同处于一个集体之中开展游戏,时常发生许多如借还玩具、短暂交谈的行为,但还没有建立共同目标。儿童个人的兴趣还不属于集体,做自己愿做的事情。

(6)合作游戏:儿童以集体共同目标为中心,在游戏中相互合作并努力达到目的。游戏中有明确的分工、合作及规则意识,有一到两个游戏的领导者。

帕顿对游戏的六种分类,说明儿童游戏的社会性水平不断提高。在学前儿童的游戏中,平行游戏较多。到学前晚期才开始出现有组织的合作游戏。游戏水平的提高反映着儿童社会交往能力的发展,因此通过观察幼儿在游戏活动中的行为表现有助于了解儿童的同伴交往以及社会性发展。

### 3. 比勒的游戏分类

比勒根据儿童对游戏的不同体验形式,将游戏分为四大类:

(1)机能游戏:机能游戏是通过身体运动产生快乐的游戏。婴儿期的游戏多属于这种游戏,三四岁以后完全消失。如动手脚、伸舌头、上下楼梯等。

(2)想象游戏:想象游戏也称模拟游戏,指利用玩具来模仿各种人和事物的游戏,一般从2岁左右开始,随年龄的增加而逐渐增多。如烧饭、木偶戏等,又称"过家家"、"模仿游戏"、"角色游戏",即再现成人生活的游戏。幼儿开始时是模仿周围成人的某些行为,进而有意识地扮演成人的角色,以后逐渐能够按角色的要求行动和协调相互关系。

（3）接受游戏：幼儿通过看画册、听故事、看电视、电影等而获得乐趣的活动。儿童愉快地欣赏所见所闻的游戏，这是相对被动的游戏。

（4）结构游戏：儿童用积木、黏土等主动地进行创造并欣赏结果的游戏。从 2 岁开始，5 岁左右较多。如搭积木、折纸、玩沙、绘画、泥工等。

（二）国内对游戏常用的分类

当前，我国幼儿园的游戏活动是按照游戏的教育作用来分类的。具体地分成两大类六小项：一类是创造性游戏，它主要是指幼儿按自己意愿自编、自玩的游戏。开展创造性游戏一般有两种情况。一种情况是幼儿完全自发地游戏。包括游戏发起、主题确定，成员分工，游戏展开等都是幼儿自主，教师可以适当指导；还有一种情况是教师控制游戏环境，幼儿在有限的条件下根据自己的爱好兴趣选择，自由游戏，也有人称之为自选游戏。具体而言，创造性游戏包括角色游戏，表演游戏，结构游戏；另一类是规则性游戏，是指在教学实践中，教师依据一定的教育任务设计编订的，一般都有游戏的目的、玩法、规则和结果四个部分。其中游戏规则是此类游戏的核心，这类游戏大都由教师组织，用在教学中，又称教学游戏。具体而言，规则性游戏包括智力游戏，体育游戏和音乐游戏。

**1. 创造性游戏**

（1）角色游戏

角色游戏是幼儿通过扮演角色，运用想象，创造性地反映个人生活印象的一种游戏，通常有一定的主题。角色游戏是幼儿期最为典型，最有特色的一种游戏。角色游戏有两个非常明显的特点：一是幼儿对社会现实生活的印象是角色游戏的源泉。幼儿角色游戏中的主题、角色、情节、材料的使用等都来自幼儿社会生活的经验，是对幼儿生活经验的一种反映，社会经验越丰富，角色游戏的水平就越高；二是想象活动是角色游戏的支柱。角色游戏虽然来源于生活，但其高于生活，幼儿在进行角色游戏时加入了自己的想象，丰富了角色和情节。

（2）表演游戏

表演游戏是幼儿按照故事、童话的内容，分配角色，安排情节，通过动作、表情、语言、姿势等来进行的游戏。它包括表演游戏剧、桌面导演游戏、木偶游戏及皮影游戏等。如表演白雪公主和七个小矮人，三只小猪等，表演游戏有固定的情节，需要幼儿按情节做出相应的表演来进行游戏。表演游戏需要幼儿先理解故事的内容、情节，再做出相应的表演，因此对小年龄幼儿有一定难度，进行游戏时要充分考虑到幼儿的游戏能力。

（3）结构游戏

凡利用各种结构材料或玩具进行建构的活动都称之为结构游戏。结构游戏是通过幼儿利用各种不同的材料（如积木、积塑、竹制材料、金属材料、泥巴、沙、水、雪等），通过手的创作活动来构造物体和建筑物，反映现实生活的游戏。如用积木堆房子，积塑拼接，拼图，堆沙，堆雪人等都是结构游戏，结构游戏也来源于幼儿的生活经验。

**2. 规则性游戏**

（1）智力游戏

智力游戏是以生动有趣的形式使幼儿在积极愉快的情绪中来增进知识和发展智力的游戏。智力游戏有丰富的内容，并有很多种类。以游戏的作用来分有：① 感官游戏，如：《听听是谁的声音》《奇妙的口袋》等；② 比较异同的游戏，如《哪一个不一样》《哪里错了》等；③ 分类游戏，如把几种物品按颜色、形状、大小、性质、作用等标准来分类；④ 推理游戏，如 A 比 B 高，B 比 C 高，谁最矮？谁最高？⑤ 记忆游戏，如记忆两张画的异同、记数字等；⑥ 计算游戏，如比多少，看谁算得快等；⑦ 语言游戏，如绕口令、谜语等；⑧ 纸牌和棋类游戏；等等。还可以从其他角度来区分智力游戏的种类。

（2）体育游戏

以发展动作为主的游戏，并能培养幼儿勇敢、坚强、遵守规则等优良品质。体育游戏大多是规则游戏，如"贴烧饼""木头人""老狼老狼几点了"等。有一些体育器械游戏，如滑滑梯、拍皮球、踢毽子，其规则的特点不是很突出，但在几个人玩时，也包含某种规则。体育游戏符合幼儿身体活动的需求，其内容往往比较

固定，有许多是民间流传下来的，如"捉迷藏""丢手绢""老鹰捉小鸡""跳房子""滚铁环"等。还有许多是教师们在长期的教育实践中为促进幼儿各种动作的发展而创编的，如《小青蛙跳田埂》《吹泡泡》《小蜜蜂采蜜》，等等。

（3）音乐游戏

音乐游戏是指幼儿在音乐伴奏或歌曲伴唱下进行的游戏，主要作用是发展幼儿的音乐感知能力和动作，如《许多小鱼游来了》《抢椅子》《老猫睡觉醒不了》等等。这种游戏生动有趣，受到幼儿的欢迎。

除此之外，我国幼教界在学习和借鉴国外游戏理论的基础上，在实践中形成了其他的一些游戏分类如表 8-1 所示。

表 8-1　游戏的其他分类

| 依　　据 | 类　　　　别 |
| --- | --- |
| 场　　地 | 室外游戏　　室内游戏 |
| 活动程度 | 活动性的游戏　　安静性的游戏 |
| 使用器械 | 有器械的游戏　　无器械的游戏 |
| 参加人数 | 小组游戏　个人游戏　集体游戏 |
| 目的与作用 | 记忆力　观察力　注意力　反应能力　其他 |

### 三、游戏的教育作用

热爱游戏是幼儿与生俱来的本性，幼儿是在游戏中学习和成长的。而在当今社会，很多家长和教师都不能真正理解游戏的重要性及其作用，"望子成龙"心切的家长希望自己的孩子在人生竞争的跑道上占据优势，以游戏为基础的幼儿园活动常常受到家长的质疑："我送孩子到幼儿园里是受教育的，不是送他来玩儿的。你们为什么老让孩子玩?"因此，明确游戏的教育价值，再将其运用到学前教育中，方能促进幼儿健康发展。

（一）游戏能促进幼儿身体的发展

在游戏中，幼儿身体处于积极的活动状态。几乎所有的游戏都有身体运动，使幼儿身体的各种器官得到活动，促进机体的新陈代谢，骨骼和肌肉的成熟，神经系统的发育。以跑、跳、钻、爬、攀登等为主要动作的体育游戏，能锻炼幼儿大肌肉活动能力；插塑、穿珠、搭积木等结构游戏，能发展幼儿手部小肌肉的活动能力和手眼并用、协调的能力。在户外进行的游戏，幼儿直接接触到充足的阳光、新鲜的空气能增强幼儿对环境变化的适应能力，促进身体健康。游戏给幼儿带来愉快和满足，幼儿游戏时总是快乐的，轻松愉快的情绪对幼儿身心健康发展有积极作用。

比如在户外体育游戏中，幼儿的大肌肉、小肌肉，躯干肌肉和感觉运动技能都能得到发展。比如在玩老鹰捉小鸡时，幼儿通过奔跑、抓等动作，四肢能得到充分的运用，有助于四肢肌肉协调性与灵活性的提高。在玩手指游戏时，幼儿的手部肌肉可以得到训练，有利于手部小肌肉的发展。在玩丢手绢和吹泡泡等游戏时，幼儿需要蹲和站，这些动作可以促进躯干肌肉的发展。另外，通过引导儿童在不同的场合进行游戏，如沙地、草地、塑胶地等，可以促进幼儿感觉运动技能的发展。结构游戏中的拼、搭等动作有利于锻炼幼儿的手部小肌肉。音乐游戏"推小车""炒黄豆"只需用幼儿的手、脚或身体的某些部位就可以三五成群地玩得很开心。跳橡皮筋，边跳边念儿歌不仅可以增加游戏的趣味性，还可以锻炼跳跃动作的协调性和节奏感，增加幼儿的肺活量。这些游戏符合幼儿好动的年龄特点和生理发展的需要，对幼儿身体健康发展具有多方面的作用。

（二）游戏能促进幼儿认知的发展

根据认知心理学的理解，我们把认知分为语言、智力和创造力三个方面。

**1. 游戏促进儿童语言的发展**

游戏提供了许多运用语言的机会。在游戏中，幼儿常常需要将视觉信息、听觉信息以及主观感受、愿

望或要求转换成语言,也就是他们想把听到的,看到的,想到的说出来,运用语言表达自己的想法,所以游戏能激发幼儿语言的积极性,激发儿童的表达欲望,也可以从中学习理解他人的语言。

例如:在表演游戏《小熊请客》的故事中,幼儿可模仿作品中每一角色的语言,来表现他们的性格特征。扮演小熊的幼儿语言憨厚、热情;扮演小猫咪和小花狗、小公鸡的幼儿,用鄙视的态度对待狐狸,用亲切、礼貌的语言对待好朋友;扮演狐狸的幼儿则尽力表现出狡猾、贪婪的特征。幼儿在游戏中很自然地熟记作品中的语言,富有创造性地、生动逼真地表现出符合角色性格的声调和表情,这都有利于提高幼儿的口语表达水平,促进幼儿语言的发展。幼儿不仅情绪活跃、兴趣倍增,幼儿语言的积极性,表达欲望被激发,也可以从中学习理解他人的语言。智力语言游戏,比如词语接龙、对对子、滚雪球、字宝宝"捉迷藏"、字宝宝变魔术,本身就是儿童学习语言的一种有效的方法。这些游戏环节使枯燥的识字活动一下子变得有趣。

### 2. 游戏促进儿童智力发展

儿童早期是奠定智力发展基础的最佳时期。游戏提供了智力发展的最佳途径。在游戏中,扩展和加深了幼儿对周围事物的认识。如通过游戏材料的运用可以习得材料在生活中的用途,通过材料的颜色可以认识色彩,通过材料的质地可以认识软硬及促进感知觉的发展,通过扮演的角色可以习得生活中各种职业的作用等等。结构游戏可以促进幼儿记忆力、思维力的发展。幼儿通过结构游戏构造生活中见到的建筑,物体等,通过回忆可以促进幼儿记忆力的发展,通过事先的构思及游戏中的思考可以促进幼儿思维能力的发展。

角色游戏、结构游戏是幼儿对现实生活的反映,幼儿在游戏中把自己对生活的印象和感受表现出来,从而对生活的认识得以加深和巩固。多种多样的游戏使幼儿获得丰富的知识和经验。例如,玩角色游戏"公共汽车",幼儿要分配角色,谁当售票员、谁当司机、谁当乘客。当司机的幼儿要决定用什么当方向盘,用什么当刹车,到站后按某一按钮自动报站名。当乘客的幼儿把自己当成老爷爷或老奶奶,要假装去某个地方做一件事情。智力游戏是儿童智力发展的一种有效手段和方法。比如我们在教幼儿认识水果时,如果只是教师说教式地让幼儿认识水果,孩子们坚持不了多长时间便会感到单调乏味,但如果我们换一种教学方式,采用游戏的方法,做水果超市的游戏,让幼儿边买卖水果边说出各种水果的名称、外形特征,并能比较它们的相同点和不同点。在需要开动脑筋的智力游戏中,幼儿思考的积极性更是突出,计算游戏、语言游戏、猜谜语等科学常识游戏都有利于促进幼儿思维的发展。

### 3. 游戏促进儿童创造力的发展

创造力是产生新思想、创造新事物的能力。游戏具有象征性,是一种充满创造性的活动。游戏过程中产生的问题,能够激发幼儿的思考,从而将已有的知识经验以独特的方式重新加以组合。比如将红绿纸片剪成圆形,变成了马路上的红绿灯;收集树枝树叶插在橡皮泥中变成了马路上的行道树;用各种纸盒拼装成各种各样的汽车。

角色游戏对幼儿想象力和创造力的发展具有重要作用。在游戏中角色和所使用的材料都是假的,如医生和病人游戏中幼儿需要把自己想象为医生或病人,娃娃家游戏中幼儿需要把长方体想象为床等;另外,游戏中情节也不是固定的,需要幼儿发挥想象来丰富故事的情节。同样一种物品在不同游戏中可以充当不同的东西,这样幼儿的发散性思维最容易被激发。比如积塑条可以是老爷爷的拐杖,可以是火车的铁轨,可以是护士的注射器,还可以是警察的警棍等等。还有的幼儿用积塑来代替面包、枕头、肥皂、饼干等等。比如进行表演游戏首先需要弄清故事的人物、情节,记住故事中的语言、动作等,其中记忆语言、动作有助于锻炼幼儿的记忆力,弄清故事的情节可以培养幼儿的思维力,幼儿表演时将自己进行的角色转换可以增强幼儿的创造力。

### (三)游戏能促进幼儿社会性发展

社会性是人作为社会的一员在活动时所表现出的有利于集体和社会发展的特性。幼儿正处于从"自然人"向"社会人"转变的时期,游戏与儿童社会化密切相关,它是儿童以后能否成功地适应社会的关键所在。

### 1. 学习认同社会角色,掌握社会行为规范,发展社会交往能力

在游戏中,幼儿所扮演的角色都是人们现实生活角色的缩小版,幼儿通过对自己所扮演角色的理解进

行游戏。比如在娃娃家的游戏中,幼儿扮演"妈妈",不仅给孩子喂饭、穿衣,也特别疼爱孩子。"妈妈"要细心照顾"孩子","孩子"也要尊重长辈。"奶奶"累了,帮"奶奶"捶捶背,教育自己的布娃娃要尊老爱幼。比如幼儿扮演"教师",不仅模仿教师上课,带孩子做游戏,也模仿教师关心、爱护学生。另外,各种游戏都是有规则的,幼儿必须严格遵守规则,才能保证游戏的顺利进行。在游戏过程中,幼儿逐渐了解了"我的"和"你的"之间的区别,并不断减少在游戏中以自我为中心的行为,学会了公正地评价自己和同伴的行为举止,并严格遵守游戏规则。

### 2. 游戏能够锻炼幼儿的意志品质

持久性和自制力的提高是幼儿意志品质发展的重要标志。一场游戏往往需要幼儿全身心的投入才能完成。游戏顺利完成后,幼儿会从中得到乐趣,而在得到成人的表扬、鼓励时,则会增强他们的成功感、自尊心,以及克服困难、坚持良好道德行为的自信心。原苏联心理学家马努依连柯曾做过"哨兵"站岗的实验,要求幼儿在空手的情况下,保持哨兵持枪的姿势。这个实验有两种情境:一种是非游戏情景——其他小朋友在一边玩,让他在一边以哨兵持枪的姿势站着;另一种是游戏情境——实验者以游戏方式向他提出要求,告诉他其他小朋友是"工人",他们正在包装糖果,你来当哨兵,为保护工厂而站岗。结果表明,在第二种游戏情景下,幼儿当"哨兵"站立不动的时间远远超过非游戏情境下站立不动的时间。如表8-2所示。

表8-2 马努依连柯"哨兵"站岗实验

| 幼儿在不同条件下保持站立姿势时间的统计 | | |
|---|---|---|
| 年　　龄 | 非游戏情境 | 游 戏 情 境 |
| 4～5岁 | 41秒 | 4分17秒 |
| 5～6岁 | 2分55秒 | 9分15秒 |

在游戏中,幼儿能克服困难,坚持把事情做到底,毅力、耐心、坚持性得到了发展,幼儿的意志得到了极大的锻炼。

### 3. 游戏促进儿童道德社会化,发展道德感与责任感

通过游戏可以促进儿童道德意识的萌发,唤起潜在的道德感。在游戏中,幼儿学会了合作、团结、责任感、与人为善、和睦相处等基本的人与人之间的伦理关系,对其成长为一个道德人奠定了基础。因此,游戏作为他们的生活方式,是对儿童进行道德教育的良好的载体和资源,它蕴含着道德教育的契机。比如"爱心医院"游戏中,开展"献爱心"活动,免费出诊、为病人看病,使幼儿知道关心同伴,在家人生病时知道主动去探望,培养幼儿的"同情心"和"爱心";在"公共汽车"的游戏中,扮演给老人和抱小孩的让座。

### (四)游戏能促进幼儿情感的发展

游戏可以丰富幼儿的情绪体验,有助于培养幼儿的高级情感。

### 1. 游戏丰富幼儿的情绪体验

游戏的内容和形式灵活多样,幼儿在游戏中体验着各种情绪情感。在"娃娃家"游戏中,扮演父母的幼儿体验着父母对孩子的关心与爱护,给孩子做饭、喂饭,为娃娃穿衣服,盖被子,给孩子洗澡,送孩子上学。原苏联幼儿教育学者门捷利茨卡娅指出,尽管游戏辞典里有"好像""假装"等词,但幼儿在游戏时产生的情感永远是真诚的,孩子不会作假,也不会装样子,"妈妈"真心爱着自己的"孩子","飞行员"由衷地关心怎样更好地使飞机降落。

随着游戏主题的发展和构思的复杂化,幼儿的情绪情感体验更丰富、更深刻。在"医院"游戏中,幼儿会像医生一样给"病人"听诊、开药,嘱咐"病人"按时吃药。当"护士"的幼儿不仅给"病人"试体温、打针,还主动搀扶病人,让"病人"好好休息。游戏中的情感体验有利于发展幼儿的同情心。在"理发店"、"商店"中当服务员的幼儿,尽职尽责地为"顾客"服务,客人的感谢使他们的满足感溢于言表。在表演游戏中,幼儿深深地体验着故事中人物的喜、怒、哀、乐。在竞赛性游戏中,幼儿经历着紧张,体会着紧张后的放松。总

之,游戏使幼儿体验各种情绪情感,学习表达和控制情感的不同方式。

**2. 游戏发展幼儿的美感**

游戏可以发展幼儿的美感。美感是由审美的需要是否获得满足而产生的情感体验,幼儿美的体验有一个社会化的过程。婴儿从小喜欢鲜艳悦目的东西,幼儿初期主要对颜色鲜明的东西如新的衣服鞋袜等产生美感,在环境和教育的影响下,幼儿逐渐形成审美标准,能从音乐、美术作品等多种活动形式中体验到美,不仅能感受美,而且能够创造美。游戏就是幼儿感受美、创造美的一种特殊审美活动。在游戏中,幼儿反映着自然和社会生活中的美好事物,表演着艺术作品中的美好形象,使用着艺术语言,进行着音乐和美术等艺术活动,装饰和美化自己的游戏环境,这些活动都有助于培养幼儿对自然、社会、艺术的审美能力,发展幼儿的美感。如在结构游戏中幼儿需要先回忆生活中见过的美的事物,然后再用游戏材料去重塑这些美的事物,这样就可以令幼儿在生活中积极发现美、欣赏美,加强幼儿对美的认识,然后幼儿再用手中的材料再现美、创造美,通过这些环节,幼儿的美感可以得到发展。同时,幼儿手中的材料五颜六色,也可以促进幼儿对美的认识。[①]

**3. 游戏可以消除幼儿的消极情绪**

游戏,尤其是角色游戏,为幼儿提供了表现自己各种情绪的机会。幼儿的愤怒、厌烦、紧张等不愉快情绪,在游戏中得以发泄、缓和。以弗洛伊德为代表的游戏精神分析理论认为,游戏是儿童的精神发泄,游戏可以补偿现实生活中不能满足的欲望,再现那些难以忍受的体验,缓解心理紧张,减少忧虑。游戏是儿童消除生活情境中产生的忧虑和紧张感,向自信和愉快情感过渡的方法。心理学家辛格夫妇认为,想象游戏的主要优点在于它能提供一个新的刺激场,这种刺激场不是物理环境,而是由儿童凭想象和回忆创造出来的心理场,它能够使儿童逃避不愉快的现实环境和气氛,使他们产生愉快、肯定的情绪体验,改变受挫的情绪状态,从而间接实现对行为的控制。[②]

"游戏治疗",指的就是通过游戏,可以有意识地改善儿童的不良性格。游戏是幼儿发泄自己不良情绪的一种重要途径。疏导消极情绪,进行情感宣泄,克服恐惧感。比如害怕打针的幼儿,可以通过在角色游戏中扮演护士给娃娃打针,给自己同伴打针,来克服由真正的经历带来的害怕感,控制这些恐惧的情感。幼儿一边打针一边说"小朋友,别害怕,阿姨轻轻地打","小朋友,真勇敢"。

总之,游戏在幼儿的成长过程中是不可或缺的一部分,它对于幼儿的成长具有重要的价值,要充分发挥这些价值就必须清楚地了解各类游戏的特点、作用,并结合幼儿的实际情况,使其在学前教育中得到更好地运用,使幼儿的学习、生活游戏化,以实现幼儿的全面发展。

## 第二节 幼儿园游戏的组织与指导

游戏是幼儿自主的活动,并不是说幼儿的游戏不需要教师的指导。相反,教师在幼儿游戏中起着很重要的作用。在2012年颁布的《幼儿园教师专业标准(试行)》中特别提到了教师对游戏活动支持与引导的专业能力:包括提供符合幼儿兴趣需要、年龄特点和发展目标的游戏条件;充分利用与合理设计游戏活动空间,提供丰富、适宜的游戏材料,支持、引发和促进幼儿的游戏;鼓励幼儿自主选择游戏内容、伙伴和材料,支持幼儿主动地、创造性地开展游戏,充分体验游戏的快乐和满足;引导幼儿在游戏活动中获得身体、认知、语言和社会性发展等四个方面内容。同时,教师对幼儿游戏的指导必须以保证幼儿游戏的特点为前提。否则,一切指导都可能是徒劳的,甚至可能成为幼儿发展的障碍。

对于幼儿游戏的指导没有固定的模式,应根据不同的游戏活动类型选择不同的指导方式。各类游戏活动如角色游戏、结构游戏、表演游戏等,其特点不同,教育功能不同,指导的方式也应不同。

① 易凌云.透过游戏的儿童审美能力培养[J].学前教育研究,2003(3).
② 柳阳辉.学前教育学[M].郑州:郑州大学出版社,2012:165.

## 一、角色游戏的组织与指导

（一）角色游戏的组织策略

### 1. 丰富幼儿的生活经验，拓宽角色游戏的来源

角色游戏建立在幼儿所掌握的知识和经验的基础上，幼儿所掌握和积累的知识经验越丰富，游戏内容也越丰富多彩。角色游戏是幼儿通过扮演角色，运用想象，创造性地反映个人生活印象的一种游戏。其通常都有一定的主题如娃娃家、商店、医院等，所以又称为主题角色游戏。角色游戏是幼儿期最典型、最有特色的一种创造性游戏。因此，开展角色游戏首先要丰富幼儿对周围生活的知识和经验。幼儿在角色游戏中所反映的经验不只是认识事物间的关系，也包含幼儿认识人的活动和人与人的关系。苏联幼儿教育工作者柯罗列娃曾研究证实，当第一次带领幼儿参观火车站时，只介绍了火车、火车站、买车票等处的实物。教师为幼儿准备了游戏材料等情况下，幼儿仍不玩"火车站"游戏。第二次参观火车站时同时介绍了火车站上人的活动，参观后幼儿立即开展了"火车站"游戏，而且持续玩了很久。角色游戏是幼儿对现实生活的一种积极主动的再现活动，游戏主题、角色、情节、材料的使用均与幼儿的社会生活经验有关。幼儿生活经验越丰富，角色游戏的水平也就越高。①

幼儿的生活经验主要来自家庭、社会、幼儿园、图书及影视等方面。教师应有计划地、经常地组织幼儿参观了解成人的各种劳动，丰富印象。如外出游览和参观时，要有意识地引导幼儿观察交通警察是怎样指挥交通的，来往的车辆和行人应该遵守哪些交通规则，等等。幼儿的感性认识越丰富，游戏中反映的内容就越逼真。教师也可要求家长配合，经常带孩子散步、参观、听故事、看电影，参加各种社会活动，或外出旅游，扩大幼儿的眼界。"见多识广"，开展各种角色游戏就有了基础。

### 2. 提供充足的游戏材料，引发角色游戏的产生

场所、设备、玩具、游戏材料是幼儿进行角色游戏的物质条件，能激发幼儿游戏的愿望和兴趣，发展幼儿的想象力。在角色游戏中，幼儿对具体直观的游戏材料往往比对语言更有兴趣，这是幼儿的年龄特点所决定的。巧妙、恰当地运用游戏材料可以激发幼儿的游戏兴趣，给幼儿带来游戏灵感。因此，教师应该充分发挥游戏材料的作用，以游戏材料为媒介指导幼儿游戏。教师投放游戏材料的目的要明确，投放材料前要对幼儿游戏的需要、已有经验和兴趣有所了解，对游戏材料投放后幼儿的操作情况、材料对游戏的支持情况等有所预想，要引导幼儿了解每一种游戏材料的功能、玩法，在此基础上，还要鼓励幼儿一物多玩，充分发挥游戏材料的价值。

绝大多数材料都可用简单的物品代替，幼儿通过丰富的想象力，来补充玩具的不足。因此，在中大班角色游戏中尽量少用买的或现成的玩具，而多采用半成品或供给材料，让幼儿自己努力制作玩具。如商店里的"糖果"是幼儿用面粉搓制好后用糖纸包的，理发店里的"电吹风"是用塑料积木拼成的，娃娃家里的电视是幼儿用纸箱装饰而成的等等。这样在游戏中，既开发了幼儿的智力又培养了动手能力，充分发挥了幼儿的积极性、主体性和创造性。

### 3. 分配游戏角色，适时以角色身份介入

角色游戏过程是创造性想象的过程。在角色游戏中，创造性想象主要表现在对游戏角色的假想，如扮演妈妈、老师、司机、经理等幼儿生活中熟悉的人物。幼儿运用各种材料，通过语言、表情、动作等表现自己对这些角色的认识与体验。幼儿玩角色游戏最关心的是自己扮演什么角色，并以扮演角色、模仿角色的活动为满足。但在刚开始玩角色游戏时，幼儿常常只热衷于模仿某一角色的动作或活动，并不明确自己所担任的角色，需要教师给予启发，帮助幼儿明确自己在游戏中的角色身份，从而更好地模仿这一角色。

游戏角色应由孩子自主选择。为了减少游戏角色分配所占用的时间和不必要的纠纷，一般用以下方法选择：小班儿童角色意识淡薄，可以采用"挂牌"形式，帮助孩子记住自己所承担的角色；中班儿童可以采用提前商量角色，以避免争抢角色或某个游戏人数太多的情况发生；大班儿童可以通过协商、猜拳等形式确定游戏角色。

---

① 刘焱. 儿童游戏通论[M]. 北京：北京师范大学出版社，2008：150.

在游戏前,教师也可帮助幼儿分配游戏角色。在游戏中,教师指导角色游戏最直接的方法是以角色身份参与幼儿游戏。教师可以扮演一个适宜的角色,如"娃娃家"的客人、"蛋糕店"的顾客、"小医院"的病人等,用角色的语言、动作等参与游戏,了解幼儿的想法和游戏的情况。还可以设置疑难情景,帮助幼儿扩展情节或者解决问题,提高幼儿的创造力和想象力。以游戏角色身份介入游戏,易于幼儿接受,促进游戏情节的发展,也能起到"润物细无声"的效果。

**4. 善于观察幼儿的表现,在愉快的情绪中结束游戏**

观察幼儿的游戏活动,了解幼儿游戏的意图、能力及行为表现等,是角色游戏活动中教师的一项重要工作。教师应根据幼儿在游戏中的表现,给幼儿以帮助或指导。角色游戏是按幼儿意愿开展的游戏活动,幼儿在此过程中可以充分、真实地表现自己,教师只有善于观察幼儿的活动,才可以了解每个幼儿的特点和表现。

一个好的角色游戏,一般要有良好的开端,有趣的过程,愉快的结束。角色游戏是幼儿自行自由选择游戏角色来进行游戏的一种自主性游戏。相对幼儿来说,思维注意力集中的时间较为短暂,小班大概在十五分钟左右,中班在二十分钟左右,大班在三十分钟左右。而超过这一段注意力集中的时间之后,幼儿就会失去耐心和兴趣。教师需要不断观察和引导,提醒幼儿不要忘记自己所选择的游戏角色,在安全、愉悦的氛围中结束游戏。游戏结束后,还应提醒幼儿做好收拾玩具、整理场地、讲评游戏等具体工作。

**(二)不同年龄班角色游戏的特点及指导要点**

**1. 小班**

(1)小班幼儿角色游戏的特点

第一,小班幼儿的角色游戏直接依赖主题形象玩具。他们有什么玩具就玩什么游戏,离开玩具,游戏也就停止。第二,他们的角色游戏以重复的游戏动作,即对玩具的不断摆弄为主。第三,游戏的主题和角色不稳定,易变化。常表现为看到别人玩什么,就扔掉自己手上玩的东西去玩别人的东西。第四,小班角色游戏以个人独立游戏、平行游戏为主。他们还不会彼此交往,因而经常发生冲突,并表现为大叫大哭,不会解决矛盾。

(2)小班角色游戏的指导要点

教师需要创设主题游戏环境,提供主题形象玩具,激发幼儿玩角色游戏的兴趣,促进幼儿对玩具操作的积极性。指导幼儿学习扮演最熟悉的角色,知道自己扮演角色的名称,模仿最能体现他们特征的动作,产生简单的角色语言和行为。让幼儿学会在某一主题环境中独立地游戏,并逐步发展他们与同伴交往的能力。使幼儿学会整理玩具,掌握玩具使用的简单规则,并培养他们爱护玩具的良好习惯。

**2. 中班**

(1)中班幼儿角色游戏的特点

第一,游戏主题较小班更为扩展,仍以日常生活为主,能反映社会生活中的广泛内容,但情节仍较简单。第二,幼儿对角色扮演的积极性提高,并能初步按所理解的角色职责去行动。第三,出现游戏前商讨计划、分配角色、制定游戏任务的要求。游戏中幼儿的交往增多,交往能力提高,能克服游戏中的困难,能和同伴玩较稳定的主题。第四,幼儿喜欢对游戏进行评议,评议中争论较多。

(2)中班角色游戏的指导要点

教师应以角色身份和幼儿交往互动,引导幼儿把自己的动作和角色的名称联系起来,帮助幼儿加深对角色的理解,提高幼儿扮演角色的能力。鼓励幼儿联合起来玩角色游戏,培养幼儿的组织游戏、交往、初步合作等能力,逐步加强游戏的集体性。鼓励幼儿为游戏选择替代玩具和自制玩具,以提高玩具的使用技能。指导幼儿对游戏进行简单评议,再次提供幼儿对角色扮演的互相模仿机会,从而促进幼儿游戏水平的提高。

**3. 大班**

(1)大班幼儿角色游戏的特点

第一,游戏的主题广泛、丰富,能反映幼儿所能理解的社会生活中各种事物与现象。第二,游戏有明显的目的、计划。第三,角色扮演逼真,能反映角色的主要职责及角色之间的关系。第四,对游戏规则有足够的认识。要求与同伴进行广泛、友好的交往,能独立解决游戏中的问题,克服游戏中的困难,游戏的主题较稳定。第五,会自制玩具,充分运用玩具开展游戏。第六,会评价自己与别人的游戏行为,对评议游戏表现积极。

(2)大班角色游戏的指导要点

使幼儿学会有目的的、有计划地玩稳定的主题游戏,从而培养幼儿游戏的目的性。通过玩扩大、完整的游戏主题和逼真的扮演角色,使幼儿获得对角色的认知。培养幼儿角色游戏的能力,以促进幼儿独立性和想象能力、创造能力的发展。重视角色游戏中的语言运用,培养幼儿的听、说能力层次。

## 二、表演游戏的组织与指导

表演游戏与角色游戏一样,都是幼儿扮演角色的游戏。不同的是在表演游戏中,幼儿扮演的角色是文艺作品中的角色,游戏的情节、内容均来自文艺作品,而角色游戏中,幼儿扮演的角色是现实生活中的各色人物,反映的是幼儿的生活印象。

### (一)表演游戏的组织策略

**1. 帮助幼儿选择文艺作品**

首先,要选择内容健康,符合幼儿生活经验,幼儿能理解而又适合表演的作品,而反面角色过多,打斗场面过多的作品则不宜表演。其次,内容要具有一定的表演性。体现在有适合表演的动作;有集中的场景,易于布置;道具要简单,可以利用现成的桌椅、积木、积塑及实物;有起伏的情节,情节发展的节奏要快,变化明显,并按一定主线发展,重点突出,枝蔓不多,引人入胜,易于表演;角色对话有适当重复,易于用动作表演,如《小兔乖乖》中"兔妈妈"对"小兔"的交代,"大灰狼"与"小兔"的对话,都生动有趣,容易用动作表演出来。

**2. 帮助幼儿熟悉文艺作品**

教师可以通过讲故事,放幻灯片,让幼儿听录音等方式,帮助幼儿熟悉文艺作品,掌握作品的主题及情节的发展,体验角色的语言与动作特点,激发幼儿对作品中人物形象的感情,引起表演的欲望。切忌教师旁白,幼儿表演,教师成了导演,幼儿成了演员,还安排许多观众观看,幼儿完全处在被动的地位,玩起来索然无味,表演游戏变成了"故事表演",也就失去了游戏的自主性,不称其为游戏了。只有当幼儿非常熟悉文艺作品,才会自发地产生玩表演游戏的欲望,加上在游戏环境中投放适合的道具和服装,幼儿的表演游戏就会"水到渠成",自然而然地进行了。

**3. 引导幼儿创造性地表演作品内容**

当幼儿熟悉文艺作品以后,教师要用启发性的语言引导幼儿创造性地表演作品内容。如幼儿玩"小羊和狼"的表演游戏时,教师要组织幼儿讨论:当狼恶狠狠地说"谁让你喝我的水"时,语气是怎样的,表情又是怎样的,可以做什么动作?还可以怎样做?请幼儿试一试,要求幼儿要想办法表演得与别的幼儿不一样。对于文艺作品中人物的对话、动作以及作品情节的变化,教师都应该引导幼儿思考该怎样表演,怎样才能表演得与别人不一样,并且要鼓励幼儿大胆地表现自己的想法。只有幼儿能用动作和语言充分地表现自己对文艺作品的理解时,表演游戏的创造性才会真正地体现出来。在表演游戏中教师应尊重幼儿的意愿,让幼儿自己选择、自己设计、自己表演,发挥幼儿的主动性和积极性,鼓励幼儿自然、生动、创造性地表演作品的内容。[①]

### (二)不同年龄班表演游戏的特点及指导要点

**1. 小、中班**

(1)小、中班幼儿表演游戏的特点

第一,能独立完成角色分配任务,角色更换意识不强。在有头饰的情况下,中班幼儿能较顺利地完成角色分配任务。小班幼儿则是先要经过一段无所事事或者嬉戏打闹的时间,然后才渐渐进入游戏的过程。第二,游戏的目的性差,需要成人一定的提示才能坚持游戏主题。中班幼儿往往因为准备道具、材料而忘

---

① 刘焱,李霞,朱丽梅. 中、大班幼儿表演游戏的一般规律和年龄特点研究[J]. 学前教育研究,2003(4).

了游戏的最终目的。这在一定程度上也说明中班幼儿以愉悦为游戏目的,任务意识不强的特点。第三,角色扮演以一般性表现为主,以动作为主要表现手段。一方面是因为中班幼儿的角色扮演意识不强,还不能很好地区分日常行为与扮演行为;另一方面中班幼儿的语言、移情能力等也限制他们的角色扮演能力。

（2）小、中班表演游戏的指导要点

小班幼儿不会玩表演游戏,教师可以示范表演,激发幼儿玩表演游戏的兴趣。对于中班幼儿,在表演游戏的最初开展阶段,教师要帮助幼儿做好分组工作,讲解角色。教师不要过多干预幼儿的游戏,不要急于示范,等待幼儿协商、讨论,提醒幼儿坚持游戏主题。在游戏展开阶段,教师应提高幼儿的角色表演意识,可以参与幼儿的游戏,为幼儿提供适当的示范。

**2. 大班**

（1）大班幼儿表演游戏的特点

第一,有较强的任务意识,行动的目的性、计划性较强。与中班幼儿相比,大班幼儿能独立完成角色分配任务。在投放头饰后,大班幼儿会积极地争抢头饰。戴上头饰后能迅速形成角色认同,进入游戏协商、计划阶段。第二,有较强的合作交往意识。大班幼儿在游戏开始前能就游戏的规则、情节、出场顺序进行协商;进入游戏之后的伙伴交往内容则集中在动作和对白方面,并且能够相互小声地、悄悄地提示或告知。在一轮游戏之后会通过协商等更换角色。第三,有较强的角色扮演意识。大班幼儿扮演意识较强,他们能够自觉地等待着自己上场时候的到来,而且在扮演角色时能注意语气语调与日常言语动作的区别。第四,具备一定的表现技巧,能灵活运用多种表现手段。大班幼儿能综合运作动作、语言、表情等来再现故事内容,具有较高的表现能力。大班幼儿对故事的理解能力和驾驭语言、动作、表情等的表现能力的提高有助于他们的角色扮演。

（2）大班表演游戏的指导要点

随着幼儿年龄的增长,大班幼儿表演游戏的目的性、计划性和表现能力都在提高,大班幼儿有了一定的游戏基础后,教师指导的重点是提高游戏的表演性和创造性,在游戏的整个过程中教师应以间接指导为主。

## 三、结构游戏的组织与指导

随着科学技术的发展,结构游戏无论从材料、玩法还是在结构造型上都发生了很大的变化,出现了塑料接插,金属螺丝结构,等等。凡利用各种结构材料或玩具进行建构的活动都称之为结构游戏。幼儿园常用的构造材料有积木、积塑、积竹、金属材料、泥、沙、水、雪,等等。

（一）结构游戏的组织策略

**1. 引导幼儿观察,丰富幼儿对物体和建筑物的印象**

教师在日常活动中要引导幼儿注意观察周围生活中的多种建筑,感知各部位的名称、形状、结构特征、组合关系与色泽特点。如楼房是有层次的,房顶有尖的、平的,也有圆的,桥梁是由桥面和桥墩组成的,等等,在此基础上引导幼儿根据需要选择合适的材料,创造性地表现自己对事物的认识。

**2. 引导幼儿掌握结构造型的基本技能,培养幼儿动手操作的能力**

结构游戏的结构技能主要有：排列、组合、接插、镶嵌、编制、黏合、旋转、螺丝等。主要包括纸、线、绳以及竹、木、布等物品和自然物品材料,需要编制、黏合等技能;积木等块状几何图形需要排列组合、铺平、延长、对称、加宽、加长、加高、间隔、围合、盖顶、搭台阶等技能;形式多样的各类积塑需要插接(如一字插、十字插、整队插、环形插、正方形插等)、镶嵌、整体连接、端点连接、交叉连接、围合连接;塑料或木质的螺丝系列需要捶打、敲击、旋转等。我们需要引导幼儿掌握这些结构造型的基本技能,培养幼儿动手操作的能力。

（二）不同年龄班结构游戏的特点及指导要点

**1. 小班**

（1）小班幼儿结构游戏的特点

第一,小班幼儿对结构动作感兴趣,"重复""摆弄""堆高""推倒"等是常见的动作。第二,材料选用的

盲目性和简单性,结构游戏时无目的,不会事先构思要构造什么,只有当别人问起时,才开始注意并试图给予一个名称。第三,构造技能简单,基本上可达到叠高这一水平,多以简单的平铺、延伸堆高为主。第四,易中断、坚持性差。

(2)小班结构游戏的指导要点

教师引导幼儿认识结构材料,有意识地搭简单的物体给他们看,也可以带他们参观大、中班幼儿的结构活动,引起幼儿对结构活动的兴趣。结构活动开始时,要给幼儿安排结构场地和准备足够数量的结构元件,每人一份,建立最初常规使他们彼此不妨碍地开展游戏活动。教师要经常有意识地让幼儿说出自己结构物体的名称,也可以根据孩子搭建物体的形象给以恰当的名称。引导幼儿理解和明确结构的目的性,发挥他们的想象力。教会幼儿整理和保管玩具的最简单的方法,使他们能参加整理玩具的部分工作,培养爱护玩具的习惯。

### 2. 中班

(1)中班幼儿结构游戏的特点

第一,中班幼儿结构的目的性较小班明确,有了初步的简单的结构计划,对操作过程及结构成果都感兴趣。第二,能按主题进行结构,但易变化。第三,对结构材料熟悉,能从结构物体的特征来选择材料,结构技能主要以"架空"为主。第四,具有独立整理结构玩具的能力。

(2)中班结构游戏的指导要点

教师应设法丰富幼儿的生活经验,为他们的结构活动打下基础。培养幼儿设计结构方案,学习有目的地选材,学会看平面结构图。着重指导幼儿掌握结构技能,并会运用这些技能去塑造各种物体,把平面图形变成立体图形。组织幼儿评议结构活动,能自己表达结构物的意思,以促进创造性思维的发展及结构水平的提高。组织小型集体结构活动,教会他们共同讨论,制定方案,进行分工,友好合作地游戏。

### 3. 大班

(1)大班幼儿结构游戏的特点

第一,结构的目的性、计划性和持久性增强。第二,能合作选取丰富多样的材料。第三,建构技能日趋常熟。第四,根据游戏情景需要,不断产生新的建构主题。

(2)大班结构游戏的指导要点

培养大班幼儿独立建构的能力,并要求他们按计划、有顺序地进行构造。让幼儿围绕一个主题进行建构时,学习表现物体的细节特征,能准确表现游戏的构思和内容,会使用结构材料和辅助材料。喜爱欣赏自己及同伴作品的过程中,逐渐发展自我评价与评价他人的能力。鼓励儿童集体进行构造活动,共同设计方案,确定规则,分工合作,开展大型结构游戏。

## 四、规则性游戏的组织与指导

规则性游戏多半是由成人编制,以规则为中心,大都带实物或有情节的游戏。主要包括智力游戏、音乐游戏与体育游戏等类型。

(一)规则性游戏的组织策略

规则性游戏可由教师提供相应的材料和场地,让幼儿自选进行,也可以将其用于专门组织的教学活动中,以增强活动的趣味性,激发幼儿主动性,使学习取得良好的效果。

### 1. 做好游戏前的准备

(1)选择和编制适合的游戏

教师应根据教育要求及幼儿的实际水平选编游戏。一方面要根据教育的任务、要求选编不同类型的规则性游戏,如发展感知能力的游戏,训练注意力、记忆力,发展语言、运动能力、音乐能力的游戏,等等;另一方面应顺应幼儿的实际发展水平,选择和编制能激发幼儿的思考和探索,给予幼儿成功的体验,激发学习兴趣的游戏。否则会使幼儿失去积极性,造成消极后果。

(2)教师要熟悉游戏的玩法及规则

教师在为幼儿选编游戏后,必须熟悉游戏的玩法和规则,了解游戏的重点,思考组织游戏的方法,并反

复试玩几次,以验证游戏的玩法和规则是否合理,为指导幼儿游戏打下基础。

(3)准备好游戏的场地和材料

教师要根据游戏的内容,确定游戏的场地,选择游戏的材料。游戏的场地应尽可能宽敞,材料应尽可能丰富,可以人手一份。也可以每小组一份,让幼儿有足够的活动空间,有足够的操作材料,减少幼儿等待的时间,保持幼儿游戏的兴趣。

**2. 规则性游戏过程中的指导**

(1)帮助幼儿了解游戏的玩法和规则

每一个游戏都有一定的规则和内容,幼儿需要学会后才能玩,这就需要"教"。教师要用简单明了的语言和适当的动作示范,说明游戏的名称,玩法及规则,教会幼儿玩游戏。可事先教个别幼儿,然后再让幼儿之间相互学习,也可运用直观教具演示讲解游戏的玩法和规则。在游戏过程中教师应着重指导幼儿遵守游戏规则,保证游戏的顺利进行,对个别幼儿给予具体指导,掌握游戏时间,使每个幼儿都有游戏的机会。

(2)提醒幼儿遵守、执行规则

遵守执行规则是规则游戏最突出的特点,在规则游戏进行的过程中,教师要关注幼儿执行规则的情况。如发现幼儿不遵守规则,要分析原因,但不要打断幼儿的游戏,可以在下次游戏前提醒幼儿或者把问题提出来供幼儿讨论,使幼儿明确规则的内容,了解具体的行为要求,并使幼儿明白为什么要遵守规则,使规则的遵守成为幼儿内在的需要。

**3. 组织幼儿积极参加各种游戏**

在"教会"幼儿玩游戏之后,要充分调动幼儿的积极性、主动性,提高幼儿参与游戏的兴趣。启发幼儿开动脑筋,寻找解决问题的方法,促进幼儿创造性思维的发展,针对不同年龄的特点,具体地指导。

**4. 做好游戏结束工作**

规则游戏进行时可以重复多次,教师要注意让幼儿在愉快的情绪下结束游戏,鼓励幼儿争取最好的游戏结果,对幼儿游戏做出评价,对胜利者予以口头表扬,鼓掌,颁发小红旗等奖励,避免一味用物质和语言刺激强化竞争的结果。

**(二)不同年龄班规则性游戏的特点及指导要点**

**1. 小班**

(1)小班幼儿规则性游戏特点

第一,小班幼儿的规则意识处在"动即快乐"的阶段,幼儿对游戏中角色的动作、材料感兴趣。第二,表现出"自我中心",只对自己所做的事感兴趣,不会把自己的做法和想法与别人作比较。第三,小班幼儿不在乎游戏结果,也发现不了别人的违规,而且自己会破坏规则。

(2)小班规则性游戏指导要点

教师要为小班幼儿选择规则简单,通过使用实物、玩具和简单的动作来完成的游戏。注意多让幼儿体验游戏动作的快乐,满足幼儿对游戏过程的兴趣。要在游戏过程提出规则并提醒幼儿遵守。游戏玩法和规则的讲解要力求生动、简单、形象,要注重讲解与示范相结合,注重在游戏中逐步提出游戏规则。

**2. 中、大班**

(1)中、大班幼儿规则性游戏特点

第一,中班幼儿已具有规则意识,能够遵守规则并开始关注游戏的结果,比较喜欢具有鲜明的互补性规则游戏。第二,大班幼儿能理解规则对于比赛结果的重要性,规则意识强且特别重视游戏结果,喜欢竞赛性的规则游戏。第三,大班幼儿能很好地遵守游戏规则,并会关注其他幼儿遵守规则的情况,发现违规者就会提出抗议,要求对违规者加以惩罚,因此游戏过程中的纠纷较多。第四,大班幼儿还喜欢改变游戏情节、游戏规则以增加游戏的新颖性。

(2)中大班规则性游戏指导要点

对于中班幼儿,需要示范、讲解游戏的玩法与规则,并在游戏中着重检查游戏玩法的掌握情况及游戏

规则的执行情况,要鼓励幼儿关心并努力争取好的游戏结果,并可开展规则简单的竞赛游戏。对于大班幼儿,可以用语言讲解游戏,要求幼儿独立地玩游戏,严格遵守游戏规则,争取最好的游戏结果。能对游戏的结果进行评价,并可开展较为复杂的竞赛游戏。

## 第三节 游戏的观察与分析

观察是游戏指导的基础和前提。幼儿的游戏行为是幼儿发展水平的反映,教师在游戏中观察、记录和分析,可以作为了解幼儿、引导幼儿的依据。通过对幼儿游戏的观察,教师可以获取关于幼儿游戏的丰富信息,如幼儿喜欢的游戏类型,幼儿喜欢的玩具和游戏设备,幼儿喜欢的游戏空间,幼儿乐于参与的游戏主题,幼儿与同伴、教师互动的方式以及有关幼儿在游戏中表现出来的认知与社会性等方面关于幼儿发展的有价值的信息。

### 一、游戏的观察和记录

#### (一) 选择观察对象

选择观察对象主要是解决把哪些幼儿作为感知的中心问题。通常情况下,由于感官范围和能力的限制,观察者难以在同一时间内把握大量的对象,而只能有选择地把其中一部分置于感知的中心,从而获得对观察对象较为清晰、全面、深刻的印象;否则,观察的对象过多,易使观察者手忙脚乱,造成重要信息的遗漏。在游戏过程中,观察者应根据相应的目的选择 2~3 个幼儿作为观察对象,观察对象的选择应结合本班幼儿的情况,重点观察那些典型的、有代表性的、对游戏进程和效果有显著影响的幼儿。

#### (二) 确定观察内容

观察内容是观察计划的重要组成部分。确定观察内容的过程本质上是确定把幼儿游戏过程中的哪些事物列入观察的范围。观察内容的选择是观察的要点。主要包括:幼儿的兴趣点,幼儿喜欢的游戏主题、内容和玩具材料等;幼儿的行为类型,幼儿在游戏中所说、所做,遇到了什么困难,是否解决,如何解决的;幼儿与环境、同伴的互动情况,幼儿通常和谁一起玩,认知经验和社会性水平哪些方面有了进步,还存在哪些问题等;幼儿的情绪体验、幼儿是否遵守游戏规则;影响幼儿行为的因素,给幼儿提供的游戏时空是否合适,材料的投放有没有问题等。[①]

#### (三) 区别观察重点

不同年龄班的观察重点也有一定的区别。小班主要处于平行游戏阶段,满足于操纵、摆弄物品。对相同物品要求较多,矛盾的焦点主要在幼儿与物品的冲突上。因此,小班观察的重点在幼儿使用物品上。中班随着认知能力的发展、生活经验的丰富,游戏情节较小班丰富,处于角色的归属感阶段,虽然选择了一个角色,但想做多个角色的事情,想与人交往但尚无交往技能,人与人交往出现冲突的多发期。因此,观察的重点应该是在幼儿之间的冲突上。大班幼儿随着生活范围的进一步扩大及能力的增强,幼儿不断产生新的主题,因新的主题与原有经验之间的不和谐而产生冲突,运用已有经验在现有的基础上去创新,成为游戏观察的重点,同时相互交往、合作、分享、解决矛盾也成为游戏观察的另一个重点。

#### (四) 选择观察方法

教师在游戏中的观察方式有两种:一是随机观察;二是有目的的观察。所谓有目的的观察,主要是根据事先设定的幼儿各种行为的发展水平指标,进行有针对性的观察。因此,教师应根据观察的需要,在游戏前设计观察内容,即确定目标儿童(有目的地观察某一个幼儿),或确定目标行为(有目的地观察某一方面的行为),以便通过观察分析确定有针对的教育方案。只有通过观察,才能知道幼儿游戏的空间、时间、玩具材料、伙伴、游戏内容等情况,才能决定是否需要介入游戏,以及以何种方式介入游戏进行有效指导。

---

① 刘焱.儿童游戏通论[M].北京:北京师范大学出版社,2008:455.

（五）选用相应的记录方式

由于记忆能力有限，人们很难把大量的有价值信息直接存储在脑中，为此，教师可以设计或选用相应的记录方式来记录和保存在观察过程中出现的有价值信息，观察记录的对象一是儿童本身。包括一般的或个别幼儿的游戏态度、交往情况等；二是游戏的环境。包括游戏的空间、时间、材料安排等；三是游戏的主题发展情况。记录用白描方式进行，对观察到的典型言行不加修饰的记录。一般情况下记录是教师根据本班儿童的游戏特点和发展要求，有目的地进行的。如小班孩子喜欢什么玩具？是怎么使用玩具的？中班孩子是在什么情况下开始合作游戏的？游戏是如何发展的？大班儿童是怎么主动交往和解决困难的？等等。教师在记录观察现象后，应该对观察到的情形作出分析，分析其产生的原因，也可以是自己的指导体会或想法。如果不是个别行为的，应当把它作为下次游戏的观察指导重点。

记录时要注意记录的内容信息全面、重点突出。如幼儿的姓名、性别、记录的日期，游戏的背景，以及对事件的客观描述和观察的结果等不能缺少。其中焦点放在对游戏的所见所闻的描述上。另外，记录要客观、详实，特别要详细记录幼儿是怎样做的，怎样操作材料的，怎样与人交往的。对幼儿行为发生的场景、周围人和事物等因素的影响也不能忽视。最好按照游戏情节发展的顺序记录。

## 二、影响幼儿游戏的因素分析

在观察、记录、分析游戏的过程中，可以从以下几个方面考虑：

（一）游戏空间

游戏场地是儿童游戏活动的空间，是进行游戏不可缺少的条件。场地的大小、在室内还是在户外、场地的结构、空间的密度等，都对儿童游戏产生影响。如游戏场地安排是否合理，有无浪费的地方或过于拥挤的区域；相邻近的区域是否放在一起等。

（二）游戏时间

游戏开始、进行、结束的时间分别是多少，幼儿游戏的时间是否满足了幼儿的需要，幼儿在游戏中的坚持性如何等都会影响游戏的进程。研究也表明：游戏时间的长短会影响儿童游戏的质量。在较长的游戏时段（约 30 分钟）儿童才有时间逐渐发展出社会和认知层次较高的游戏形式；而在较短的游戏时段（约 15 分钟）儿童没有足够的时间结伴游戏，不能相互协商、讨论或作进一步的探索和建构材料，往往只从事一些社会和认知层次较低的游戏形式（包括平行游戏、旁观无所事事、转换行为等）。一般而言，幼儿一次游戏所需要的时间随幼儿年龄的增长而递增。小年龄幼儿一次游戏时间较短，在一日活动编排时可分时段安排。大年龄幼儿一次游戏时间较长，在一日活动编排时可集中安排。小年龄幼儿可陆续开始陆续结束，大年龄幼儿的游戏则可同时开始同时结束。

（三）游戏材料

游戏材料是儿童用来玩的玩具和材料，它既是游戏的物质支柱，同时对游戏的性质、内容等产生影响。如游戏材料的数量、种类是否符合幼儿的需要，有无替代物，是否有争抢玩具的现象发生；幼儿是利用玩具进行操作还是进行交往；幼儿对新出现材料有什么反应等。游戏材料是儿童用来玩的玩具和材料，它既是游戏的物质支柱，同时对游戏的性质、内容等产生影响。

（四）游戏态度

幼儿在游戏中的情感体验怎样，是表现活泼开朗、兴趣高涨，还是无所事事、闲逛、发呆等。记录与分析幼儿的态度，使我们可以有针对性地调整游戏计划以有效促进幼儿发展。

（五）游戏主题

游戏中有些什么主题，这些主题是教师安排的还是幼儿自发产生的，新主题是怎样产生的等。

以上所述并非分析游戏的全部视角，其他如幼儿的社会性发展状况、幼儿的认知特点和水平等都可作为分析幼儿游戏的角度。总之，我们在观察时应注意：明确观察的目的，并选择适当的观察方法；观察应在确保幼儿有机会展示他们游戏能力的情境中进行，既保证幼儿有丰富的、能引发他们各种游戏行为的材料，又保证幼儿有充分的游戏时间；如果可能，应保证对幼儿室内和室外游戏进行观察；应在幼儿彼此熟悉并熟悉环境后才开始对幼儿进行观察；应持续观察，以确保记录的是幼儿典型的游戏行为。

教师通过观察、记录与分析可以了解幼儿喜欢的游戏主题、内容和玩具材料;幼儿在游戏中玩了什么,做了什么,遇到了什么困难,是否解决了,是怎样解决的;了解为幼儿提供的游戏时间和空间是否合适,游戏材料的投放是否有效;了解幼儿近来最感兴趣的是什么,认知经验和社会性有了哪些进步,还存在哪些问题,等等。从而确定以何种方式指导幼儿的游戏,引导游戏进程,提高游戏水平。

## 自 测 题

### 一、名词解释

1. 角色游戏　　2. 规则性游戏

### 二、单项选择题

1. 幼儿园教育应以(　　)为基本活动,寓教育于各项活动之中。
   A. 游戏　　　　　　　B. 读书　　　　　　　C. 上课　　　　　　　D. 玩耍

2. 判断幼儿的某种活动是否属于游戏的一个重要条件是(　　)
   A. 自主活动　　　　　B. 情绪愉快　　　　　C. 无强制性目的　　　D. 在假象中活动

3. 角色游戏的源泉是指(　　)
   A. 对建筑物的印象　　B. 对现实生活的印象　C. 对文学作品的印象　D. 对物体造型的印象

4. 表演游戏的角色来源于(　　)
   A. 现实生活　　　　　B. 文艺作品　　　　　C. 知识经验　　　　　D. 物体造型

5. 角色游戏与结构游戏反映的内容分别是(　　)
   A. 社会生活、文学作品　　　　　　　　　　B. 社会生活、物体造型
   C. 物体造型、文学作品　　　　　　　　　　D. 文学作品、物体造型

6. 初次组织小班幼儿玩"拔萝卜"的表演游戏时,教师应扮演的角色是(　　)
   A. 萝卜　　　　　　　B. 老爷爷　　　　　　C. 小妹妹　　　　　　D. 小花猫

7. 关于中班表演游戏的特点,下列描述不正确的是(　　)
   A. 具有一定的表演意识与表演技巧,但尚待提高
   B. 计划的目的性差
   C. 可自行分配角色但角色更换的意识不强
   D. 以动作为主要表现手段

8. 指导小班幼儿玩规则性游戏时应注意(　　)
   A. 不要考虑规则　　　　　　　　　　　　　B. 逐步提出游戏规则
   C. 检查游戏规则的执行情况　　　　　　　　D. 严格遵守游戏规则

9. 下列活动属于智力游戏的是(　　)
   A. 小兔乖乖　　　　　B. 老鹰捉小鸡　　　　C. 小区理发店　　　　D. 猜谜语

10. 在幼儿"搭房子"前,教师应着重指导幼儿认识(　　)
   A. 房子的结构　　　　B. 房子的色彩　　　　C. 房子的用处　　　　D. 建房的安全常识

### 三、简答题

1. 简述我国幼儿园常见的游戏类型。
2. 简述游戏的教育价值。
3. 简述规则性游戏的指导要求有哪些。
4. 简述表演游戏的指导要求。

5. 简述游戏观察与记录的步骤。

## 四、论述题

1. 举一个角色游戏的实例,并分析此游戏的教育价值,讨论如何在游戏中进行指导。
2. 结合实际论述如何有效地指导规则性游戏。

## 五、案例分析

(一) 阅读材料,回答问题。

小一班的孩子正在玩角色游戏。娃娃家中的"爸爸"对家里人说:"我去商店买东西,一会儿就回来。"他路过小医院就进去"看病",一会儿又当"医生"给病人"打针",他路过小食堂就进去"吃饭",一会儿又去"切菜"……游戏快结束了,"爸爸"还没有回家。

1. "爸爸"为什么一会儿当医生,一会儿去吃饭,忘记了回家?
2. 指导小班幼儿角色游戏的重点是什么?
3. 假如你是小班的教师,你怎样让"爸爸"回家?

(二) 阅读材料,回答问题。

幼儿园里,一群家长围在"中一班一周活动安排表"前议论纷纷。"怎么一天就这么两节课?""一天有这么多的时间做游戏,玩要这么长的时间?""怎么这么多的游戏? 我花这么多钱送我的女儿上幼儿园是来玩的?""我们去找老师问问看。"

请你运用相关学前儿童游戏理论,向这些家长做具体解说以解除他们的疑惑。

## 课外拓展:

### 幼儿园民间游戏的开发利用[①]
#### 袁晓红

游戏是幼儿童年生活不可或缺的一部分,丰富多彩的游戏不仅可以促进幼儿身心健康发展,而且能增长幼儿的知识,发展智力,是对幼儿进行全面发展教育的重要形式。而民间游戏作为游戏的一部分,不仅具有特殊的传承性,而且具有所需材料简单、内容易学、种类丰富、玩法多样的特点,民间游戏可以不受时间、空间限制,作为幼儿教育的重要载体,促进幼儿身心和谐健康的发展。

一、幼儿民间游戏有助于幼儿身体的发展

众所周知,大多数民间体育游戏是在户外活动场地进行的,这样,可以使幼儿尽情地投入大自然的怀抱中,呼吸新鲜的空气、沐浴充足的阳光,促使幼儿机体的健康成长。民间游戏和其他现代游戏一样,都是以发展幼儿的基本动作和提高运动能力为出发点,但民间游戏更具备广泛性、趣味性和便利性,既有跳皮筋、编花篮、揪尾巴、老鹰捉小鸡、夹包、跳方格、跳绳等可以锻炼走、跑、跳、投掷、平衡、钻爬、躲闪等大肌肉活动的游戏,也有翻绳、挑棍、抓杏晃、弹球等可以锻炼小肌肉群的游戏活动,如:以"跳瓦房"为例,幼儿以残缺的小瓦片为材料,画好合适的"房子",需要先用手准确地将小瓦片投掷入"第一间房子",然后用单脚蹦入,再用单脚把瓦块按顺序在房内推进,转一圈后再从原入口退出,接着再进入其他"房子",此过程中,不能错投房子,不能踩线,否则,视为失败。通过此类游戏,不仅锻炼了幼儿投掷、跳跃、平衡、手眼协调、手脚协调等能力,活动全身,而且使幼儿在娱乐中得到了健康锻炼。

---

① 袁晓红. 幼儿园民间游戏的开发利用[J]. 发展,2008(11):94.

### 二、民间游戏有助于提高幼儿的合作意识及团队精神的发挥

合作是幼儿未来发展、适应社会、立足社会不可或缺的重要素质。因此,从小培养幼儿的合作意识和合作能力是十分重要的,而许多民间游戏的内容正好都是需要同伴互助来完成的,比如:在"翻绳"游戏中,用一根绳子,可以一人单独翻,也可以两人合作翻,经过和同伴的小手绕、勾、拨、翻后,可以变成好多形态的物体,这样,不仅锻炼了幼儿的小肌肉群和手眼协调能力,又培养了幼儿的合作意识。又如:在民间游戏"攻城堡"中"敌我"双方在自主分配完守城人和攻城人角色后,接下来的游戏,双方的守城人不仅要掩护自己的攻城人去强攻对方的城堡,而且还要抵御对方的攻城人来进攻自己的城堡,以不踩到地上画的城堡线为准则,一来二去,游戏的合作性就显得尤为重要了。通过民间游戏的形式增强幼儿的合作意识,提高合作技能,是一个很有效的途径。

### 三、幼儿民间游戏有利于培养幼儿的韵律感及节奏感

民间童谣具有朗朗上口的文字效果,通过双声、叠韵、双关、谐音、对仗等手法。使童谣说起来悦耳动听,再配上游戏的动作,就更受幼儿的欢迎了。例如:游戏"切西瓜":"切,切,切西瓜,西瓜长个圆脑袋,我把西瓜切两半。""切西瓜的人"从任意两个幼儿拉手处开始,随儿歌的节奏用右手依次做切的动作,动作随儿歌结束,结束动作落在哪两个幼儿的拉手处,这两个幼儿立即沿圈外各自向相反方向跑一圈,先回到原处的幼儿为胜,如两人同时到达,则用猜拳方法决定胜负。又如:在游戏"头顶头"中,它所附的童谣是:"大黄牛,小黄牛,见了面,头顶头,顶着头,慢慢走,往前三十一,往后二十九"游戏时,两名幼儿一组,面对面,胳膊抱胳膊,两人用头顶一气球,教师发出信号后,幼儿有节奏地按着童谣提示的动作进行游戏。游戏中搭配这样既押韵又易学的童谣,不仅提高了幼儿的游戏兴趣,而且还为同伴间相互交流,增进感情提供了有利的条件。又如游戏"掰棒子""爆米花""蒸馍馍"等游戏都配有儿歌。这些童谣不仅具有鲜明的节奏感,念起来朗朗上口,而且很多童谣还带有民间地方方言,为幼儿游戏增添了无尽的乐趣。

### 四、幼儿民间游戏有助于幼儿社会认知的发展

民间游戏的过程,是幼儿认识生活、了解他人、亲近社会的过程,如:玩"顶锅盖"游戏时,要求至少两名幼儿玩,一名幼儿手心朝下,其他幼儿将食指顶在其手心,一起说"顶锅盖,炒小菜,辣椒辣了不要盖,呼——一口风,呼——两口风,呼——三口风"说完,食指要立刻离开手心,否则被抓住的幼儿就要回答"炒的什么菜""炒韭菜""西红柿炒鸡蛋"等,通过这个游戏,幼儿不仅知道了许多菜名,而且通过扩展可以了解做菜的基本过程,更体验到了共同游戏的乐趣。又如:游戏"荷花荷花几时开?"游戏里的儿歌是以一问一答的形式进行的,"荷花荷花几月开(二月开),二月不开几时开(三月开),至六月(六月荷花朵朵开)"通过边问边答,不但训练幼儿的反应能力,使幼儿懂得月份的排列顺序和荷花开放的时间,而且还通过游戏延伸和创编游戏,以这种问答式的游戏方式使幼儿了解更多花卉不同的开放时间,另有一种是带有表演性质的,如"种番茄"游戏,请一位幼儿来当种番茄的人,另一位幼儿来当"小偷",其他孩子牵成圆圈并蹲在那儿当"番茄",在游戏中,通过种番茄人辛勤的浇水、施肥、拔草等步骤和扮番茄者的表演,了解了番茄长大的过程,并通过游戏中小偷偷番茄——抓小偷的表演过程,可培养孩子辨别是非的能力,引发他们乐善的意识。

# 第 9 章  幼儿园环境

## 知识结构

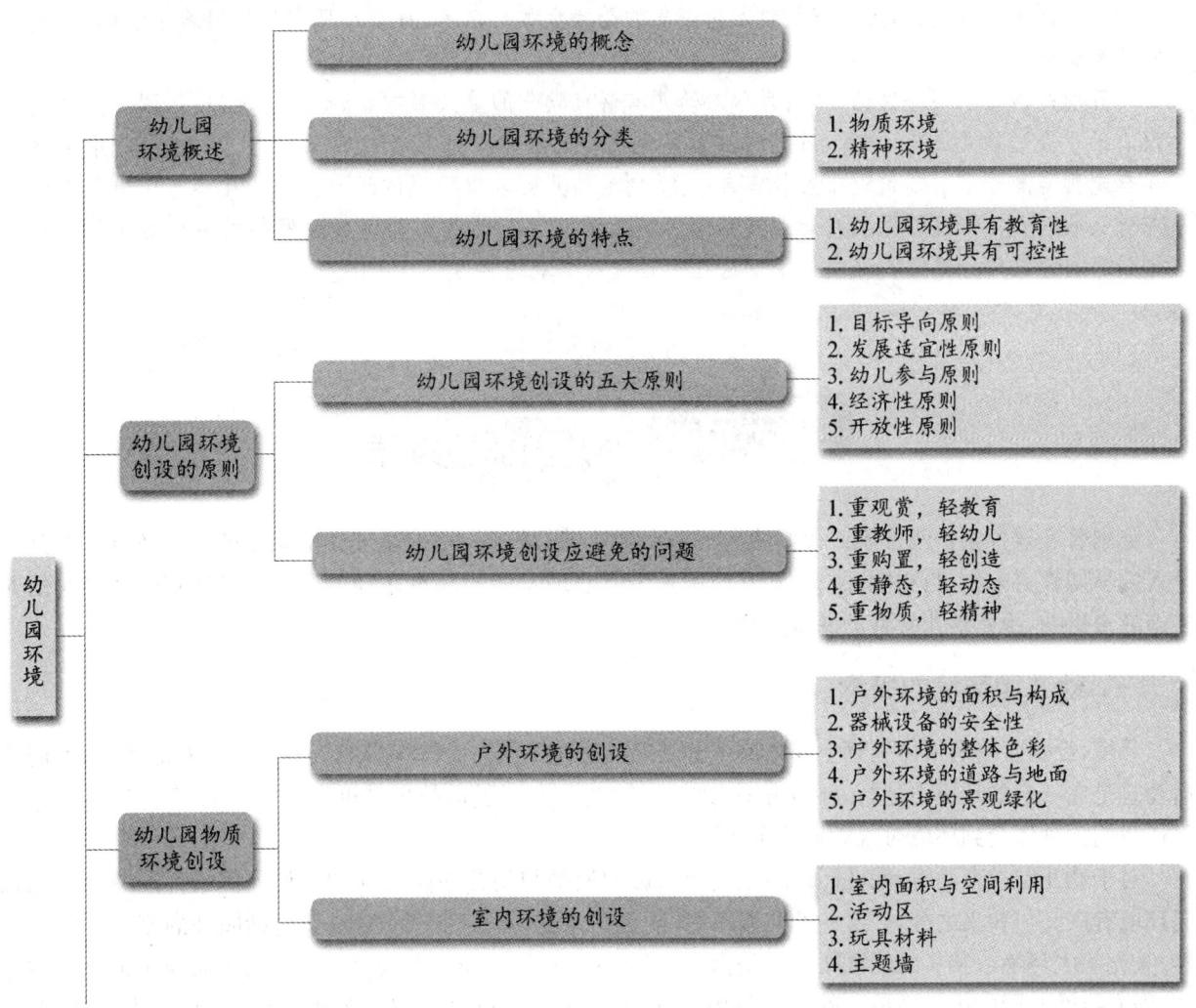

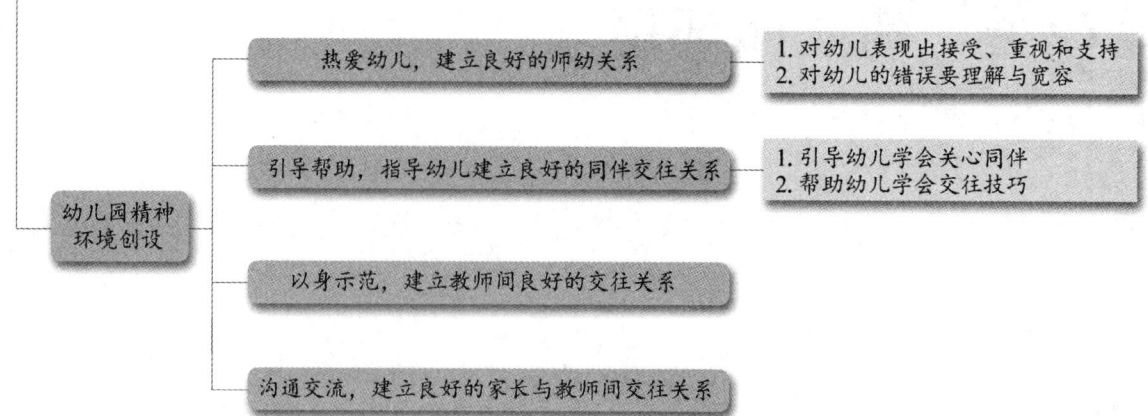

幼儿园精神
环境创设

热爱幼儿，建立良好的师幼关系　→　1.对幼儿表现出接受、重视和支持
　　　　　　　　　　　　　　　　　　2.对幼儿的错误要理解与宽容

引导帮助，指导幼儿建立良好的同伴交往关系　→　1.引导幼儿学会关心同伴
　　　　　　　　　　　　　　　　　　　　　　　　2.帮助幼儿学会交往技巧

以身示范，建立教师间良好的交往关系

沟通交流，建立良好的家长与教师间交往关系

## 案例导语

　　李老师与大一班的孩子在讨论教室环境布置时,其中谈论到了自然角里饲养小动物的事。她询问幼儿希望饲养什么。幼儿们有的说着大象,有的说着狮子,当然也包括金鱼和小乌龟在内。教师认真地把幼儿所提到的写下来,并引导他们想想每一种动物要吃的食物、它们的习性、居住的场所等。但是,幼儿们一时间也说不出应怎样饲养这些动物们。于是,教师便建议大家一起搜集资料,包括翻阅图书,回去问亲友等。第二天,教师让幼儿把搜集到的资料或报告展示出来,幼儿纷纷发表意见,并最后得出结论:在教室的自然角不可能饲养大象、狮子等大型动物,最适合饲养金鱼和小乌龟之类的小动物。就这样,大一班的自然角饲养的是金鱼和小乌龟,每个小朋友轮流喂养小动物,并填写观察记录表。

　　环境是教室里不会说话的"老师",对幼儿有潜移默化的重大影响。《专业标准》中强调了能够创设有助于促进幼儿成长、学习、游戏的教育环境是幼儿教师必须具备的专业能力。上述案例中讲述了李老师与孩子们一起讨论布置教室自然角、创设幼儿园教室环境的过程。幼儿在参与环境创设中有什么收获?李老师的做法对幼儿发展有什么重要意义?幼儿园环境分为哪些类型?幼儿园环境创设需要遵循哪些原则?让我们带着这些问题进入本章的学习。

## 第一节　幼儿园环境概述

　　美国著名教育家杜威曾说:"我们从来不是直接地进行教育,而是通过环境间接的进行教育。"尤其对于人的早期教育来讲,与周围环境的相互作用是个体心理发展的基本途径。通过创设适宜的环境对幼儿实施教育影响,也是幼儿教育的基本途径。

### 一、幼儿园环境的概念

　　环境,泛指生物有机体生存空间内的各种条件的总和。作为支持与影响人的活动的外部条件,人们的活动总是在一定的环境中进行,环境可谓无所不在。"孟母三迁"的故事、"近朱者赤,近墨者黑"的古语,无不让我们深刻体会到环境对人影响的重要性。

　　对于幼儿园教育而言,幼儿园环境是支持与影响教师与幼儿在园活动的一切外部条件的总和。幼儿园环境有广义与狭义之分,广义的幼儿园环境,既包括幼儿园内部的小环境,又包括园外的家庭、社会、自然、文化等大环境。狭义的幼儿园环境是指在幼儿园中,对幼儿身心发展产生影响的物质与精神要素的总和,即专指幼儿园的内部环境。幼儿园的内部环境,是特别为幼儿的身心发展而创设的,其建筑、地理位

置、绿化、设施、玩具材料、图书、师生关系的营造等都有特别的教育意义。因此,为幼儿创设良好的环境是幼儿园教育活动中的一项重要内容,也是必不可少的教育途径。

## 二、幼儿园环境的分类

幼儿园环境按其性质可分为物质环境和精神环境两大类。

### (一)物质环境

广义的物质环境是指对幼儿园教育产生影响的一切自然环境与社会环境中物的要素的总和。如自然风光、城市建筑、社区绿化、家庭物质条件、居室空间和装饰等。狭义的物质环境是指幼儿园内对幼儿发展有影响作用的各种物质要素的总和。如园舍及装饰、设备材料、幼儿园空间的设计与利用、各种游戏材料和教具等。

物质环境是幼儿园教育赖以进行的物质基础,会影响幼儿的行为表现。物质环境的好坏与教育质量关系密切。正因如此,《规程》对幼儿园的物质条件提出了最低限度的要求。如果一个幼儿园缺乏起码的物质条件,让四五十名幼儿挤在一个狭小活动室里,又没有可操作的玩具材料,不用说教育,就连幼儿的安全、健康也得不到保证。相反,一个良好的物质环境能陶冶幼儿的性情,激发幼儿的好奇心、鼓励幼儿的探索行为,使幼儿在操作和摆弄各种材料的过程中,学习知识,获得各种社会行为,实现个人的发展。

虽然物质环境对幼儿的影响很大,但如果教师不具有高尚的师德,正确的教育观、发展观、儿童观及必要的教育教学技能的话,再好的物质条件,其作用也不能得到充分的发挥。如果盲目地追求幼儿园物质条件的高标准、超豪华,而不注意提高教师专业水平的话,难以发挥物质环境的教育效益,因此我们不能忽视的还有精神环境。

### (二)精神环境

广义的精神环境是指对幼儿园教育产生影响的整个社会的精神因素的总和。主要包括社会政治、经济、文化、艺术、道德、风俗习惯、人们的生活方式、人际关系等。狭义的精神环境是指幼儿园内对幼儿发展产生影响的一切精神要素的总和。如幼儿园中教师的教育观念和行为、文化氛围、师幼关系等。

许多家长在选择幼儿入园时,往往只考虑幼儿园的硬件设备,尤其是幼儿的生活条件,如有没有空调设备、有没有电脑室、幼儿的活动空间是否够大、幼儿园的外观是否够美等。这些家长的观点是片面的,虽然幼儿园物质环境对幼儿发展起着非常重要的作用,但是幼儿园园长、教师的观念和专业知识技能等精神环境影响更值得重视。幼儿园的精神环境虽是一种无形的环境,但却对幼儿的发展,特别是对幼儿情感、社会性、个性品质的形成和发展具有十分重要的作用,是影响幼儿园教育质量的一个重要因素。

幼儿园物质环境和精神环境对幼儿发展都起着重要的作用,相对而言,幼儿园精神环境对幼儿的影响更为深远。在具备了基本的物质条件后,对幼儿园教育起决定作用的是精神环境。和谐的精神环境有利于幼儿的发展;反之不良的精神环境,如大众传媒中不宜幼儿收听、收看的内容,则不利于幼儿的身心发展。一所幼儿园能否成为真正的儿童乐园,主要取决于幼儿园精神环境。

## 三、幼儿园环境的特点

当人们走进一个整洁干净的环境,就不会出现随地乱扔废弃物的行为,如果置身于一个又脏又乱的环境,就不会注重环境卫生。分析其原因,是因为环境可以影响人的行为,这也是环境的基本功能。基于幼儿园教育的特点,与幼儿教育相关的人、事、物都是教育因素,具有重要的教育价值。蒙台梭利曾说过:"在教育上,环境扮演的角色相当重要,因为孩子从环境中吸取所有的东西,并将其融入自己的生命之中。"[1]幼儿园环境的基本功能,是影响与引导幼儿的行为,引发幼儿符合教育目的与要求的行为。幼儿园环境有以下特点。

### (一)幼儿园环境具有教育性

幼儿园作为专门的幼儿教育机构,其环境创设与其他非教育机构有显著区别。它是根据幼儿园教育

---

① 蒙台梭利. 蒙台梭利早期教育法全书[M]. 北京:中国发展出版社,2006:20.

的目标及幼儿的发展特点有目的、有计划、有组织地精心创设。因为在幼儿园教育中,环境创设不仅是美化的需要,更是教育者实现教育意图的重要中介,教育者把教育意图隐含在环境中,让环境去说话,让环境去引发幼儿应有的行为。因此,幼儿园的环境具有教育功能,是为实现教育目标服务的。

全国特级幼儿教师应彩云在《孩子是天,我是云》一书中写道:"一个有启发性和支持性的丰富环境吸引着幼儿,激发着孩子的构思、想象和创造,使孩子们成为环境的主人。"①幼儿园环境是幼儿显性教育和隐性表达的重要因素,是幼儿园教育不可缺少的要素。如幼儿园在图书角铺上柔软的地毯、放上舒适的坐垫、矮架上整齐地排列着各种图书,这样的环境布置无声地告诉幼儿,他可以坐在地毯上悠闲地读书,但不能大声喧哗,而且读后应把书整齐地放回书架。如果图书角的地上杂乱无章地散落着一些图书,则意味着幼儿看完书后可以随意乱丢。因此,一个好的幼儿园环境是一本立体的、多彩的、富有吸引力的无声教科书。丰富的环境对幼儿而言,是会说话的,常被誉为"孩子的第三任老师"。

(二)幼儿园环境具有可控性

幼儿园内部环境与外界环境相比具有可控性,即幼儿园内环境的构成处于教育者的控制之下。具体表现在两个方面:一方面社会上的精神、文化产品,各种儿童用品等在进入幼儿园前,必须经过幼儿园精心地筛选甄别,取其精华,去其糟粕,以有利于幼儿发展为选择标准。例如,市场上大量出售附带很多游戏功能的文具盒,幼儿非常喜欢。但它也容易使幼儿在学习时分散注意力,不利于幼儿养成良好的学习习惯。于是教师对此进行控制,通过与家长合作,让幼儿选用合适的文具盒,从而避免文具盒的负面影响,达到对负面因素进行控制的目的。另一方面,教师根据教育的要求及幼儿的特点,有效地调控环境中的各种要素,维护环境的动态平衡,使之始终保持在最适合幼儿发展的状态。如幼儿在玩球类游戏时,如果想让幼儿练习拍球的技能,则是给幼儿每人准备一个球。如果想让幼儿学习分享、轮流与等待,那么幼儿2~3人玩1个球就比较妥当。又如某教师精心观察活动角中幼儿的活动,发现幼儿对某活动不感兴趣,原因是这个活动角的操作材料过于简单。于是教师把材料进行了调换,一下子就引起了幼儿的兴趣。教师通过对环境的调控,给幼儿的发展创造了条件。

幼儿园的内部环境,从结构上看,是由物质环境、精神环境两个部分组成,但这两个部分,实际上都是由"物"与"人的活动"这两种要素构成,物质环境需要教师科学合理地选择材料与安排空间,精神环境更是人的活动的结果。所以,人的活动是决定幼儿园内部环境质量的关键因素,其中在人的要素中,幼儿教师是幼儿园中对幼儿发展影响最大的因素。在一定的物质条件具备后,教师的观念和行为是影响幼儿园环境质量的决定因素。

如在物质环境的创设上,有的幼儿园虽然物质条件很艰苦,但老师们热爱教育事业,拥有正确的价值观与专业态度,在教育实践中克服重重困难,因地制宜,自己动手,创造条件,美化环境,利用废旧物品制作玩教具,根据季节的变化及时把大自然中富有特点的事物组织到幼儿园教育中去,使幼儿在比较艰苦的条件下仍能在各方面得到很好的发展。相反,如果教师的教育观念不正确,把美观、漂亮作为评价环境好坏的主要标准的话,就会盲目追求豪华高档的硬件设备,结果装备再好,教育质量也未必高。因此,在幼儿园教育中,教师的观念、人格、专业水平、教育行为等,是环境中影响教育质量的重要因素。

## 第二节 幼儿园环境创设的原则

作为幼儿教师,在具备一定条件下设计幼儿园环境,首先必须把握创设幼儿园环境时应达到的基本要求,然后才进行具体的环境创设。幼儿园环境创设的原则就是教师在创设幼儿园环境时应遵循的基本要求,这些原则贯穿于环境创设的各项工作之中,对环境创设的每一步都具有指导作用。幼儿园教师在环境创设的过程中,只有认真贯彻这些原则,才能更好地发挥环境的教育价值。

---

① 应彩云.孩子是天,我是云[M].上海:上海社会科学院出版社,2004:17.

## 一、幼儿园环境创设的五大原则

### （一）目标导向原则

目标导向原则是指教师预先计划好目标，决定如何安排环境。幼儿园环境创设的目标是依据幼儿园教育目标而定的，教师应把环境创设目标落实到月计划、周计划、日计划及其每一个具体的活动中。教师带着明确的目标来准备环境，将周围的人际因素和物质条件精心地加以组织，让环境告诉幼儿该做什么。比如需要孩子练习小手肌肉，教师可在区角放一块黑板，几只粉笔，一块黑板刷，小朋友很快就会发现写字、画画的秘密，书写、美术活动就开展了；教师也可在区角放置一些串珠子的材料，引发幼儿串珠子的动作和游戏等等。

室内学习环境的创设目标涉及很多方面：① 培养幼儿的选择能力；② 增进幼儿的自我规划能力；③ 帮助幼儿发展自我指导的学习习惯；④ 促进幼儿社会交往能力；⑤ 养成幼儿自动自发的学习精神；⑥ 增进幼儿的自信心及自我概念；⑦ 养成幼儿尊重他人权利及遵守公共秩序的品德；⑧ 启发幼儿内在的学习潜能。

户外活动和游戏场地的创设目标涉及的因素有：① 设备能满足各年龄班幼儿的需要，并能促进大肌肉的发展；② 能促进幼儿社交机会的增加，户外游戏场地的设计和设备的选择要能鼓励幼儿轮流、合作分享和一起计划等行为；③ 鼓励幼儿用身体和社交技能来解决碰到的问题；④ 促进幼儿对下列对称概念的了解，例如，里/外；向上/向下；高/中/低；轻/重，软/硬；快/慢等等；⑤ 通过观测天气变化，种植和收成，饲养动物，观察距离和速度之间的关系等活动，扩展幼儿对自然现象和物理知识的了解；⑥ 幼儿所看到的户外环境是一个很舒适的环境，在其中，他可以画画、阅读和从事其他活动。

幼儿园的环境是特殊的教育环境。为了充分发挥环境的教育功能，在创设幼儿园环境时，必须明确环境创设所要达到的教育目标，以教育目标为依据创设幼儿园环境。

### （二）发展适宜性原则

发展适宜性原则是指幼儿园环境创设要符合幼儿的年龄特征及身心发展的需要，促进每个幼儿全面和谐的发展。不同年龄阶段幼儿身心发展存在着年龄差异。环境创设必须适应不同年龄幼儿的特点，通过不同层次的环境和不同功能的材料来达到教育目的。即使是同一年龄段的幼儿，在感觉、兴趣、能力等方面也存在很大差异，教师要注意到这些差异，适应这种差异。

#### 1. 符合幼儿的年龄特征

从一般年龄特征来看，小班、中班、大班幼儿在身心发展特点上的差异是非常明显的，其身心发展所需要的环境也不尽相同。因此，教师要根据幼儿不同的年龄特征为其提供适宜的发展环境。例如，同是玩娃娃家游戏，给小班幼儿提供的玩具就应该是数量较多的主题玩具，如娃娃、小锅、小铲等，而且玩具要一式多份。这是因为小班幼儿的角色游戏多是一些模仿动作，幼儿之间的相互模仿性也很强，平行游戏较多。而大班幼儿玩娃娃家所需要的多是一些富有创造性的或能一物多用的材料。从活动内容上开拓，引入多样化的幼儿喜欢的题材，例如不同文化背景的衣食住行、社会生活、民俗节日等等，大大扩展了幼儿活动的深度和广度，使娃娃家深为大班幼儿喜欢，显示出它独特的教育效果。因为大班幼儿接触面广了，知识经验丰富了，在游戏中对社会生活的反映范围扩大了，内容也丰富了。如果玩具、材料的功能太单一，会限制幼儿的想象和创造。教师只有对幼儿的年龄特征有充分地认识和了解，才能为幼儿提供有利于其发展的环境。

#### 2. 符合幼儿身心发展的需要

福禄培尔说过："教育的任务要面向全体幼儿。"而幼儿有年龄、性别、个性及发展水平等方面的差异，不同的幼儿对环境的要求是不一样的。幼儿由于其自身的特点，对环境的选择有着自己的标准，幼儿教育的实践也表明，幼儿并不对周围所有的环境都表现出兴趣，而是对环境的选择有明显的倾向性，他们所喜爱的环境是：

（1）熟悉的环境

幼儿在其成长过程中，常常会对不熟悉的环境，如不熟悉的人或不熟悉的地方产生恐惧感。一般情况下,幼儿喜爱熟悉的环境,熟悉的环境有利于帮助幼儿克服恐惧。当一个陌生人出现时,如果有熟人在身边,幼儿就不会害怕。因此,在幼儿园的环境创设中,应尽量为幼儿提供熟悉的,并与幼儿生活体验相符合的环境,使幼儿对周围的环境消除恐惧感与陌生感,并喜欢投入这样的环境。

（2）富有新意的环境

幼儿对富有新意的环境总是表现出特别敏感而有兴趣,他们对富有新意的事物,都想看看、听听、摸摸、碰碰、问问,这时他们的思维活动与探索精神也处于最佳状态。如果教师能抓住时机,对幼儿进行启发、诱导,幼儿就能主动地、不断地获得信息。富有新意的环境能吸引幼儿,提高幼儿学习的主动性与积极性。如果让幼儿始终处于单调、枯燥的环境中,他们就会对周围环境失去兴趣。因此需要创设独特而富有情趣的环境,并提供生动的活动形式。例如,幼儿的劳动热情很高,热衷于模仿成人的各种劳动,但由于他们年纪小,体力弱,知识经验少,不可能真的像成人那样地劳动。如果能为幼儿设立"小小种植园"、"娃娃生活角"等,就可以让他们在新奇的环境中,把在生活中难以实现的愿望,通过特定的情景去实践或者再现。这样的教育既能使幼儿获得大量的信息,又能调动幼儿参与活动的主动性和积极性。

（3）多变化的动态环境

幼儿几乎对任何动态的环境都感兴趣,而他们自己也正是构成动态环境的最活跃的因素。只要有精力,他们几乎每天都把大量的体力和精力用在活动中。正因为幼儿自己是不断地运动,所以他们必然对动态的事物、动态的环境感兴趣。这就要求在幼儿园环境创设中,必须为幼儿提供充分的活动机会去操作,去接触变化的事物,观察事物之间的联系及变化过程。例如,在园内可以建立养殖园、种植园,让幼儿观察动植物的生长过程。经常更新与变换环境创设的内容与形式。

（4）具有自然的环境

幼儿年龄越小,越是喜爱具有自然色彩的环境,比如树林、花园、草地等等。因此,在幼儿园的环境创设中,要特别注意挖掘幼儿园现有的潜力,充分利用空闲的角落与场地,利用自然界所提供的沙、石、水、泥、动植物,设立水池、沙坑等,让幼儿在自然环境中,利用自然的材料进行活动。在这种环境中,幼儿的学习态度往往显得十分认真,其学习效果也往往能达到最佳状态。幼儿园还应充分利用园内外的自然环境组织教育活动,如按季节变化,及时组织幼儿参观、郊游、种植等满足幼儿的需要。

（三）幼儿参与原则

幼儿参与原则是指幼儿园环境创设的过程要成为幼儿与教师共同合作、共同参与的过程。陈鹤琴先生指出:"通过儿童的思想和双手布置的环境,可使他对环境中的事物更加了解,也更加爱护。"幼儿园环境的教育性不仅蕴含在环境之中,而且蕴含在环境创设的过程之中。环境创设特别是室内环境创设,应充分让孩子参与,让孩子参与设计、提供材料与作品、参与布置,然后利用环境进行幼儿的主动活动。虽然孩子参与环境创设比教师本人独立完成费时费力,但就其教育效果来说更能够提高孩子的兴趣和创造性,增强其责任感和成就感,也有助于对幼儿进行爱惜劳动成果的教育。

幼儿参与环境创设过程本身的教育意义主要体现在:（1）培养幼儿的主体精神,发展幼儿的主体意识。如果从小在包办的环境里生活,幼儿只会变得依赖,觉得自己对环境是无能为力的,从而不能发展积极的主体意识和主动活动的能力。让幼儿参与环境创设这一事情本身,让幼儿意识到"我们是这个环境的小主人"。（2）培养幼儿的责任感。幼儿参与环境的创设,能切实体验到自己做的事对集体的影响。比如大家一起收拾活动室、擦桌子、扫地、整理玩具,把活动室打扫得干干净净,参与这一过程会使幼儿实际地感到自己在集体中的作用。如果没有亲自地参与,这个环境与己无关,幼儿就不会真正去关心这个环境,也不会理解什么叫责任。常见到活动室墙上是教师精心绘制的非常精美的儿童画,幼儿刚看到时还感到新鲜,过不了多久就视而不见了。哪怕上面贴的什么东西掉下来了,也无人问津。但假如由幼儿分组轮流负责布置的话,就会完全是另一番景象。（3）培养幼儿的合作精神。环境的创设要依靠大家的力量,如布置活动室的墙面,大家分工,有的剪、有的画、有的贴,要让墙面布置得漂亮,需要幼儿齐心合力,不光只顾自己做,还必须商量、听别的小朋友的意见,相互帮助。这样,幼儿能够实际感受集体的力量,培养合作意识,提高合作技能。总之,幼儿在参与创设环境的过程中去发展、学习、创造、合作,这是对幼儿最好的教

育,其效果绝不亚于教师创设的现成环境。

**(四)经济性原则**

经济性原则是指创设幼儿园环境应考虑不同地区、不同条件园所的实际情况,做到因地制宜、因陋就简。

给幼儿提供物质条件时,应以物质条件对幼儿发展的功能大小和经济实用性为依据。早在30年代,我国著名的教育家陶行知、陈鹤琴都曾对当时幼儿教育存在的"富贵病"和"花钱病"提出过尖锐的批评。他们指出,幼儿园环境好坏的关键在于它能否促进幼儿的发展而不在于花钱多少、外国货有多少。这些观点对今天理解环境创设的经济性原则仍有很大的现实意义。

贯彻经济性原则具体要做到根据本园需要,就地取材,一物多用,能够少花钱,多办事,办好事。在这方面我国幼教工作者已经创造了许多很好的经验。有的经济条件很好的城市幼儿园仍坚持利用废旧材料制作玩教具,利用自然材料布置教室。农村很多幼儿园努力克服困难,因陋就简地为幼儿创设丰富的环境。例如充分利用当地的自然优势,为幼儿修沙坑,让幼儿在沙坑里做造型、玩结构游戏,用树枝在沙上画画、写字;用剥了玉米粒的玉米棒子让幼儿当"手榴弹"练习投掷,练数数、练排序;用竹筒做水枪,或在筒里装上沙、小石子或豆子让幼儿去摇,去掂,区分不同的声音或不同的重量;用黏土让幼儿学习造型、表现;农村美丽的自然风光,丰富的植物、蔬菜,各种家禽动物更成为让幼儿发展情感、增长知识的活教材。这些经验大大丰富了我国幼儿教育的实践。

除了少花钱多办事之外,还应当注意把钱花在刀刃上,花在有利于幼儿的发展上,而不能不顾本地区、本园的实际情况,盲目攀比,追求形式。比如,美化环境是必要的,但一股风都去建假山、雕塑就大可不必。特别有的城市幼儿园,本来就不算宽敞,结果占去了本该供幼儿享用的户外活动场地,得不偿失;再如,山区幼儿园花钱添置一些玩具是完全必要的,但如果不从幼儿实际出发,买一些城市幼儿园常用的滚筒之类的锻炼腿部肌肉的玩具的话,就纯属浪费了,因为山区环境中幼儿不缺乏锻炼腿部肌肉的机会和条件。

**(五)开放性原则**

开放性原则是指创设幼儿园环境时应把内部环境和外部环境有机结合起来,形成开放的幼儿教育系统。

对幼儿来说,家庭、幼儿园、社会是影响其发展的主要环境。家庭和社会环境中既有有利于幼儿成长的积极因素,也有不利于幼儿成长的消极因素。作为专门教育机构的幼儿园,通过内外环境的配合,主要是与家庭、社区的合作,可以使三者形成合力,充分利用外部环境中富有教育价值的积极因素,充分发挥幼儿园、家庭、社会三方面的教育功能,在做好园内工作的同时,营造和谐的园外环境。因此,作为幼儿教师,在一个开放的系统中,在环境创设上要胸有大局观念,要善于利用大环境的资源,去培养适合新时代要求的幼儿。

## 二、幼儿园环境创设应避免的问题

在幼儿园环境创设过程中,存在着许多问题,我们在遵循环境创设原则的同时,应尽力避免以下问题。

**(一)重观赏,轻教育**

幼儿园环境固然要体现孩子的特点,但更重要的还是要有教育意义。很多幼儿园只图表面上的漂亮、花哨,只求美观,强调环境装饰性摆设,而忽视了环境的文化内涵和教育意义,环境创设千篇一律,没有明确具体的目的。有的幼儿园在墙壁上挂着一幅幅精美高档的壁画,这些"高高在上"、缺乏童趣和童真、过于成人化的"精品",不能引起幼儿的注意和兴趣,再漂亮的墙饰也只能是孩子们眼界以外的摆设。甚至有些环境设计由于色彩和内容的不适,引起孩子烦躁不安的情绪。

**(二)重教师,轻幼儿**

环境创设教师动手多,孩子动手少。从成人角度出发多,从孩子角度出发少。往往是教师费了很大工夫,也费了不少钱,但对孩子的影响却不大。有些老师所创设的环境一味追求形式的美观,为了不让幼儿加以"破坏",有的老师还硬性规定只能看不能动,成了一种华而不实的点缀,这样严重缺乏可让幼儿参与活动的机会。

（三）重购置，轻创造

很多农村幼儿园，特别是经济条件较好的幼儿园，过分追求与城市幼儿园的一致，墙饰材料、教具玩具、室内设施外面买的多，自己做的少，成品材料多，半成品材料少，高档次材料多，废旧材料少。

（四）重静态，轻动态

环境设计静止不动的多，活动的、可更换的设计少。往往是墙饰一劳永逸，一成不变，孩子作品一贴多年。有些老师为省时省力，节约装饰开支，一学期甚至一年才做一次环境布置，不管自己布置得是否有教育意义，是否失去时效性，也不管它是否已"黯然失色"，而是让它成为"永久的装饰"，还把这视为节约材料的好方法。其实不然，正由于它缺乏可变性，不能及时为幼儿传递一种新鲜的教育信息，久而久之，孩子们就会对它失去原有的兴趣，对它"视而不见"。

（五）重物质，轻精神

一个幼儿园可能有很好的物质条件，但是，这并不意味着这个幼儿园的内部环境的质量就一定好。幼儿园园长、教师的观念、专业知识技能等，是影响幼儿园内部环境质量的最重要的因素。幼儿园的物质设备与条件，能否得到合理、科学地利用与安排，幼儿园是否有良好的人际关系与合理的生活制度及常规要求，取决于幼儿园园长、教师是否有正确的儿童观、教育观，取决于园长和教师的专业素养与水平。因此，幼儿园环境创设的核心和关键应是精神环境。

## 第三节 幼儿园物质环境创设

幼儿园的物质环境主要包括户外环境和室内环境两大部分。

### 一、户外环境的创设

《纲要》指出："培养幼儿对户外活动的兴趣是幼儿园户外活动的重要目标，要根据幼儿的身体特点组织生动有趣、形式多样的户外活动，吸引幼儿主动参与。"

（一）户外环境的面积与构成

户外环境是幼儿户外活动的场所。《规程》规定：在幼儿园，幼儿每日户外活动的时间不得少于 2 小时，寄宿制幼儿园不得少于 3 小时，高寒地区在冬季可酌情减少。由我国原城乡建设环境保护部，原国家教育委员会颁布的《托儿所、幼儿园建筑设计规范》(1987)规定："托儿所、幼儿园室外游戏场地应满足下列要求：一、必须设置各班专门的室外游戏场地，每班的游戏场地面积不应小于 60 m²，各游戏场地之间宜采取分割措施；二、应有全园共有的室外游戏场地，其面积不宜小于下面计算值：

室外共有游戏场地面积(m²)=180+20(N-1)(注：180、20、1 为常数，N 为班数，乳儿班不计)。"

我国幼儿园户外环境一般可以划分为三大区域：集体活动区、器械设备区、种植养殖区。集体活动区主要供幼儿集体做操、上体育课，进行各种体育游戏，要求场地宽阔平整。器械设备区放置各种大、中型体育活动器械与设备，如滑梯、秋千、平衡木、爬网、跷板、攀登架等，以供幼儿练习与发展基本动作，锻炼身体活动能力。种植养殖区一般供幼儿种植蔬菜、花草、喂养一些小动物以供幼儿观察。外围的活动场地可以配有种植园、沙池、大型玩具等活动设施，在活动中锻炼幼儿的体能，增强孩子的体质。

（二）器械设备的安全性

在选购锻炼幼儿大肌肉活动的设备时，必须注意设备的安全、坚固耐用和可变组合。同时，也应有利于激发幼儿进行探索、发掘和体验。为防止意外事故的发生，除了保证让器械设备质量好，安装牢固，加强检修和对幼儿进行安全教育外，器械设备的设置应注意以下几点：

1. 场地中各项设备间的距离不能太近，以防幼儿拥挤、穿梭发生意外；

2. 设备只供一二人使用者，应置边远地区，免得发生抢夺争执；

3. 设备位置应随季节而转变，做到冬暖夏凉，尤其是金属制品，在夏季应置于阴凉地方，以防炎日烤晒；

4. 沙池、沙箱不要靠近攀爬设备，防止幼儿手持玩沙用具攀爬，发生危险；

5. 车行水泥地不宜正对活动室出口,以免由室内奔出的幼儿与行车相撞;

6. 秋千、荡船附近空地宜宽大,以免摇荡时伤人;

7. 场内若有偏僻角落不易照顾,可放置无危险的设备,如小木马等。

（三）户外环境的整体色彩

儿童喜欢明亮的颜色,所以幼儿园建筑整体外观选用鲜亮明快的色彩,例如黄色、红色、绿色等,这些颜色使幼儿更愿意活动、更容易兴奋。在室外环境里,幼儿的注意力容易发散,因此对于园区布置的重要建筑应该以偏亮的暖色系颜色进行搭配,有效刺激幼儿的活跃性。当植物以绿色调为主的情况下,其他设施应该亮丽,避免绿色的重复。对于活动空间中陈设的大型玩具,则应选择多种变化的色彩搭配,并适当点缀装饰,以产生明快和活泼的心理效果,不宜采用单一色彩以免显得过于呆板。

（四）户外环境的道路与地面

交通主要道路的设置应注意安全,路宽在 3.5 m 以上。游戏活动用的道路路宽一般为 1.5～2 m。变化的事物更能引起幼儿的兴趣,促进其认知能力的提高,所以可以设置弯曲变化的小径来激发幼儿们的想象力,为幼儿增添情趣。幼儿可以在弯曲的小道捉蝴蝶、游玩,其乐融融。地面以坚实平坦的土地、沙地、草地为宜。这种地面可以减少跑跳活动对脑部造成的震荡,同时比较安全。在北方地区,雨水较少,且土壤含沙量高,渗水性强,因此,幼儿园户外活动场地以坚实平坦的土地为宜,既经济实用又安全。南方地区雨水多,土壤黏性大,渗水性差,因此,需要对自然的地面进行改造,如铺塑胶场地,但费用较高。一般说来,水泥地面过于坚硬,不适合作为户外活动场地地面。

（五）户外环境的景观绿化

室外绿化的设计不仅能改善园区的小气候,同时不同种类、不同形态、合理搭配的室外绿化还可以起到功能分区、美化环境、增加艺术情趣、培养儿童热爱自然的情感、促进幼儿身心健康发展的作用。幼儿更关注一些小型的植物,不同色彩、造型的小型花草往往是他们好奇的焦点。因此设计出符合儿童人体尺寸的景观绿化是贯穿整个室外景观环境的重点。在园区部分草坪上,把一些灌木通过修整,把植物设计成简单的几何体、动物形象、童话人物形象或卡通形象,引起儿童的兴趣,激发儿童想象力。整体绿化做到春、夏、秋、冬四季常绿,四季有不同的花开,秋天有果实,在小花园开辟饲养角。通过这样的绿化设计,让幼儿在玩耍中观察,在观察中感知花木四季生长的不同,了解小动物的生活习性,增加和大自然、动植物的亲近感。

总之,一个好的户外环境应符合以下基本要求:① 面积与结构布置合理;② 器械设备与道路地面安全;③ 外观的整体色彩搭配协调;④ 绿化与美化适宜。

## 二、室内环境的创设

幼儿园的室内环境,一般包括活动室、睡眠室以及楼道、走廊等场所。

（一）室内面积与空间利用

足够的空间是幼儿在户内开展各种活动的必要条件。研究表明,过于拥挤的环境有可能增加幼儿的攻击性行为,减少幼儿的社会性交往活动,使观望、不主动参与活动的幼儿人数提高。蒙台梭利指出:"以我们的经验,要达到舒适的感受,必须使房间的地面有一半是空着的,不得放置任何东西,这就是使孩子们感受到愉快的可以进行活动的空间。"原国家教育委员会和建设部 1988 年颁布的《城市幼儿园建筑面积定额(试行)》中有明文规定,如果活动室与寝室分设,活动室的使用面积不小于 54 m²。如果寝室与活动室不分设,则活动室面积应为 90 m²。按每班 30 名幼儿计,每名幼儿应占 3 m²(包括家具、设备占地面积)。幼儿园户内环境应达到这一额定面积,按规定控制每个班级的幼儿人数。

活动室面积偏小是我国大多数幼儿园的共同特点。教师可从几方面考虑以扩大幼儿的活动空间:检查橱柜、桌椅及其用途,考虑每个家具经常使用的程度、何时使用和如何使用。如教师可用风琴或钢琴的表面做桌子,而不需要专门的教师用桌,多余或不再使用的家具可搬走。有些活动不需要幼儿总是坐在桌边进行,这时可搬走一些桌椅,而让幼儿在铺有地毯或木板的地板上活动游戏,必要时再搬回桌椅。在游戏或其他活动中,应充分利用阳台和走廊,在条件允许时可把室内活动改为户外活动,这样既扩大了活动空间,也能利用自然因素锻炼幼儿身体。平时要注意让幼儿把玩具、材料放回原处,及时打扫卫生,保持活

动室清洁整齐。这些都能最大限度地利用狭小的空间。

（二）活动区

活动区也可以称作区角,是指教师根据教育目标和幼儿发展水平,将活动室划分一些区域,如科学区、益智区、建构区、角色区、美工区等,有目的、有计划地投放各种材料,创设活动环境,让幼儿在宽松和谐的环境中按照自己的意愿和能力,自主地选择学习内容和活动伙伴,主动地进行操作、探索和交往的活动场所。布置活动区应注意以下几个问题:

1. 数量适宜。活动区的设置应考虑幼儿活动的实际需要与效果。在活动区,幼儿的活动往往采用松散的小组活动形式。一般来说,容纳 2～3 个幼儿在一起活动的小活动区,可使幼儿安静地活动与交往。活动区所容纳的幼儿人数以不超过 5 个为宜。5 个以上幼儿在一起活动的活动区,经常使噪音增大,幼儿吵嚷行为增加,而且增加了幼儿社会性交往的复杂程度。应当根据活动室的面积,幼儿人数以及教学活动的客观需要来设置活动区,决定活动区的数量,每一个活动区所占据的空间,要使在其中活动的幼儿能够自主地不相互妨碍地开展活动,进行有效的探索和学习。

2. 隔断明显。为了使活动区能被清楚地识别,它们之间应有明确的分隔物,可以利用各种玩具柜、书架、地毯等现有设备当作区域屏障或分界线。划定每一角落的范围可以协助幼儿遵守规则。但作为分隔物的橱架高度和间隔,应尽量以不阻碍成年人的视线为原则。这样可以使教师无论站在活动室内的任何一个角度,都可以看见幼儿在每一活动区的活动情况,以便有需要时能够及时给予辅助。

3. 开放自主。活动区是为了满足儿童活动兴趣和发展需要,加强幼儿的相互交往而设置的。活动区的开放,有利于儿童了解都有哪些活动可供选择。一个主题游戏可以混合在几个活动区域进行。儿童可以随意选择或变换各种内容的活动,也可以在一个游戏中玩出多种花样。如儿童离开娃娃家去搭积木,或从娃娃家出来"买菜","带孩子"看病,去"加工厂"上班等。开放的活动是为了便于儿童从一个活动区转移到另一个活动区,如果有的活动区设置在活动室外,要让儿童了解这一情况,并允许他们往来于这些地方。

4. 布局合理。根据每一活动区的特点和本班实际情况来具体安排。图书区、益智区和美工区的活动较安静,可以考虑安置在相近的地方,其中美工区可以靠近水源,积木区和结构游戏区可以尽量靠拢,便于幼儿结合起来玩,操作区和科学区都要来回摆弄物体,可以相邻。音乐区和表演区应设置在远离安静活动的地方,以免干扰这些区域的活动。角色游戏区可以安置在活动室内的任何地方。但各个角色区之间来往应该是方便的。

5. 规则清晰。每个活动区要有清晰的进区规则或者活动规则。如活动区要有人数限制,使幼儿知道当某个区人数够了,其他的幼儿就不能再进去,应去别的区活动。根据幼儿的不同年龄采取不同的方法。如:小班幼儿可以用脚印、靠垫、头饰作标志,中班第一学期采用小班的方法,第二学期可以采用阿拉伯数字表示每个区域的人数。

（三）玩具材料

玩具与游戏材料的投放,应满足幼儿活动的需要,符合幼儿的年龄特点,支持每个幼儿有效的探索和学习活动。

玩具或游戏材料的摆放应一目了然,便于自由取放。玩具柜应当做成敞开式,分类摆放、整洁有序,有利于培养幼儿活动结束时收拾整理玩具的良好习惯。合理的摆放还应考虑教育的需要,不能把准备的物品应有尽有地摆放出来,活动区变成了杂货摊,幼儿置身其中会不知如何做出选择。比如安排自然角,依据教学内容,只摆放与学习重点有关的材料,以免分散幼儿的注意力。所有摆放玩具及游戏材料的橱柜上的每个格子都有相应的标记,如娃娃家的柜子上,根据品种贴上有碗、勺子等的标记,小班、中班上学期可用图、中班下学期和大班可用文字。用完后各归其位,便于下次使用。新出的物质材料应放在显眼的地方,以便吸引幼儿去摆弄。

（四）主题墙

主题墙是指幼儿园各班教室环境中的墙壁或展板等,它主要是根据各班所开展的主题活动内容而设计和布置的。布置主题墙应注意以下几个问题:

**1. 要看的清楚**

幼儿视线水平离地约 76～100 cm，因此墙壁布置不能太高、超出幼儿视力范围（身高只有 1 米左右的幼儿根本看不清贴在 2 米左右高墙壁上的内容或墙壁上画的形象），也不能太大，否则看起来很不舒服，这些都收不到应有效果。

**2. 能随意触摸**

墙饰的形式多种多样，有平面（绘画、剪纸、剪贴等）、半立体（折纸、插入纸工、橡皮泥浮雕等）、立体（彩灯、挂花、香袋等吊挂饰物）。幼儿一般较喜欢立体造型工艺品、吊挂饰物、立体墙面装饰，而不太喜欢平面墙饰装饰。立体造型工艺品生动具体、有真实感，幼儿可以观察、接近甚至抚摸、玩弄，从各个角度感知它的全貌、获得整体感，比较符合幼儿的认识特点和好玩心理。吊挂饰物同立体造型工艺品一样，较逼真，装饰性强、有动感，形式活泼、随意，立体墙面。装饰具体直观、形象凹凸有序，既有变化又有统一，可视性强，幼儿也较喜欢。

**3. 让幼儿参与布置**

在布置墙壁时，要注意利用形象、色彩、形式、空间等造型要素以及这些要素之间的和谐性与协调性，使墙壁布置表现出统一与变化的整体感。有位特级教师曾采用以下几种方法来布置墙壁：以某种形式将画面统一起来。如在布置"祖国各地风光"时，师生共同收集祖国各地的风光图片，错落有致地贴在墙面上，然后要求每个幼儿制作一节车厢，接成一列长长的火车，以表示小朋友乘火车到全国各地去旅游。串联的车厢形式感很强，使整个墙面的布置统一起来；以某种形象将画面统一起来。如布置"大家一起玩"主题时，主墙画面的是一圈小朋友，中间在做"猫捉老鼠"游戏，副墙面画的是小朋友搭积木、玩球、老鹰捉小鸡等内容。几个墙画，主题是统一的，内容有变化，人物形象都是小朋友，既有集中又有分散，既有统一又有变化的布局也很有整体感。

综上所述，一个好的幼儿园物质环境要达到以下基本要求：（1）安全卫生；（2）空间安排合理有序；（3）材料丰富多样，可以满足不同幼儿的兴趣与需要；（4）环境具有探索性；（5）美感与童趣的和谐统一。

## 第四节　幼儿园精神环境创设

精神环境是幼儿园环境中更为重要的一个方面。创设精神环境主要是创造良好的人际环境，创设人际环境的中心是建立融洽、和谐、健康的人际关系。它具体包括教师与幼儿之间的关系，幼儿同伴间的关系以及教师与教师之间的关系，教师与家长之间的关系等。幼儿园的精神环境虽然是无形的，但却直接影响着幼儿的情感、交往行为和个性发展。

### 一、热爱幼儿，建立良好的师幼关系

教师是幼儿在幼儿园里一切活动的指导者和支持者。在一天的活动中，教师除了要让幼儿了解粗浅的知识、养成良好的行为习惯，还要注重对幼儿活泼开朗的性格的培养，好奇心、探究欲的激发等等，教师自身的榜样具有无穷的魅力，积极的引导对幼儿的发展更具有重要的作用。

（一）对幼儿表现出接受、重视和支持

对幼儿的接受、重视和支持是建立师幼积极关系的基础，也是进一步培养幼儿良好社会性行为的基本条件。教师要善于理解幼儿的各种情绪情感的需要，不对幼儿有偏见，公平对待每位幼儿，教师要不吝惜自己的赞美、不吝惜自己的笑容、不吝惜自己抚慰，让幼儿感觉到老师是喜欢自己的、信任自己的，这样幼儿就会有安全感、被接受感，幼儿就会感到快乐、幸福，就会充分表现自己，好奇心、求知欲就会被激发，大胆、活泼的性格就会慢慢地培养起来。

（二）对幼儿的错误要理解与宽容

在教育实践中不难发现，如果教师过于严厉地批评犯错误的幼儿甚至对经常犯错误的幼儿动辄训斥，其结果或者是幼儿害怕教师并与教师疏远，或者是幼儿产生逆反心理、进而与教师对立。可见，教师对幼

儿错误的不当处理会对和谐师幼关系的建立产生消极影响。那么教师应如何对待幼儿的错误呢？教师首先应认识到：幼儿是成长中的个体，其身心发展尚不成熟，因此，犯错误是正常的、在所难免的。以这种理解、宽容的心态对待幼儿的错误，教师就能心平气和地帮助幼儿分析错误的原因，幼儿也就能更心悦诚服地接受教师的批评。同时由教师的理解所诱发的师幼之间的情感沟通也有助于师幼关系向积极方向发展。但是，理解与宽容并不意味着放任或放纵。教师在理解幼儿的基础上还应对幼儿进行有计划的、及时适宜的指导和帮助，使幼儿能在改进错误的过程中不断成长。

## 二、引导帮助，指导幼儿建立良好的同伴交往关系

虽说幼儿与同伴间的交往态度在很大程度上由幼儿群体的自身特征决定，但教师完全可以通过积极的引导为幼儿创设一个积极的交往环境，有效的影响幼儿之间的交往行为和态度。

（一）引导幼儿学会关心同伴

幼儿的观察能力比较差，尤其是还存在以自我为中心的倾向，对别人的情绪、需要等不善觉察，缺乏对他人的了解。教师有效的引导会起积极的影响。如当发现有幼儿情绪低落时，要提醒其他幼儿去询问、去关心，了解他的心思，说出来同伴们共同讨论、分析，老师在旁边，不时地穿针引线，在真实的生活情境中来引导幼儿学会关心别人。

（二）帮助幼儿学会交往技巧

幼儿之间因为年龄小，经常会发生矛盾。微不足道的事，在他们之间也会吵闹起来。如：游戏时，一幼儿不小心踩了同伴，通常情况他们会一来一往打起来，此时教师要有一双慧眼敏锐的观察到，及时施加引导，对这名幼儿说"你不小心踩了同伴，你该怎样对他说呢？"对被踩幼儿说："他不是故意的，你该怎么说呢？"这样幼儿就正确理解和使用了"对不起、没关系"，进一步让他们握手继续做好朋友。时间长了幼儿就学会自己解决矛盾，有了与同伴交往的技巧。

## 三、以身示范，建立教师间良好的交往关系

首先，教师间的人际交往是幼儿交往和社会性学习的重要榜样。因此，教师教给幼儿要相互关心、帮助、抚慰、进行合作等行为和品质，如果教师自己都做到了，那孩子就更容易产生并长期保持这种行为；反之，教师间是漠不关心、人情冷漠，那么，教师再怎么要求幼儿要有爱心、同情心，其效果势必会大打折扣。因此，教师自身交往的行为表现像一面镜子照耀着、影响着幼儿。

其次，教师间的交往直接影响幼儿园工作的顺利开展，以及教风、园风的形成。所以，考虑一个班级的老师搭配时，都应注意到她们的脾气、性格，两人脾气、性格相投就容易形成和谐的班级气氛，直到园风的形成。除了人际环境外，幼儿园的日常规则、行为标准也是幼儿园精神环境创设的重要部分。例如，教师说话时要求幼儿注意听，使用玩具时要学会分享、谦让，接受别人的帮助后应当学会表示谢意等等。久而久之，幼儿就能够对社会交往中的一些规则内化为自己的思想认识，从而在日常活动中自然而然地表现出交往技能，能愉快地生活在班集体中。

## 四、沟通交流，建立良好的家长与教师间交往关系

幼儿园的各项教育工作始终离不开家长的配合，同样，要建立良好的精神环境也离不开家长的支持和帮助。教师要经常和家长交流，互相学习、取长补短，共同教育好幼儿，如果教师和家长的关系不好则会直接影响到教师和幼儿的关系。

第一，以平等、合作的态度对待家长。教师要认识到，也需要促使家长认识到，教师和家长共同关心着幼儿的成长，他们为达到促进幼儿的发展这个共同的目标而分担着不同责任，他们都应该也能够对家园积极关系的建立作出有价值的贡献。只有教师和家长都把关注点集中于为幼儿提供最好的发展环境这个共同目标，共同分担责任和分享成功，都把对方当作既有优点又有缺点的人来对待，他们才可能以平等、合作的态度对待对方，才能够在幼儿的生活中发展成合作者、共同的教育者和共同的决策者这种真正的教育伙伴关系。特别需要注意的是，当家长与教师出现矛盾时，教师必须理解到家长对幼儿园、对教师的印象会

受到他们以往的经验和成见的影响,从而坚持以宽容的心态,以一贯平等、合作的态度改变家长对幼儿园、对教师的消极看法。

第二,积极主动地与家长沟通。教师可以采用各种方法与家长沟通。家长开放日、家访都是常用的家园沟通方式。教师还可以采用一些书面形式,如信息栏、家园联系簿等与家长沟通。

第三,鼓励家长参与幼儿园教育。家长可以成为制定幼儿园教育方案的决策者之一,或是课程方案领导小组及意见委员会的成员,这样家长就可以与教师共同制定教育计划,设计课程或者对教育计划和课程设置提出意见与建议。基于家长的文化背景、职业和特长,教师可以请家长来幼儿园给幼儿讲课。此外,家长还可以与幼儿一起参加园里组织的活动。

总之,幼儿的发展并非单纯受幼儿园一种环境的影响,同时受到来自各种大小环境的影响。而且,各种环境之间也不是独立、静止存在的,而是相互作用、相互制约。所以,我们作为一名幼儿教师一定要深入了解影响幼儿健康成长的一切因素,只有这样才能有针对性地对幼儿进行适当的感染与影响,促进其朝着健康、正确的方向发展。"随风潜入夜,润物细无声",无声的环境会让幼儿体会到舒适与温馨,也正是这种无声、其乐融融的环境,让幼儿逐步的成长与发展,成为幼儿园里"不会说话"却具有极大教育意义的因素。

## 自 测 题

### 一、名词解释

1. 幼儿园物质环境　　2. 幼儿园精神环境　　3. 活动区

### 二、单项选择题

1. 幼儿园的环境创设主要是指(　　)
   A. 购买大型玩具和各种游戏设备　　　　B. 安装塑胶地板
   C. 提供适宜的物质环境和精神环境　　　D. 选择较为清静的场所

2. 狭义的幼儿园环境是指(　　)
   A. 幼儿园的生活环境　　　　B. 幼儿园的心理环境
   C. 幼儿园的内部环境　　　　D. 幼儿园的外部环境

3. 幼儿园"食品柜要低到孩子能用手臂够得着;门要轻便易开关;肥皂块大小要适当……"这样的儿童生活环境符合(　　)
   A. 目标导向性原则　　B. 发展适宜性原则　　C. 幼儿参与性原则　　D. 经济性原则

4. 某幼儿园规定教师不能留长指甲、不能穿高跟鞋……;学前儿童不能将零食带进幼儿园……。这些规定从环境角度看属于幼儿园的(　　)
   A. 物理环境　　　　B. 精神环境　　　　C. 制度环境　　　　D. 人文环境

5. 幼儿园的通道、楼梯上面有小脚印,暗示学前儿童行走要有秩序;画上剪刀的图形"告诉"学前儿童剪刀要放在固定的地方,养成整理东西的习惯等等。这体现了环境具有(　　)
   A. 教育性　　　　B. 生活性　　　　C. 美观性　　　　D. 游戏性

6. 在创设幼儿园环境时要调动家长力量参与,这体现了幼儿园环境创设原则的(　　)
   A. 发展适宜性原则　　B. 目标导向性原则　　C. 经济性原则　　　　D. 开放性原则

7. 一所幼儿园能否成为真正的儿童乐园,主要取决于幼儿园(　　)
   A. 精神环境　　　　B. 物质环境　　　　C. 教师学历　　　　D. 幼儿园等级

8. 户外环境的地面创设不宜采用以(　　)
   A. 水泥地　　　　B. 土地　　　　C. 沙地　　　　D. 塑胶地面

9. 下列选项中,不属于幼儿园精神环境的是(　　)

A. 教师的教育观念与行为　　　　　　　B. 幼儿园的人际关系

C. 幼儿园设备条件　　　　　　　　　　D. 幼儿园文化氛围

10. 根据《托儿所、幼儿园建筑设计规范》(1987)第九条规定幼儿园各班都要有专用的室外游戏场地。而且每班的游戏场地面积不应小于(　　)

A. 30平方米　　　B. 40平方米　　　C. 50平方米　　　D. 60平方米

## 三、简答题

1. 简述幼儿园环境的特点。
2. 幼儿园环境创设有哪些需要遵循的原则?
3. 简述好的幼儿园物质环境的基本要求。
4. 简述幼儿园活动区和主题墙的布置要求。

## 四、论述题

1. 举一个你所实习幼儿园的环境创设的实例,结合环境创设的原则进行分析与评价。
2. 结合实际论述如何营造良好的幼儿园精神环境。

## 五、案例分析

(一)阅读材料,回答问题

下面是一名幼儿园教师以《丰收啦》为主题进行的主题墙式设计。

在主题墙中央布置一棵大大的果树,同时贴上大一班孩子亲手画的水果。两侧贴上用卡纸、塑料丝带做成的稻穗。告诉幼儿这是丰收的季节,并让幼儿收集日常的废旧用品,如废纸盒、瓶盖、"汽车挂历"等,让能力强的幼儿运用废纸盒、瓶盖等来制作"心目中的汽车",能力较弱的幼儿则动手撕贴"汽车挂历",共同参与布置运水果的场景,丰富主题墙饰。

问题:

1. 请评价这位教师的墙饰设计。
2. 结合材料说明这位教师坚持遵循了哪些环境创设的原则。

(二)阅读材料,回答问题

晨间活动时,一个小朋友高高兴兴地跑到"建筑角"准备拿积木拼搭,一不小心,一筐积木全倒翻在地上。老师生气地大声说:"你怎么回事?光会调皮捣蛋,真讨厌!快把积木捡起来!"这个孩子呆呆地望着老师,等老师视线转移时,他悄悄地走到活动室一角的桌边……

问题:请结合精神环境的创设谈谈你对老师行为的看法。

## 课外拓展:

### 幼儿园环境布置"三问"[①]

江苏省常州市新北区百丈中心幼儿园园长　赵晓丽

环境布置是幼儿园文化建设最为外显的层面。如何让幼儿园的每个角落都起到润物无声的教育作用,使幼儿园成为幼儿的温馨家园,是许多园长都在面临的挑战。

---

① 赵晓丽.幼儿园环境布置"三问"[N].中国教育报,2012-5-13(2).

### 是园长统一谋划,还是教师自主进行?

对于校园环境布置,有的时候,教师不清楚要做些什么和怎么做才能做得更好。所以,经常会出现园长谋划在先,并用命令来指挥教师的情况。这时,教师只是一个简单的执行者,园长怎么说,教师就怎么做。在这种情况下,园长就要不断引导教师、帮助教师在创设环境的过程中提炼与总结方法,在教师遇到困难时给予鼓励,帮助教师从被动转为主动,使其能够自主而轻松地进行校园环境布置。

刚到幼儿园时,幼儿园确立了办园理念“用爱和智慧共创美好未来”。有一天,一位教师在和我聊天时提出:要让办园理念真正能浸润到教师的血液中,转化为自觉的教育行为,必须先让教师首先能记住它,让更多的人来认识它。当时,我就肯定了这位教师的看法。于是,我把这个想法分享给更多的教师,让大家来共同解决问题,教师们一致认为,这句话应该上墙。然而,由于教学楼外墙是格子状的,整句话上墙成为一大难题摆在了我们面前。于是,我和教师聚在一起,就这一问题展开讨论,大家都在出谋划策。“不如再想想换个地方吧?”“不行,这个位置最显眼。”“既然位置不能变,不如我们把理念巧妙地转化一下吧。”一石激起千层浪,大家你一言、我一语,最后“有爱、有智慧、有未来”这3个精当的短语在大家的一致认可下很巧妙地上了墙。大家看了,绽开的笑颜比阳光还灿烂。说真的,看着那金光闪闪的8个大字,我除了喜悦,更多的是在思考:有时,我们园长总会以自我为中心,以权威者的身份高高在上,要知道,自己的一声令下,教师的无声服从背后可能是他们内心深处的强烈抵触,可能是对更多智慧和创造性的扼杀。在幼儿园环境创设过程中,我们首先要解决的第一个问题,就是环境布置到底是为了谁?是园长要做的,还是为幼儿的成长才去创设的?认清了这一点,园长就要成为教师创设过程中思想的引领者、方法的指导者以及行动的合作者。在幼儿园环境创设的过程中,只要园长学会放手、善于激励,就一定能让教师们心往一处想、劲往一处使。

### 是教师包办代替,还是大家群策群力?

在幼儿园环境布置中,如果教师大包大揽,不仅会让自己奔波忙碌,同时还会剥夺幼儿们锻炼的机会,更会减少与家长沟通、减少家长了解班级活动的机会。例如,在班级环境布置上,就可以让幼儿去一试身手。幼儿虽然年龄小,但他们却有着较强的表现欲望,只要有表现的机会,他们是乐意展示自己的才华的。当然,这需要教师对他们进行引领和指导。班级环境布置,必要时还需要请家长参与。家长在参与的过程中,不仅可以和孩子增进亲子情感,还可以了解幼儿园所提供环境背后的教育意义。

一次,小班开展“扮家家”主题活动,我和教师一起,结合主题活动的教育目标,先设计好主题墙的大致框架。活动初期,教师引导孩子带来自己和家人的照片,张贴在主题墙上并取名为“全家福”。贴上后,一有空,那里总会围着几个小朋友,指着照片在看。在布置好主题墙的大框架后,教师开始鼓励家长和孩子共同参与,请家长在孩子的美术作品上写上一段话,然后和孩子一起将作品布置在墙面上。就这样,孩子们的作品完成了,班级的主题墙也装饰好了,孩子们也从中体验到了成功的喜悦,越来越喜欢自己的教室了。

由此可见,幼儿园的孩子比起小学生、中学生,他们的年龄小,无论在家庭还是在幼儿园,成人都会多一点担心,从而导致包办代替的现象比较严重。有时,即便有放手锻炼孩子的想法,也总会觉得他们的速度慢、他们的作品稚嫩,与其这样,还不如自己承担。但我们却往往因为这样那样的担心和顾虑,无情地剥夺了孩子一次次成长和锻炼的机会。作为孩子的引路人,我们要学会静心等待,等待他们在成长的舞台上一步一步地慢慢向前走。

### 是静态摆放,还是动态使用?

细心的教师不难发现,在幼儿园常常存在这样的现象:幼儿园布置的环境,开学时和放假时一个样。在我看来,这是教师观念在作祟,教师在创设环境前如果丢失儿童立场,如果创设环境的原点定位错误,这种环境创设得再美也只是一种静态的摆设而已。

环境是一个整体，是一种隐性的教育。我们要努力让环境活起来，使环境无处不说话、处处有教育。以班级图书角为例，为了建设书香幼儿园，每个幼儿园都会设立班级图书角，大多是设立一个书柜，放上一些图书，让孩子在规定时间内自由取阅。但由于书柜容量有限，孩子短时间内就会把书柜上的书看完，之后书柜上的书就不再吸引他们的眼球了。而且，还会经常出现为某本书发生争吵、在读书时大声喧哗、不爱护书本等现象。怎么办？为了化解这些问题，我们以"让班级图书角活起来"为主题开展了沙龙讨论。通过互动交流，我们决定把原来的"班级图书角"改名为"好书漂流吧"，每个幼儿自带一本图书，写上班级、姓名后投放到图书角。为了让书真正活起来，我们尝试每周五家长和宝宝可自行借一本书回家进行亲子阅读，半个月或一个月后进行交换。教师通过对图书的筛选后，还可以进行年级之间的交换。这样的举措深受孩子、教师和家长的喜爱。因为此时的图书角，不再是静态的摆设，而是活的教育资源，表面上是静态地呈现在班级的图书角，事实上却在慢慢地漂流着，从一个又一个班级漂过，从一个又一个孩子手中传递过。为了引发孩子与环境的互动，使进入图书角的每个孩子都能自觉地遵守读书规则，我们添加了"图书医院"角，投放了粘胶、剪刀等材料和工具，引导孩子对损坏的书进行修补。我们还结合阅读常规，充分考虑幼儿的年龄特点，在图书角里增加了图文并茂的友情提醒，让孩子进入后就知道要一页一页地翻、要安静地看、看完后要放回原位等。

可见，幼儿园完全可以充分利用三维空间（地面、墙面、立体空间），为幼儿创设操作性、参与性强，充满童趣和富有教育意义的环境，使幼儿园成为幼儿温馨的家园。

# 第10章  幼儿教师

**学习目标**

1. 了解幼儿教师承担的不同角色,明确幼儿教师的工作职责与任职资格;
2. 理解幼儿教师必备专业素质的内涵与基本要求;
3. 理解幼儿教师专业发展的特征和阶段,能够根据自身特点选择适当的方法途径促进自身专业发展。

## 知识结构

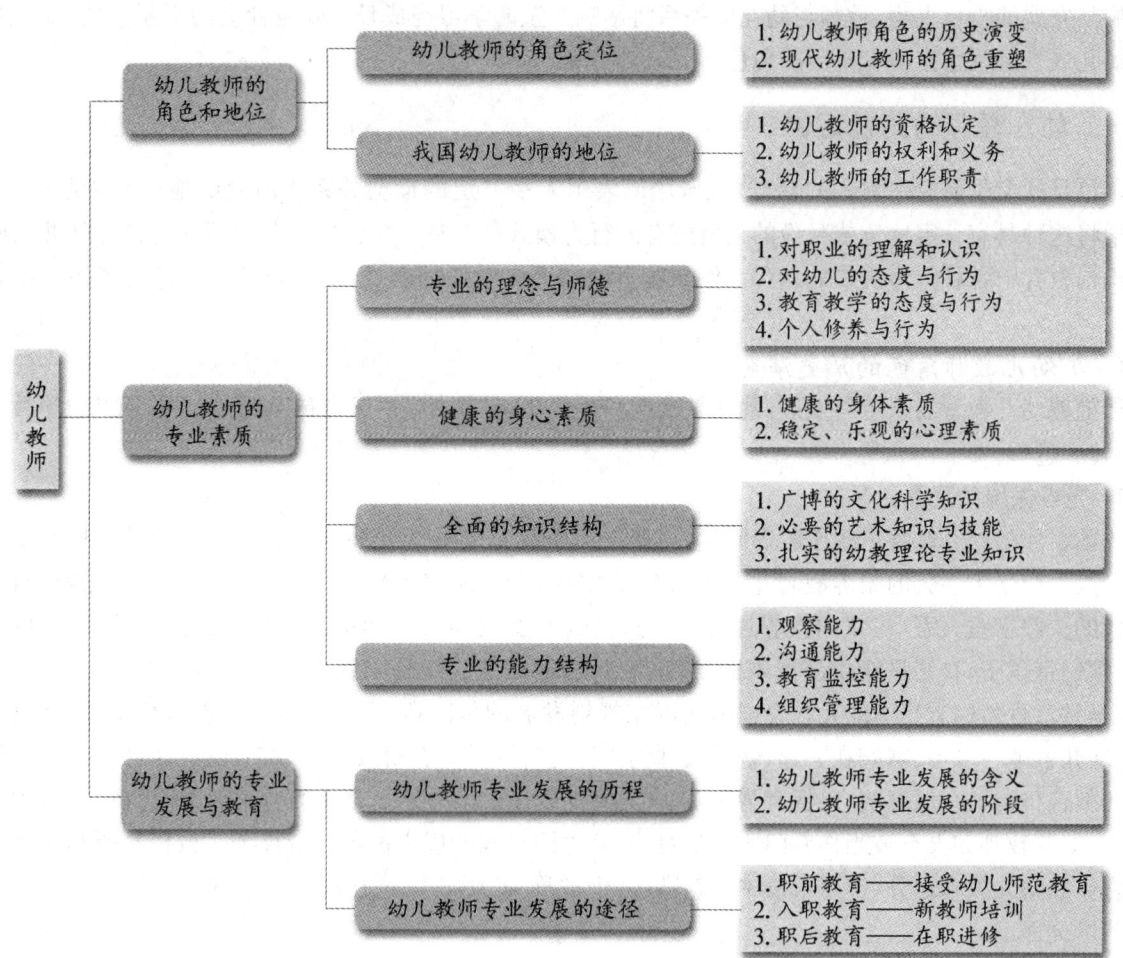

前苏联教育家苏霍姆林斯基创办的帕甫雷什中学闻名世界。在他当校长的时候,校园里开出一朵最大的玫瑰花,学生都非常惊讶,每天都有许多学生来看。一天早晨,苏霍姆林斯基在校园里散步,看到幼儿园一个4岁女孩在花园里摘下那朵玫瑰花,抓在手中,从容地往外走。他很想知道原因,便俯下身子,亲切地问:"孩子,你摘这朵花送给谁呀?能告诉我吗?"小女孩害羞地说:"我奶奶病得很重,我告诉她校园里有一朵大玫瑰花,奶奶有点儿不信。我现在摘下来送给她看,看过了我就把花送回来。"听了孩子天真的回答,苏霍姆林斯基牵着小女孩,从花园里又摘下两朵大玫瑰花,对孩子说:"这一朵是奖给你的,你是一个懂得爱的孩子;这一朵是送给奶奶的,感谢她养育了你这样好的孩子。"

这是大教育家的做法,而当你面对孩子的这些行为时,你又会怎样做呢?怎样才能成为合格的幼儿教师?合格的幼儿教师又该具备哪些专业素质呢?带着这些问题,让我们进入本章学习吧!

## 第一节 幼儿教师的角色和地位

幼儿教师是以幼儿教育为职业的专业工作者。幼儿教师肩负国家和社会的委托,在托幼机构向幼儿进行专门的教育工作,在教育过程中,担负着重要的任务。对幼儿来说,当他们进入幼儿园之后幼儿教师是影响其发展的重要人物,教师与幼儿的关系将影响儿童的学习与成长。随着社会的不断发展,幼儿教师也在幼儿成长过程中扮演着不同的角色。

### 一、幼儿教师的角色定位

角色是社会学研究中引入的戏剧术语,用以表示人在一定的社会关系中所处的地位和所起的作用。社会学将这种具有一定地位或身份的人所应有的行为模式称为社会角色。幼儿教师的角色是幼儿教师在托幼机构教育中各种行为模式的总和。伴随着不同的历史时代的变迁,幼儿教师的角色也经历了不同的定位。

(一)幼儿教师角色的历史演变

伴随着幼儿教育的产生与发展,幼儿教师的角色经历了"保姆"、"保育员"(阿姨)到"专职的幼教工作者"的转变过程。

**1. 充当保姆的阶段**

我国古代的幼儿教育出现于殷商时代,主要以蒙养教育的形式开展;秦汉以后进入有教材、有组织形式的阶段。但绝大多数的蒙养教育主要是在家庭中进行的,而负责年幼儿童的教育者充当保姆的角色。在古代的少数富贵人家,儿童的教养通常由经过挑选的女奴和女仆承担。这些女奴、女仆们通常目不识丁,让她们带孩子,自然只能扮演保姆的角色,她们的职责也仅仅是照管孩子。清朝末年,清政府颁布的《奏定学堂章程》,标志我国幼儿教育被纳入国家规划发展的新阶段,在专门的幼儿教育机构——蒙养院,其中,幼儿教师与乳母、寡妇在一起,幼儿教师仍被称为"保姆"。在解放战争时期,解放区创办的一种新型的幼儿教育机构——保育院,以保育为主,强调儿童的安全、健康成长,幼儿教师称为"保育员"。新中国成立之初,幼儿教师并没有被当作专门职业来对待,有生活经验的成人都可以带孩子。虽托儿所和幼儿园中有保育员和幼儿教师之分,但与学校中的教师比,仍被称为"阿姨",这在社会大众的看法里仍只不过是保姆的代名词而已。

**2. 充当教师的阶段**

随着大工业和科技的发展,人们对幼儿的期望越来越大,社会对幼儿教育工作者的要求也越来越高。

幼儿教育工作者的主要职责开始由保育转为教育,或以教育为主。幼儿教育工作者自身的素质也在逐步提高。她们不仅能从事保育工作,而且能启发、诱导幼儿,促进幼儿身心的全面发展。这样,幼儿教育工作者的工作角色就逐渐转变为教育者,人们对幼儿教育工作人员的称呼也逐渐由"保姆"转为"教师"。今天,幼儿教师逐渐被视为一种专门化的职业,成为专职教育工作者。但是,提高幼儿教师专业化水平的路还很长。

### 3. 幼儿教师角色多样化的阶段

在传统教育中,幼儿教师是教育活动的中心,扮演着知识的灌输者、权威者等多种角色。随着时代的进步,人们对幼儿教师角色的期望,已出现了多样化的趋势。如皮亚杰认为,幼儿教师应是孩子的游戏伙伴;蒙台梭利认为,幼儿教师应是幼儿学习的指导者和引导者;还有人认为,幼儿教师应做幼儿母亲的替代者、幼儿的知心朋友、大姐姐等。总之,人们普遍认为,幼儿教师扮演的社会角色丰富多样,有利于幼儿的社会化,有利于幼儿身心的健康发展。

### (二)现代幼儿教师的角色重塑

伴随新世纪信息化时代的来临,时代呼唤着幼儿教师角色的重塑。当前我国基础教育改革、《纲要》的实施都对教师角色提出了新的要求与任务。幼儿教师是以幼儿教育为职业的专业工作者,肩负着国家和社会的委托,在幼儿园向幼儿进行专门的教育工作。由于幼儿的身体、认知、情感、社会性等各方面都处在从不成熟向初步发展的过程中,因此,幼儿教师在托幼机构教育中首先必须承担起幼儿的养护者,沟通幼儿与社会的中介者等重要角色。同时,现代社会的发展和教育变革的潮流特别强调幼儿教师应承担幼儿学习的支持者、幼儿发展的促进者、幼儿教育的研究者的角色。

### 1. 幼儿教师是幼儿的养护者

幼儿教育机构是幼儿迈向社会的第一站,也是幼儿所遇到的第一个社会性机构。由于幼儿缺乏生活经验,身心发展水平较低,在情绪情感上具有很强的依恋心理,这就要求幼儿教师要善于满足孩子的这种需要,做他们的亲人,成为他们尊敬和爱戴的长者。幼儿身心发展的这些特点和需要也决定了保教结合是幼儿园教育的基本原则,也是对幼儿园教师的基本专业要求。《专业标准》明确提出要"注重保教结合",不仅将"一日生活的组织与保育"作为重要的专项领域要求,而且对教师提出了多项具体要求:要能合理安排和组织一日生活的各个环节,科学照料幼儿的日常生活,将教育灵活地渗透到一日生活中;能充分利用一日生活中的各种教育契机,对幼儿进行随机教育,以将保教结合原则落到实处等。具体说来,幼儿教师不能只是一位教学工作者,教师的"养护者"或者说"照料者"的角色是至关重要的。"养护"不仅指对幼儿生理、生活上的照顾,而且包含着对其积极良好的情绪情感状态、健康人格、个性品质、社会性品质与行为等多方面心理发展予以积极的关注与呵护。作为养护者,教师需要给予幼儿以鼓励、支持、宽容、理解和尊重。"养护者"关键体现在两个方面:

(1)幼儿教师是幼儿权利的保障者。幼儿具有主动活动、学习与发展的能力。儿童的发展源自人的无限的生命力,儿童的发展过程就是儿童"内在潜力"得以不断展示的过程。因而幼儿教育的首要任务就是激发和促进儿童的"内在潜力"的表现,并按其发展规律获得自然的和自主的发展。因此,自主活动、自主学习、主动发展是幼儿在成长中应该享有的基本权利。幼儿教师应努力成为儿童权利实现的保障者。每一位幼儿教师都应该努力为幼儿提供自由活动、自主探索、自主操作的机会,积极引导幼儿建构对周围世界和生活世界的知识经验,并鼓励幼儿尝试独立解决问题。教师过多的干涉,包办代替或不恰当的介入,都会妨碍幼儿的自主活动。

(2)幼儿教师要为幼儿发展创设适宜的气氛与环境。适宜的气氛与环境对幼儿健康发展是非常重要的。教师的职责是给幼儿发展提供适宜的、有准备的环境。这种环境不仅包括物质环境,如创造有规律、有秩序的生活环境,提供有吸引力的、美的、适用的设备和用具等,而且还包括对儿童心理健康发展而言更为重要的精神环境,如对儿童的理解、关爱、鼓励和支持;允许儿童独立自由的活动,自然的表现;丰富儿童的生活印象,鼓励同伴间的交往,促进儿童智力、自我和社会性的发展。教师应积极成为这一"有准备的环境"的创造者、维护者与管理者,使这个环境舒适、温馨、安全和有秩序。

### 2. 幼儿教师是沟通幼儿与社会的中介者

教师是使学前儿童接触、了解社会,并开阔其视野,使其走向社会生活的重要引路人。幼儿对社会积

极的认知、态度与情感体验都是在与教师的交往中完成的。教师不仅在幼儿园组织开展大量与幼儿的社会生活密切相连的教育活动,如"我的幼儿园""我和小伙伴""团结合作力量大""我的家长"等活动,而且经常带领幼儿走向社会,直接帮助幼儿了解、体验社会生活,如参观商场、超市购物,参观现代农业园区的无土栽培、了解城市河流的污水治理和环境保护等。在这些活动中,教师适时地结合幼儿的经验和感受,教给他们大量的社会规则、行为规范,引导他们观察、体会人与人之间适宜的情感态度、相互关系和相处方式,并积极创造机会条件,帮助他们锻炼、实践并逐步掌握友好恰当的交往行为和技能策略。这正是教师不仅帮助幼儿融入班级、幼儿园小群体,而且为其走向更大、更广的社会生活奠基的表现。

### 3. 幼儿教师是幼儿学习的支持者

"教师是幼儿学习活动的支持者、引导者,是学习过程中的信赖的合作者,更是解决困难的引导者。"《纲要》第三部分第十条就明确了这一点。现代信息技术为儿童提供了获取信息的广泛途径,幼儿教师应从文化知识的传授者的传统角色转变为幼儿学习的支持者。教师对幼儿学习的支持体现在激发与鼓励幼儿学习的兴趣、探究心,帮助他们形成积极的学习态度,掌握有效的学习方法,从中获得学习的乐趣;帮助幼儿学会思考、学会求知、学会探索、学会创新。为此,教师要特别注意:一是支持幼儿独立自主地学习,并给予更多的帮助;二是支持幼儿的合作学习。在现代教育中,教师应更多鼓励儿童结成合作小组,围绕某一主题而开展合作、交流、研讨,这将激发儿童的学习兴趣与愿望,也会促进儿童的团体意识与合作研究的能力。

### 4. 幼儿教师是幼儿发展的促进者

在新时期,教师的角色应从学前儿童的教导者转变为学前儿童发展的促进者。幼儿在幼儿园里不仅学知识,还要学做人,学做事,学习过幸福的生活。因此,幼儿的成长和发展不是靠教师简单地教知识、幼儿学知识的过程就能实现的。教师的角色任务在于促进幼儿的整体发展。教师应协助幼儿增进其对周围世界的了解和培养其继续学习的兴趣,还应促进他们的个性品质、社会性等多方面能力的生成。教师对幼儿发展的促进作用主要表现在:促进幼儿认知与智能的发展,包括对幼儿知识与经验的传授,解决问题的能力、创新精神等方面的指导与培养;促进幼儿的学习动机,激发幼儿学习的兴趣与爱好;促进幼儿情感、行为、交往、人格等方面的提高与发展;促进幼儿主动学习、自主学习、合作学习的意识、态度与倾向。

### 5. 幼儿教师是幼儿的研究者

教师成为研究者既是提高教育教学质量、促进学前儿童发展的需要,也是时代与社会发展的要求。知识信息的日新月异以及传播渠道的多样化,使得教师不再是知识的权威,因而教师需要不断地学习、更新知识。同时,教育活动的丰富性、复杂性和多样性更决定了教师必须成为教学研究的反思者,或者说是反思型的研究者。教师的研究更多体现在能对自身的教育教学实践活动进行科学、理性的反思。教师可以反思课堂教育教学情境中各种技能与技术的有效性;也可以主要针对课堂实践中的问题,把教育理论应用于教育实践,以便做出决策;同时反思课堂中的师幼关系、人际交往等方面,反省教育实践中的价值、伦理和道德等问题。

## 二、我国幼儿教师的地位

在人类历史的任何社会,都存在着人类文明成果的承传与发展的问题,教师就是专门传递人类文明成果的人。教师劳动的社会价值,最突出地表现在教师对延续和发展人类社会的巨大贡献上。教师的工作,联系着人类的过去、现在以及未来。特别是现代社会,人人都必须受教育,没有教师,社会文明的传递和发展会大大延缓,社会进步就会大大推迟。可以说,在科学技术迅猛发展的今天,社会的进步和个人的幸福比以往任何时候都更加有赖于教育的发展与进步,因而教师在社会进步中担负着神圣的历史使命,体现出独有的社会价值。

因此,我国的法律法规也对幼儿教师的价值予以肯定。依据1993年10月颁布的《中华人民共和国教师法》精神,幼儿教师是在幼儿园履行教育职责、对幼儿身心施行特定影响的专业教育工作者,担负着培养社会主义事业的建设者和接班人、传播精神文明、提高全民族素质的历史使命。2011年教育部颁布的《专业标准》中再次强调,幼儿园教师是履行幼儿园教育工作职责的专业人员,需要经过严格的培养与培训,具

有良好的职业道德,掌握系统的专业知识和专业技能。

（一）幼儿教师的资格认定

作为专业人员,社会对幼儿教师教育的专业化要求在不断提高。美、日、澳等国都有教师教育的专业协会来规范幼儿教师教育机构,实行资格认定制度和定期的资格再认定制度。《中华人民共和国教育法》和《中华人民共和国教师法》明确规定,凡在各级各类学校和其他教育机构中从事教育教学工作的教师,必须具备相应教师资格,没有相应教师资格的人员不能聘为教师。自 1994 年 1 月 1 日开始,我国各地相继实行了幼儿教师资格制度,从 1996 年起,我国幼儿园教师实行了聘任制,对有幼儿教师资格的人员进行招聘,择优录用。2011 年 7 月,为了提高教师队伍整体素质,完善教师资格制度,严把教师入口关,促进教师专业化,根据《中华人民共和国教师法》《教师资格条例》和《〈教师资格条例〉实施办法》,制定中小学和幼儿园教师资格考试标准。幼儿园教师的资格认定一般包括:

1. 遵守宪法和法律,拥护党的基本路线;

2. 热爱幼儿教育事业,爱护幼儿,具有良好的思想品德,为人师表,忠于职责;

3. 具备幼儿师范学校毕业及以上学历,或经国家教师资格考试合格;

4. 具备承担教育教学工作所必需的基本素质和能力,努力学习专业知识和技能,提高文化和专业水平;

5. 普通话水平应当达到国家语言文字工作委员会颁布的《普通话水平测试等级标准》二级乙等以上标准,并取得相应等次《普通话水平测试等级证书》;

6. 具有良好的身体素质和心理素质,无传染性疾病,无精神病史,适应教育教学工作的需要。

（二）幼儿教师的权利和义务

**1. 幼儿教师的权利**

依据《中华人民共和国教师法》等相关法律条文,我国幼儿教师享有的权利有:

（1）进行保育教育活动,开展保育教育改革和实验的权利;

（2）从事科学研究、学术交流,参加专业的学术团体,在学术活动中充分发表意见的权利;

（3）指导幼儿的学习和发展,评定幼儿成长发展的权利;

（4）按时获取工资报酬,享受国家规定的福利待遇以及寒暑假带薪休假的权利;

（5）参与幼儿园民主管理的权利;

（6）参加进修或者其他方式的培训的权利。

**2. 幼儿教师的义务**

权利和义务是相辅相成的。依据《中华人民共和国教师法》和《幼儿园工作规程》,我国幼儿教师的义务如下:

（1）遵守宪法、法律和职业道德,为人师表;

（2）贯彻国家教育方针,遵守规章制度,执行幼儿园保教计划,履行聘约,完成工作任务;

（3）按国家规定的保教目标,组织、带领幼儿开展有目的、有计划的教育活动;

（4）关心、爱护全体幼儿,尊重幼儿人格,促进幼儿的全面发展;

（5）制止有害于幼儿的行为或其他侵犯幼儿合法权益的行为,批评和抵制有害于幼儿健康成长的现象;

（6）不断提高思想政治觉悟和教育教学业务水平。

（三）幼儿教师的工作职责

《幼儿园工作规程》(简称《规程》)第三十七条规定,幼儿园教师对本班工作全面负责,其主要职责是:

1. 观察了解幼儿,依据国家规定的幼儿园课程标准,结合本班幼儿的具体情况,制订和执行教育工作计划,完成教育任务;

2. 严格执行幼儿园安全、卫生保健制度,指导并配合保育员管理本班幼儿生活和做好卫生保健工作;

3. 与家长保持经常联系,了解幼儿家庭的教育环境;商讨符合幼儿特点的教育措施,共同配合完成教育任务;

4. 参加业务学习和幼儿教育研究活动;

5. 定期向园长汇报,接受其检查和指导。

在这五项任务中,第一项任务是教师工作的中心任务。第五项任务"向园长反映意见",说明幼儿教师在开展活动时,不单是一个实践者,同时也是一个敏锐的观察者和意见提供者,从不同的角度进行观察、分析、检讨和反映意见,让各项活动能够更加顺利地进行和不断进步。

## 第二节 幼儿教师的专业素质

学前教育质量的提升的关键与核心是教师队伍质量的提升。国际经验也表明,幼儿教师质量决定着学前教育的质量,高素质专业化的幼儿教师队伍是高质量教育和儿童健康发展的重要保障,可以说,没有教师的质量,就没有学前教育的质量。教师是一种专业化的职业,主要是因其有独特的素质要求。幼儿教师自身素质的全面提高是保证幼儿素质全面发展的基本前提,也是实现优质教育的必要条件。幼儿教师的专业素质是幼儿教育工作对幼儿教师提出的专业化要求,是幼儿教师开展幼儿教育工作必须具备的素质。

《规程》规定,幼儿教师应当"热爱幼儿教育事业,爱护幼儿,努力学习专业知识和技能,提高文化和专业水平,品德良好,为人师表,忠于职责,身体健康"。《专业标准》将专业理念与师德、专业知识和专业能力三方面作为幼儿园教师必备的基本素质与条件,尤其注重专业理念与师德,将其作为专业幼儿教师的灵魂与核心。

### 一、专业的理念与师德

专业理念与师德是教师职业的基准线。"专业理念"是关于教育教学的观念和信念;"师德"是指教师在教师职业生活中处理各种关系所遵循的基本行为规范以及遵循这些规范中所表现出来的观念意识和行为品质。"专业理念与师德"既超越了"专业理念"所属的"认识论"范畴,延伸至情感、意志和行为的层次;也超出了一般意义上的"师德"范畴,要求幼儿教师形成坚定的专业认同和信念。幼儿教师的专业理念与师德主要体现在四个领域:

(一) 对职业的理解和认识

首先对待职业,要求幼儿教师要做到依法执教;爱岗敬业;为人师表;团结协作。其中,最为核心的是"爱岗敬业"和"为人师表",它们是教师作为专业人员应有的基本素质要求和追求。幼儿教师一定要认识到教师职业是一个专业性职业,以专业化的标准要求和提升自己,这是教师"爱岗敬业"和"为人师表"的前提和基础。对学前教育事业的热爱,源于对工作意义的深刻理解。支撑在教育工作中做出最大成绩和贡献的信念在于幼儿教师坚信自己所从事的教育工作是崇高的事业,因而一心扑在事业上。这种热爱是教师做好教育工作的精神动力,是幼儿教师整体素质的核心。

(二) 对幼儿的态度与行为

幼儿教师的教育对象是身心发展迅速、可塑性大、同时易受伤害的幼儿,更需要师德高尚、具有良好的职业道德修养,富有爱心、责任心、耐心和细心,热爱幼儿,并给予幼儿精心的呵护和教育培养。主要表现在:关爱幼儿(全身心地关爱每一个幼儿,不偏爱、不歧视、不讽刺、不体罚);尊重信任幼儿(尊重幼儿的独立人格和个体,信任幼儿,促进幼儿自主发展)。其中关爱幼儿是幼儿教师职业道德的核心,是幼儿教师开展专业活动的基础和前提;尊重信任幼儿是关心爱护幼儿的深化与落实。

爱是教育的起点。没有爱,就没有教育。前苏联教育家苏霍姆林斯基曾说:"我生活中最主要的东西是什么?我毫不犹豫地回答:对孩子的爱。"对幼儿的热爱,是推动幼儿教师无私地、鞠躬尽瘁地为幼儿服务,并能有所作为的内在精神动力。幼儿教师对幼儿的爱是一种具体的教育力量,它能为幼儿创造安全、信任、和谐的教育气氛,能感化幼儿,使幼儿主动配合教师的工作,发扬积极因素,克服消极因素,不断地进步。可以说,爱心是幼儿教师从事教育工作的基础。幼儿教师只有具备对儿童的一颗爱心,才可能真正全

身心投入对儿童的教育工作,并在教育过程中尊重、理解儿童,民主、平等地对待儿童。

然而,只有爱,还远远不够,还要有爱的智慧。教师还要特别注意尊重幼儿的人格,保护幼儿的自尊,把每位幼儿看作是一个独特、能动、有潜力的发展着的主体。不能把他看作"小木偶",可以让教师任意摆布;更不能把他看作"小玩具",可以任教师随意玩耍。热爱和尊重幼儿,把自己的身心奉献给幼教事业,是幼儿教师社会义务感、道德责任感、为人民服务的理想和信念最实际、最集中的体现。

（三）教育教学的态度与行为

幼儿教师对待教育教学一定要以育人为本,德育为先,教书育人。同时要尊重规律,因材施教。重视引导和促进幼儿的自主发展。注重保教结合,培育幼儿良好的意志品质,帮助幼儿形成良好的行为习惯。注重保护幼儿的好奇心,培养幼儿的想象力,发掘幼儿的兴趣爱好。重视环境和游戏对幼儿发展的独特作用,创设富有教育意义的环境氛围,将游戏作为幼儿的主要活动。重视丰富幼儿多方面的直接经验,将探索、交往等实践活动作为幼儿最重要的学习方式。重视自身日常态度言行对幼儿发展的重要影响与作用。重视幼儿园、家庭和社区的合作,综合利用各种资源。

（四）个人修养与行为

幼儿教师是以心育心的职业,教师的个人修养与行为本身就是一种重要的教育资源和手段。"身教重于言教",这是教育工作的重要规律,尤其是对可塑性、模仿性强的年幼儿童来说,教师的言谈举止、行为习惯、仪表服饰更是不可忽视的教育力量。幼儿教师"个人修养与行为"的要求体现了对教师"内外兼修","为人师表"的期盼。前苏联教育家加里宁说过:"一个教师也必须好好检点自己,他应该感觉到,他的一举一动都处在最严格的监督之下,世界上任何人也没有受着这样严格的监督。孩子们几十双眼睛盯着他,须知天地间再也没有什么东西,能比孩子的眼睛更加精细,更加敏捷,对于人生理心理上各种细微变化更富于敏感的了,再没有任何人像孩子的眼睛那样能捉摸一切最细微的事物。"因此,作为教师,他比从事其他任何职业的人更需要严格要求自己,做到文明礼貌、遵纪守法、举止大方、谈吐有礼、团结协作、不断提高自身修养,不在幼儿面前有失教育者的风度、形象和品格。

## 二、健康的身心素质

教育的活力,来自教师身心素质的活力。没有良好的身体素质,教师无法承担教书育人之责,而教师的心理素质同样制约教师职业工作效力。

（一）健康的身体素质

健康的身体是教师做好幼儿教育工作的保证。身体素质包括良好的生活和卫生习惯、浓厚的体育活动爱好、正常的发育、良好的体能及健康的体质等,这是做好工作的前提。幼儿园的工作特点决定了幼儿教师必须既付出脑力劳动,又付出体力劳动,劳动强度较大。一些教师谈起自己的工作,常常说:"太累了!""吃不消"。然而幼教工作的特点是需要教师精力充沛、体质健壮、反应敏捷、身心健康。因此,幼儿教师首先要掌握个人卫生保健知识,养成良好的生活卫生习惯,加强体育锻炼。

（二）稳定、乐观的心理素质

幼儿教师作为幼儿发展的重要他人,作为幼儿观察、学习、模仿的榜样,自身的情感、个性、性格、行为方式等心理素质也非常重要。美国心理学家经过广泛调查研究发现,成功的教师一般具有如下心理素质和特征:温和、理解、友好、负责、有条不紊、富有想象力、热情等。信任学生,善于理解与倾听,对每一个学生有兴趣、喜爱和爱护,以及具有较强灵活性等,也是成功教师具有的重要心理素质。如果教师具有创新精神和不断进取的精神,则有利于培养幼儿的开拓、创新能力;如果教师保守、拘谨,则容易扼杀幼儿的个性和创造精神。作为一个幼儿教师应当具有宽阔、慈爱的心胸,主动的精神,乐观的心态,稳定的情绪,丰富的感情,活泼开朗的性格,良好的行为习惯等等。这样的教师容易与幼儿打成一片,接纳幼儿,并潜移默化地让幼儿受到教师的感染,有利于幼儿身心的成长。

## 三、全面的知识结构

文化素质是从事教育工作的前提,是一切专业素养的基础。而在现实中,一些教师的文化素质不高或

忽视自身文化水平的提高,单纯追求某一技能技巧的掌握,直接影响了对专业知识的正确理解和运用,也影响了教育效果。为此,教师必须善于利用时间,勤奋学习,处处留意,养成读书和阅读报刊杂志的好习惯,使自己掌握扎实的相关知识。幼儿教师的知识结构主要包括广博的文化科学基础知识、艺术知识和专业基础知识。

（一）广博的文化科学知识

广博的科学文化基础知识是幼儿教师知识素养的基础,为其奠定了坚实的科学人文素养。无论从事什么工作只有以较高的文化素养为基础,才能掌握好专业理论知识,不断提高专业工作水平。幼儿对周围世界有强烈的好奇心,虽然他们对世界的认识是表面的、肤浅的,但却非常广泛。同时,幼儿教育是启蒙教育,为使幼儿对周围世界有一个正确的初步认识,教师要深入浅出、正确无误地解答幼儿的问题、传授知识。因此,幼儿教师不是单科教师,而应是一个具备综合素质的教育工作者,要对幼儿进行全面的教育。未来教育提倡培养通才,所以,幼儿教师应具备语文、数学、物理、化学、地理、生物等基础学科方面的知识,并进一步吸取经济、历史、哲学、法律和社会学等方面的知识,以奠定一个广博的文化科学知识基础。

（二）必要的艺术知识与技能

幼儿教师还必须具备一定的艺术知识与技能,如唱歌、跳舞、弹琴、绘画、手工制作及创编故事、讲故事等。这些艺术方面的知识技能既能充实幼儿教育内容,又能成为幼儿教育的重要手段,它们可以使幼儿在轻松、活泼、愉快的气氛中,形象直观地接受教育。但是,艺术技能技巧作为一种教育手段,对幼儿教育是有一定的作用,但又不能夸大这种作用,因为技能技巧只是幼儿教师知识结构中的一个组成部分,而不是全部,更不是唯一的内容。

（三）扎实的幼教理论专业知识

幼儿教师若想做好自己的教育工作,必须具备扎实的幼儿教育理论专业知识。《专业标准》中提出幼儿教师应该掌握的专业知识包括:了解关于幼儿生存、发展和保护的有关法律法规及政策规定,掌握不同年龄幼儿身心发展特点、规律和促进幼儿全面发展的策略与方法,了解幼儿在发展水平、速度与优势领域等方面的个体差异,掌握对应的策略与方法,了解幼儿发展中容易出现的问题与适宜的对策。了解有特殊需要幼儿的身心发展特点及教育策略与方法。幼儿保育和教育知识:熟悉幼儿园教育的目标、任务、内容、要求和基本原则;掌握幼儿园各领域教育的学科特点和基本知识,掌握幼儿园环境创设、一日生活安排、游戏与教育活动、保育和班级管理的知识与方法;熟知幼儿园的安全应急预案,掌握意外事故和危险情况下幼儿安全防护与救助的基本方法;掌握观察、谈话、记录等了解幼儿的基本方法和教育心理学的基本原理和方法;了解0～3岁婴幼儿保教和幼小衔接的有关知识与基本方法。这些专业理论知识可以通过学习相关专业课程,如《幼儿卫生学》《幼儿心理学》《幼儿教育学》《幼儿园管理》《儿童家庭教育》等来掌握与儿童身心发展及教育有关专业的基础知识。

## 四、专业的能力结构

《专业标准》强调"能力为重"的理念,认为幼儿园教师要将理论与实践相结合,以"专业"的能力确保保教工作的科学性,并在实践中通过研究和学习不断提高专业能力。专业能力是教师专业化发展在教育实践中的集中体现,它直接影响着幼儿园的保教质量和幼儿的发展。《专业标准》对教师的专业能力提出了全方位、综合性的要求,包括环境的创设与利用、一日生活的组织与保育、游戏活动的支持与引导、教育活动的计划与实施、激励与评价、沟通与合作、反思与发展等七个领域。在七项要求中,前六项是教师实施保育教育工作的能力,第七项是教师自我发展的能力。幼儿教师的能力重在强调幼儿教师的教育教学和引导促进儿童健康成长的实践能力,强调幼儿园教师要能以"专业"的意识与行为进行保教工作,具有遵循幼儿成长规律进行教育的能力。

作为幼儿教师,最基本、最重要的任务是促进幼儿与周围环境相互作用,如何促进幼儿与环境的相互作用,需要深入了解幼儿教师必备的能力结构。

（一）观察能力

观察、了解幼儿是评价幼儿的重要手段,是提供适宜教育的基本前提和基础,也是教师反思自身教育

行为的适宜性,不断改进教育行为,实现自身专业发展的重要手段。细心地观察并了解幼儿的能力是教师的基本功之一,是教师开展教育活动的前提。了解幼儿是教育的前提条件,观察幼儿是了解的基础。蒙台梭利强调,一个不会观察的教师是绝对不称职的,每位教师都要将自己的眼睛训练得如同鹰眼般的敏锐,能观察到儿童最细微的动作,能探知到儿童最殷切的需要。因此,专业的幼儿教师必须努力培养和锻炼自身良好的观察力,看到每一个幼儿的独特性,发现每一个幼儿的特点与优点,更加细致深入地了解幼儿,及时发现幼儿的需要,能在幼儿细微的表现中洞察其内心世界,并根据幼儿的特点,进行针对性的教育,促进每个幼儿富有个性地发展。

观察作为一种知觉活动,是人们对周围事物有目的、有计划、有准备的知觉活动。幼儿教师的观察力主要指对幼儿直觉的、原样的、不加任何操作的自然观察能力,表现在随机的观察和有计划的观察中。

### 1. 随机观察

在随机观察时,观察能力的高低表现为教师能否敏感地捕捉到幼儿发出的动作、表情或语言等方面的信息,并且快速地作出正确的判断和反应。这类观察可在平日生活的任何时候、任何环节发生。凭借这种能力,教师达到与幼儿的沟通,从而进行有效的指导。

### 2. 有计划的观察

有计划的观察要求预先有拟定的观察项目,教师根据观察内容选择最有代表性的场景,列出最能反映问题本质的观察要点,然后按计划进行观察。这类观察的主要内容包括:

(1) 观察幼儿个体的发展状况及个体差异。观察幼儿的发展状况和差异是为了了解幼儿现有水平和不同幼儿在发展水平、速度、技能、能力上的差异,进一步探明幼儿内部需要和最近发展区,为教师制定教育计划、创设教育环境、设计和指导教育活动、及时地应答幼儿的需要等提供依据。一位教师曾有这样的体会:"过去手工课,我总是让全班幼儿按我的示范要求统一做。我的注意力集中在大喊不会做的幼儿身上,帮了这个帮那个,忙的什么也没仔细看。后来尝试观察幼儿的操作,从幼儿的小肌肉入手,发现幼儿的差异很大。积累了一定的资料后,经过进一步的分析、比较,我将全班幼儿平分为五个等级,布置任务时,按幼儿的不同水平提出要求,基本做到任务难度略高于幼儿现有水平。总之,哪个能做什么不能做什么,我心中有数了。"这说明发展性教育必须从观察开始。对幼儿现有状况的了解,有助于把握不可见的幼儿发展的"下一步",这是促进幼儿发展最有意义、然而又最困难的课题之一。教育既要促进幼儿发展,但又不能操之过急,拔苗助长。如何把握这个"度"?解决这个难题最可行的办法,对老师来说,就是对幼儿长期地、深入地观察。每个幼儿的现有水平和"下一步"都不同,只有通过观察才能去发现这些差异,让教育建立在幼儿发展可能性的科学基础上。

(2) 观察幼儿个体发展的独特性。幼儿发展的独特性,如幼儿的兴趣爱好、认知特点、情绪情感特征、性格等是幼儿个别差异的重要方面。这种观察为教师因人施教、发展每个幼儿的个性提供依据。没有这种观察,教育就会千人一面,机械划一。教师就会用头脑中固有的经验去贴标签,用统计学上的、心理学上的幼儿"常模"去代替每个现实中的幼儿,于是就会用千篇一律的方式,而不是最适合那个幼儿的方式与之相互作用,这样幼儿的个性得不到健康发展,相互作用的质量便大大降低了。更有害的是,凡不适应教师统一方式的幼儿会容易被误以为水平低、能力差,从而给这些幼儿的身心发展造成不良影响。

### (二) 沟通能力

沟通能力是教师的工作对象对教师提出的必然要求。所有的教师都需要与教育对象、同事、家长和社区相关人员沟通与合作,但对于幼儿园教师来说,沟通与合作能力尤其重要。没有沟通就没有相互作用。沟通与观察不同,它需要一种相互性,这是一种相互理解、彼此接纳对方的观点、行为,在双向交流中彼此互相协调的默契。教师的沟通能力被很多国家和地区列为教师的基本功,受到高度重视。教师的沟通能力主要包括教师与幼儿、教师与家长的沟通能力和促进幼儿之间相互沟通的能力。

### 1. 教师与幼儿的沟通

教师与幼儿的沟通是一个双向交流的过程。与幼儿良好的沟通不仅有助于了解幼儿,融洽与幼儿之间的关系,而且沟通也为幼儿发表自己的看法、与教师交流、锻炼幼儿的语言和交往能力提供了机会。教师与幼儿的沟通不仅包括言语沟通,还包括非言语沟通,如身体语言,目光、动作、表情、姿势等等。教师的

 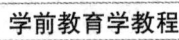
面部表情是教师与幼儿交流的情感信号,它直接影响教育教学效果。如果教师流露的是肯定和赞扬的微笑,就会给幼儿支持和鼓励;如果教师流露的是否定和批评的表情,则会使幼儿感到羞愧和自卑。通过这些非言语的沟通,幼儿能感受到教师的关爱,才能信任教师,尊重教师,师幼之间才能建立起和谐稳定的关系。不论哪种方式都要求教师有积极主动、平等的态度,提供一个安全、温暖、可信赖、无拘无束的交流环境,尽可能地从幼儿角度来考虑问题,与幼儿打成一片。

幼儿处于发展之中,其理解与沟通能力还比较弱,更需要幼儿教师以符合他们年龄特点的方式进行沟通和交流。而且幼儿也需要教师提供良好的学习榜样。《专业标准》要求教师语言要规范健康,能使用符合幼儿年龄特点的语言进行保教工作,特别强调教师要善于倾听,和蔼可亲,能与幼儿进行有效的沟通;建立良好的师幼关系,并帮助幼儿建立良好的同伴关系,使幼儿感到温暖和愉悦等。教师常用的与儿童的沟通技巧有很多,例如熟记儿童的名字;选用适当的语言;眼光要与孩子直接接触;语调语速要适当;语气要和善;善于倾听;以鼓励、肯定、引导为主等等。总之,只要我们的沟通建立在爱与尊重的基础上,就一定能达到良好的效果。

### 2. 教师与家长的沟通

家长作为教师的合作者加入到教育者一方,共同对受教育者——幼儿施教,极有利于提高教育的质量。但是这一合作能否取得成功受到许多条件的制约,其中教师与家长的沟通是最重要的条件之一。教师怎样与家长沟通呢?教师与家长的沟通包括以下几个方面:

首先,要了解家长的需求与希望、家长的性格类型、家长的教育观念和方法,家长的职业、文化水平、待人接物习惯等,以确定自己的工作方法和沟通策略。必须注意的是,一定要尊重幼儿家庭的隐私,这是教师与家长相互信赖的基础。否则,动机再好也会事与愿违。

其次,教师应当具备与家长交流的技巧,如与家长面对面交谈时,聆听的技巧,以适合家长的态度、语言、表达方式以及考虑家长的观点、心情的谈话技巧,向不同类型的家长传达信息(口头的或书面的),特别是描述孩子行为、提出建议或意见的技巧等等,都是非常必需的,它能帮助教师求得与家长的相互尊重、相互理解、相互支持。

第三,要实现与家长的情感沟通。教师与家长的沟通是一种特殊的人与人的交流,特殊在交流的双方共同地爱着、关心着同一个孩子,为这个孩子而交流。因此,沟通是充满爱心、关心、热心、诚心、责任心的。

### 3. 促进幼儿之间的沟通

幼儿之间的沟通受到他们社会性发展、语言发展等方面的制约,需要教师有意识地进行帮助。如果教师缺乏相应的技能和能力,就难以达到目的。

(1) 幼儿之间的口语沟通

幼儿之间的交谈能极大地促进幼儿社会性、智力、语言的发展。幼儿教师应重视并促进幼儿之间的交谈。促进幼儿之间的交谈需要发展他们自我表达和理解他人的能力、听和说的能力。这是幼儿教师的一个重要任务,这方面的技能、能力是非常必要的。促进幼儿之间的交谈,首先要求幼儿教师研究幼儿口语沟通的特点,如幼儿喜欢什么话题?交谈常在什么地方、什么场合发生?什么样的形式最有利于幼儿产生或发展交谈?等等。在此基础上,利用小群体活动或游戏的方式给幼儿提供交谈的机会。

(2) 幼儿间冲突的解决

幼儿间的冲突是其沟通不畅的最激烈的表现形式,多发生在物的分配或活动机会的选择时。正确地认识和对待幼儿的冲突,是教师的基本技能之一。应当看到,幼儿冲突并不一定是坏事,冲突本身及其解决是幼儿之间沟通的重要途径,也是幼儿社会性发展、认知发展的重要途径。纷争是幼儿之间相互作用的一种特殊形式,因此,如果纷争发生了,教师应将之视为活动的一部分,视为幼儿的一种学习。帮助幼儿正确地对待冲突、习得解决冲突的策略,通过冲突理解人际交往的规则、认识自己和别人的权利,克服自我中心等等,是幼儿园教育的重要内容。

### (三)教育监控能力

近年来,研究者越来越注意到教师教育监控能力是教师教育教学能力与教师综合素质的重要方面,它对教师的教育认知水平和教育行为的改善有着直接的影响,同时也是影响教育效果和儿童发展的核心因素。

**1. 教育监控能力的涵义**

教师教育监控能力,是指教师为了达到预定的教育目标,在教育的全过程中将自己所进行的教育活动和行为本身作为意识的对象,不断地对其进行积极、主动、自觉的计划、监察、反馈、评价、反思和调节的能力。这种能力主要可以分为三个方面:一是教师对自己所要进行的教育活动的事先计划和安排;二是对自己实际教育活动过程中的教育教学能力、教育行为及儿童的发展状况进行有意识的监察、反馈和评价;三是对自己的教育活动和行为进行反思,校正和有意识的自我调节与控制。

**2. 教育监控能力的结构**

依据教师教育监控能力在教育过程不同阶段的表现形式的不同,将教师教育监控能力划分为以下四个结构成分。

（1）计划与准备能力

计划与准备能力是指教师为教育活动做准备工作的过程中体现出的教育监控能力。即教师在进行具体的教育活动之前,分析所要面临和解决的教育任务及教育情境中的相关因素,如教材、儿童的兴趣和需要、儿童现有的发展水平和潜能等,结合自己的教育教学能力、风格、特点和经验,确立适宜的教育目标,制定教育计划、明确所要进行的活动内容,然后根据这一特定目标和内容安排教育的步骤,选择教育的策略,构想设计出解决各种问题的方法,并预测教育过程中可能出现的问题及可能达到的教育效果等。教师要想给孩子一杯水,自己首先要有一桶水。幼儿教师要以广博的专业知识和技能技巧为基础,在设计教育活动时,能够根据幼儿的思维特点,准备大量的教学用具,让他们动脑、动手、动口。充分调动各种感官,以启发诱导的方式和发散式的提问形式,激发幼儿学知识的愿望,要变让我学为我要学,真正形成以教师为主导,幼儿为主体的正确的师幼关系。

（2）反馈与评价能力

这种能力表现在教师在教育过程中随时监控班级的状况,密切关注儿童的反应和参与活动的程度,不断获取教育活动各要素变化情况的反馈信息,并根据儿童的反馈或是教师根据自己将实际教育活动、教育行为同预定的教育目标相比较所获得的自我反馈等信息,针对预先设定的教育目标客观地认识和评价自己的教育过程、教育方法、教育策略、教育效果、教育行为以及儿童发展和进步的状况。

（3）控制与调节能力

这种能力是指在教育过程中,教师根据反馈信息和新情况有意识地、自觉地发现和分析教育过程中存在的问题及其原因,并据此及时调节教育活动的各个方面和环节,对自己下一步要进行的教育活动和教育行为进行调整与修正的监控能力。

（4）反思与校正能力

该能力是指在一次或一个阶段的教育活动完成之后,教师对自己已完成的教育活动的全过程进行深入的总结和反思,并进行相应校正的能力。教育监控能力较高的教师,在教育活动完成之后,通常会回顾和评价自己已经进行的教育活动和过程,反省自己所组织的教育活动是否适合儿童的实际水平,是否能够有效地促进儿童的发展;仔细分析自己在教育过程中哪些方面是成功的,哪些方面还有待改进;反思自身教育行为的特点与不足等,并进行相应的调整和校正。

（四）组织管理能力

组织管理能力是指教师组织幼儿一日生活中各项活动的能力。作为一个幼儿集体的组织者,幼儿教师的组织才能对于教育工作,班集体的形成和幼儿的成长有着极重要的影响。一个善于有计划地进行工作,并能组织幼儿集体的教师会得到幼儿的爱戴和敬佩。反之,如果幼儿教师缺乏组织能力,教育活动就不会取得良好的效果,甚至可能使教育活动无法进行,成为"乱"班,使幼儿集体涣散,对幼儿个性形成产生不良的影响。

幼儿教师的组织能力首先表现在善于制定教育工作的计划、备课、组织幼儿日常生活的各项活动环节及游戏、上课、体育活动。教师必须充分估计各项活动的时间和内容,充分考虑幼儿的发展水平及各种具体情况,善于规划自己的行动,做到计划性和灵活性相结合。使幼儿的活动很充实,既不过分匆忙也不拖延时间。教师还要善于集中全班孩子的注意力,调动每个孩子的积极性,使他们能够积极参加活动。

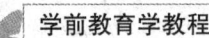 

总之,《专业标准》强调幼儿园教师必须具备教育教学实践能力,并对幼园教师必须具备的教育教学能力提出了明确要求,尤其强调幼儿教师要具有观察了解幼儿、掌握不同年龄幼儿身心发展特点和个体差异的能力;要具有环境的创设与利用、一日生活的组织与保育、游戏的支持与引导、教育活动的计划与实施、对儿童的激励与评价等基本专业能力;能根据幼儿的特点和需要,给予适宜的指导,并能引发和支持幼儿的主动活动,引导幼儿在游戏活动中获得多方面的发展。关于幼儿教师的能力素质,除上述能力之外,还有许多其他能力,因在其他章节中将有详细的讲解,这里不再赘述。

## 第三节 幼儿教师的专业发展与教育

教师的成长和幼儿的发展是一个连续体,只有教师持续不断地发展,才能不断地为幼儿提供有意义的学习经验,从而促进幼儿的发展。因此,为了儿童,教师必须不断提高自己的专业水平。《专业标准》也强调幼儿园教师要具有不断进行专业化学习、实践、反思和提高的意识与能力。这既是现代社会发展、教育改革对教师的必然要求,也是幼儿教师不断成长的必然要求。

### 一、幼儿教师专业发展的历程

一种职业的社会地位和学术声誉,首先取决于它的专业化程度,从理论上说,幼儿教师职业应该被视为专门职业,因为它要求教师有系统的专业理论知识作支撑,有专门的技能作保证,要求教师以"儿童利益高于一切"作为行动的原则,要求教师能"专业自主"。对于教师个人来说,意味着能运用专业知识进行独立判断和决策。但事实上,幼儿教师这一职业的学术地位和声誉,远不如律师、医生、工程师。在一般人的眼里,幼儿教师无论是从技术和科学的创造上来说都不是专家,而只是知识的传递者,这是任何人都能做到的,甚至老师们自己也这样认为。传统教育中教师仅仅是"知识传递者"的角色定位,大大限制了教师专业成长,同时也降低了教师的社会地位和声望。因此,只有不断提高教师职业专业化水平,才能赢取社会的认同与尊重,扩大幼儿教师的社会声望和影响,社会地位才能提高。

(一)幼儿教师专业发展的含义

专业化,就是指一个普通职业群体在一定时期内,逐渐符合专业标准、成为专门职业并获得相应专业地位的过程。教师的专业化是指教师个人成为教学专业的成员并且在教学中具有越来越成熟的作用的转变过程。幼儿教师专业化,就是指幼儿教师个人逐步发展成专业人员,幼儿教师职业逐步走向成熟、专业的过程。幼儿教师专业化一般包括两层含义:首先是指幼儿教师职业专业发展,即按照从事幼儿教育所需的专业知识、综合能力指标等标准,通过考试、评价等一系列措施和途径,使幼儿教育技能成为一种专业的发展过程。其次是幼儿教师自身专业成长,即幼儿教师拥有一系列的专业知识和技能,并能够运用它们对儿童及其家庭以及影响儿童的社会系统施加影响的发展过程。

当代教师专业发展的一个重要趋势是促使"经验型教师"向"专家型教师"转化。"专家型教师"是教师专业成长与发展的最高目标。"专家型教师"也称为"专业化的教师",到底何谓"专业化的教师"呢?美国教育家丽莲·凯茨认为,是能够在教育过程中游刃有余的教师,即具有"运用专业知识诊断、分析事情的前因后果,思考各种可能的行动方式,并评估行动及决定可能产生的长远后果"的判断决策能力。具体表现为如下特征:

**1. 善于自我反思,看待问题时深思熟虑,具有较强的自我意识和自我调节能力。**

专业的幼儿教师具有自我审视的能力,能掌握自己的风格和情绪,进而去感受及认识自己的行为是如何影响幼儿和工作本身的。在教学上,能在适当的时间,基于适当的理由,做出适当的决定。而在自我方面保持不断成长、不断求进步的意志。唯有如此不断地自我思考与反省,才能使自己向更专业的领域迈进,进而成为一个被自己肯定、被他人尊重的幼儿教师。

**2. 能够研究幼儿,根据对幼儿的观察和分析选定行动方法,制定反应方案。**

专业化教师会利用可靠的专业知识以及自己的观点做出判断,着眼点是幼儿的长远发展;而非专业化

教师更关注眼前的情况,希望在最短时间内找到解决问题的办法,而不是仔细考虑儿童出现问题背后的深层原因,忽视了儿童长远的发展利益。所以,专业化教师必须同时具备三个条件:专业知识、自身修养和正确的儿童观和教育观。

事实上,专业化的幼儿教师与非专业化的幼儿教师相比较而言,他们往往能对幼儿的行为做出恰当的反应:能够判断情境潜在的意义;做出一些临床诊断;并把这一事件以及对它的思考作为课程设计和班级管理的依据。专业化教师会利用可靠的专业知识及其见解来做出判断,其目的是着眼于幼儿长远的发展利益;而非专业化教师则更注重当前的情况,其目的是以最短的时间找到解决问题的方法,从而忽视幼儿长远的发展利益。

（二）幼儿教师专业发展的阶段

1966 年,联合国教科文组织在《关于教师地位的建议》中提出应该把教师工作视为专门职业,认为它是一种要求教师具备经过严格训练而持续不断的研究才能获得并维持专业知识及专门技能的公共服务。教师专业发展强调教师作为一个教育教学的专业人员,要经历一个由不成熟到相对成熟的专业人员的发展历程。并且,教师作为一个发展中的专业人员,其发展的内涵是多层面、多领域的,既包括了知识的积累、技能的娴熟、能力的提高,也涵盖了态度的转变、情意的发展。

1984 年,全美幼儿教育协会(NAEYC)在许多会员、幼儿家长和关心幼儿的各界人士的共同努力和支持下,颁布了一个高质量的幼儿教育机构的认证标准(1991 年修订),将教师成长分为教师助手、协助教师、首席教师和视导员几个不同阶段,代表了教师专业成长的不同水平。制定这个认证标准或评价标准的目的是帮助幼教工作者提高幼儿教育的质量,同时确认高质量的幼教机构。通过这种评价,还可以使家长认识到什么是高质量的幼教机构,促使人们更好地理解质量的含义,从而使整个幼教机构的质量得到提高。

通常我们认为教师专业的发展可以划分为新手教师(这个阶段教师常会出现教学失误)、熟练新手教师、胜任型教师(教师获得了更多的教学经验并能够自觉地调节自己的教学活动)、业务精干型教师和专家型教师五个阶段。所有教师都是从新手阶段起步的,新手教师往往认为教学就是传递知识,认为具有某种学科的知识就能教授这门学科,认为学会教学仅仅是一个经验积累的过程。这些不正确的认识在实践中会逐渐得到改变,而在这个改变与重新建构的过程中,教师的专业成长之路经历了从新手到专家的发展过程。从个人发展角度出发,我们将幼儿教师自身专业化的发展分为以下阶段:

1. 顺应阶段:最关心的问题是如何尽快进入角色,克服目前的困难,摆脱混乱的局面。

2. 适应阶段:基本克服了原先的焦虑和无助,对幼儿的行为特征与能力有了初步的了解,可以判别与处理幼儿的一般问题,开始能够掌握和"控制"局面。

3. 发展阶段:渴望新鲜刺激,开始关注幼儿教育的新趋势、新观点以及新方法,同时收集、研究新的教学内容和材料,以调整、更新和充实自己,改革和发展课程。

4. 专业化阶段:对儿童发展的知识和幼儿教育原理的理解已经达到相当的水平,习惯于自我反省、思考,也喜欢探索创造。

在我国,通过幼儿教师角色从"保姆"到"教师"的历史演变,我们可以清晰地看到幼儿教师的职业声誉经历了从非专业性到专业性的转变。教师的培养模式也经历了知识模式——能力模式——实践反思模式——终身专业成长模式的变化。以前的知识模式重视教师的知识拥有量,能力模式重视教师的教学技能,实践反思模式重视教师的个人知识形成与教学机智,终身专业成长模式重视教师的继续学习能力与成长环境的互动。通过培养重心的转变,人们对教师素质的要求也越来越高,教师自身的专业化成长势在必行。

## 二、幼儿教师专业发展的途径

幼儿教师专业化发展需要一个长期的过程,是一个终身学习的过程。在这个过程中,幼儿教师面临的一个主要的矛盾就是如何把自己的教育观念转化为教育行为,而这一矛盾突出表现为教师的"显概念"和"隐观念"之间的冲突。"显概念"是教师从学校里学习到的、根据社会发展规律和儿童身心发展规律提出

的教育理论；"隐观念"是教师头脑中已有的，来自日常生活经验、社会传统观点和教师过去工作经验所形成的关于教育的观念。作为"显概念"的教育理论对教师的教育行为的影响并不是直接的，而是通过对头脑中已有的"隐观念"进行斗争和改造，才能转化自己正确的教育行为。因此，教师要不断用"显概念"改造和战胜"隐观念"，使理论的科学的教育观念转化为真正能指导实际教育行为的观念。不仅如此，教师还要不断学习，提高专业素质，积累经验，使自己掌握的教育观念有效转化为科学的教育行为。幼儿教师成长与发展的基本途径包括以下方面。

（一）职前教育——接受幼儿师范教育

我国幼儿教育职前教育体系的层次较之以前丰富，且向高层次发展。现在，许多中专学校升格为专科，专科升格为本科，招收的学生从初中为起点向高中转移，硕士生、博士生的招生规模也正迅速扩大，见表 10-1。

表 10-1　我国幼儿教师培养体系

| 层　　次 | 中等幼儿教师教育 | | 高等幼儿教师教育 | |
| --- | --- | --- | --- | --- |
| 类型 | 幼儿师范学校 | 三年制：3＋2 模式 | 专科 | 二至三年制：五年一贯制 |
| | 普通师范幼师班 | 三年制 | 本科 | 四年制 |
| | 职业高中幼师班 | | 硕士 | 三年制 |
| | | | 博士 | 三年制 |

在 3～5 年的幼儿师范学校专门训练中，未来的幼儿教师要学习从教必须的知识、技能，对教师行为规范有一定的了解和认识，知道哪些行为是正确的，哪些行为是错误的，对自己将要承担的教师角色身份有全面而正确的认识。

（二）入职教育——新教师培训

求生存是每位刚步入幼教行业的新教师所必须面对的最初的挑战。由于教学技巧不熟练，常常面对幼儿的反应不知所措。这个阶段的压力及教学挫折都是正常现象，并非不能胜任幼教工作的征兆。当新教师遇到挫折时，园长或园内资深教师应给予现场辅导，帮助他们解答对于幼儿行为问题及教学上的疑惑，给予精神上的鼓舞与肯定。通常采用的方法有：

**1. 观摩和分析优秀教师的教育教学活动**

课堂教学观摩可分为组织化观摩和非组织化观摩。一般来说，培养新教师宜用组织化观摩，这种观摩既可以现场观摩，也可以观看优秀教师的教育教学录像。非组织化观摩要求观摩者有相当完备的理论知识和洞察力，否则难以达到观摩学习的目的。

**2. 微型教学**

微型教学指以少数幼儿为教育教学对象，在一定的时间范围内（5～20 分钟），让教师尝试做小型的教育教学，并把这种活动过程摄制成录像进行分析。微型教学使新教师分析自己的教育教学行为更加直接和深入，增强了改进活动组织的针对性。

**3. 反思研究**

反思是教师着眼于自己的活动过程来分析自己做出某种行为、决策以及所产生的结果的过程，是一种通过提高参与者自我觉察水平来促进能力发展的手段。美国学者波斯认为：教师的成长＝经验＋反思。对于幼儿教师培训而言，经验是培训活动无法超越的，而教师的反思能力可以通过各种干预性研究得以加强。因此，对幼儿教师反思能力的培养研究成为幼儿教师培训实践的核心问题。

《专业标准》特别在"基本理念"和"专业能力"中均提出了对教师反思与自主发展的要求，明确指出幼儿园教师在教育工作中应"主动收集分析相关信息，不断进行反思，改进保教工作"；同时，应制订个人专业发展规划，通过不断的学习、实践、反思，不断提高自身专业素质，从而为学前教育质量的提升和幼儿一生的健康发展打下良好的基础。

（三）职后教育——在职进修

随着时代发展和科技进步，新的教育理论和方法不断涌现。教师必须具备终身学习的观念和强烈的

研究意识,不断追求新知,才能使自己与时俱进。幼儿教师的职后教育的主要途径就是在职进修。教师的业务进修主要包括自学、定期脱产进修、参加教研活动,如观摩、相互研讨、参加教育专题研究、在幼儿园调查研究,运用教育理论审视自己的教育实践,发现问题、分析问题、解决问题等。

**1. 幼儿教师职后中等教育体系**

现在,该体系正在萎缩,且逐步集中于保育员培训、农村学前班、少数老少边远地区的幼儿教师培训。该体系分为如下几种:第一,幼儿园教师专业合格证培训;第二,中等幼儿教师在职学历教育,函授、夜大、全日制脱产班和全省统一的自学考试等;第三,幼儿教育专题培训,由省市幼教培训中心、师范进修学校举办的专题培训;第四,幼儿园内经常性的教研科研活动。

**2. 幼儿教师职后高等教育体系**

由于社会对幼儿教师素质要求越来越高,幼儿教师自身也有成长的需要,我国职后教师教育发展迅速。职后高等教育已成为我国幼儿教师获得高等学历的主要途径。我国约七成的具有高等学历的幼儿教师通过职后而非职前教育获得学历。职后高等幼儿教师学历教育体系同职前高等教育基本相同,分为专科、本科、硕士和博士四个层次。非学历教育包括专题培训班、助教进修班、研究生课程班等,还有大量的园本培训。可见,学前教育师资队伍的职后培训也是促进师资队伍专业化建设的重要途径。因此我们需要健全学前教育师资队伍的职后培训制度,增进学前教育师资队伍的专业化水平。

教师专业发展对学生学习能力的提高、对教学质量的提高乃至对整个教育质量的提高将产生巨大影响。因此,许多国家都在寻求教师专业化发展的道路,制定教师专业化发展的计划,提出一些有效的措施。如美国未来与教育全国委员会提出,要加强未来教师的专业训练,尤其是掌握计算机从事教学的技能;要确立全国优秀教师证书制度,希望给予美国最好教师高的报酬;教师应能适应和胜任多媒体网络化教学;呼吁有更多的优秀青年终身从事教师职业。奥地利的教师教育以"求同"战略为指导,以"专业化"思想为主导,以提高质量为目的进行了一系列改革,在"专业化"思想推动下,学生必须学习教育学、学科教学论和进行教学实习。总之,每一位教师都应具有终身学习与持续发展的意识和能力,通过不断的学习、研究与实践,不断提高专业素质。我国不仅严格幼儿园教师资格认证制度,而且在 2011 年出台《幼儿园教师专业标准(试行)》。该文件是国家对合格幼儿园教师专业素质的基本要求,是幼儿园教师开展保教活动的基本规范,是引领幼儿园教师专业发展的基本准则,是幼儿园教师培养、准入、培训、考核等工作的重要依据。幼儿教师个人更将《专业标准》作为自身专业发展的基本依据,对照各个方面的具体要求,查漏补缺,努力完善自身的专业修养,努力成为师德高尚、业务精良的教师。

专业发展的过程是一个持续不断的过程,教师要不断完善自我专业发展规划,不断提高专业发展的自觉性和自我发展的能力。这既是现代社会发展、教育改革对教师的必然要求,也是幼儿不断成长的必然要求。总之,教师专业化是个国际性的趋势。但就我国幼儿教育发展的现状来看,由于各地区幼教发展的不平衡性,差异较大,对照国际上关于教师专业化的标准,我国幼儿教师要实现专业化,除大城市和部分发达地区可能有较快的速度达到以外,就整体情况来看,还要走一段比较长的路。

------- **自 测 题** -------

**一、名词解释**

幼儿教师

**二、单项选择题**

1. 1966 年,联合国教科文组织在《关于教师地位的建议》中提出,应该把教师工作视为(    )

A. 专门职业       B. 非独立的社会职业   C. 独立的社会职业    D. 非专门职业

2. 孔子说:"其身正,不令而行;其身不正,虽令不从。"这反映了教师劳动的(    )

A. 示范性      B. 主体性      C. 间接性      D. 连续性

3. 在陶行知先生"捧着一颗心来,不带半根草去"的教育信条中得到了充分体现的是教师的（　　）

    A. 扎实的教育理论知识          B. 崇高的职业道德

    C. 丰厚的文化学科知识          D. 过硬的教学基本功

4. 根据我国《幼儿园工作规程》,下列不属于幼儿教师职责的是（　　）

    A. 学期(或学年)初做好本班收费工作      B. 观察、分析、记录幼儿发展情况

    C. 与家长保持经常联系          D. 定期向园长汇报工作

## 三、简答题

1. 幼儿教师的工作职责是什么?

2. 合格的幼儿教师应具备哪些专业素质?

3. 简述专业化幼儿教师具备的特征。

## 四、案例分析题

1. 中班 A 的李老师在组织教小朋友认识水果的时候,在黑板上挂上香蕉、苹果、橘子、葡萄、西瓜、樱桃等图片,告诉小朋友它们的名称、味道、形状、特征、用途等,中班 B 的张教师则带领幼儿到附近果园的地里观察水果的生长状况,参观农民伯伯的工作,并让幼儿在班级的自然角种上西瓜、草莓等并进行管理,做好观察记录。

比较案例中教师的做法的优劣,分析幼儿教师具备了哪些专业素质?

2. 分析下面家园联系册中教师与家长沟通的案例,请回答下列问题:该教师的沟通方式是否恰当,为什么? 假设你是教师,请你来写一份联系单。

家长同志:

乐乐在班上是个沉默的孩子,胆子又小,课堂上注意力不大集中,因此,接受知识慢,表现一般,为此希望家长严加管教,使他更快地进步。

老师

## 课外拓展：

### 幼儿教师专业技能考核标准举例

1. 幼儿故事讲述(会说)

● 语言标准规范,语调抑扬顿挫,语速与幼儿年龄特征相适应。3分

● 情节完整,声情并茂,对故事中角色模仿有层次、有区分。3分

● 肢体语言运用恰当,有助于幼儿理解故事内容。2分

● 能够结合故事内容提出富有启发性问题,促进幼儿思维和语言发展。2分

● 幼儿园语言教材内容,现场抽签,准备时间10分钟    总分:10分

2. 钢笔字、粉笔字(会写)

钢笔字:

● 书写规范,不加字、不落字。2分

● 结构匀称,大小适宜。1分

● 字迹端正,字形美观。1分

● 书写速度适宜。1分

粉笔字:

● 书写规范无错字。2分

● 结构匀称,大小适宜。1分

● 字迹端正,字形美观。1分

● 书写速度适宜。1分

(规定时间内,每错字、加字、少字一个扣0.5分,至该项分扣完为止)

抽签决定书写内容,其中钢笔字50个,粉笔字25个,总共限时15分钟　总分:10分

3. 绘画(会画)

简笔画:

● 能画出5种以上相关主题简单造型。(动物,人物,家具,建筑,服装,生活用品)2分

综合主题画:

● 熟练使用彩色铅笔、蜡笔、油画棒、水彩笔等绘画工具,能够运用素描、水彩、水粉画、国画的基本技法。3分

● 构图完整,布局合理,画面整洁。2分

● 色彩搭配适宜,图案美观大方。2分

作品主题鲜明,具有教育性和欣赏性。1分

抽签决定内容,限时10分钟。自选主题,现场完成,限时30分钟　总分:10分

4. 边弹边唱(会弹、会唱)

● 流畅弹奏幼儿园歌曲,不中断,没有错音。4分

● 能根据歌曲的内容风格,正确的运用节奏型进行伴奏。6分

● 歌唱声音圆润、吐字清楚。6分

● 感性丰富,具有表现力。4分

根据规定内容抽签考核。准备时间10分钟

5. 舞蹈(会舞)

民族舞蹈组合:

● 舞蹈风格掌握准确。2分

● 动作规范,节奏准确。2分

● 具有一定的表现力。1分

儿童舞蹈创编:

● 能够反映规定儿童曲目的主题和特点。1分

● 注意儿童舞蹈动作的规律性和形象性。1分

● 动作简单,流畅易记。1分

● 节奏明显清晰,变化不大。1分

● 强调动作的欢快、活跃,能够体现儿童的天真形态。1分

抽签决定内容,准备时间10分钟,舞蹈创编按照规定曲目现场表演

6. 手工制作(会做)

纸工:

● 熟练掌握折纸的基本方法,能够按照图案,在规定时间内完成2件简单折纸造型,折痕干净、整齐。2分

● 能在规定时间内按图纸完成1件剪纸作品,剪切口光滑整齐,作品美观大方。2分

泥工:

● 能够在规定时间内完成2件橡皮泥作品。形象逼真,特点突出,外形美观,颜色搭配适宜。2分

综合材料主题创作：

- 作品选题新颖,设计独特。1分
- 主题突出,能充分发挥所选材料的特点。1分
- 符合儿童的年龄和心理特征,具有安全性和实用性。1分
- 作品制作精细,具有欣赏性。1分

现场抽取图案,限时15分钟。自选形象,限时10分钟

自选主题和材料现场制作,限时30分钟　总分：10分

7. 多媒体课件制作（会用）

设计一件辅助课堂教学的演示课件：

- 创意新颖,构思巧妙。2分
- 内容与活动联系紧密,突出重点,突破难点。2分
- 画面生动形象,有利于激发幼儿活动兴趣。创设或引入与活动内容密切相关的情境,确实起到情感激励作用。2分
- 图像、动画、声音、文字设计合理,准确、规范,符合幼儿认知规律。2分
- 界面友好,操作简单、灵活,有利于师生互动。1分
- 操作熟练规范。1分

自选教学内容、准备脚本,现场制作,限时30分钟　总分：10分

8. 操与口令（会操）

- 口令熟练,使用正确。1分
- 发音清晰、准确。1分
- 口令节奏感强,符合预令和动令的要求。1分
- 声音洪亮、有力。1分
- 动作舒展、标准。1分

抽签确定内容　总分：5分

9. 教学设计模拟教学及说课（会教）

教学设计：

- 活动目标符合《纲要》中对情感、态度、能力、知识技能等方面的要求及幼儿身心发展的不同水平,具体、明确,便于操作。1分
- 活动内容适量,能紧密贴近幼儿生活实际,符合幼儿兴趣需要,富有挑战性。1分
- 活动形式适宜,引导幼儿主动探索、发现、实验、操作和交流,能最大限度地满足幼儿发展的需要。1分
- 活动准备设想充分,能创设情境,提供引发幼儿积极探究的活动材料,适合幼儿操作。1分
- 有与活动紧密相连并行之有效的延伸活动,注重家、园、社区结合,有助于拓展幼儿的经验和视野。1分

模拟教学及说课：

- 教态自然,情绪饱满,语言准确规范,流畅自如,态势语应用得体。3分
- 教具材料准备充分,符合幼儿兴趣特点,有审美价值,出示时机与种类适宜,使用恰当合理。2分
- 能够灵活运用所学教育理论,并与教育教学实践相结合,具有说服力。4分
- 阐述设计思路清晰、流畅。1分

抽签决定设计内容,限时30分钟

# 第*11*章 幼儿园的衔接与合作

**学习目标**

1. 了解幼儿园的衔接与合作工作的意义与价值；
2. 理解家、园、社区衔接合作的内涵与原则，把握合作的方法和途径；
3. 理解幼小衔接的原则，掌握入学准备工作的方法与途径。

**知识结构**

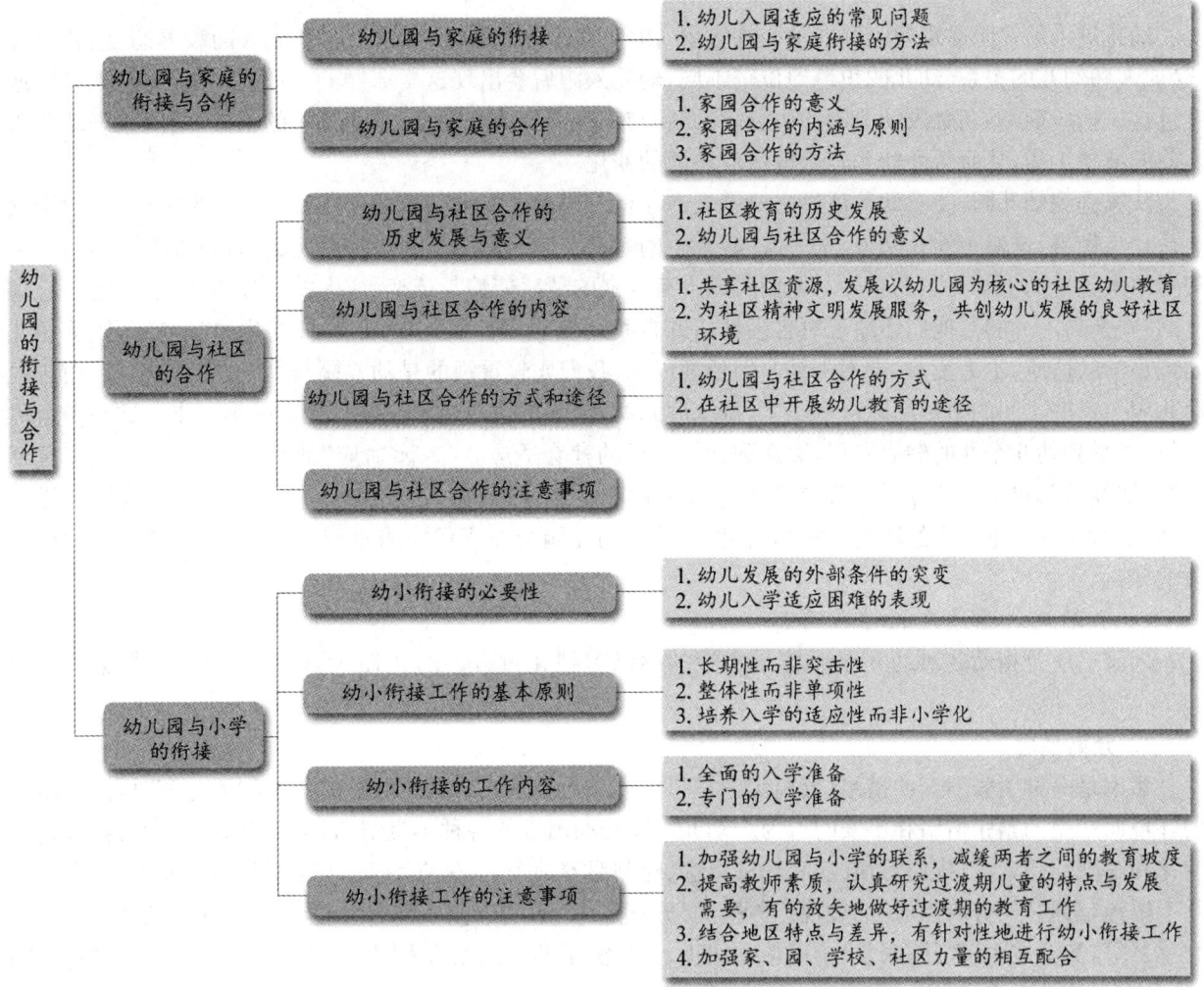

幼儿园的衔接与合作
- 幼儿园与家庭的衔接与合作
  - 幼儿园与家庭的衔接
    - 1. 幼儿入园适应的常见问题
    - 2. 幼儿园与家庭衔接的方法
  - 幼儿园与家庭的合作
    - 1. 家园合作的意义
    - 2. 家园合作的内涵与原则
    - 3. 家园合作的方法
- 幼儿园与社区的合作
  - 幼儿园与社区合作的历史发展与意义
    - 1. 社区教育的历史发展
    - 2. 幼儿园与社区合作的意义
  - 幼儿园与社区合作的内容
    - 1. 共享社区资源，发展以幼儿园为核心的社区幼儿教育
    - 2. 为社区精神文明发展服务，共创幼儿发展的良好社区环境
  - 幼儿园与社区合作的方式和途径
    - 1. 幼儿园与社区合作的方式
    - 2. 在社区中开展幼儿教育的途径
  - 幼儿园与社区合作的注意事项
- 幼儿园与小学的衔接
  - 幼小衔接的必要性
    - 1. 幼儿发展的外部条件的突变
    - 2. 幼儿入学适应困难的表现
  - 幼小衔接工作的基本原则
    - 1. 长期性而非突击性
    - 2. 整体性而非单项性
    - 3. 培养入学的适应性而非小学化
  - 幼小衔接的工作内容
    - 1. 全面的入学准备
    - 2. 专门的入学准备
  - 幼小衔接工作的注意事项
    - 1. 加强幼儿园与小学的联系，减缓两者之间的教育坡度
    - 2. 提高教师素质，认真研究过渡期儿童的特点与发展需要，有的放矢地做好过渡期的教育工作
    - 3. 结合地区特点与差异，有针对性地进行幼小衔接工作
    - 4. 加强家、园、学校、社区力量的相互配合

161

**案例导语**

以前的家长经常说:"幼儿园是学知识的地方,宝贝不要跟老师顶嘴。"

"请问,你们幼儿园每天能教孩子多少汉字和英语单词?"

"宝贝,今天你在幼儿园学到了什么知识?"

现在的家长经常说"宝贝,今天你向老师提出几个问题?"

"乖乖,今天你在幼儿园有什么新发现吗?"

以前的家长和现在的家长说的话有着明显的区别,这些区别反映了家长的育儿观念有何不一样? 家长的观念会影响到幼儿园的教育吗? 我们应该如何与家庭进行有效的衔接与合作呢?

## 第一节 幼儿园与家庭的衔接与合作

幼儿教育不只是幼儿园教育,这已是一个不争的事实。新《纲要》中明确提出:"家庭是幼儿园重要的合作伙伴。应本着尊重、平等、合作的原则,争取家长的理解、支持和主动参与,并积极支持、帮助家长提高教育能力。"幼儿园和家庭作为幼儿生活中两个最重要的环境,它们对于幼儿的学习与发展的影响各具不同的特点,家园共同配合,才能保证幼儿健康发展。

### 一、幼儿园与家庭的衔接

幼儿进入幼儿园是现代家庭中的一件大事,由于家庭和幼儿园的教养环境、成人的教养态度、教养方式、成人和幼儿的关系、幼儿的角色地位等不同,幼儿入园后会出现这样那样的不适应,为了使幼儿尽快地度过这一适应期,顺利融入幼儿园的生活,幼儿园与家庭需要协调配合,进行良好的衔接,共同做好幼儿入园前的准备工作,从而帮助幼儿较快地适应环境的变化。

从家庭到幼儿园,要求幼儿从过去对亲人在生活和情感上的极度依赖与依恋,转变为不依恋,学会独立行动与做事,这对于幼儿来说,是一次"心理上的断乳"。这种变化,并不是幼儿的"自主选择",他们并不理解成人送他们上幼儿园的意义。他们对成人有较强的情感依赖与依恋,成人的关怀与照顾,是他们心理上的"安全岛"。同时,他们还缺乏对自己情绪的自我调控能力。因此,对于这种变化的"适应",比从幼儿园到小学的适应,更为困难,更不容易。但长期以来,我们比较重视的是幼儿园与小学之间的衔接,而忽视幼儿园与家庭之间的衔接问题。事实上,从家庭到幼儿园,是幼儿从家庭迈向社会的第一步。这一步走得如何,关系到幼儿个性的健康发展,关系到他们今后的社会适应。"入园适应"的经验,作为人生发展重要的"早期经验",对于幼儿今后的发展具有重要的影响。这种影响,虽然不如入学以后的学习成绩那样直观,但是对人的一生发展的影响是深刻的、长远的。幼儿园与家庭都应当重视这个问题,帮助幼儿适应环境的变化。

(一)幼儿入园适应的常见问题

入园适应是指幼儿对幼儿园环境与生活的逐渐习惯化过程。幼儿在入园适应过程中,常见的问题如下:

**1. 分离焦虑**

焦虑是一种紧张不安的情绪,分离焦虑是指婴幼儿与母亲或照顾他(她)的熟悉的人分离时,面对陌生的环境而产生的紧张情绪和不安的行为。幼儿入园初期出现的各种不良情绪,诸如哭闹、拒食、拒睡、食欲变化和睡眠结构紊乱、排便习惯改变、伺机出逃、时刻跟着某个人、坐立不安、不断重复同一要求、呆坐且默默不语等,都属于"分离焦虑"的表现。严重的"分离焦虑"不利于孩子的身心健康,如出现抵抗力下降、频繁感冒等,需要成人(教师、家长)予以帮助纠正。因此,帮助幼儿克服入园时的"分离焦虑",顺利渡过入园关,具有重要的现实意义。

在入园适应过程中,幼儿的分离焦虑通常经历主动抗议——失望——希冀、寻找新的满足三个发展阶段。分离焦虑状态持续的时间长短,幼儿之间有个体差异。幼儿如过去有过入托或寄养经验,则分离焦虑状态持续时间短;如过去一直主要由父母或家人带的,则分离焦虑状态持续时间长。年龄越小,生活能力越差,对成人的依赖、依恋越强,越难适应幼儿园的生活,分离焦虑状态持续时间越长。

幼儿分离焦虑状态持续的时间长短,与成人也有关系。教师对幼儿的态度好,个别照顾与情感性交往多,幼儿较容易适应新的环境;教师对幼儿态度不好,个别照顾与情感性交往少,幼儿越不容易适应新的环境。家长过分依恋孩子,也容易使幼儿哭闹。

**2. 不适应集体生活**

幼儿从家庭到幼儿园,不适应集体生活,表现为生活自理能力差,不会自己吃饭,午睡要人陪,不懂大小便要上厕所。人际交往能力差,不会和小朋友一起友好相处,争抢玩具,不让他人玩等。这是过去家庭生活经验的反映,幼儿需要学习在集体中如何生活。

但一些教师面对幼儿的入园不适应哭闹现象往往采用一些不恰当的处理方式,如冷处理或置之不理,甚至还用言语威胁幼儿,让幼儿"失望"、"恐惧",这些做法是极为不妥当的,甚至会对幼儿的心灵造成伤害。分离焦虑和对集体生活的不适应,是幼儿面对陌生环境的自然反应,教师应当理解和接纳幼儿的这些表现,不能把这些表现当作幼儿在行为习惯上的"问题",或者视若无睹,让幼儿"自然适应"。通过家庭与幼儿园的共同努力,可以帮助幼儿减轻分离焦虑带来的痛苦,缩短不适应的时间,使幼儿更好更快地适应新的生活与要求,对幼儿园生活产生积极的感受。

**(二)幼儿园与家庭衔接的方法**

**1. 家庭方面为幼儿作好入园准备工作**

幼儿入园前,家长最重要的是先去了解孩子即将就读的幼儿园环境,了解幼儿园的时间安排、活动方式及幼儿园教师的要求,这样家长可以先在家里让孩子尝试在生活习惯等方面向幼儿园的生活靠拢,使孩子顺利地入园,尽快地适应幼儿园生活。

(1)生活自理能力方面的准备

入园后,孩子将面对二、三十个同伴的大集体,一些生活方面诸如穿脱衣服、吃饭、喝水、上厕所等基本上要靠自己去完成。因此,入园前家长要培养幼儿最基本的生活自理能力。首先逐渐调整孩子的生物钟,使孩子一日作息时间与幼儿园的作息时间相吻合。平时,让孩子参与整理自己的衣服、物品,给孩子做主和选择的机会。帮助幼儿学做一些简单的自我服务,如吃饭、盥洗、穿脱衣服、独立入睡等,适当的培养幼儿生活自理能力,这样幼儿入园后不会有过多的顾虑。

(2)同伴交往与语言发展的准备

早期的交往经验对孩子很重要,多鼓励孩子与同伴交往,懂得谦让,遵守规则,学会分享。在幼儿园这个大家庭中,为了小朋友间的和睦相处、共同发展,有一些规则需要家庭成员共同遵守,而这些都需要借助语言来完成。相互谦让、友好合作、礼貌待人等良好品德将会使幼儿很快融入到群体之中。因此,家长在日常生活中不但要言传身教,以身作则,还要以朋友身份帮助幼儿理解和运用一些简单的礼貌用语,有助于幼儿成功地与同伴交往。

(3)做好幼儿入园的心理准备

幼儿入园对于每个家庭来说是件大事,任何焦虑、不安、恐惧等不良因素都会使孩子不愿意去幼儿园。要使孩子顺利地适应幼儿园的生活,入园前的心理准备是首要的。信任感的发展是健全人格的首要任务。儿童的信任感是在父母无微不至的关怀下逐渐发展起来的,和父母在一起有安全感的儿童可以发展到与其他人在一起时也有安全感。因此,首先,家长可以在孩子入园前几天进行陪护,让孩子在安心的情况下对幼儿园进行探索考察,带孩子到幼儿园看一看,玩一玩,直接体验幼儿园的生活,慢慢熟悉幼儿园环境。其次,家长还要先了解幼儿园,要常向幼儿讲述园中趣事,以引起幼儿的共鸣,激发幼儿入园的兴趣。通过这些方法,不少敏感的孩子都可以平稳地度过入园适应期。

(4)做好与教师的沟通工作

幼儿入园前的人际交往范围仅限于父母等几个人,因而在情感上对身边亲人或看护人依赖性强,一旦

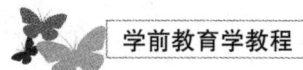

离开这小小的人际圈,幼儿就紧张、害怕、无所适从,最常见的防御本能是以哭求救,这是正常的现象。因此,首先应让幼儿熟悉幼儿园,熟悉老师,喜欢幼儿园。这样才是减轻入园焦虑的基础,幼儿适应的才会更快。

解除幼儿分离焦虑应该从帮助他们与新环境建立起"依恋关系"开始。心理学家普遍认为,依恋是个体生命早期的情感联结,是婴幼儿与抚养者之间一种积极的、充满深情的感情联系。只有建立起依恋感的儿童才可能有安全感、信任感和探索的勇气。婴幼儿时期是依恋感产生、发展的关键期。根据印刻现象的原理,幼儿与教师建立依恋关系具有特殊的敏感性,他们既喜欢老师,又害怕老师。如果幼儿入园之初对老师有个美好的印象,就会产生"正印刻"效应,从而促进依恋关系的建立,逐步消除分离焦虑情绪;反之则加重分离焦虑。可见,入园之初帮助幼儿与教师建立起良好的依恋关系,是消除分离焦虑的关键所在。家长要和幼儿园教师交朋友,接受教师的家访,邀请教师来做客,给幼儿接触、亲近教师的机会,让幼儿从心理上接纳并崇拜老师,建立良好的情感关系,为其入园生活建立安全感和信任感。幼儿入园后,家长想了解孩子在园表现时,可以向老师提问,或查看幼儿园的家园联系簿,幼儿园也应该主动向家长说明孩子的情况,但家长最好不要一见到孩子便立刻问长问短,显得格外焦虑。

**2. 幼儿园方面为幼儿做好入园引导与适应工作**

(1) 建立良好的师幼关系,帮助幼儿适应幼儿园生活

要使幼儿适应幼儿园,首先要使他们喜欢幼儿园、喜欢来园。熟悉幼儿园、熟悉教师是幼儿接纳幼儿园的第一步。教师以肢体语言亲近孩子,经常拍拍孩子的小脑袋,拉拉孩子的小手,抱抱他们,和他说几句悄悄话,孩子很快就会对老师产生亲切感和依恋感,从心里不知不觉喜欢上老师。其次为孩子提供适时周到的帮助与服务,使他们在园的生活更贴近家庭,有利于他们更快适应集体生活。对于刚入园的新生不要急于建立整齐划一的常规纪律,应允许他们延续一些对健康无害的习惯,如午睡时抱着某件玩具、要成人拍着入睡等等。因为孩子刚入园,面对陌生的人和环境,会特别紧张,没有安全感,此时如果教师提出要改变他们的一些习惯,只会使他们对幼儿园产生恐惧、厌恶的心理,如果老师"忽略一下"他们的一些习惯,先适应他们,然后再用潜移默化的教育方法形成他们良好的习惯,使他们适应幼儿园、适应集体生活,这样不仅能使孩子尽快地适应幼儿园,而且也能使孩子觉得幼儿园气氛宽松,他们就能很快适应幼儿园这个新家。

(2) 帮助家长了解入园准备工作的内容

幼儿刚入园,家长的工作非常重要。因此,教师要及早向家长宣传入园准备的经验,如孩子入园的适应期,幼儿习惯的养成等,通过家园联系栏、电话联系、便条联系等多种形式,让家长了解幼儿在园的情况,也使教师了解了家长的想法。通过开展家长会、家长开放日、亲子活动等,促进了家园之间的相互理解与支持。

(3) 合理安排幼儿入园之初的活动

为了让初入园幼儿在正式入园前对幼儿园有一个比较充分的认识,使其在这个宽松的、自主的认识新环境过程中获得较好的印象,促使他们对即将到来的幼儿园生活产生期望心理,在正式开学前留出一周的时间可以开展"准入园活动"。即:由家长带孩子到幼儿园来,参观园景、班级环境、了解设施的功能(午睡室、活动室里区域的作用、室外玩具等)和班级教师见面并做游戏,家长、孩子和班级教师一起布置活动室的环境等。在这个过程中,教师引导幼儿和家长有序地了解新环境及一些设施、区域的功能,直至放开让幼儿自主地进入各区域活动。家长和教师此刻扮演着引导者角色,在一旁和孩子玩耍的同时一边说:"你看,幼儿园里多好玩呀,老师多喜欢你啊,你来上幼儿园时还会认识很多和你一样大的朋友,可以和他们一起开心地玩等等……"通过语言暗示,培养起幼儿对即将到来的幼儿园生活的向往之心,并鼓励孩子独立地进入各区域自由活动。这样的"准入园活动"可以反复进行,只要家长有时间,幼儿园建议他们每天来园,并逐渐延长在园时间。同时,视孩子的适应情况,家长逐渐地淡出孩子的视线范围,让他们在新环境中比较独立地进行自主的活动。

玩是孩子的天性。孩子的具体形象思维方式决定了他们对玩具、游戏十分感兴趣,教师据此进行温馨、有趣的环境创设,合理安排空间,开展一些丰富有趣的区域活动,吸引幼儿进行快乐地游戏。在益智区

里,通过拍泡泡,锻炼了孩子的跳跃能力,认识了高、矮、多、少。帮助小动物贴泡泡、印泡泡、画泡泡,学会了帮助别人认识颜色。孩子们可以用报纸制作面条,用旧报纸团成球,再用自制的球玩滚球游戏。丰富多彩的游戏能够很快转移孩子的注意力。同时要注意保持孩子的新鲜感。有些孩子在入园时十分喜欢来园,而过了一个月左右反而不愿来园了,这是怎么回事呢?孩子刚入园时,老师常会用最新最好玩的玩具及最有趣的游戏来吸引孩子。孩子刚接触时感到十分新鲜,但时间一长孩子也就失去了新鲜感。教师应慢慢地丰富玩具及游戏,使孩子始终保持对幼儿园的新鲜感,这样才能做到使他们始终愿意来园。

## 二、幼儿园与家庭的合作

### (一)家园合作的意义

幼儿园与家庭的合作,既有利于幼儿的成长和发展,也有利于幼儿园的教育工作。同时,对于幼儿的家庭与家庭教育也有积极的意义。

#### 1. 家园合作,为幼儿身心健康发展创造良好的条件

幼儿园和家庭,是幼儿生活和学习的两个重要的环境。幼儿每天从家庭到幼儿园,又从幼儿园到家庭,这两个环境之间就自然发生了联系。这种联系是否有利于幼儿身心健康发展,取决于这两个环境对幼儿施加的教育影响在方向上是否一致。如果来自不同环境的教育影响在方向上是一致的,那么,就可以相互支持,形成影响幼儿发展的合力。如果来自不同环境的教育影响在方向上不一致,那么就会减弱和抵消各自的教育影响,而且,结果往往是负面的影响压倒正面的影响而占据上风。

家长是教育幼儿的重要力量,家庭是幼儿学习与发展的重要环境与影响源。家庭教育的随机性、情感性等特点,使得家庭教育具有广泛性、潜移默化性、终身性等特点。因此,幼儿园只有有目的、有意识地建立与形成幼儿园与家庭之间的合作关系,才能更有效地促进幼儿身心健康发展。

#### 2. 家园合作,为幼儿园教育工作创造有利的条件

家庭作为支持幼儿园教育工作的外部环境因素之一,是幼儿园应当注意利用的宝贵的教育资源。良好的家园合作关系,可以使幼儿园从家长那里获得多种支持,包括人力、物力的支持。家长对幼儿园教育工作的支持,不仅仅只限于配合教师,做好对自己孩子的教育工作,保持教育要求的一致性、一贯性,提高教育工作的效果上,还可以表现在直接参与幼儿园的教育活动,丰富幼儿园的教育内容等方面。从事不同职业的家长,可以成为幼儿园开展各种相关主题活动的重要教育资源。例如,开展"医院"主题活动时,可以请相关职业的家长来讲解医院中各个部门的职能,介绍各种常见的医疗器具,以及到医院就诊的注意事项等。幼儿园教师不可能是所有问题上的"专家",而不同职业的家长参与幼儿园的教育活动,可以丰富幼儿园的教育内容和幼儿的学习经验。

通过家园合作使家长了解幼儿园教育的内容,理解幼儿园教育原则与方法,他们也就会支持幼儿园的教育工作,使幼儿园教育能够更好地实施,而不受不必要的干扰和影响。幼儿园常常抱怨家长对幼儿园施加压力,要求幼儿园教识字、教计算等等。如果幼儿园能够开门办园,让家长参与幼儿园的活动,了解幼儿园的教育内容与方法,那么,他们会觉察和理解幼儿园教育内容与方法的意义,也就不会再硬要幼儿园教识字、计算了。没有家长支持的教育改革,是不可能持久的。只有受到家长认可与支持的课程,才能顺利地实施并取得好的效果。

#### 3. 家园合作,可以密切亲子关系,改进家庭教育

家园合作,为促进亲子互动、相互了解提供了新的途径。通过让家长参与幼儿园的教育活动,可以让家长有机会了解自己的孩子在幼儿园的生活和学习,更好地认识自己孩子的特点,同时,也使幼儿有机会了解自己父母亲的工作与"本领",对家长产生敬佩、尊敬的情感。家长和幼儿一起为幼儿园的主题活动收集资料、实地观察,帮助幼儿解决问题,都能促进亲子交往,密切亲子关系。通过家园合作,家长也可以从幼儿园获得科学育儿的专业知识,通过配合幼儿园的教育工作,可以提高与改善家庭教育的质量。

综上所述,家园合作使家园双双都受益,最大的受益者是幼儿。父母越关心幼儿的教育与幼儿发展,幼儿园教育的效果就越好。

（二）家园合作的内涵与原则

目前,在家园合作问题上仍然存在着认识上的误区。一是认为家长和教师应该"各司其职",孩子在家归家长管,在幼儿园归老师管。家长缺乏参与幼儿园教育的意识,没有认识到自己的责任和义务,因而不愿意参与幼儿园的活动,并认为要求家长参与是幼儿园在推卸责任;幼儿园则认为家长参与幼儿园的教育工作是添乱。二是传统的师道尊严的思想根深蒂固,认为教师是专业教育工作者,而家长水平低,不懂教育,没有能力参与幼儿园的教育。三是家长认为自己工作忙,没有时间参与幼儿园的教育工作。四是教师只在知识学习上要求家长配合,家长也只愿意在家里督促孩子背诵儿歌、做计算题、念英语单词。以上这些认识上的误区必须得到澄清。

**1. 家园合作的内涵**

所谓家园合作是指幼儿园和家庭都把自己当作促进儿童发展的主体,双方积极主动地相互了解、相互配合、相互支持,通过幼儿园与家庭的双向互动共同促进幼儿的身心发展。幼儿园是专门的教育机构,按《幼儿园工作规程》的规定,负有"主动与幼儿家庭配合"、"建立幼儿园与家长联系的制度"的责任。在家园合作中,幼儿园应处于主导地位。正如前苏联教育家马卡连柯在论述学校教育和家庭教育的关系时所说:"学校应当领导家庭"。这是因为幼儿园作为专业的教育机构,幼儿教师是专职的教育工作者,懂得儿童身心发展的特点和规律,掌握科学的幼儿教育方法。因此,教师有责任唤起家长的主人翁意识,激发他们积极合作的态度。正确理解家园合作的内涵,需要把握以下几点:

第一,家园合作是一种双向互动活动,是家庭教育和幼儿园教育的相互配合。一方面,幼儿园视家长为促进其孩子学习过程中的积极合作者,保证使家长了解孩子在幼儿园生活的方方面面,认真考虑家长提出的意见和建议,邀请家长参与幼儿园的教育活动,发动家长为幼儿园教育提供教育资源,并对家长的教养方式和与幼儿园合作的方法进行指导;另一方面,家长要向幼儿园提出自己对教育孩子的看法,对幼儿园为孩子提供的一切作出反应。

第二,家园合作要考虑幼儿园和家庭双方的需求。同时,家园合作围绕的核心是幼儿,他们是幼儿园和家庭服务的共同对象,促进幼儿的全面发展是家园合作追求的最终目标。

第三,家园合作需要合作双方有积极主动的态度。其中包括家长对孩子的爱心与责任感、对幼儿园乃至整个教育的信任与支持,也包括教师对家长的热情接纳和对家长参与的信心。

**2. 家园合作的原则**

（1）尊重家长

长期以来,我们往往把家长看作是教育的对象,或者是教师的助手,在家园合作问题上,更多注重的是"向家长宣传正确的教育思想","帮助家长树立正确的教育观与儿童观",要求家长配合幼儿园工作,而没有真正把家长当作平等的合作伙伴。尊重家长就是要尊重作为教育者的主体地位和人格尊严,不能把自己看作"专业工作者",不能居高临下地仅仅把家长当作教育对象和教师工作的助手。

要真正形成家园之间的合作关系,首先必须尊重家长作为教育者的主体地位。家长是幼儿的养育者,也是幼儿的第一任教师,同时,也是幼儿法定的监护人。他们有权了解幼儿园教育的情况,有权知道幼儿在园的生活与学习的情况。幼儿园的大门应当向家长敞开,容许家长随时走进幼儿园的教室,观察与了解幼儿园的教育活动。在幼儿园教育工作计划与活动内容安排上,要听取家长的意见,吸引家长参与和评价幼儿园教育工作。要和家长共同探讨幼儿教育的方法,分享观点与经验,而不是仅仅告诉家长应该做什么和怎么做。

其次把家长看作平等的合作伙伴,还应该尊重家长的人格尊严。一般来说,幼儿园教师不会直接伤害家长的人格尊严,但是当幼儿发生行为问题时,就把家长看作告状的对象,把幼儿发生的问题的责任推向家长,要家长回去好好管教自己的孩子。"子不教,父之过",幼儿园教师和家长都会把孩子的问题看作是家庭教育的问题。在这种情况下,告状行为必然会使家长感到难堪,自尊心受到伤害的家长往往会把压抑的怒气发泄到幼儿头上,使幼儿成为最大的受害者。

（2）责任分担

幼儿园和家庭在幼儿的教育问题上负有共同的责任。幼儿在幼儿园发生的问题,虽然有来自家庭生

活和教育的影响,但是幼儿园应该负主要责任,因为毕竟幼儿在白天大部分时间都生活在幼儿园。我们可以要求家长配合工作,但是不能向家长"告状"。"告状"是推诿责任的表现。应当和家长交流情况,共同探讨教育幼儿的方法。

（3）家园互惠

家园合作,不能仅仅把家长当作利用的对象,尤其是财力、物力、人力的利用对象。争取家长的合作与支持,要以家长自愿为前提,不能采取摊派、让幼儿传达幼儿园的要求等方式,来硬性要求家长的支持与合作。要让家长通过参与幼儿园的活动,实际体验到这种参与对幼儿、对家庭生活的好处,体验到幼儿园对自己的尊重。仅仅让家长单方面在人力、物力、财力上"付出",是不能真正调动和发挥家长参与和支持幼儿园教育工作的积极性的,也不能真正形成和发展家园之间良好的合作关系。

（三）家园合作的方法

幼儿园的家园合作教育活动可以从不同的角度来分类,大致可以分为以幼儿园为核心的家园合作活动和以家长为核心的家园合作活动两大类。

**1. 以幼儿园为核心的家园合作活动**

以幼儿园为核心的家园合作活动的主要目的:一是让家长了解孩子在幼儿园中的各方面的表现,了解教师是如何教育孩子的,同时通过观察教师的教育行为和孩子的表现,反思自己的家庭教育的内容和方法;二是充分发挥家长作为教育资源的作用,支持幼儿园的教育活动。

（1）教育活动开放日

教育活动开放日,也叫家长开放日,可以是家长在幼儿入园前对幼儿园整体环境设施设备与师资力量等情况的参观、访问,也可以是幼儿入园后的一日或半日活动的参观与听课。入园前的开放日,可以邀请家长和幼儿一起来园,熟悉新教师和新环境,消除陌生感。而入园后的教育活动开放日,可以让家长从整体上了解自己的孩子在幼儿园的表现以及幼儿园的教育内容与方法,从而解除家长的忧虑。对于教育活动开放日,幼儿园应做好各项准备工作,事先要向家长介绍一日活动的目的和完整的活动计划,让家长"知其然,也知其所以然",并应指导家长在活动过程中如何观察。事后要充分发挥家长的积极参与精神,广泛听取家长对活动的意见和建议,秉持"有则改之,无则加勉"的态度,要避免形式主义的走过场,活动结束不了了之,达不到开放日的真正目的。

（2）幼儿学习成果展览与汇报会

家长把自己的孩子送到幼儿园接受教育,最大的愿望莫过于孩子的进步。举办幼儿学习成果展览与汇报会的目的就在于向家长汇报幼儿在园的学习情况,让家长对幼儿园放心,并给他们以教育的信心和方法。教师在策划幼儿学习成果展览与汇报会时,首先应注意对每个幼儿各方面的进步要有充分的了解,要让每个幼儿都有机会展示自己的进步,并且这种展示应该是全方位的,既有知识的掌握,又有能力的表现,更有良好品德的展现,而不是只集中在音乐、舞蹈或绘画等方面。要让家长从孩子的表现中,不仅仅看到孩子的进步,更从中学习到一种新的教育理念,并将它运用到自己的家庭教育中。

（3）接送交谈与家访

这是一种以访问、谈话为主要方式的个别交流形式,主要目的是让家长了解孩子在幼儿园的学习表现,让教师了解幼儿在家庭里的行为表现以及所处的家庭环境,加强沟通,交流经验,共同促进幼儿发展。在日常接送孩子过程中的交谈可以简短些,交谈内容可以是孩子日常的行为表现,也可以是家长在家庭教育中遇到的问题、困难,当然也包括成功的经验。家访是保教人员到幼儿家里进行的调查访问。

家访分为幼儿入园(所)前的家访和幼儿入园(所)后的家访两种。家访要事先与家长约定时间,不做"不速之客"。每次家访之前,保教人员应做好充分的准备。要拟好家访的计划,确定家访的目的、内容、谈话方式,预设家长的反应态度和可能提出的问题。教师要注意,家访不是"告状","告状"式家访不但不能因家访而建立合作的关系,反而易对教师、家长和幼儿之间的关系产生负面影响,产生破坏性后果。这就要求教师要满怀真诚和爱心,注意讲话方式,全面分析、介绍孩子的情况,多表扬孩子好的行为表现,以建议的方式请求家长配合帮助孩子改正不良行为习惯。

（4）家园联系册

这是一种书面形式的个别交流方式。家园联系册因内容不同而有区别：一种是由教师根据幼儿在园情况、家长根据幼儿在家情况而撰写的，其内容可以因每个幼儿的具体情况而有差异；另一种家园联系册的内容是固定的，有的甚至是用项目的方式呈现的，如生活卫生习惯、动作发展、学习能力、语言发展、行为习惯等，教师或家长只需在上面打钩即可。相对而言，前者更为自由一些，适合于阶段性的专题联系；后者更为全面一些，适合于经常性周期使用，但其内容一般包括幼儿的表现与教师或家长的建议。

（5）便条或电话联系

简短的便条也是一种有效的交流手段，它往往只有教师的寥寥数语，就可把孩子的点滴进步传达给家长，画了一幅新颖的画、帮助了小伙伴甚至是小手洗得干净都可以成为便条的内容。便条可以密切教师与家长之间的交流，增强孩子学习和家长教育的信心。需要注意的是，便条的内容应自然、真诚而有意义。否则，便条如果流于形式，就失去了交流的价值。电话联系是借助于现代通讯工具而进行的一种交流方式。它不仅可以存在于家长与教师之间，同样也可以存在于家长与家长之间。比起家园联系册或便条，电话联系不仅可以传达孩子的行为表现，还可以就孩子出现的问题商讨解决的方法，显得方便而快捷。

（6）家长参与教育活动

家长参与幼儿园的教育活动包括请不同职业、不同爱好特长的家长作为教师参与教育活动和幼儿园亲子同乐活动两种类型。前者主要是借助于家长中不同的职业、经历、爱好特长等教育资源配合幼儿园教育。其具体形式有两种：一种是请家长来园做临时教师；另一种是教师事先联系好，带领幼儿去家长所在的工作场所，进行现场教育。二者都可以充分利用家长中的教育资源，弥补幼儿园教育资源的不足，同时也发挥了家长参与教育活动的积极性，唤起了家长的主人翁意识，真正成为幼儿园的合作伙伴。幼儿园亲子同乐活动既可以是家长携子女来园参加幼儿园组织的游戏活动，也可以是家长携子女参加幼儿园组织的外出郊游活动。这是一种有助于增进教师与家长、家长与幼儿情感交流的集体活动形式。幼儿园亲子同乐活动中，教师要注意发挥幼儿和家长的主体性，特别要注意自己对家长、幼儿的平等态度。

（7）家长参与管理活动

家长参与幼儿园管理最常见的形式是组织家长委员会。家长委员会可以有园级的、年级的和班级的三个层次，不同层次的家长委员会分别参与相应的管理工作。家长委员会的组成成员应为那些重视子女教育，热心社区工作，有责任心，并有一定的组织能力和文化水平的家长。家长委员会参与的主要管理工作就是促进家园合作，包括促进家园之间的信息联系，保证交流渠道畅通，协调家园教育的一致性；发动和组织家长发挥各自的专长和优势，开展各种配合幼儿园教育的活动；组织家庭教育经验交流会，宣传家庭教育知识，满足家长对提高家庭教育水平的需要；向幼儿园反馈家长的意见，参与幼儿园的教育决策和监督。家长委员会还可以在幼儿园为全园师幼和家长组织联欢会，为改善办园条件而组织义卖、捐献等活动。作为幼儿园的领导和老师应与家长委员会保持密切的联系，尊重和支持他们的工作，为他们顺利开展工作创设有利条件。

**2. 以家长为核心的亲职教育活动**

幼儿园的亲职教育是指为了提高家长素质和家教质量，对家长的家庭教育提供帮助和进行指导的过程，是一种以家长为主要对象的、以促进儿童身心健康发展为最终目的的成人教育。在亲职教育中，家长既是受教育者又是教育者。一方面，他们需要向亲职教育的指导者学习科学的家庭教育的方法；另一方面，他们又要把学到的东西运用到自己的家庭教育实践中。根据这种性质，亲职教育应注意内容有针对性、可操作性、可接受性，具体包括：宣传幼儿教育和家庭教育的重要性，提高家长的教育责任感；宣传正确的教育观念，如儿童观、教育观、人才观与爱子观；宣传科学的育儿方法和原则；帮助家长学习如何创设良好的家庭教育环境。在我国，亲职教育通常在幼儿园开设的家长学校进行，大致有以下一些形式。

（1）家长会

家长会是将全园、全班或某一类型的家长召集在一起开会的家长工作形式。家长会可定期召开，家长

会的内容相对集中于大家共同关心的问题。类型有家庭教育专题讲座、教育经验交流会、家庭教育专题讨论会等。专题讲座是邀请专家或由幼儿园教师就某个问题做全面系统的讲解,既有理论上的阐述,又有实践操作上的指导。例如,对刚入园幼儿的家长开设的"三岁幼儿的年龄特点及其教育要点"的讲座。教育经验交流会和家庭教育专题讨论会主要是在家长与家长之间进行,也可由教师主持,但教师做主持时应有平等交流的态度。发言者要有针对性,避免泛泛而谈;主持者要注意因势利导,并适当地进行小结。会后要对活动效果进行评价,可以是教师的自我评价,也可以通过家长的意见反馈来进行。

（2）家长园地

"家长园地"或"家长教育专刊"等是以文字的形式定期对家长进行指导的一种形式。其内容可包括家园合作的方方面面:家庭教育方面可有儿童身体与心理的发展、家庭营养知识、家庭教育方法以及新的教育观念与实践等;幼儿园方面可以有幼儿园近期的教育活动或重大活动、孩子的作品等;当然,也可以给家长留一点篇幅,以供讨论、谈心得体会、提意见或建议等。在科技发达的今天,"家长园地"或"家庭教育专刊"也可以采用先进的多媒体形式与家长进行沟通。另外,"家长园地"或"家庭教育专刊"要注意定期更换。

（3）家教现场指导活动

这是一种相互观摩、直接指导的方式,常是由教师通过对幼儿出现的问题或家长目前普遍关心的问题进行专门的教育活动设计,家长通过现场观摩来学习。

（4）家长沙龙

家长沙龙主要是为家长提供宽松的畅所欲言的环境与机会,可以由幼儿园提供场所,也可以由家长自愿在自己家里组织。定期举办,自愿参加。组织者可以是教师,也可以是家长。但组织者需平等地共同参与问题的讨论,并予以适当的总结。

（5）家庭互助组

家庭互助组是幼儿家庭之间的一种在家庭教育方面相互关心、相互支持的形式。家庭互助既包括物质上的互助,例如临时帮助照看家长出差的孩子以及组织服装、图书、玩具方面的交流,也包括精神上的互助,例如当一些家长在进行家庭教育遇到困难时,可以得到别的家长的关心与指点。家庭互助组也可以组织儿童的同伴交往,解决当前大多数家庭由于只有一个孩子而可能产生的社会化方面的问题。家庭互助组本着自愿的原则,侧重于教育方面的互帮互学,避免功利化的做法。

（6）社区教育基地

社区教育基地是幼儿园亲职教育的一种延伸和补充。幼儿园可以联合社区部门,邀请热心幼儿教育的社区内各界人士,成立社区教育委员会和园外教师队伍,共同创建社区教育基地,既挖掘社区教育资源,创设良好的育人环境,配合幼儿园教育,又开展对家长的教育,提高家庭教育水平,真正达到双向促进。

当然,在家园合作中,也存在一些普遍性的问题需要引起注意。一是家园合作尚不够深入,较多地停留在表面,表现为"三多"和"三少",即家长虽然进入了幼儿园,但参观的多、参与的少;间接参与较多、直接参与较少,家长很少深入到幼儿园教育过程深层次的环节中;一次性的直接参与多,经常性的直接参与少。二是家庭和幼儿园的教育内容脱节,表现在家长来园参与活动往往是和幼儿一起游戏,而回家后不大可能把这些和家庭教育联系起来。家长学校也常常是在家长看不到幼儿活动的情况下进行,因此难以产生有针对性的效果。针对这些问题幼儿园应当进一步开拓合作的广度和深度,让家园合作在幼儿园教育中发挥更大的作用。

在教育越来越强调生态化的今天,学前教育中的家园衔接合作是一种必然的趋势,而在其中起着领导作用的幼儿园应将家园衔接与合作视为自己的重要工作之一,成立专门的领导机构,并使之制度化。因为家长与幼儿园教育之间合力的大小取决于二者之间的关系,二者完全一致时合力最大,其评价的标准就是家长的家庭教育水平的提高、儿童的发展以及教师的自我成长,并且归根结底要落实到儿童的发展上。所以,幼儿园要以科学的理念和方法指导家长的教育,加强幼儿园与家庭的衔接与合作,促进儿童的全面发展。

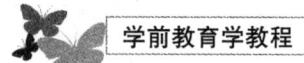 

## 第二节　幼儿园与社区的合作

《幼儿园教育指导纲要(试行)》提出,幼儿园要"充分利用自然环境和社区的教育资源,扩展幼儿的生活和学习空间。幼儿园同时应为社区的早期教育提供服务"。因此,幼儿园和社区都应该把自己当作促进学前儿童发展的主体,双方积极主动地相互了解、相互配合、相互支持,通过幼儿园与社区的双向互动共同为儿童的身心发展服务。

### 一、幼儿园与社区合作的历史发展与意义

#### (一)社区教育的历史发展

社区是由居住在一定区域范围内的人们所结成的文化生活共同体。"社区"一词源自1844年丹麦教育学家科维隆在乡村创建国民高等教育学校,后发展到美国,指为适应各层次的人群提供适当的社区教育。随着科技的发展与文明的进步,1964年美联邦政府开始实施提前开端计划,规定至少要给90%以上的生活在贫困线以下的家庭中3~5岁幼儿提供社区教育服务。利用社区的各种教育、文化、娱乐实施、人文景观等资源,尤其是社区的服务工作人员和幼儿家长,对绝大多数的贫困家庭的幼儿实施免费的补偿教育。英国的游戏小组活动是在1960年左右由民间发起的幼儿社区教育活动,伦敦的自由团体——儿童救济基金会发起成立社区幼儿活动组织,以满足城市无中法人园儿童的教育和看护需求,同时,为已入园的幼儿争得一块游戏场地。目前,英国本土学前游戏小组比比皆是,受惠儿童遍及城乡。

二十世纪初期的中国,陶行知1927年开展的乡村教育实验、晏阳初1926年开展的"平民教育"实验和梁溯溟1928年在山东邹平开展的"乡村建设"运动的兴起,标志着我国社区学前教育的起步。但由于当时特定的战乱时代背景下,其发展极其缓慢,甚至在1932年以前我国的幼教法规里基本上没有涉及社区的利用问题。直到1932年颁布的《幼稚园课程标准》中规定:"幼稚教育所用场所,不限于室内,而须以户外的自然界、家庭、村、市、工商业……为最好的地方"。新中国成立后,我国幼教政策一直比较主张利用社区资源开办幼儿园,但对幼儿园教育对社区资源的利用没有给予足够的重视。1996年《幼儿园工作规程》的颁布标志着社区资源不再被忽视,而是成为幼儿园教育的不可或缺的一部分。

21世纪的今天,伴随着信息化时代的来临,社会对教育的影响越来越大,教育与社会的关系越来越密切。对幼儿来说,大众传播媒介,特别是电视电脑的普及、家庭文化水准的提高,社会人际交往的发展,给他们增加了许多学习途径。媒介成了幼儿一个主要的学习途径,幼儿园已经不是幼儿学习的唯一地方,教师也已经不是幼儿获取信息的唯一源泉,甚至不是主要的源泉。幼儿园必须在与社会的合作中去完成自身的教育任务,发挥教育在幼儿成长中的导向作用。无视外部的强大冲击,封闭在幼儿园围墙之中的教育是没有生命力的。此外,社会的发展对人的素质提出了前所未有的要求,这对包括幼儿园教育在内的学前教育的目标产生了很大影响,也对学前教育的办学模式提出了挑战。因此,利用社区教育为孩子营造一个真实的生态学习环境,已经成为学前教育的一大趋势。现如今在我国城市,社区指比较完善的社会生活小区,多以"街道"或"委员会"为基础;在农村,一般以乡或村为依托。社区教育是社区活动的重要内容,包括社区内为儿童或全体居民提供的文化教育设置和开展的教育活动等。社区幼儿教育即以社区为依托的幼儿教育。

#### (二)幼儿园与社区合作的意义

社区是社会大环境中与幼儿园关系最密切、影响最大的一部分。对于幼儿园来说,与社区的合作是与社会大环境结合的最主要、最核心的内容。因此,幼儿园与社区的合作具有重要的意义。

**1. 幼儿园与社区合作是幼儿教育事业发展的要求**

幼儿园教育是人的终身教育的一个重要阶段,也是与社会一体化教育的一个重要组成部分。开发与利用社区教育资源,促进幼儿发展,具有非常重大的意义。充分开发和利用社区教育资源,丰富幼儿园教学活动内容,拓展教育空间;更新教育资源观、树立大教育观;让教育跨越幼儿园围墙、为幼儿创设更为开

放的学习空间;让幼儿在自主、开放的氛围中,多方位、多渠道构建健全的人格、促进全面发展,已成为时代的需要,教育发展的需要。

早在20世纪20年代,我国一些著名教育家如陶行知、陈鹤琴、张雪门等就明确提出了"幼儿园活动要以大自然、大社会为活教材"。1981年联合国教科文组织指出:幼儿教育必须从幼儿园这个封闭的范围中解放出来,扩展到家庭与社区。这一精神现已成为全世界幼儿教育的共同发展方向,随着我国近年来社会飞速发展和幼教改革的深入,将幼儿园教育置身于终身教育体系中,牢固树立家庭、幼儿园、社会三位一体的大教育观,已开始成为我国幼教实践的指导思想,成为我国教育改革和事业发展的指导思想。

### 2. 幼儿园与社区合作更有利于发挥幼儿园的教育功能

幼儿园作为社会的专门教育机构,拥有丰富的教育资源,在全社会都在重视早期教育的今天,应该发挥自己优势,向社区辐射教育功能。如利用开办家长学校、在社区举行联欢活动、慰问社区孤寡老人,营造社区良好的精神风貌,在与社区主动合作的同时实现幼儿自身对幼儿保育教育和为家长服务的功能,为社区的精神文明建设服务,共创幼儿发展的良好社会环境。时代的发展,促使幼儿园必须主动与社区密切合作,建立幼儿园与社区良好的关系,扩大幼儿园对社区、社会的影响,自觉树立主动服务家长、服务社区的思想,幼儿园才能面对生存的挑战,迎来发展的机遇,才能提高办园质量。幼儿园与社区合作是幼儿园自身发展的必然,通过外部大环境和幼儿园小环境的结合,实现资源共享,建立幼儿园与社区的互动,才能构筑开放的社区幼儿教育基地,形成家、园、社区三位一体促进幼儿发展的合力。总之,幼儿园与社区合作,可以使幼儿园和社区互惠互利,相互促进,共同发展。

## 二、幼儿园与社区合作的内容

### (一)共享社区资源,发展以幼儿园为核心的社区幼儿教育

社区是幼儿的生活环境,也是幼儿的学习环境,社区中蕴藏着丰富的教育、教学资源,无时无刻不在起着教育作用。幼儿园周围的自然景观、风土人情,各种社会机构以及人员都是对幼儿进行教育时的可利用资源。此外,社区生活中的一些大事,如环境保护等活动都可作为幼儿教育的内容,使社区环境成为幼儿教育的大课程,教师要用心去发现、去挖掘。

### 1. 社会资源

充分利用社区现有资源对幼儿进行教育。比如,小区周围分布着医院、商店、邮局、学校等服务设施,这都可成为对幼儿实施教育的资源。为了使幼儿了解一封信的传递过程,教师可以带领幼儿到邮局参观工作人员的工作场景;为了丰富幼儿的日常生活经验,开展角色游戏,带幼儿到商店观察售货员是如何接待顾客的;为了使幼儿了解立交桥的作用,老师带幼儿来到立交桥下观察桥上行驶的车辆;为使大班幼儿了解小学生活,老师们又组织幼儿到小学校,与小学生共同活动,使幼儿产生了强烈的入学愿望。带幼儿到现实中去学习,拉近了幼儿与生活间的距离,在现实活动中了解认识了社会。

### 2. 人力资源

挖掘社区内的人力资源,动员社会力量为幼儿园教育所用。如幼儿园和社区医院的助产士联系,切合幼儿的实际认知,为孩子们设计了"我从哪里来?"的活动,让幼儿知道胎儿在妈妈肚子里的生长过程以及如何出生的过程。课堂上,"医生老师"身穿白大褂,结合形象的图片,给幼儿作了生动的讲解,孩子们听得津津有味,好奇心得到了极大的满足。"医生老师"还让孩子们戴着听诊器,相互听听心跳,在轻松快乐的游戏中获得了知识,教育效果非常理想。请话剧演员来给幼儿讲故事;请有书法、棋类专长的教师来园为幼儿上课;请民警来讲如何遵守交通规则。社区附近的消防队的战士,我们就邀请他们来园和孩子们一起进行消防演习,一起玩"军事游戏"等等,社区人力资源的有效开发利用,为幼儿提供了更多的交往的机会,也增加了更多的生活经验,弥补了课程中的不足。运用社会的力量使我们的教育更丰富、更充实,也更贴近生活,更具说服力。

### 3. 环境资源

为了培养幼儿的环保意识,便充分利用小区树多的特点,组织幼儿开展认领小树的活动。每个幼儿认

领一棵小树,在家长的陪同下为小树清除杂草和废纸,使幼儿学会了爱护花草、树木、保护小区的环境卫生,在对幼儿进行环保教育的同时共建社区。借助社区教育的优势,培养了幼儿的环保意识,家长们带他们到公园和其他一些公共场所,幼儿也会将杂物自觉地抛入果皮箱内,在日常活动中培养了幼儿良好的行为习惯。社区公园里的大树、小鸟、花草都可以丰富幼儿的认识,培育幼儿良好的审美能力。因此,社区教育资源的挖掘与利用,不仅促进了幼儿的发展,同时也使幼儿深深地爱上了自己生活的环境。

**(二)为社区精神文明的发展服务,共创幼儿发展的良好社区环境**

幼儿园作为社区的组成部分,应提高自身的文明程度,为优化社区的文明质量做贡献,如美化幼儿园环境、提高幼儿园教师与工作人员的素质、培养幼儿良好的文明习惯等。通过在社区中发挥自身作为专门教育机构的优势,向社区辐射教育功能,如节假日向社区开放幼儿园,供社区的儿童利用园内的设施等,可以对社区的文明建设起到示范推动作用。幼儿园通过社区活动和园内教育活动的结合,也可以同时促进幼儿素质的提高和社区精神文明的发展。因此,一个好的幼儿园应该成为社区文明建设的窗口,共同努力为幼儿创设良好的精神环境。

## 三、幼儿园与社区合作的方式和途径

**(一)幼儿园与社区合作的方式**

**1. 通过社区教育委员会开展幼儿园与社区的合作,设置社区学前教育基地**

社区教育是社区政府组织的社区活动之一。通过社区政府如街道办事处,把社区内各有关机构与各种社会力量联系起来,建立一个能协调社区内各种教育因素的组织或机构,即社区教育委员会。幼儿园可以参与社区教育委员会,在社区教育委员会的指导下,开展幼儿园与社区的合作。

**2. 与社区内各种机构组织建立联系,借助社区教育资源开展社区学前教育**

社区内有各种社会机构与组织,如社区文化活动中心、博物馆、图书馆、医院、商店、邮电局等等,幼儿园可与这些机构、组织建立联系,组织幼儿参观访问,或聘请这些机构与组织的工作人员到幼儿园与幼儿一起开展活动,指导幼儿园的工作等。

**3. 通过家庭,推动幼儿园与社区合作**

家庭是社区的"细胞",幼儿园与家庭的合作,也是幼儿园与社区合作的一种形式或途径。通过为家长提供各种服务和请家长参与幼儿园的教育活动,可以加强家长与家长之间的沟通交流,促进社区内人们的互相了解与沟通,有助于社区文化生活共同体的形成。例如在社区举办亲子班和家长学校等,普及早教知识,服务社会,优化儿童生存环境,促进其长远发展。

**(二)在社区中开展幼儿教育的途径**

**1. 参观游览**

带领幼儿到博物馆、图书馆、美术馆、展览馆、科学馆,甚至工地和农村的田野里去参观,增加幼儿对国家政治、历史、文化、艺术、社会生活等方面的感性知识。

**2. 操作劳动**

教师经常注意让儿童自己动手操作,尝试、探索自己感兴趣的事物,加深儿童对周围世界的认识;教师在定期带领幼儿去教育农场活动的时候,总是鼓励幼儿摸一摸小仔猪,抱一抱小山羊,骑一骑枣红马,喂一喂小公鸡,挤一挤牛奶。

**3. 走出去,请进来**

教师除经常带领幼儿到街道、广场、新村、小区去散步外,还可采用"请进来"的形式,利用社区人力资源的独特才能,提高学前教育的质量。例如,幼儿教师邀请社区工作者来园演示自己的特殊工作,如消防队员向幼儿展示扑灭大火的技艺等。

此外,教师还可以充分发挥自己的优势,积极为社区服务,促进社区的发展。如英国幼儿教师长期利用节假日,为周围居民举办幼儿教育班、英语班、舞蹈班等。总之,幼儿园与社区合作形式和途径多种多样,因幼儿园所在社区的情况不同而有不同的方式方法。

#### 四、幼儿园与社区合作的注意事项

幼儿园与社区的合作是一个新的课题。在合作过程中也会涌现很多问题：较多流于形式，实质性的教育效果不大；打乱了幼儿园的生活常规，加重了教师和幼儿的负担；将与社区结合的活动和幼儿园教育活动分离开来，不能有效地利用社区环境来深化幼儿园教育等等。另外，对与社区的结合还存在一些不正确的认识，如认为幼儿园周围的社区环境不好，所以不能合作等。因此，我们需要大家端正态度，在实践中需要注意：幼儿园与社区结合并不是要求幼儿园在本职工作之外去搞什么大型活动，参与社区的活动也不是增加教师与幼儿负担的额外工作，幼儿园完全能将与社区结合的活动纳入到自己的教育内容中去，二者应当、也可以有机地结合起来，相得益彰。与社区结合的活动一旦深入到幼儿园教育过程之中，也将大大扩展教育的深度和广度。与社区结合的活动，不仅对幼儿在德育、社会性发展等方面有重大意义，而且对幼儿在智力、科学素质、分析和解决问题的综合能力培养方面也有独特的作用。是否能开展与社区结合的活动，社区环境条件不是主要的，关键是教师能否敏锐地抓住问题，发现有教育价值的事情或现象，并有效地加以利用。同时，与社区结合可以贯穿在幼儿园教育过程中。

综上所述，社区是幼儿园教育的重要资源与支持力量。幼儿园应当主动寻求社区的支持，开展与社区的合作，促进幼儿园自身建设和社区建设。发展社区学前教育，幼儿园教育走向社区，也是我国学前教育事业发展的必然趋势和客观需要。

### 第三节　幼儿园与小学的衔接

"衔接"原指事物之间的"连接"，教育学上所讲的"衔接"是指相邻教育阶段、不同教育机构之间的"连接"。幼儿园入小学是儿童人生中的一次重大转折。联合国的有关资料提出："儿童要为入学做好准备，学校要为儿童做好准备"。幼小衔接就是要为幼儿从幼儿园顺利过渡到小学创造良好的条件，从而使两个教育阶段平稳过渡的整个教育过程。

儿童从幼儿园进入小学，意味着儿童在成长过程中，向正规的学习生活迈出了最初的一步。儿童的发展有阶段性和连续性的特点。学前期与学龄期是两个不同的年龄阶段，这两个年龄阶段的儿童有其不同的年龄特点与主导活动。学前期的儿童是以具体形象思维为主要特征，主导活动是游戏。而学龄期的儿童则处于具体思维向抽象思维过渡的时期，主导活动是学习。但是这两个阶段又是连续和渐进发展的，这种连续性是指儿童发展的新特点，是在原有特点的基础上逐渐出现的。所以，我们应尊重儿童各个发展阶段的特点，并逐步引导他们向下一个阶段发展，而幼儿园与小学的衔接的目的，在于使儿童尽快适应幼小过渡期的学习生活，顺利度过转折期，为儿童日后的发展奠定良好的基础。

#### 一、幼小衔接的必要性

幼儿园与小学是两个互相连接又有着较大差别的教育机构，儿童从幼儿园进入小学，往往普遍表现出明显的不适应。因此，做好幼儿园与小学的衔接，使儿童能够较快、较好地适应小学的学习和生活，是一项重要的工作。

##### （一）幼儿发展的外部条件的突变

幼儿园与小学衔接工作的必要性，首先是因为幼儿从幼儿园进入小学，幼儿生活和发展的外部条件发生了突变。这种外部条件的突变表现在两个方面：一是小学作为新的更高一级的教育阶段，对儿童提出了一整套与幼儿园相比更高、更严格的教育要求；二是小学作为"更为正规"的教育场所，对幼儿来说，是与幼儿园存在较大差异的新的教育环境。

##### 1. 教育要求提高

小学作为国家义务教育的重要组成部分，有一套较为严格的制度规定。国家规定了统一的教学计划、教学大纲，在知识技能的学习方面对小学生提出了较高的要求，具体表现在以下几个方面：

（1）学业学习成为小学儿童的责任和压力。在幼儿园，幼儿也要学习，但是，在知识技能的学习上对他们还没有提出严格的任务要求，而进入小学以后，学校在各科教学上，对儿童都有量和质两方面较为严格的统一要求。因此，学业知识技能的学习是小学儿童必须完成的任务。完成这种学习任务，既是小学儿童必须承担的一项重要责任，同时也对他们构成了一种较大的身心压力。

（2）基本活动以上课为主。在幼儿园，幼儿的基本活动是游戏，幼儿可以自由地、轻松愉快地学习和活动。而在小学，基本的学习和活动形式是上课。受传统教学观的影响以及班级人数多等客观条件的制约，小学的上课对儿童要求严格，并有许多纪律规定。例如必须注意力高度集中地听讲，必须跟随教师的教学节奏进行感知和思维，必须完成规定的作业，发言必须先举手，老师未批准不许随便发言，不许同学之间交头接耳，甚至不许咳嗽，不许上厕所，不许喝水，不许自由活动等等。上课这种形式所规定的一系列纪律和要求，对儿童来说，并不是自愿自觉的内部需要，而是来自外部的一种强制。

（3）学习要求骤然加大、提高。在幼儿园，幼儿学习的量较少，也没有在质的方面作硬性的规定和要求。而在小学，从一年级开始，主要是语文、数学这两门主课，儿童的学习量大幅度增加。学习的质的方面也作了一系列硬性的、统一的规定和要求：如要求准确地读、写拼音字母、生字词，有表情地朗读、背诵课文，工整而又准确地默写生字，熟练掌握计算方法，懂得如何解应用题，等等。这种严格、硬性规定的量和质两方面的学习要求，对于初入小学的儿童来说，难度是较大较高的，也是骤然而至的，因此，他们往往不大适应。

（4）教育教学方式方法的变化。在幼儿园，教师更多以游戏、谈话，以直观的、形象的、色彩鲜艳的材料进行教育教学，并常常让儿童直接动手摆弄、操作材料，儿童之间也有较多机会进行讨论、交流。而在小学，由于强调较大难度和深度的、系统的知识技能教学，教师更多以讲授为主，直观的、形象的教学方式明显减少，儿童直接操作和互相交流讨论的机会更少。这对于以具体形象思维为主、喜爱动手操作、逻辑思维能力仍较弱的入学初期的儿童来说，也显得不大适应。

（5）评价方式的转变。在幼儿园，对于幼儿的表现和学习结果，并不主张用分数来进行评价，幼儿园没有作业，也没有考试。在小学，分数是主要的评价方式，平时作业要打分，单元测验要打分，学期考试要打分，就连每天的行为表现也要打分。分数较低的儿童，往往受到教师的批评、斥责，甚至挖苦、歧视。这种以分数为主的评价方式，容易造成儿童较大的心理压力，分数较低的儿童往往由于分数低而感到沮丧和自卑，或害怕招致批评、斥责而感到紧张、焦虑和恐惧，甚至厌学、逃学。

**2. 学习和生活环境有较大差异**

（1）教室布局单调。教室是儿童主要的学习场所，在幼儿园，活动室布置得五彩缤纷、桌椅可移动，游戏材料丰富多样，有各种活动区、图书架、玩具柜，可供幼儿游戏、观察、娱乐，活动的空间也较大。而在小学，教室布置得比较单调，桌椅整齐划一一律朝向讲台，教室里密密麻麻地排满了桌椅，几乎没有活动的空间。

（2）纪律要求严格。在幼儿园，以游戏为基本活动，幼儿可以比较自由地活动。而在小学，不仅在课堂上有一系列严格的课堂纪律，就是下课后，儿童的行为和活动往往也受到一定的限制，如不许在走廊跑动和大声说话，按规定的路线出入教室和出入学校，在校内规定的区域按规定的活动项目活动等等。诸多的限制对天性好动的儿童来说是一种压抑。

（3）教师角色转变。在幼儿园，教师对幼儿是保教并重，教师不仅教育儿童，而且照顾幼儿的饮食、睡眠、冷暖、清洁卫生等，与幼儿个别交流的机会也较多。所以经常称幼儿园老师是幼儿的第二个妈妈，幼儿不仅对教师在生活上有较大的依赖性，而且在情感上也有较强的依恋。而在小学，严格的教育要求使教师将主要精力放在课堂教学、批改作业和维持纪律上，很少有机会去照顾儿童的生活和与每个儿童进行个别交流，多数教师给儿童的感觉是严肃的、严格的、严厉，许多初入小学的儿童甚至对教师感到害怕。

（4）同伴关系重建。儿童初入小学，一方面，班里的同学大多数是陌生的新同学，原来幼儿园熟悉的小朋友可能很少有几个能与自己同在一个班，对于交往能力较弱、性格较内向的儿童，在一个陌生同学的环境中，对于他们的学习和生活有较大的不利的影响，同时，他们重新建立互相熟悉、融洽的同学关系需要一个较长的过程；另一方面，小学以分数为主的评价方式，使同学之间的关系不仅有合作关系，更是竞争的

关系,这种互相竞争的关系和环境,向儿童提出了新的挑战,需要儿童与之相适应;再者,幼儿园一般 30 多人一班,许多小学班级人数则达 50～60 人。班级人数过多也造成纪律不易维持,教师较少有机会与儿童个别接触和交流,儿童之间互相接触和交流的频率也大大降低。

（二）幼儿入学适应困难的表现

在没有足够准备的情况下,初入小学的幼儿对小学骤然而至的新的教育要求和环境,普遍表现出明显的不适应。这种不适应的表现可以概括为以下两个方面:

**1. 社会适应困难**

（1）对完成学习任务的要求不适应。面对大量的功课与作业,有的儿童不明白教师布置的学习任务是必须按时按质按量完成的;有的儿童虽然明白教师布置的学习任务必须完成,但却表现出无所谓,即缺乏完成任务的责任感;有的儿童则是因种种原因不能按要求完成任务而感到明显的心理压力,表现出焦虑、紧张和恐惧等。

（2）对严格而又繁多的纪律约束不适应。在小学一系列各种各样的纪律约束面前,有的儿童缺乏规则意识,大大咧咧,处处触犯纪律而屡遭批评处罚;有的儿童因无所适从而表现得紧张不安;有的儿童虽然很小心地约束自己,但也会因不小心违反纪律而感到沮丧,等等。

（3）对新的人际关系不适应。由于在幼儿园和家庭得到成人较多的关怀和照顾,初入学的儿童需要独立去建立自己的人际关系,这对幼儿来说是一个巨大的挑战。有的儿童胆小、内向而不善于与陌生的同学和老师进行交往而感到孤独;有的儿童则由于交往方式不当与陌生同学常常发生矛盾和冲突;等等。

**2. 学习适应困难**

（1）缺乏必要的学习习惯和学习品质。如注意力不集中,对学习无兴趣,上课不能认真听讲,缺乏坚持性和毅力,怕困难,对教师的言语指示理解能力差,反应慢,做作业不认真、马虎等。

（2）学习能力不足。表现为读写能力,如因书写能力差、写字速度慢而常常不能按时完成作业,学习拼音所需要的语音意识、辨音能力等准备不足;另外,幼儿园数学教育往往重具体计算技能训练,轻数学思维能力培养,造成幼儿入学后数学能力准备不足,等等。

为什么幼儿初入小学会普遍表现出对小学学习和生活的不适应呢? 一方面,是因为小学与幼儿园在教育要求和环境上有很大的差异,其身心发展的外部条件发生了突变;另一方面,幼儿自身并不存在一种能够立即适应这种突变的机制。尽管儿童心理学告诉我们,学龄期儿童的身心发展比学前水平更高,在发展上有质的变化,但是,幼儿从幼儿园初入小学时,其身心发展并没有随之发生突变,也不可能发生突变。儿童从学前末期到学龄初期,其身心发展处在过渡期,是通过量变逐渐达到质变的。所谓幼儿园与小学的衔接,就是帮助儿童较为顺利地实现这种过渡,缓解他们在过渡期中的种种不适应。因此,幼儿园与小学都要认真研究儿童的身心发展特点,共同做好衔接工作。

## 二、幼小衔接工作的基本原则

（一）长期性而非突击性

幼儿园教育是终身教育的一个重要组成部分,要为儿童的终身发展打好基础。因此,不应当把幼小衔接工作仅仅视为两个教育阶段的过渡问题,而应把它置身于终身教育的大背景下去考虑。让幼儿顺利地进入小学只是幼儿园教育的近期目标而已,它是实现幼儿园教育长远目标的一个组成部分。对幼儿园来讲,入学准备不仅仅是在大班下学期进行。幼儿能否在入小学时较为顺利地适应小学的学习和生活,不仅仅与大班下学期所进行的一些针对性的教育活动有关,更与三年幼儿园教育甚至与入学前全部教育有关。所以,在时间上,要把幼小衔接工作贯穿于幼儿教育的各个阶段而不仅仅是大班后期;在内容上,要涉及幼儿发展的各个方面而不仅仅是知识准备;在人员上,要包括幼儿园全体人员、家长及有关成人而不仅仅是大班老师。对小学来讲,也不能仅仅把衔接工作看成是幼儿园的事情,而应当遵循素质教育的精神,改革不适合儿童发展的教育形式、方法等。因为幼小衔接不只是为幼儿入小学做准备,更是为儿童终身发展打基础。

**（二）整体性而非单项性**

幼小衔接是全面素质教育的重要组成部分，应当从幼儿体、智、德、美各方面全面进行，不应仅偏重某一方面。大量事实证明，越是身心得到全面充分和谐发展的幼儿，越能较快地适应小学学习和生活。因此，要避免那种重智育，忽视和轻视体育、德育、美育等工作的倾向；更要避免把入学准备工作等同于教幼儿认字、学拼音、教计算的做法。在衔接中仅偏重某一方面是错误的，而在某一方面中又偏重某些因素则更片面了。有的教师把智育理解为仅是让幼儿记忆知识、掌握技能，对智育的其他因素，如智育核心思维能力的培养则重视不够；对幼儿的学习主动性、兴趣、习惯等与智力发展密切相关，也属于智育范畴的非智力因素的培养则更是忽视。这种片面的衔接教育对于幼儿入学后尽快适应小学的学习与生活是非常有害的。

**（三）培养入学的适应性而非小学化**

在幼小衔接工作中的另一误区就是小学化倾向严重。有些老师将幼小衔接理解为"提前学习"或者是"小学化教育"。主要表现为两个方面。

一是提前让幼儿学习小学的教材，如提前学习汉语拼音和书写汉字、提前学习小学的数学知识等。教学内容背离幼儿的年龄特点，幼儿不能或不甚理解，学习中只能较多地使用机械记忆和死记硬背的方法，体会不到学习的乐趣。因此，压制了儿童的自然发展。二是用小学教育的组织形式与方法对待幼儿园的幼儿。例如，用小学式的上课取代幼儿的基本活动——游戏；教师长时间用言语讲授的方式进行知识灌输，追求立竿见影的短期学习效果；等等。这些做法严重违背了幼儿的身心发展特点，是造成儿童怕学、厌学、养成不良学习习惯的重要原因。

## 三、幼小衔接的工作内容

幼儿园与小学的衔接工作对于幼儿园来说，就是幼儿园为幼儿入小学作好准备的工作。入学准备教育贯穿于整个幼儿园教育的全过程，也是幼儿园整个教育结果的最终体现。幼儿的入学准备教育包括全面的入学准备与专门的入学准备两个方面。

**（一）全面的入学准备**

全面的入学准备，是指幼儿在入学之前，需要达到应有的身心全面发展的水平，包括健康的身体，正常发展的智力和社会性，良好的行为习惯等。可以说，幼儿园几年的全部教育过程都有为入小学做准备的意义和作用。全面的入学准备工作是在整个幼儿园教育过程中如何促使幼儿在体、智、德、美各方面得到全面发展，也就是教师平时在体育、智育、德育、美育等方面如何做好工作。因为幼儿的身心要得到全面发展，绝不是一朝一夕可以实现的。培养幼儿的独立意识，生活自理能力及社会交往能力，都也不是一年半载的功夫。所以，整个幼儿期的教育，都是入学准备教育，全面的入学准备工作，是幼小衔接的基础，并贯穿于整个幼儿园教育的全过程。

**（二）专门的入学准备**

专门的入学准备，指对大班幼儿进行适应小学一年级学习和生活的、有针对性的工作。主要是在幼儿入学之前，针对小学学习生活所做的有关的准备工作，包括以下几个方面：

**1. 社会适应性的培养**

社会适应性指向四个方面：培养规则意识与执行规则的能力，培养任务意识与完成任务的能力，培养独立性与生活自理的能力以及培养人际交往的能力，而且把培养幼儿的主动性作为教育的重点。

**（1）培养规则意识与执行规则的能力**

认识理解教育环境中的规则；养成按规则进行活动的行为习惯；养成按指令统一行动的习惯；学习制定有关规则，形成规则意识。大班阶段可以通过开展规则游戏或其他活动，让幼儿逐步懂得生活、学习、游戏等都是有规则的，并让他们体验不遵守规则造成的后果，有意识地发展他们的自我控制能力。同时，幼儿园可在生活制度、作业课纪律等方面有所改变，让幼儿逐步养成遵守规则的习惯，以有利于缩短入学后适应小学规则的时间。

**（2）培养任务意识与完成任务的能力**

使幼儿认识到成人要求做的事情都是必须完成的任务；养成认真专注做事的习惯；学习一些执行任务

的技能;学会正确看待自己的能力,做事有信心,有毅力。

(3) 培养独立性与生活自理的能力

幼儿的独立性、生活自理能力对入学后的适应关系很大,很多幼儿因为不能自己管理好自己的学习用具和生活用品、不能记住喝水或害怕独自上厕所等,而影响身体和学习,对小学生活感到困难。我们应培养其自己的事情自己做的习惯,学会自己照顾好自己等等。

(4) 培养人际交往的能力

幼儿人际交往能力的重要性表现在入学后对新的人际环境的适应上。适应能力差的幼儿胆小,不能主动地与同伴交往,或与同伴不能友好相处,遇到问题也不敢去找老师反映或寻求帮助等,结果没有新朋友,他们感到孤独,心情沮丧,学习的兴趣大大减低,学校的吸引力也随之消失。

以上几方面的教育目标彼此相互渗透,相互联系,不可分割,一个目标可指向多个活动,多个目标也可在一个活动中体现。但在设计时应有侧重点,培养幼儿的主动性应为主线贯穿始终。幼儿各个方面的能力发展都离不开他自己的主动参与,只有当他主动地与环境相互作用时才能得到发展。所以教师应尽可能地创设条件,综合运用多种形式与方法,让幼儿实现自身的探索与选择,以促进儿童入学前的社会适应能力的培养。

**2. 学习能力的培养**

学习准备是着眼幼儿终身学习的需要,为幼儿做好入学前的学习准备,发展他们基本的学习能力,并在此过程中,帮助他们打下今后学习的基础。幼儿园大致需要做好以下三方面的工作:首先培养良好的学习习惯,如爱看图书的习惯,做事认真的习惯,注意力集中地听老师讲话的习惯,保持文具、书本整洁的习惯,等等。其次培养良好的非智力品质,如认识兴趣、学习积极性、意志品质、自信心等。再者发展思维能力和基础能力。入学前的数学教育,在让幼儿学习初步的简单数学知识的同时,重在发展幼儿的思维能力;入学前的读写教育,要让幼儿在游戏中愉快地发展基础性的能力,如拼音学习所需要的语音的辨别能力,正确写字所需要的幼儿小肌肉的灵活、手眼的协调以及观察、识记、位置辨别、空间方位知觉等等多方面的能力。

**3. 入学意识教育**

入学意识教育是大班下学期一项必要的工作。幼儿对小学生活的态度、看法、情绪状态等,与入学后的适应关系很大。因此,幼儿园阶段应注意培养幼儿愿意上学,对小学的生活满怀兴趣和向往,为做一名小学生感到自豪的积极态度,并让幼儿有机会获得对小学生活的积极情感体验。为此,幼儿园应当通过多种教育活动,特别是加强与家长、小学的合作,来让幼儿逐步了解小学,喜欢小学,渴望上小学,最后愉快、自信地跨进小学。其内容包括:了解和熟悉小学的学习环境及学习活动;了解和熟悉小学生的生活作息制度;认识小学生的学习用具,知道它们的使用方法;进行毕业离园教育,激发幼儿向往小学、当小学生的愿望。

幼儿入学准备工作的重点应当放在培养幼儿入学的社会适应性上。教师要针对过渡期儿童的特点及实际情况,着重培养幼儿适应新环境的各种素质,帮助幼儿顺利完成幼小过渡,而不是把小学的一套简单地下放到幼儿园。

## 四、幼小衔接工作的注意事项

幼小衔接问题不仅关系到幼儿入学的适应问题,还会对幼儿的终身发展产生深远影响。因此,有关教育机构必须做好此项工作,在工作中应注意:

**(一) 加强幼儿园与小学的联系,减缓两者之间的教育坡度**

多年来教育工作者在多方面的探索中发现,解决幼小衔接问题绝不是单靠哪一方能完全解决的,必须进行幼儿园与小学的双向改革,加强园、校间的沟通与协作,以儿童身心发展的阶段性与连续性的规律为依据,把培养和提高儿童各方面的适应能力作为幼小衔接工作的着眼点。在此基础上,双方共同努力,幼儿园和小学应适当调整相互关系,解决两者之间的坡度过陡的问题,为孩子适应小学生活共同创造良好的外部环境和条件,才能搞好幼小衔接工作。

一方面调整观念。幼儿园与小学衔接首先应在观念上有"衔接"的意识。幼儿教师与小学教师应相互联系。在观念上不要过多地强调幼儿教育与小学教育的差别,而应看到两者相通和一致的方面。另一方面在体制方面保持沟通与衔接关系。幼儿园和小学体制上的衔接,可采用幼儿园同小学衔接、小学向幼儿园接近和幼儿园与小学共同衔接三种形式。总之,让幼儿园与小学的教育工作保持衔接关系,相互靠拢。

（二）提高教师素质,认真研究过渡期儿童的特点与发展需要,有的放矢地做好过渡期的教育工作

许多幼小衔接的研究结果证明,提高广大教师的素质是幼小衔接工作取得成功的保证。而提高教师素质的关键则在于转变旧有观念,提高教师对衔接意义的认识,加深广大教师对儿童过渡期特点的理解,从而使广大教师能够自觉研究过渡期每个儿童不同的发展特点及需要,有计划、有针对性地开展衔接工作。

（三）结合地区特点与差异,有针对性地进行幼小衔接工作

我国幅员辽阔,地区差异很大。各地区都要结合本地实际情况,立足于当地幼儿的具体情况,针对幼儿过渡期中的最主要的问题有的放矢地进行教育。不可盲目照搬照抄别人的经验与实验成果。从调查中看到,城市幼儿在生活自理能力方面较弱,而农村幼儿却在人际交往能力方面较弱,因此,不同地区幼小衔接工作的内容是有差异的,各自的侧重点不同。

有针对性地做好幼小衔接工作还要求教师明确:尽管幼小衔接的"坡度"确实存在,但由于幼儿身心发展存在个体差异,并非每个幼儿面临的问题都是一样的。因此,在教育中必须因人施教,在面向全体的同时照顾个别差异,对每个幼儿进行有针对性的教育,最大限度地改善每个幼儿在入学准备上的不足状态。

（四）加强家、园、学校、社区力量的相互配合

幼小衔接工作仅仅依靠幼儿园或小学单方面的力量是不够的,幼儿园、小学、家庭、社区必须相互配合,形成影响幼儿成长的教育合力。目前,某些家长把入学准备片面地理解为认字、做数学题,反对幼儿园以游戏为基本活动。这些不正确的认识导致的压力可能对幼儿园的衔接工作构成很大冲击。因此,转变家长观念,使家长掌握正确的态度与方法,与幼儿园与小学共同配合搞好过渡期的教育是十分必要的。此外,在整个衔接工作中,全社会对教育的支持,对儿童的关心也是不可缺少的。幼儿园与小学应加强与社区的沟通与协作,大力宣传做好衔接工作的重大意义,使全社会对此都达成共识,共同配合,做好衔接工作。

学前教育是小学教育的基础,更是人生之基础。儿童在小学阶段的发展是建立在幼儿园阶段发展的基础之上的。因此,整个幼儿园教育如何使幼儿体、智、德、美各方面都得到充分发展,这对于儿童适应小学的学习和生活有重要作用;如何让儿童顺利地过渡到小学生活,这也是我们幼教工作者和全社会都应该广泛、持久关注的问题。

---------------------------- **自 测 题** ----------------------------

## 一、名词解释

1. 家园合作　　2. 教育活动开放日　　3. 入学准备

## 二、单项选择题

1. 人们认为,儿童在学前阶段通过教育已经能够认识一定数量的字了,所以至少在学前班可以进行"小学化"的识字教育。这种做法（　　）

A. 在条件好的城市幼儿园大班可行

B. 违背"发展适宜性原则",不应该

C. 有道理,通过提前识字可以促进儿童的发展

D. 可行,提前学习知识有利于儿童在竞争中处于有利地位,提高自信心

2. 社区教育起源于（　　）

A. 英国　　　　　　B. 丹麦　　　　　　C. 法国　　　　　　D. 美国

3. 幼小衔接必须坚持的原则是( )

    A. 小学化               B. 突击化               C. 单向性               D. 整体性

## 三、简答题

    1. 幼儿园与家庭衔接的方法有哪些?

    2. 幼儿园与家庭合作应坚持哪些原则?

    3. 幼儿园与社区合作的途径有哪些?

    4. 幼小衔接工作的基本原则有哪些?

## 四、案例分析题

    1. 周一,A老师抱怨过完周末后孩子的生活常规一片混乱,B老师颇有同感地说:"如果家长都能按我们的要求去教育孩子,我们的工作就好做多了!"A老师接着说:"可家长是幼儿园重要的教育力量,我们的工作又离不开家长的支持与配合,真拿这些家长没有办法……"

    请结合幼儿园与家庭合作的有关理论,分析家园合作的意义。

    2. 新学期开始,李红和张霞担任幼儿园大班教师,她们认为大班幼儿马上就要进入小学学习了,为了做好幼小衔接工作,让学前儿童尽快适应小学生活,她们采取了小学化的教育模式。如教学内容以算术和写字为主,布置书面家庭作业等,学前儿童所适应的以游戏为主的活动改变为以学习为主的活动,课后还要预习、复习功课或做作业等。

    请结合幼小衔接相关理论分析该大班两位老师的做法,你认为大班的幼小衔接工作应该如何做?

    3. 主题学习活动"好吃的食物"正开展着,孩子们带着兴奋的心情到了菜场,看着红红绿绿各式各样的菜,他们都迫不及待地买了起来。有的孩子很快就买好了,拿着自己的"战利品"开心的炫耀着;有的孩子却在东逛西逛,东挑西挑,不知道买什么好;有的孩子还学着砍价;有的孩子还剩下一毛钱,就去买了一个鹌鹑蛋;还有俩孩子把剩下的钱合在一起买了个大蒜头,分开一人一半……当孩子们带着自己的成果走在回幼儿园的路上时,个个兴奋地议论着自己买的菜,还说晚上回家要叫妈妈烧。

    请结合幼儿园与社区合作的有关理论,分析案例中幼儿园利用了哪些教育资源? 这些资源的利用对幼儿教育有何意义?

## 拓展阅读:

### 中韩两国幼儿园家园合作的比较研究①

#### 张丽莉

    有调查显示,在中国,教师和家长最喜欢的家园合作形式是面对面口头交流,尤其认可家长会的作用。教师与家长均反映家长会是参与人数最多、最受喜欢的家园合作形式。除家长会外,教师还喜欢趁着家长接送孩子、到幼儿园参与各项活动、参加幼儿园开放日等机会与家长进行口头交流。另外,家庭教育讲座、家园联系栏等都深受家长欢迎。不过,有部分家长认为,一些家园合作方式过于注重形式,很难真正发挥作用。在韩国,大量的书面联系材料是教师和家长频繁使用的家园合作方式,尤其是每周的教学计划和每日的家园联系册。家长们认为,尽管口头交流、电子媒介交流和书面交流都是幼儿园经常使用的家园合作方式,但是就效果而言,书面交流会更好一些。家长们尤其肯定家园联系册的功能。

---

    ① 张丽莉.中韩两国幼儿园家园合作的比较研究[J].幼儿教育(教育科学),2014.(7、8).

### 一、韩国幼儿园家园合作的书面交流方式

除了口头交流和电子媒介交流外,韩国幼儿园在家园合作方面有一套非常系统的书面交流材料,即以文字为主,配合图片,通过"一介绍、三计划、二通报"的形式,及时告之家长幼儿园的各项活动、幼儿园需要家长配合的事项以及幼儿在园的情况。

"一介绍"是指在幼儿入园初向家长介绍幼儿园的总体情况。在幼儿入园初期,园方会为每位家长发放一份完整的幼儿园手册,旨在帮助家长初步了解幼儿园总体的办园思想以及教学安排。幼儿园指导手册包括告家长书和资料包。告家长书主要是对幼儿园的介绍,包括幼儿园特色、幼儿园教育目标、幼儿园教学内容、幼儿园学期安排等。资料包主要是家园沟通单和信息调查表,以帮助幼儿园了解家长对幼儿园以及幼儿的期望等信息。

"三计划"是指学期计划、月计划及周计划。其中,学期计划是对一学期教学活动的安排。幼儿园会在开学前将学期计划提前发到家长手中,让家长预先了解新学期幼儿园的各项活动。除了教学活动的安排外,学期计划还会罗列出本学期需要家长配合的事项,如几月几日会组织幼儿外出郊游,请家长准备郊游食物等。月计划是对学期计划中每个月活动的细化,包括本月教学目标、本月各周教学内容以及本月中需要家长协助的事项。幼儿园会在每月末将下个月的计划发送到家长手中,以确保家长能提前了解幼儿园下个月的教学安排。周计划是对月计划中每周活动的细化,包括本周的教学目标、每天具体的教学活动以及本周活动中需要家长协助的事项。幼儿园会在每周末将下周计划发到家长手中,并提醒家长配合做好幼儿园的活动。

"二通报"是指日通报和月通报。其中,日通报是通过家园联系册进行的。教师每天都会将幼儿在园的生活学习情况通过家园联系册告知家长,家长也会将自己对孩子在园表现的看法以及一些疑问等通过家园联系册反馈给教师。家园联系册由三部分内容组成:幼儿在园活动的典型照片、教师对幼儿在园活动的记录以及家长对幼儿行为的意见和疑问。教师认真观察幼儿,及时将幼儿比较典型的活动拍摄下来,打印1-3张照片并粘贴到家园联系册上,然后用语言概括描述幼儿在幼儿园一天的主要活动,离园时由幼儿将家园联系册带回家交给家长。家长阅读后,将自己对孩子表现的想法或建议写在家园联系册上,第二天交由孩子带回幼儿园交给教师,教师会在第一时间查看。如果周计划里安排了第二天的活动是需要家长配合的,那么教师会在当天的家园联系册上再次提醒家长,以确保家长第二天能够参与活动。每天通过家园联系册开展互动交流,使幼儿园与家庭之间一直保持着频繁、顺畅的沟通与合作。月通报则是在每个月底完成的,由教师综合每周信息,对幼儿当月各方面的表现做整体陈述和评价,旨在为家长提供幼儿的纵向发展信息。月通报包括结构化评价和开放式语言描述两部分。结构化评价是指教师对幼儿当月的具体表现,如能否积极参与集体活动、能否与同伴合作协商、能否主动与教师和同伴交流等,做出等级评价。开放式的语言描述则是教师在对幼儿进行观察和教育引导的基础上,对幼儿当月的发展情况作总体判断,归纳优点,指出不足,并有针对性地为家长提供一些建议和指导。与日通报信息的及时性相比,月通报最大的特点是能够呈现幼儿纵向的连续发展信息。在月通报的基础上,教师能方便地完成学期通报和年通报,从而将幼儿在认知、情感、社会性等方面的发展情况一目了然地呈现在发展曲线图上,既方便家长全面了解幼儿的发展状况,又有助于教师有针对性地促进幼儿发展。

借助"一介绍、三计划、二通报",幼儿园与家庭之间的联系更加密切,合作更加顺畅。通过"一介绍",家长初步了解了幼儿园的教学安排,明确了自己需要做的工作,幼儿园也初步了解了家长对幼儿园及幼儿的期望;通过"三计划",幼儿园的教学计划和教学要求一步步为家长所了解,并切实得到家长的支持和配合;通过"二通报",家长获得了幼儿发展的即时信息和纵向发展信息,并得到了教师的建议,同时也将自己的意见及时反馈给教师。这样的家园合作有助于形成教育合力,共同促进幼儿发展。

### 二、韩国经验的启示意义

韩国幼儿园在家园合作书面交流方面有自己的特点。一是计划性强。幼儿园在新学期开始前就已经制定了学期计划,并将其一步步落实到月计划和周计划中,且各计划之间尽量保持一致。这能够让教师和家长预知自己的工作,提前做好准备,保证家园合作质量。二是细致度高。要保证日通报的质量,完成家园联系册,教师必须认真、细致地观察幼儿的表现。要保证月通报的质量,客观评价幼儿在本月的发展情况,教师必须认真翻阅家园联系册,细心分析幼儿各方面的发展情况。三是重在坚持。家园联系册每天都在教师和家长之间传递,家园联系册上的照片和文字记录是教师每天都要完成的任务。教师要日复一日地坚持观察幼儿,抓拍典型照片,描述幼儿在园的一日活动,发现幼儿的进步或不足并给予家长有针对性的建议。

为了提高家园合作质量,更好地形成家园教育合力,我们可以借鉴韩国的经验,重视发挥书面交流的作用。

附录一

## 幼儿园工作规程

### 第一章 总 则

第一条 为了加强幼儿园的科学管理,提高保育和教育质量,依据《中华人民共和国教育法》制定本规程。

第二条 幼儿园是对3周岁以上学龄前幼儿实施保育和教育的机构,是基础教育的有机组成部分,是学校教育制度的基础阶段。

第三条 幼儿园的任务是实行保育与教育相结合的原则,对幼儿实施体、智、德、美诸方面全面发展的教育,促进其身心和谐发展。幼儿园同时为家长参加工作、学习提供便利条件。

第四条 幼儿园适龄幼儿为3周岁至6周岁(或7周岁)。

幼儿园一般为三年制,亦可设一年制或两年制的幼儿园。

第五条 幼儿园保育和教育的主要目标是:

促进幼儿身体正常发育和机能的协调发展,增强体质。培养良好的生活习惯、卫生习惯和参加体育活动的兴趣。

发展幼儿智力培养正确运用感官和运用语言交往的基本能力,增进对环境的认识培养有益的兴趣和求知欲望,培养初步的动手能力。

萌发幼儿爱家乡、爱祖国、爱集体、爱劳动、爱科学的情感,培养诚实、自信、好问、友爱、勇敢、爱护公物、克服困难、讲礼貌、守纪律等良好的品德行为和习惯,以及活泼开朗的性格。

培养幼儿初步的感受美和表现美的情趣和能力。

第六条 尊重、爱护幼儿。严禁虐待、歧视、体罚和变相体罚、侮辱幼儿人格等损害幼儿身心健康的行为。

第七条 幼儿园可分为全日制、半日制、定时制、季节制和寄宿制等。上述形式可分别设置,也可混合设置。

### 第二章 幼儿入园和编班

第八条 幼儿园每年秋季招生,平时如有缺额,可随时补招。

幼儿园对烈士子女,家中无人照顾的残疾人子女和单亲子女等入园,应予照顾。

第九条 企业、事业单位和机关、团体、部队设置的幼儿园,除招收本单位工作人员的子女外,有条件的应向社会开放,招收附近居民子女入园。

第十条 幼儿入园前,须按照卫生部门制定的卫生保健制度进行体格检查,合格者方可入园。

幼儿入园除进行体格检查外,严禁任何形式的考试或测查。

第十一条 幼儿园规模以有利于幼儿身心健康,便于管理为原则,不宜过大。

幼儿园每班幼儿人数一般为小班(3至4周岁)25人,中班(4至5周岁)30人,大班(5周岁至6或7周岁)35人,混合班30人。学前幼儿班不超过40人。

寄宿制幼儿园每班幼儿人数酌减。

幼儿园可按年龄分别编班,也可混合编班。

### 第三章 幼儿园的卫生保健

第十二条 幼儿园必须切实做好幼儿生理和心理卫生保健工作。

幼儿园应严格执行卫生部颁发的《托儿所、幼儿园卫生保健制度》以及其他有关卫生保健的法规、规章和制度。

第十三条 幼儿园应制订合理的幼儿一日生活作息制度、两餐间隔时间不得少于3小时半。幼儿户外活动时间在正常情况下每天不得少于2小时,寄宿制幼儿园不得少于3小时。高寒、高温地区可酌情增减。

第十四条 幼儿园应建立幼儿健康检查制度和幼儿健康卡或档案。每年体检一次,每半年测身高、视力一次,每季度量体重一次,并对幼儿身体健康发展状况定期进行分析、评价。

应注意幼儿口腔卫生,保护视力。

**第十五条** 幼儿园应建立卫生消毒,病儿隔离制度,认真做好计划免疫和疾病防治工作。

幼儿园内严禁吸烟。

**第十六条** 幼儿园应建立房屋设备、消防、交通等安全防护和检查制度;建立食品、药物等管理制度和幼儿接送制度,防止发生各种意外事故。

应加强对幼儿的安全教育。

**第十七条** 供给膳食的幼儿园应为幼儿提供合理膳食,编制营养平衡的幼儿食谱,定期计算和分析幼儿的进食量和营养素摄取量。

**第十八条** 幼儿园应保证供给幼儿饮水,为幼儿饮水提供便利条件。

要培养幼儿良好的大、小便习惯,不得限制幼儿便溺的次数、时间等。

**第十九条** 积极开展适合幼儿的体育活动,每日户外体育活动不得少于一小时.加强冬季锻炼。要充分利用日光、空气、水等自然因素,以及本地自然环境,有计划地锻炼幼儿肌体,增强身体的适应和抵抗能力。

对体弱或有残疾的幼儿予以特殊照顾。

**第二十条** 幼儿园夏季要做好防暑降温工作,冬季要做好防寒保暖工作,防止中暑和冻伤。

### 第四章 幼儿园的教育

**第二十一条** 幼儿园教育工作的原则是体、智、德、美诸方面的教育应互相渗透,有机结合。

遵循幼儿身心发展的规律,符合幼儿的年龄特点,注重个体差异,因人施教,引导幼儿个性健康发展。

面向全体幼儿,热爱幼儿,坚持积极鼓励、启发诱导的正面教育。

合理地综合组织各方面的教育内容,并渗透于幼儿一日生活的各项活动中,充分发挥各种教育手段的交互作用。

创设与教育相适应的良好环境,为幼儿提供活动和表现能力的机会与条件。

以游戏为基本活动,寓教育于各项活动之中。

**第二十二条** 幼儿一日活动的组织应动静交替,注重幼儿的实践活动,保证幼儿愉快的、有益的自由活动。

**第二十三条** 幼儿园日常生活组织,要从实际出发,建立必要的合理的常规,坚持一贯性、一致性和灵活性的原则,培养幼儿的良好习惯和初步的生活自理能力。

**第二十四条** 幼儿园的教育活动应是有目的、有计划引导幼儿生动、活泼、主动活动的,多种形式的教育过程。

教育活动的内容应根据教育目的,幼儿的实际水平和兴趣,以循序渐进为原则,有计划地选择和组织。

组织活动应根据不同的教育内容。充分利用周围环境的有利条件,积极发挥幼儿感官作用,灵活地运用集体或个别活动的形式,为幼儿提供充分活动的机会,注重活动的过程,促进每个幼儿在不同水平上得到发展。

**第二十五条** 游戏是对幼儿进行全面发展教育的重要形式。

应根据幼儿的年龄特点选择和指导游戏。

应因地制宜地为幼儿创设游戏条件(时间、空间材料)、游戏材料应强调多功能和可变性。

应充分尊重幼儿选择游戏的意愿,鼓励幼儿制作玩具,根据幼儿的实际经验和兴趣,在游戏过程中给予适当指导,保持愉快的情绪,促进幼儿能力和个性的全面发展。

**第二十六条** 幼儿园的品德教育应以情感教育和培养良好行为习惯为主,注重潜移默化的影响,并贯穿于幼儿生活以及各项活动之中。

**第二十七条** 幼儿园应在各项活动的过程中,根据幼儿不同的心理发展水平,注重培养幼儿良好的个性心理品质,尤应注意根据幼儿个体差异,研究有效的活动形式和方法,不要强求一律。

**第二十八条** 幼儿园应当使用全国通用的普通话。招收少数民族幼儿为主的幼儿园,可使用当地少数民族通用的语言。

**第二十九条** 幼儿园和小学应密切联系互相配合,注意两个阶段教育的相互衔接。

### 第五章 幼儿园的园舍、设备

**第三十条** 幼儿园应设活动室、儿童厕所、盥洗室、保健室、办公用房和厨房。有条件的幼儿园可单独设音乐室、游戏室、体育活动室和家长接待室等。

寄宿制幼儿园应设寝室、隔离室、浴室、洗衣间和教职工值班室等。

**第三十一条** 幼儿园应有与其规模相适应的户外活动场地,配备必要的游戏和体育活动设施,并创造条件开辟沙地、动物饲养角和种植园地。

应根据幼儿园特点,绿化、美化园地。

**第三十二条** 幼儿园应配备适合幼儿特点的桌椅、玩具架、盥洗卫生用具以及必要的教具玩具、图书和乐器等。

寄宿制幼儿园应配备儿童单人床。

幼儿园的教具、玩具应有教育意义并符合安全、卫生的要求。

幼儿园应因地制宜,就地取材、自制教具、玩具。

第三十三条　幼儿园建筑规划面积定额、建筑设计要求和教具玩具的配备,参照国家有关部门的规定执行。

### 第六章　幼儿园的工作人员

第三十四条　幼儿园按照编制标准设园长、副园长、教师、保育员医务人员、事务人员、炊事员和其他工作人员。

各省、自治区、直辖市教育行政部门可会同有关部门参照国家教育委员会和原劳动人事部制订的《全日制、寄宿制幼儿园编制标准》,制定具体规定。

第三十五条　幼儿园工作人员应拥护党的基本路线,热爱幼儿教育事业,爱护幼儿,努力学习专业知识和技能,提高文化和专业水平,品德良好、为人师表,忠于职责。身体健康。

第三十六条　幼儿园园长除符合本规程第三十五条要求外,应具备幼儿师范学校(包括职业学校幼儿教育专业)毕业及其以上学历。

幼儿园园长还应有一定的教育工作经验和组织管理能力,并获得幼儿园园长岗位培训合格证书。

幼儿园园长由举办者任命或聘任。非地方人民政府设置的幼儿园园长应报当地教育行政部门备案。

幼儿园园长负责幼儿园的全面工作,其主要职责如下:

(一)贯彻执行国家的有关法律、法规、方针、政策和上级主管部门的规定;

(二)领导教育、卫生保健、安全保卫工作;

(三)负责建立并组织执行各种规章制度;

(四)负责聘任、调配工作人员。指导、检查和评估教师以及其他工作人员的工作,并给予奖惩;

(五)负责工作人员的思想工作,组织文化、业务学习,并为他们的政治和文化、业务进修创造必要的条件;

关心和逐步改善工作人员的生活、工作条件,维护他们的合法权益。

(六)组织管理园舍、设备和经费;

(七)负责与社区的联系和合作。

第三十七条　幼儿园教师必须具有《教师资格条例》规定的幼儿园教师资格,并符合本规程第三十五条规定。

幼儿园教师实行聘任制。

幼儿园教师对本班工作全面负责,其主要职责如下:

(一)观察了解幼儿,依据国家规定的幼儿园课程标准,结合本班幼儿的具体情况,制订和执行教育工作计划,完成教育任务;

(二)严格执行幼儿园安全、卫生保健制度,指导并配合保育员管理本班幼儿生活和做好卫生保健工作;

(三)与家长保持经常联系,了解幼儿家庭的教育环境,商讨符合幼儿特点的教育措施,共同配合完成教育任务;

(四)参加业务学习和幼儿教育研究活动;

(五)定期向园长汇报,接受其检查和指导。

第三十八条　幼儿园保育员除符合本规程第三十五条规定外,还应具备初中毕业以上学历,并受过幼儿保育职业培训。

幼儿园保育员的主要职责如下:

(一)负责本班房舍、设备、环境的清洁卫生工作;

(二)在教师指导下,管理幼儿生活,并配合本班教师组织教育活动;

(三)在医务人员和本班教师指导下,严格执行幼儿园安全、卫生保健制度;

(四)妥善保管幼儿衣物和本班的设备、审具。

第三十九条　幼儿园医务人员除符合本规程第三十五条规定外,医师应按国家有关规定和程序取得医师资格;医士和护士应当具备中等卫生学校毕业学历。或取得卫生行政部门的资格认可保健员应当具备高中毕业学历并受过幼儿保健职业培训。

幼儿园医务人员对全园幼儿身体健康负责,其主要职责如下:

(一)协助园长组织实施有关卫生保健方面的法规、规章和制度,并监督执行;

(二)负责指导调配幼儿膳食,检查食品、饮水和环境卫生;

(三)密切与当地卫生保健机构的联系,及时做好计划免疫和疾病防治等工作;

(四)向全园工作人员和家长宣传幼儿卫生保健等常识;

(五)妥善管理医疗器械、消毒用具和药品。

第四十条　幼儿园其他工作人员的资格和职责参照政府的有关规定执行。

第四十一条　对认真履行职责,成绩优良者,应按有关规定给予奖励。

对不履行职责者,应给予批评教育;情节严重的,应给予行政处分;构成犯罪的,由司法机关依法追究刑事责任。

### 第七章　幼儿园的经费

第四十二条　幼儿园的经费由举办者依法筹措保障有必备的办园资金和稳定的经费来源。

第四十三条　幼儿园收费按省、自治区直辖市或地(市)级教育行政部门会同有关部门制定的收费项目、标准和办法执行。

幼儿园不得以培养幼儿某种专项技能为由另外收取费用;亦不得以幼儿表演为手段,进行以营利为目的的活动。

第四十四条　省、自治区、直辖市或地(市)级教育行政部门应会同有关部门制定各类幼儿园经费管理办法。

幼儿园的经费应按规定的使用范围合理开支坚持专款专用,不得挪作他用。

第四十五条　任何组织和个人举办幼儿园不得以营利为目的、举办者筹措的经费,应保证保育和教育的需要,有一定比例用于改善办园条件,并可提留一定比例的幼儿园基金。

第四十六条　幼儿膳食费应实行民主管理制度,保证全部用于幼儿膳食,每月向家长公布账目。

第四十七条　幼儿园应建立经费预算和决算审核制度,严格执行有关财务制度,经费预算和决算,应提交园务委员会或教职工大会审议,并接受财务和审计部门的监督检查。

### 第八章　幼儿园、家庭和社区

第四十八条　幼儿园应主动与幼儿家庭配合,帮助家长助设良好的家庭教育环境,向家长宣传科学保育、教育幼儿的知识,共同担负教育幼儿的任务。

第四十九条　应建立幼儿园与家长联系的制度。

幼儿园可采取多种形式,指导家长正确了解幼儿园保育和教育的内容、方法,定期召开家长会议,并接待家长的来访和咨询。

幼儿园应认真分析、吸收家长对幼儿园教育与管理工作的意见与建议。

幼儿园可实行对家长开放日的制度。

第五十条　幼儿园应成立家长委员会。

家长委员会的主要任务是帮助家长了解幼儿园工作计划和要求协助幼儿园工作;反映家长对幼儿园工作的意见和建议;协助幼儿园组织交流家庭教育的经验。

家长委员会在幼儿园园长指导下工作。

第五十一条　幼儿园应密切同社区的联系与合作、宣传幼儿教育的知识,支持社区开展有益的文化教育活动,争取社区支持和参与幼儿园建设。

### 第九章　幼儿园的管理

第五十二条　幼儿园实行园长负责制。园长在举办者和教育行政部门领导下,依据本规程负责领导全园工作。

幼儿园可建立园务委员会。园务委员会由保教、医务、财会等人员的代表以及家长的代表组成。园长任园务委员会主任。

园长定期召开园务会议(遇重大问题可临时召集)对全园工作计划,工作总结,人员奖惩,财务预算和决算方案,规章制度的建立、修改、废除,以及其他涉及全园工作的重要问题进行审议。

不设园务委员会的幼儿园,上述重大事项由园长召集全体教职工会议商议。

第五十三条　幼儿园应建立教职工大会制度,或以教师为主体的教职工代表会议制度,加强民主管理和监督。

第五十四条　党在幼儿园的基层组织要发挥政治核心作用。

园长要充分发挥共青团、工会等其他组织在幼儿园工作中的作用。

第五十五条　幼儿园应制定年度工作计划,定期部署、总结和报告工作。每学年末应向行政主管部门和教育行政部门报告工作,必要时随时报告。

第五十六条　幼儿园应接受上级教育督导人员的检查、监督和指导、要根据督导的内容和要求,切实报告工作,反映情况。

第五十七条　幼儿园应建立教育研究、业务档案、财务管理、国务会议、人员奖惩、安全管理以及与家庭、小学联系等制度。

幼儿园应建立工作人员名册、幼儿名册和其他统计表册,每年向教育行政部门报送统计表。

第五十八条　幼儿园在当地小学寒、暑假期间,以不影响家长工作为原则,工作人员可轮流休假,具体办法由举办者自定。

### 第十章　附　则

第五十九条　本规程适用于城乡各类幼儿园。

第六十条　各省、自治区、直辖市教育行政部门可根据本规程，制订具体实施办法。

各省、自治区直辖市教育行政部门，可根据规程对不同地区、不同类别的幼儿园分别提出不同要求，分期分批地有步骤地组织实施。亦可制订本地区不同类型幼儿园的工作规程。

第六十一条　本规程由国家教育委员会负责解释。

第六十二条　本规程自1996年6月1日起施行、1989年6月5日国家教育委员会第2号令发布的《幼儿园工作规程（试行）》同时废止。

## 幼儿园教育指导纲要(试行)

### 第一部分 总 则

一、为贯彻《中华人民共和国教育法》《幼儿园管理条例》和《幼儿园工作规程》,指导幼儿园深入实施素质教育,特制定本纲要。

二、幼儿园教育是基础教育的重要组成部分,是我国学校教育和终身教育的奠基阶段。城乡各类幼儿园都应从实际出发,因地制宜地实施素质教育,为幼儿一生的发展打好基础。

三、幼儿园应与家庭、社区密切合作,与小学相互衔接,综合利用各种教育资源,共同为幼儿的发展创造良好的条件。

四、幼儿园应为幼儿提供健康、丰富的生活和活动环境,满足他们多方面发展的需要,使他们在快乐的童年生活中获得有益于身心发展的经验。

五、幼儿园教育应尊重幼儿的人格和权利,尊重幼儿身心发展的规律和学习特点,以游戏为基本活动,保教并重,关注个别差异,促进每个幼儿富有个性的发展。

### 第二部分 教育内容与要求

幼儿园的教育内容是全面的、启蒙性的,可以相对划分为健康、语言、社会、科学、艺术等五个领域,也可作其他不同的划分。各领域的内容相互渗透,从不同的角度促进幼儿情感、态度、能力、知识、技能等方面的发展。

一、健康

(一)目标

1. 身体健康,在集体生活中情绪安定、愉快;

2. 生活、卫生习惯良好,有基本的生活自理能力;

3. 知道必要的安全保健常识,学习保护自己;

4. 喜欢参加体育活动,动作协调、灵活。

(二)内容与要求

1. 建立良好的师生、同伴关系,让幼儿在集体生活中感到温暖,心情愉快,形成安全感、信赖感。

2. 与家长配合,根据幼儿的需要建立科学的生活常规。培养幼儿良好的饮食、睡眠、盥洗、排泄等生活习惯和生活自理能力。

3. 教育幼儿爱清洁、讲卫生,注意保持个人和生活场所的整洁和卫生。

4. 密切结合幼儿的生活进行安全、营养和保健教育,提高幼儿的自我保护意识和能力。

5. 开展丰富多彩的户外游戏和体育活动,培养幼儿参加体育活动的兴趣和习惯,增强体质,提高对环境的适应能力。

6. 用幼儿感兴趣的方式发展基本动作,提高动作的协调性、灵活性。

7. 在体育活动中,培养幼儿坚强、勇敢、不怕困难的意志品质和主动、乐观、合作的态度。

(三)指导要点

1. 幼儿园必须把保护幼儿的生命和促进幼儿的健康放在工作的首位。树立正确的健康观念,在重视幼儿身体健康的同时,要高度重视幼儿的心理健康。

2. 既要高度重视和满足幼儿受保护、受照顾的需要,又要尊重和满足他们不断增长的独立要求,避免过度保护和包办代替,鼓励并指导幼儿自理、自立的尝试。

3. 健康领域的活动要充分尊重幼儿生长发育的规律,严禁以任何名义进行有损幼儿健康的比赛、表演或训练等。

4. 培养幼儿对体育活动的兴趣是幼儿园体育的重要目标,要根据幼儿的特点组织生动有趣、形式多样的体育活动,吸引幼儿主动参与。

二、语言

（一）目标

1. 乐意与人交谈，讲话礼貌；

2. 注意倾听对方讲话，能理解日常用语；

3. 能清楚地说出自己想说的事；

4. 喜欢听故事、看图书；

5. 能听懂和会说普通话。

（二）内容与要求

1. 创造一个自由、宽松的语言交往环境，支持、鼓励、吸引幼儿与教师、同伴或其他人交谈，体验语言交流的乐趣，学习使用适当的、礼貌的语言交往。

2. 养成幼儿注意倾听的习惯，发展语言理解能力。

3. 鼓励幼儿大胆、清楚地表达自己的想法和感受，尝试说明、描述简单的事物或过程，发展语言表达能力和思维能力。

4. 引导幼儿接触优秀的儿童文学作品，使之感受语言的丰富和优美，并通过多种活动帮助幼儿加深对作品的体验和理解。

5. 培养幼儿对生活中常见的简单标记和文字符号的兴趣。

6. 利用图书、绘画和其他多种方式，引发幼儿对书籍、阅读和书写的兴趣，培养前阅读和前书写技能。

7. 提供普通话的语言环境，帮助幼儿熟悉、听懂并学说普通话。少数民族地区还应帮助幼儿学习本民族语言。

（三）指导要点

1. 语言能力是在运用的过程中发展起来的，发展幼儿语言的关键是创设一个能使他们想说、敢说、喜欢说、有机会说并能得到积极应答的环境。

2. 幼儿语言的发展与其情感、经验、思维、社会交往能力等其他方面的发展密切相关，因此，发展幼儿语言的重要途径是通过互相渗透的各领域的教育，在丰富多彩的活动中去扩展幼儿的经验，提供促进语言发展的条件。

3. 幼儿的语言学习具有个别化的特点，教师与幼儿的个别交流、幼儿之间的自由交谈等，对幼儿语言发展具有特殊意义。

4. 对有语言障碍的儿童要给予特别关注，要与家长和有关方面密切配合，积极地帮助他们提高语言能力。

三、社会

（一）目标

1. 能主动地参与各项活动，有自信心；

2. 乐意与人交往，学习互助、合作和分享，有同情心；

3. 理解并遵守日常生活中基本的社会行为规则；

4. 能努力做好力所能及的事，不怕困难，有初步的责任感；

5. 爱父母长辈、老师和同伴，爱集体、爱家乡、爱祖国。

（二）内容与要求

1. 引导幼儿参加各种集体活动，体验与教师、同伴等共同生活的乐趣，帮助他们正确认识自己和他人，养成对他人、社会亲近、合作的态度，学习初步的人际交往技能。

2. 为每个幼儿提供表现自己长处和获得成功的机会，增强其自尊心和自信心。

3. 提供自由活动的机会，支持幼儿自主地选择、计划活动，鼓励他们通过多方面的努力解决问题，不轻易放弃克服困难的尝试。

4. 在共同的生活和活动中，以多种方式引导幼儿认识、体验并理解基本的社会行为规则，学习自律和尊重他人。

5. 教育幼儿爱护玩具和其他物品，爱护公物和公共环境。

6. 与家庭、社区合作，引导幼儿了解自己的亲人以及与自己生活有关的各行各业人们的劳动，培养其对劳动者的热爱和对劳动成果的尊重。

7. 充分利用社会资源，引导幼儿实际感受祖国文化的丰富与优秀，感受家乡的变化和发展，激发幼儿爱家乡、爱祖国的情感。

8. 适当向幼儿介绍我国各民族和世界其他国家、民族的文化，使其感知人类文化的多样性和差异性，培养理解、尊重、平等的态度。

（三）指导要点

1. 社会领域的教育具有潜移默化的特点。幼儿社会态度和社会情感的培养尤应渗透在多种活动和一日生活的各个环节之中,要创设一个能使幼儿感受到接纳、关爱和支持的良好环境,避免单一呆板的言语说教。

2. 幼儿与成人、同伴之间的共同生活、交往、探索、游戏等,是其社会学习的重要途径。应为幼儿提供人际间相互交往和共同活动的机会和条件,并加以指导。

3. 社会学习是一个漫长的积累过程,需要幼儿园、家庭和社会密切合作,协调一致,共同促进幼儿良好社会性品质的形成。

四、科学

(一)目标

1. 对周围的事物、现象感兴趣,有好奇心和求知欲;

2. 能运用各种感官,动手动脑,探究问题;

3. 能用适当的方式表达、交流探索的过程和结果;

4. 能从生活和游戏中感受事物的数量关系并体验到数学的重要和有趣;

5. 爱护动植物,关心周围环境,亲近大自然,珍惜自然资源,有初步的环保意识。

(二)内容与要求

1. 引导幼儿对身边常见事物和现象的特点、变化规律产生兴趣和探究的欲望。

2. 为幼儿的探究活动创造宽松的环境,让每个幼儿都有机会参与尝试,支持、鼓励他们大胆提出问题,发表不同意见,学会尊重别人的观点和经验。

3. 提供丰富的可操作的材料,为每个幼儿都能运用多种感官、多种方式进行探索提供活动的条件。

4. 通过引导幼儿积极参加小组讨论、探索等方式,培养幼儿合作学习的意识和能力,学习用多种方式表现、交流、分享探索的过程和结果。

5. 引导幼儿对周围环境中的数、量、形、时间和空间等现象产生兴趣,建构初步的数概念,并学习用简单的数学方法解决生活和游戏中某些简单的问题。

6. 从生活或媒体中幼儿熟悉的科技成果入手,引导幼儿感受科学技术对生活的影响,培养他们对科学的兴趣和对科学家的崇敬。

7. 在幼儿生活经验的基础上,帮助幼儿了解自然、环境与人类生活的关系。从身边的小事入手,培养初步的环保意识和行为。

(三)指导要点

1. 幼儿的科学教育是科学启蒙教育,重在激发幼儿的认识兴趣和探究欲望。

2. 要尽量创造条件让幼儿实际参加探究活动,使他们感受科学探究的过程和方法,体验发现的乐趣。

3. 科学教育应密切联系幼儿的实际生活进行,利用身边的事物与现象作为科学探索的对象。

五、艺术

(一)目标

1. 能初步感受并喜爱环境、生活和艺术中的美;

2. 喜欢参加艺术活动,并能大胆地表现自己的情感和体验;

3. 能用自己喜欢的方式进行艺术表现活动。

(二)内容与要求

1. 引导幼儿接触周围环境和生活中美好的人、事、物,丰富他们的感性经验和审美情趣,激发他们表现美、创造美的情趣。

2. 在艺术活动中面向全体幼儿,要针对他们的不同特点和需要,让每个幼儿都得到美的熏陶和培养。对有艺术天赋的幼儿要注意发展他们的艺术潜能。

3. 提供自由表现的机会,鼓励幼儿用不同艺术形式大胆地表达自己的情感、理解和想象,尊重每个幼儿的想法和创造,肯定和接纳他们独特的审美感受和表现方式,分享他们创造的快乐。

4. 在支持、鼓励幼儿积极参加各种艺术活动并大胆表现的同时,帮助他们提高表现的技能和能力。

5. 指导幼儿利用身边的物品或废旧材料制作玩具、手工艺品等来美化自己的生活或开展其他活动。

6. 为幼儿创设展示自己作品的条件,引导幼儿相互交流、相互欣赏、共同提高。

(三)指导要点

1. 艺术是实施美育的主要途径,应充分发挥艺术的情感教育功能,促进幼儿健全人格的形成。要避免仅仅重视表现技能或艺术活动的结果,而忽视幼儿在活动过程中的情感体验和态度的倾向。

2. 幼儿的创作过程和作品是他们表达自己的认识和情感的重要方式,应支持幼儿富有个性和创造性的表达,克服过分

189

强调技能技巧和标准化要求的偏向。

3. 幼儿艺术活动的能力是在大胆表现的过程中逐渐发展起来的,教师的作用应主要在于激发幼儿感受美、表现美的情趣,丰富他们的审美经验,使之体验自由表达和创造的快乐。在此基础上,根据幼儿的发展状况和需要,对表现方式和技能技巧给予适时、适当的指导。

### 第三部分　组织与实施

一、幼儿园的教育是为所有在园幼儿的健康成长服务的,要为每一个儿童,包括有特殊需要的儿童提供积极的支持和帮助。

二、幼儿园的教育活动,是教师以多种形式有目的、有计划地引导幼儿生动、活泼、主动活动的教育过程。

三、教育活动的组织与实施过程是教师创造性地开展工作的过程。教师要根据本《纲要》,从本地、本园的条件出发,结合本班幼儿的实际情况,制定切实可行的工作计划并灵活地执行。

四、教育活动目标要以《幼儿园工作规程》和本《纲要》所提出的各领域目标为指导,结合本班幼儿的发展水平、经验和需要来确定。

五、教育活动内容的选择应遵照本《纲要》第二部分的有关条款进行,同时体现以下原则:

(一)既适合幼儿的现有水平,又有一定的挑战性。

(二)既符合幼儿的现实需要,又有利于其长远发展。

(三)既贴近幼儿的生活来选择幼儿感兴趣的事物和问题,又有助于拓展幼儿的经验和视野。

六、教育活动内容的组织应充分考虑幼儿的学习特点和认识规律,各领域的内容要有机联系,相互渗透,注重综合性、趣味性、活动性,寓教育于生活、游戏之中。

七、教育活动的组织形式应根据需要合理安排,因时、因地、因内容、因材料灵活地运用。

八、环境是重要的教育资源,应通过环境的创设和利用,有效地促进幼儿的发展。

(一)幼儿园的空间、设施、活动材料和常规要求等应有利于引发、支持幼儿的游戏和各种探索活动,有利于引发、支持幼儿与周围环境之间积极的相互作用。

(二)幼儿同伴群体及幼儿园教师集体是宝贵的教育资源,应充分发挥这一资源的作用。

(三)教师的态度和管理方式应有助于形成安全、温馨的心理环境;言行举止应成为幼儿学习的良好榜样。

(四)家庭是幼儿园重要的合作伙伴。应本着尊重、平等、合作的原则,争取家长的理解、支持和主动参与,并积极支持、帮助家长提高教育能力。

(五)充分利用自然环境和社区的教育资源,扩展幼儿生活和学习的空间。幼儿园同时应为社区的早期教育提供服务。

九、科学、合理地安排和组织一日生活。

(一)时间安排应有相对的稳定性与灵活性,既有利于形成秩序,又能满足幼儿的合理需要,照顾到个体差异。

(二)教师直接指导的活动和间接指导的活动相结合,保证幼儿每天有适当的自主选择和自由活动时间。教师直接指导的集体活动要能保证幼儿的积极参与,避免时间的隐性浪费。

(三)尽量减少不必要的集体行动和过渡环节,减少和消除消极等待现象。

(四)建立良好的常规,避免不必要的管理行为,逐步引导幼儿学习自我管理。

十、教师应成为幼儿学习活动的支持者、合作者、引导者。

(一)以关怀、接纳、尊重的态度与幼儿交往。耐心倾听,努力理解幼儿的想法与感受,支持、鼓励他们大胆探索与表达。

(二)善于发现幼儿感兴趣的事物、游戏和偶发事件中所隐含的教育价值,把握时机,积极引导。

(三)关注幼儿在活动中的表现和反应,敏感地察觉他们的需要,及时以适当的方式应答,形成合作探究式的师生互动。

(四)尊重幼儿在发展水平、能力、经验、学习方式等方面的个体差异,因人施教,努力使每一个幼儿都能获得满足和成功。

(五)关注幼儿的特殊需要,包括各种发展潜能和不同发展障碍,与家庭密切配合,共同促进幼儿健康成长。

十一、幼儿园教育要与0～3岁儿童的保育教育以及小学教育相互衔接。

### 第四部分　教育评价

一、教育评价是幼儿园教育工作的重要组成部分,是了解教育的适宜性、有效性,调整和改进工作,促进每一个幼儿发展,提高教育质量的必要手段。

二、管理人员、教师、幼儿及其家长均是幼儿园教育评价工作的参与者。评价过程是各方共同参与、相互支持与合作的过程。

三、评价的过程,是教师运用专业知识审视教育实践,发现、分析、研究、解决问题的过程,也是其自我成长的重要途径。

四、幼儿园教育工作评价实行以教师自评为主,园长以及有关管理人员、其他教师和家长等参与评价的制度。

五、评价应自然地伴随着整个教育过程进行。综合采用观察、谈话、作品分析等多种方法。

六、幼儿的行为表现和发展变化具有重要的评价意义,教师应视之为重要的评价信息和改进工作的**依据**。

七、教育工作评价宜重点考察以下方面:

(一)教育计划和教育活动的目标是否建立在了解本班幼儿现状的基础上。

(二)教育的内容、方式、策略、环境条件是否能调动幼儿学习的积极性。

(三)教育过程是否能为幼儿提供有益的学习经验,并符合其发展需要。

(四)教育内容、要求能否兼顾群体需要和个体差异,使每个幼儿都能得到发展,都有成功感。

(五)教师的指导是否有利于幼儿主动、有效地学习。

八、对幼儿发展状况的评估,要注意:

(一)明确评价的目的是了解幼儿的发展需要,以便提供更加适宜的帮助和指导。

(二)全面了解幼儿的发展状况,防止片面性,尤其要避免只重知识和技能,忽略情感、社会性和实际能力的倾向。

(三)在日常活动与教育教学过程中采用自然的方法进行。平时观察所获的具有典型意义的幼儿行为表现和所积累的各种作品等,是评价的重要依据。

(四)承认和关注幼儿的个体差异,避免用划一的标准评价不同的幼儿,在幼儿面前慎用横向的比较。

(五)以发展的眼光看待幼儿,既要了解现有水平,更要关注其发展的速度、特点和倾向等。

# 附录三

## 幼儿园教师专业标准(试行)

为促进幼儿园教师专业发展,建设高素质幼儿园教师队伍,根据《中华人民共和国教师法》,特制定《幼儿园教师专业标准(试行)》(以下简称《专业标准》)。

幼儿园教师是履行幼儿园教育工作职责的专业人员,需要经过严格的培养与培训,具有良好的职业道德,掌握系统的专业知识和专业技能。《专业标准》是国家对合格幼儿园教师专业素质的基本要求,是幼儿园教师开展保教活动的基本规范,是引领幼儿园教师专业发展的基本准则,是幼儿园教师培养、准入、培训、考核等工作的重要依据。

### 一、基 本 理 念

(一)师德为先

热爱学前教育事业,具有职业理想,践行社会主义核心价值体系,履行教师职业道德规范。关爱幼儿,尊重幼儿人格,富有爱心、责任心、耐心和细心;为人师表,教书育人,自尊自律,做幼儿健康成长的启蒙者和引路人。

(二)幼儿为本

尊重幼儿权益,以幼儿为主体,充分调动和发挥幼儿的主动性;遵循幼儿身心发展特点和保教活动规律,提供适合的教育,保障幼儿快乐健康成长。

(三)能力为重

把学前教育理论与保教实践相结合,突出保教实践能力;研究幼儿,遵循幼儿成长规律,提升保教工作专业化水平;坚持实践、反思、再实践、再反思,不断提高专业能力。

(四)终身学习

学习先进学前教育理论,了解国内外学前教育改革与发展的经验和做法;优化知识结构,提高文化素养;具有终身学习与持续发展的意识和能力,做终身学习的典范。

### 二、基 本 内 容

| 维度 | 领 域 | 基 本 要 求 |
|---|---|---|
| 专业理念与师德 | (一)职业理解与认识 | 1. 贯彻党和国家教育方针政策,遵守教育法律法规。<br>2. 理解幼儿保教工作的意义,热爱学前教育事业,具有职业理想和敬业精神。<br>3. 认同幼儿园教师的专业性和独特性,注重自身专业发展。<br>4. 具有良好职业道德修养,为人师表。<br>5. 具有团队合作精神,积极开展协作与交流。 |
| | (二)对幼儿的态度与行为 | 6. 关爱幼儿,重视幼儿身心健康,将保护幼儿生命安全放在首位。<br>7. 尊重幼儿人格,维护幼儿合法权益,平等对待每一个幼儿。不讽刺、挖苦、歧视幼儿,不体罚或变相体罚幼儿。<br>8. 信任幼儿,尊重个体差异,主动了解和满足有益于幼儿身心发展的不同需求。<br>9. 重视生活对幼儿健康成长的重要价值,积极创造条件,让幼儿拥有快乐的幼儿园生活。 |
| | (三)幼儿保育和教育的态度与行为 | 10. 注重保教结合,培养幼儿良好的意志品质,帮助幼儿形成良好的行为习惯。<br>11. 注重保护幼儿的好奇心,培养幼儿的想象力,发掘幼儿的兴趣爱好。<br>12. 重视环境和游戏对幼儿发展的独特作用,创设富有教育意义的环境氛围,将游戏作为幼儿的主要活动。<br>13. 重视丰富幼儿多方面的直接经验,将探索、交往等实践活动作为幼儿最重要的学习方式。<br>14. 重视自身日常态度言行对幼儿发展的重要影响与作用。<br>15. 重视幼儿园、家庭和社区的合作,综合利用各种资源。 |

（续表）

| 维度 | 领域 | 基　本　要　求 |
|---|---|---|
| 专业理念与师德 | （四）个人修养与行为 | 16. 富有爱心、责任心、耐心和细心。<br>17. 乐观向上、热情开朗，有亲和力。<br>18. 善于自我调节情绪，保持平和心态。<br>19. 勤于学习，不断进取。<br>20. 衣着整洁得体，语言规范健康，举止文明礼貌。 |
| 专业知识 | （五）幼儿发展知识 | 21. 了解关于幼儿生存、发展和保护的有关法律法规及政策规定。<br>22. 掌握不同年龄幼儿身心发展特点、规律和促进幼儿全面发展的策略与方法。<br>23. 了解幼儿在发展水平、速度与优势领域等方面的个体差异，掌握对应的策略与方法。<br>24. 了解幼儿发展中容易出现的问题与适宜的对策。<br>25. 了解有特殊需要幼儿的身心发展特点及教育策略与方法。 |
| | （六）幼儿保育和教育知识 | 26. 熟悉幼儿园教育的目标、任务、内容、要求和基本原则。<br>27. 掌握幼儿园各领域教育的学科特点和基本知识。<br>28. 掌握幼儿园环境创设、一日生活安排、游戏与教育活动、保育和班级管理的知识与方法。<br>29. 熟知幼儿园的安全应急预案，掌握意外事故和危险情况下幼儿安全防护与救助的基本方法。<br>30. 掌握观察、谈话、记录等了解幼儿的基本方法和教育心理学的基本原理和方法。<br>31. 了解0～3岁婴幼儿保教和幼小衔接的有关知识与基本方法。 |
| | （七）通识性知识 | 32. 具有一定的自然科学和人文社会科学知识。<br>33. 了解中国教育基本情况。<br>34. 具有相应的艺术欣赏和表现知识。<br>35. 具有一定的现代信息技术知识。 |
| 专业能力 | （八）环境的创设与利用 | 36. 建立良好的师幼关系，帮助幼儿建立良好的同伴关系，让幼儿感到温暖和愉悦。<br>37. 建立班级秩序与规则，营造良好的班级氛围，让幼儿感受到安全、舒适。<br>38. 创设有助于促进幼儿成长、学习、游戏的教育环境。<br>39. 合理利用资源，为幼儿提供和制作适合的玩教具和学习材料，引发和支持幼儿的主动活动。 |
| | （九）一日生活的组织与保育 | 40. 合理安排和组织一日生活的各个环节，将教育灵活地渗透到一日生活中。<br>41. 科学照料幼儿日常生活，指导和协助保育员做好班级常规保育和卫生工作。<br>42. 充分利用各种教育契机，对幼儿进行随机教育。<br>43. 有效保护幼儿，及时处理幼儿的常见事故，危险情况优先救护幼儿。 |
| | （十）游戏活动的支持与引导 | 44. 提供符合幼儿兴趣需要、年龄特点和发展目标的游戏条件。<br>45. 充分利用与合理设计游戏活动空间，提供丰富、适宜的游戏材料，支持、引发和促进幼儿的游戏。<br>46. 鼓励幼儿自主选择游戏内容、伙伴和材料，支持幼儿主动地、创造性地开展游戏，充分体验游戏的快乐和满足。<br>47. 引导幼儿在游戏活动中获得身体、认知、语言和社会性等多方面的发展。 |
| | （十一）教育活动的计划与实施 | 48. 制定阶段性的教育活动计划和具体活动方案。<br>49. 在教育活动中观察幼儿，根据幼儿的表现和需要，调整活动，给予适宜的指导。<br>50. 在教育活动的设计和实施中体现趣味性、综合性和生活化，灵活运用各种组织形式和适宜的教育方式。<br>51. 提供更多的操作探索、交流合作、表达表现的机会，支持和促进幼儿主动学习。 |
| | （十二）激励与评价 | 52. 关注幼儿日常表现，及时发现和赏识每个幼儿的点滴进步，注重激发和保护幼儿的积极性、自信心。<br>53. 有效运用观察、谈话、家园联系、作品分析等多种方法，客观地、全面地了解和评价幼儿。<br>54. 有效运用评价结果，指导下一步教育活动的开展。 |
| | （十三）沟通与合作 | 55. 使用符合幼儿年龄特点的语言进行保教工作。<br>56. 善于倾听，和蔼可亲，与幼儿进行有效沟通。<br>57. 与同事合作交流，分享经验和资源，共同发展。<br>58. 与家长进行有效沟通合作，共同促进幼儿发展。<br>59. 协助幼儿园与社区建立合作互助的良好关系。 |
| | （十四）反思与发展 | 60. 主动收集分析相关信息，不断进行反思，改进保教工作。<br>61. 针对保教工作中的现实需要与问题，进行探索和研究。<br>62. 制定专业发展规划，积极参加专业培训，不断提高自身专业素质。 |

### 三、实 施 建 议

（一）各级教育行政部门要将《专业标准》作为幼儿园教师队伍建设的基本依据。根据学前教育改革发展的需要，充分发挥《专业标准》引领和导向作用，深化教师教育改革，建立教师教育质量保障体系，不断提高幼儿园教师培养培训质量。制定幼儿园教师准入标准，严把幼儿园教师入口关；制定幼儿园教师聘任（聘用）、考核、退出等管理制度，保障教师合法权益，形成科学有效的幼儿园教师队伍管理和督导机制。

（二）开展幼儿园教师教育的院校要将《专业标准》作为幼儿园教师培养培训的主要依据。重视幼儿园教师职业特点，加强学前教育学科和专业建设。完善幼儿园教师培养培训方案，科学设置教师教育课程，改革教育教学方式；重视幼儿园教师职业道德教育，重视社会实践和教育实习；加强从事幼儿园教师教育的师资队伍建设，建立科学的质量评价制度。

（三）幼儿园要将《专业标准》作为教师管理的重要依据。制定幼儿园教师专业发展规划，注重教师职业理想与职业道德教育，增强教师育人的责任感与使命感；开展园本研修，促进教师专业发展；完善教师岗位职责和考核评价制度，健全幼儿园绩效管理机制。

（四）幼儿园教师要将《专业标准》作为自身专业发展的基本依据。制定自我专业发展规划，爱岗敬业，增强专业发展自觉性；大胆开展保教实践，不断创新；积极进行自我评价，主动参加教师培训和自主研修，逐步提升专业发展水平。

# 参考文献

1. 刘焱编著.幼儿教育概论.北京：中国劳动社会保障出版社出版,1999 年.

2. 李季湄主编.幼儿教育学基础.北京：北京师范大学出版社出版,1999 年.

3. 阎水金主编.学前教育学.上海：上海教育出版社出版,1998 年.

4. 黄人颂编.学前教育学参考资料.北京：人民教育出版社出版,1991 年.

5. 冯晓霞著.幼儿教育.长春：吉林教育出版社出版,2000 年.

6. 周采、杨汉麟主编.外国学前教育史.北京：北京师范大学出版社出版,1999 年.

7. 唐淑、钟昭华主编.中国学前教育史.北京：人民教育出版社出版,1993 年.

8. 袁贵仁、庞丽娟主编.中国教师新百科.幼儿教育卷.北京：中国大百科全书出版社出版,2003 年.

9. 教育部基础教育司组织编写.《幼儿教育指导纲要（试行）》解读.南京：江苏教育出版社出版,2002 年.

10. 从理念到行为——《幼儿教育指导纲要（试行）》行动指南.南京：江苏少年儿童出版社出版,2003 年.

11. ［美］Katz,L.著.廖凤瑞译.与幼儿教师对话：迈向专业成长之路.南京：南京师范大学出版社出版, 2004 年.

12. 庞丽娟主编.教师与儿童发展.北京：北京师范大学出版社出版,2003 年.

13. 林崇德著.教育的智慧.北京：开明出版社出版,1999 年.

14. 钱郭小葵著.幼儿课程.北京：北京师范大学出版社出版,1994 年.

15. 张天宝著.主体性教育.北京：教育科学出版社出版,2001 年.

16. 高岚.学前教育学.广州：广东高等教育出版社出版,2001 年.

17. 叶澜著.教育概论.北京：人民教育出版社出版,1999 年.

18. 黄人颂主编.学前教育学.北京：人民教育出版社出版,1989 年.

19. 李季湄、肖湘宁主编.幼儿园教育.北京：北京师范大学出版社,2003 年.

20. 王春燕等编著.幼儿园课程.北京：新时代出版社,2005 年.

21. 郑慧英主编.幼儿教育学.福建：福建教育出版社,1996 年.

22. 冯晓霞主编.幼儿园课程.北京：北京师范大学出版社,2000 年.

23. 陈幸军主编.幼儿教育学.北京：人民教育出版社,2003 年.

24. 李生兰主编.学前教育学.上海：华东师范大学出版社,2005 年.

25. 钟启泉主编.现代课程论.上海：上海教育出版社,2003 年.

26. 刘焱著.儿童游戏通论.北京：北京师范大学出版社,2004 年.

27. 邱学青著.学前儿童游戏.南京：江苏教育出版社,2001 年.

28. 华爱华著.幼儿游戏理论.上海：上海教育出版社,1998 年.

29. 丁海东编著.学前游戏论.济南：山东人民出版社,2001 年.

30. 林茅著.儿童游戏.上海：华东师范大学出版社,1992 年.

31. 陈国眉、刘焱主编.学前教育新论.北京：北京师范大学出版社,1999 年.

32. 庞蔼梅主编.幼儿游戏理论与指导.北京：气象出版社,1996 年.

33. 柳阳辉、张兰英主编.学前儿童游戏.郑州：郑州大学出版社,2006 年.

34. 王道俊、王汉澜. 教育学. 北京：人民教育出版社,1999 年.

35. 唐淑：学前教育史. 北京：人民教育出版社,2007 年.

36. 阎水金. 学前教育学. 上海：上海教育出版社,1998 年.

37. 李胜兰. 学前教育学. 上海：华东师范大学出版社,2006 年.

38. 施良方. 课程理论. 北京：教育科学出版社,2002 年.

39. 冯晓霞. 幼儿园课程. 北京：北京师范大学出版社,2010 年.

40. 张利洪、李静. 学前教育学的研究对象[J]. 学前教育研究,2011(9).

41. 冯晓霞、周兢构筑国家财富——联合国教科文组织首届世界幼儿保育和教育大会简介[J]. 学前教育研究,2011(1).

42. 侯莉敏. 百年中国幼教事业的变化及发展[J]. 幼儿教育,2004(2).

43. 炳照、秦学智. 陈鹤琴学前教育思想的传统文化渊源[J]. 学前教育研究,2006(3).

44. 迪克·施韦尔特、李其龙. 把培养儿童的"创造能力"作为学前教育的目标[J]. 外国教育资料,1978(4).

45. 杨敏、田景正. 中国学前教育课程发展历程分析及其启示[J]. 学前教育研究,2012(11).

46. 汪基德、朱书慧、张琼三. 学前教育信息化的内涵解读[J]. 电化教育研究,2013(7).

**图书在版编目(CIP)数据**

学前教育学教程/柳阳辉主编. —上海:复旦大学出版社,2015.4(2022.8 重印)
普通高等学校学前教育专业系列教材
ISBN 978-7-309-11248-1

Ⅰ. 学…　Ⅱ. 柳…　Ⅲ. 学前教育-教育理论-幼儿师范学校-教材　Ⅳ. G610

中国版本图书馆 CIP 数据核字(2015)第 029021 号

**学前教育学教程**
柳阳辉　主编
责任编辑/黄　乐

复旦大学出版社有限公司出版发行
上海市国权路 579 号　邮编:200433
网址:tupnet@ fudanpress.com　http://www.fudanpress.com
门市零售:86-21-65102580　团体订购:86-21-65104505
出版部电话:86-21-65642845
盐城市大丰区科星印刷有限责任公司

开本 890×1240　1/16　印张 13.25　字数 398 千
2015 年 4 月第 1 版
2022 年 8 月第 1 版第 7 次印刷
印数 30 401—35 500

ISBN 978-7-309-11248-1/G · 1452
定价:42.00 元

复旦大学出版社向使用这本《学前教育学教程》作为教材进行教学的教师免费赠送教学辅助光盘，该光盘含有教学课件以及综合测试题。欢迎完整填写下面表格来获取光盘。

教师姓名：_____

任课课程名称：_____

任课课程学生人数：_____

联系电话：(O)_____ (H)_____ 手机：_____

e-mail 地址：_____

所在学校名称：_____ 邮政编码：_____

所在学校地址：_____

学校电话总机(带区号)：_____ 学校网址：_____

系名称：_____ 系联系电话：_____

每位教师限赠送光盘一个。

邮寄光盘地址：_____

邮政编码：_____

请将本页完整填写后，剪下邮寄到上海市国权路 579 号

复旦大学出版社陆飞老师收

邮编：200433                   联系电话：(021)55522880

或电子邮件至：huangle@fudan.edu.cn